# 上海产业发展

## Development of Shanghai Industry

基于长三角、珠三角、环渤海三大经济圈比较的视角

孙福庆　等著

格致出版社　上海人民出版社

# 目 录

# 第一章 导论

本章将系统、精要地阐述本书研究的背景和意义、研究对象的概念界定、国内外研究现状、整体的研究框架、研究内容和研究方法以及研究的创新与不足之处。

## 第一节 问题的提出

本书研究的提出有其深刻的国际、国内和区域发展背景,是对上海产业发展研究的全新的视角。

### 一、世界区域经济一体化趋势日益加强

当代世界经济发展的一个重要特征是国际经济一体化。在国际经济一体化的进程中,区域经济一体化趋势也在日益加强。目前世界上共有各种形式和规模的区域性经济集团(不包括单纯合作开发自然资源和论坛性质的组织)就有 24 个,参加的国家共有 140 多个。可见,区域经济一体化运动已遍布全世界,并在明显加快的步伐中,呈现出"区域重叠、区内套区"的特点,突破了区域性经济一体化只能根据相同的经济发展程度组成的传统模式,即发展程度不同的完全可以组成经济一体化组织。在国际方面,欧洲醒悟最早,动作最快。一些本来即将沦为二、三流的国家,牵头组成一体化的欧盟。优势互补,聚散为整,以总体实力参与国际竞争成为敢与美国抗衡的庞然大物;欧洲诸国联合制造的"空中客车"巨型喷气飞机已成为美国波音公司的强劲对手。欧元的出现,显示了欧洲的联合进入了货币统一更紧密的新阶段。它与北美自由贸易区、亚太经合组织形成了三大区域集团鼎立格局;在亚太地区除东盟外,以多元、松散、民间、层次形式不一的经济合作模式运作的区域组织就有东北

亚的"增长三角"、东南亚的"共同开发区"和我国南部的"黄金三角"。如日本倡导的"环日本海经济圈",韩国的"环黄海经济圈",朝鲜的"自由经济贸易地带",都把经济政策取向集中在中国的沿海地区,北方则集中在环渤海地区。中、日、韩三方通过共同合作,提出形成"环黄海、环渤海经济圈",成为东北亚国际经济合作的核心。

## 二、区域经济发展进入国家战略视野

2003年以来,中国的"区域合作"浪潮汹涌澎湃,风靡全国。从南至北,从东向西,一出出"合纵连横"的发展好戏令人目不暇接:长三角光彩四射;珠三角借机 CEPA 豪气勃发;环渤海共享奥运蓄势发力;辽中城市群誓言挺起"东北的胸脯"、山东半岛城市群、成渝经济带、中原城市群、武汉城市群等,以区域经济一体化为内容的地区也被热炒。区域经济概念在中国的再度流行,说明了我国市场经济体制正在逐渐完善,市场配置资源的基础作用越来越突出,如何更快更好地发展区域经济,成为各界关注的热点问题。2005年,党的十六届五中全会审议通过的《中共中央关于制定国民经济和社会发展第十一个五年规划的建议》,在经济增长方式、产业结构调整等十项重要内容中,区域发展问题被放到了重要位置。加强区域统筹,促进区域经济协调发展,作为我国经济社会发展的一项重要任务提上了实施日程,编制打破行政区划的区域经济发展规划已经启动。在区域发展进入国家发展战略视野的同时,区域经济正面临着重大的思路调整,并且必将快速地进入一个大的转换期。

## 三、长三角、珠三角、环渤海的比较研究对我国区域经济发展具有代表性、前瞻性和先导性

长三角、珠三角以及环渤海三大经济圈,在中国区域发展格局中的优势地位日益突出,是我国市场化程度、工业化程度、城市化水平以及经济国际化程度最高的区域,被称为沿海经济的三大引擎。作为引领中国经济发展的三个增长极,三大区域在参与全球分工和竞争中作用显著并呈现出新的发展特点。从经济总量看,三大经济圈都呈现加速增长态势,占全国的份额越来越大,对中国经济发展的引领作用越来越强,支撑和带动着当地和周围区域经济发展

的能力不断提升。从一体化进程看,三大经济圈都一直在向深化和广化两个方向努力,即一方面致力于不断提高自身经济一体化水平,另一方面有计划、有步骤地对外扩张和整合。从劳动力和资金的流动看,这三大经济圈无疑是当今中国劳动力最密集、资本最雄厚的区域,大量的高科技人才和充裕的资本,推动了区域内的技术创新和产业结构的优化升级,并且对周围地区的"扩散效应"不断增强。关注长三角、珠三角和环渤海三大经济圈的发展,在很大程度上就是关注我国区域经济的发展。三大经济圈取得的经验和遇到的问题,对我国其他区域而言,无疑具有典型的代表性、前瞻性和先导性。

## 四、长三角、珠三角、环渤海的比较研究有利于上海立足长三角、全国乃至世界范围进行产业战略定位

### (一) 长三角在三大经济圈中优势明显

在三大经济圈中,尤以长三角经济发展势头最为迅猛,大部分经济指标均位居三大区域之首,已名副其实地成为拉动我国经济增长的重要贡献地区。国际经济学界公认,这一地区已成为继纽约、多伦多与芝加哥、东京、巴黎与阿姆斯特丹、伦敦与曼彻斯特等城市为核心的五大都市圈之后的世界第六大都市圈。从今后的发展趋势来看,长三角经济圈作为长江流域外向带动极与增长中心,具有协调南北经济关系的地理区位优势:一是拥有联接广大中西部地区、沿江辐射拓展的腹地;二是拥有颇具科技竞争力的产业集群;三是其中心城市上海又是国内最具竞争力的城市。加之国家对长三角区域规划的启动和助力,因此未来长三角经济圈将成为我国最具发展潜力和活力的地区。从国际、国内环境看,长江三角洲地区将走一条国际竞争与区域联动相融合的发展道路;经济圈将成为上海与长江三角洲周边地区联动发展的新形态和新阶段;经济圈内中心城市与周边地区的关系是互为依存、唇齿相依的联动发展关系;牢固确立"立足全球、区域联动、基于网络的集中发展"的整体战略意识,引领区域整体共同参与世界城市竞争。

### (二) 上海作为长三角中心城市在全国乃至世界经济发展的地位举足轻重

上海作为长江三角洲地区乃至长江流域和全国综合经济实力最强、城市

首位度最大的经济中心城市,肩负着带动长三角和整个长江流域发展的历史重任,是一个对全国和世界经济都具有重要影响的世界城市。上海必须形成全方位对外开放的格局,才能与国际经济运作机制接轨;上海自身必须要有较强的综合竞争能力、较强的聚集能力和辐射能力,才能承担起全国赋予上海的特殊历史使命;上海必须面对全国,面对世界,才能把中国和世界联系起来。从这点意义上看,上海不仅对于长江三角洲具有重要的战略地位,而且对于全国乃至亚太地区都具有极为重要的战略地位。为此,必须以发展的观点,全局的观点,整体的观点去重新认识上海和看待上海的城市发展战略。对上海产业发展的研究和对策建议的提出不能仅仅着眼上海,而必须拓展视野,要面向全国,立足长三角经济融合发展。唯其如此,上海的产业优化和升级方能真正与"四个中心"的定位和城市能级的要求相匹配。

本研究运用产业分析的范式对上海以及长三角、珠三角和环渤海三大经济区域的产业发展状况进行比较分析,找出其各自发展的内在机制和动因,明确上海产业发展中的优势和劣势,有利于对上海进一步调整产业结构、提升产业发展水平提出相应的对策建议。

**(三) 将上海产业发展战略和长三角结合起来研究具有重要的现实意义**

随着中国加入 WTO 和上海申博成功,上海必须重新认识自己的地位和作用,重新定位城市功能。必须重新审视上海与长三角的战略关系。上海对全国和世界经济的影响和作用不仅取决于自身的区位优势和巨大潜力,而且取决于如何处理与长江三角洲各城市的关系,取决于能否充分利用长江三角洲的丰富资源和广阔的空间。上海与长三角是一个具有"联动扩散效应"和"联动制约效应"的动态的社会经济联合体。上海发展对长三角具有牵动力和引导力;长三角城市对上海的发展则具有推动力和制约力。上海与长三角各城市连接在一起,将组成范围更广、潜力更大、资源更丰、发展潜力更具吸引力的都市连绵带。上海与长三角各城市将成为一个利益相关、优势互补、资源共享、风险共担的不可分割的整体。上海与长三角将以整体的身份参与国际市场合作与竞争,以整体的优势成为中国经济的繁荣和稳定示范区,以整体的实力成为中国和世界连接的纽带和桥梁。

如前所述,本书立足上海,从产业研究的角度切入,对上海及三大经济圈进行比较分析,力图通过勾勒出各经济圈区域产业发展的真实状态,找到各自发展的内在机制和动因,明确上海产业发展的优势和劣势,从而在考虑国家整体利益、长三角整体利益的基础上,为上海产业发展提出准确到位的对策建议。

## 第二节 三大经济圈的概念界定

本书研究是基于长三角、珠三角和环渤海三大经济圈比较的视角,因此首先必须厘清三大经济圈的概念以及相应的统计口径。

### 一、三大经济圈的概念界定

#### (一) 长三角的概念界定

广义的长三角地区位于中国大陆海岸线中部的长江入海口,地跨上海、浙江和江苏一市两省;狭义的长三角是指由上海,浙江的杭州、宁波、嘉兴、绍兴、舟山、湖州和台州七市,江苏的南京、无锡、常州、苏州、南通、扬州、镇江和泰州八市所构成的城市群区域。法国地理学家戈特曼提出,以上海为核心及其周边地区成为世界"第六城市群",或称为大上海都市圈,其他五大世界城市群分别是:美国东北部大西洋沿岸城市群、北美五大湖城市群、日本太平洋沿岸城市群、英国以伦敦为核心的城市群,以及欧洲西北部城市群。"第六城市群"实际上就是由上海、浙江、江苏三个省市的十多个城市构成,即我们所称的长三角城市群,至 2003 年,已形成了包括上海市,江苏省的苏州、无锡、常州、镇江、南京、南通、泰州、扬州,浙江的嘉兴、湖州、杭州、绍兴、宁波、舟山、台州的"16 城市联盟"。

#### (二) 珠三角的概念界定

珠三角地区从地理概念上来说是由北江、西江三角洲和东江三角洲合成的复合三角洲,狭义的珠三角地区是一个发育在海湾内的丘陵性三角洲,海拔50 米左右,即面积约为 1.1 万平方千米的珠江三角洲平原。珠三角地区位于广东省中南部,地处珠江出海口,濒临南海,毗邻港澳地区。珠三角经济圈也有狭义和广义之分。狭义珠三角经济圈即指广东珠三角,是由广州、深圳、珠海、佛山、江门、东莞、中山、肇庆、惠州九市构成的城市群；广义的珠三角经济圈以香港、广州、深圳为中心，还包括澳门以及上述所说的侠义的珠三角城市群。另外，2003 年又提出了"泛珠三角"的概念，"泛珠三角"包括珠江流域地域相邻、经贸关系密切的福建、江西、广西、海南、湖南、四川、云南、贵州和广东 9 省区，以及香港、澳门 2 个特别行政区，简称"9＋2"。

### （三）"环渤海"的概念界定

广义的环渤海湾地区是指环绕渤海全部及黄海的部分沿岸地区所组成的广大经济区域，是中国北部沿海的黄金海岸，一般指以山东半岛、辽东半岛和京津地区为核心的区域，包括山东、辽宁、河北、北京、天津三省两市；狭义的环渤海湾地区是指由京津冀城市群（指以北京、天津为中心，包括唐山、石家庄、邯郸、保定、秦皇岛、廊坊、张家口、承德、沧州、邢台、衡水等城市），辽中南城市群（指以沈阳、大连为中心，包括鞍山、抚顺、本溪、丹东、营口、辽阳、铁岭、盘锦等城市），山东半岛城市群（指以青岛、济南为中心，包括淄博、烟台、威海、潍坊、东营、日照等城市）所构成的三大城市群区域。

## 二、本书研究的数据口径

本书研究根据数据的可得性采用相对广义的区域统计口径，即长三角经济圈直接采用上海、浙江、江苏的数据，珠三角经济圈直接采用广东的数据，环渤海经济圈直接采用山东、辽宁、河北、北京、天津的数据。

## 第三节　文献综述

关于产业理论、区域产业发展及区域发展比较研究已经形成了大量的文献研究成果，我们进行了较为系统的整理。

## 一、产业发展文献综述[①]

近年来，产业发展受到了越来越多的关注和重视。特别是在世界经济全

---

① 关于产业演进方面的理论，隋广军在《产业演进及其微观基础研究》（经济科学出版社 2007 年版）一书中作了详细的梳理，本部分借鉴该书主要研究成果。

球化、信息化、市场化的大背景下，世界产业发展呈现出新的特征。产业的升级换代，产业的结构演变，产业调整和整合，产业的集聚发展、相互渗透和融合发展以及产业的持续发展，成为当今世界产业发展的主要趋势。为什么会出现产业演进的现象？产业演进的规律是什么？如何应对产业演进过程中出现的种种新现象？对此，理论界有许多观点和解释。

### （一）产业演进理论研究的几个基本问题

所谓产业演进，是指产业结构和内容不断变化的发展过程，也可以说是产业不断自我更新的过程。而产业演进理论是对产业动态变化进行分析和描述的理论，它是产业经济学的重要组成部分。杨公朴、夏大慰（2002）认为产业演进的动态性主要表现在四个方面：第一，单一产业的生命周期，即任何产业都经历了生成、发展、衰退、创新等四个发展阶段，这就是产业的生命周期。第二，产业时序作用周期，主要指随着社会生产力的不断发展，逐步形成第一、二、三次产业，各产业渐次在经济增长中起主导作用，成为国民经济的支柱。第三，不同产业和产业综合体在经济发展中对经济增长作用的变化在地位上的演进阶段性和周期性。第四，由主体需求层次的升级规律推动的产业结构高度化的演进过程。在这四个方面，国内外学者都进行了广泛研究，并已形成比较系统的理论，如产业结构、产业组织理论等。从目前产业演进的趋势看，产业演进还涉及了许多相关的新问题，如从企业成长、技术创新、生态环境等角度研究产业演进，充实和丰富了产业演进理论。

### （二）关于产业演进理论的一般研究

#### 1. 威廉·配第的产业结构研究

最早有关产业间资源流动现象的描述可以追溯到17世纪英国古典政治经济学家威廉·配第（W. Petty）的《政治算术》。配第认为制造业比农业，进而商业比制造业能够得到更多的收入。他认为，就社会经济增长中各产业的变动比例而言，随着时间的推移和经济社会的发展，从事农业的人数较从事工业的人数将趋于相对下降，而从事工业的人数又较从事服务业的人数相对减少。

#### 2. 克拉克定理

克拉克继承了费歇尔的研究成果，进一步利用三次产业分类法，得出了后来所谓的"配第—克拉克定理"：随着经济发展，即随着人均国民收入水平的提高，劳动力首先由第一次产业向第二次产业移动。当人均国民收入水平进一步提高时，劳动力便向第三次产业移动；劳动力在产业间的分布状况为第一次产业将减少，第二次、第三次产业将增加。克拉克认为，劳动力之所以会从第一次产业向第二次、第三次产业移动，是因为随着经济的发展，各产业之间出现了收入的相对差异，正是这种差异使人们趋向于进入高收入的产业。

3. 库兹涅茨的研究

美国经济学家库兹涅茨（Kuzdets，1966）继承了克拉克的研究成果，改善了研究方法，收集和整理了二十多个国家的数据，从国民收入和劳动力在产业间的分布两个方面，对伴随经济发展的产业结构变化作了更深入的研究。库兹涅茨得出了三个结论：（1）农业部门（即第一次产业）实现的国民收入，随着经济发展，在整个国民收入中的比重同农业劳动力在全部劳动力中的比重一样，均处于不断下降之中。（2）工业部门（即第二次产业）的国民收入相对比重，总体来看是上升的，然而，工业部门劳动力的相对比重，将各国的情况综合起来看是大体不变或略有上升。（3）服务部门（第三次产业）的劳动力相对比重，差不多在所有的国家里都是上升的，但国民收入的相对比重却未必和劳动力的相对比重同步上升。日本经济学家宫崎勇认为原来那种三次产业分类法已难以把握产业结构的演变及其发展趋势，需要对产业进行重新分类，提出了他的三大产业分类。美国经济学家 F. 马克卢普则在《美国的知识生产和分配》一书中，提出一种新的产业分类法（四次产业法），信息产业作为第四产业进入了分析范畴。信息产业由出版业、电影和录音业、广播和传播业以及信息服务和数据处理服务业所组成。

4. 工业结构演变研究

对工业结构演变规律作开拓性研究的是德国经济学家霍夫曼。他在这方面的研究成果主要体现在 1931 年出版的《工业化的阶段和类型》一书中。在书中，他把全部产业分为消费资料产业、资本资料产业和其他产业。消费资料产业包括食品工业、纺织工业、皮革工业、家具工业；资本资料产业包括冶金及金属材料工业、运输机械工业、一般机械工业、化学工业，而橡胶、木材、造纸、印刷等工业都归入其他产业。并根据近二十个国家的时间序列数据，分析消费资料工业的净产值与资本资料工业的净产值的比例,即所谓的霍夫曼比例。霍夫曼定律实际上就是指在工业化的过程中霍夫曼比例的不断下降。

虽然霍夫曼理论对工业结构,特别是对工业结构中重工业化规律的研究做出了重要贡献,但也遭到了梅泽尔斯(A. Maizeles)、库兹涅茨和盐野谷右一等经济学家的批评。梅泽尔斯指出,霍夫曼比例仅从工业内部比例关系来分析工业化过程是不全面的。库兹涅茨则对用霍夫曼比例来研究工业化持否定态度,因为根据库兹涅茨对于美国资料的研究,无法得到支持资本资料工业优先增长的证据。盐野谷右一认为霍夫曼的产业分类法是不科学的,并指出霍夫曼定律在工业化初期是成立的,对于工业化水平较高的国家,消费资料工业和资本资料工业实际上是稳定不变的。霍夫曼定律及其修正主要揭示了工业化的第一阶段,即"重工业化"阶段的结构演化规律,至于第二阶段的"高加工度化",以及第三阶段的"技术集约化"则是后来的一些学者提出和总结的。随着一些发达国家工业进入更高阶段,有些学者又提出了一些新的概念,如丹尼尔·贝尔(D. Bell)的"超工业社会"以及"后工业社会"、"信息社会"等。

5. 钱纳里和塞尔昆定理理论

H. B. 钱纳里和其合作者塞尔昆在 1975 年合著的《发展的形势:1950—1970》中吸取了克拉克和库兹涅茨的研究成果,并将研究领域进一步扩展到低收入的发展中国家。他们使用了三个基本的回归方程对发展模式进行拟合,由此得出一个标准结构,该标准结构从人均 GDP100 美元至 1 000 美元发展区间的经济变化得出了重要的描述性结论。其中最为突出的现象是当超过人均 300 美元临界点之后,制造业的附加值份额才会超过初级产业;当人均收入水平超过 800 美元之后工业中就业份额才开始超过初级产业中的就业份额。钱纳里的"标准结构"对于揭示产业结构发展的一般变动趋向,具有更大的价值。由于他使用了统一的计量经济框架来处理资源、转移和分配的一些主要特征,从而就可以对结构变化过程大量相互关联的各种类型做出连续的描述,并可以从不同国家的发展模式中识别出系统的差异。

6. 罗斯托的主导产业更替理论

罗斯托认为,主导产业对产业结构的性质和特点具有决定性的影响。不同的经济发展阶段主导产业也不同,主导产业转换的过程也是产业结构变动的过程。经济的发展过程是主导产业的演进过程。他认为可以大到划分出七个阶段:第一,工业化前期,以农业为主导的阶段;第二,工业化初期,轻纺工业成为主导的阶段;第三,工业化中期的前期阶段,是以原料和燃料动力等基础工业为重心的重化工业阶段;第四,工业化中期主体阶段,以低度加工组装型重化工业为主导的阶段;第五,工业化中期的高水平阶段,以高度加工组装型工业为主导的阶段;第六,工业化后期,以第三产业为主导的经济发展阶段;第七,后工业化阶段,以信息产业为主导的阶段。主导产业转换引起的产业结构变动,存在着从以农业为主的结构开始,按顺序依次向以轻工业为主的结构、以基础工业作为重心的重工业为主的结构、以高加工度工业作为重心的重工业为主的结构、以第三次产业为主的结构、以第四产业为主的结构演进的规律性。罗斯托的理论蕴含着在产业演进过程中产业升级的描述。

### 7. 施蒂格勒的产业生命周期理论

施蒂格勒(1976)发展了斯密定律,提出了产业生命周期假说。根据他的产业周期理论,在产业的新生期,市场狭小,因此再生产过程的各个环节规模较小,不足以一一分化出来由独立的专业化企业承担,所以这个时期该产业的企业大多是"全能企业",分工主要表现为企业内部分工——企业参与从材料生产到产品销售的全过程;随着产业的发展和市场的扩大,各生产环节的规模大到足以独立进行时,企业内部分工便转化为社会分工,各专业化企业会出来承担各个再生产环节;在企业的衰弱期,随着市场和生产规模的缩小,各再生产环节只能重返"娘家",社会分工又转化为企业内部分工。

除了以上理论研究外,马歇尔、刘易斯、熊彼特、诺思等从不同的角度对产业结构转变、产业发展次序等做了系统分析,这也构成了产业演进研究重要的理论基础。

### (三) 其他学者对产业演进的多视角的研究

### 1. 关于产业演进和企业成长的研究

自从波特提出了竞争战略的产业分析理论之后,在产业范围内研究企业成长是目前的一大热点。马斯滕·古斯(Marten Goos,2000)从产业组织视角研究了劳动需求与企业成长、产业演化的关系。以企业雇用员工数量的增加来衡量企业成长,因为理性的企业会根据成本和收益比较情况来选择最佳的用工人数。由于不同企业的用工决策存在差别,所以不同产业内的企业用工情况能表明企业规模是存在较大差异的。他在吉布莱特定律(R. Gibrat,1931)的基础上,构建了企业用人行为与企业或产业特征之间的关系模型,分析得出了企业规模、企业年龄和产业类型的差别,会增加或减少劳动用工需求这一基本结论。

阿瑟·菲什曼和拉菲尔·罗布(Arther Fishman and Rafael Rob,1997)发展了一个有关企业规模与产业演化均衡模型,证明产业内各企业没有能力随意增加其顾客量。新进入的顾客虽然可以随意选择购买哪家企业的产品和服务,但必须支付在企业间转移的搜寻成本,这些成本促使其产生留在现在的企业进行购买的压力。因此,现有企业可能享受与老顾客之间已建立的长期稳定关系所带来的好处,而新进企业则只能更多地接受那些初次购买、尚未隶属于任何企业的顾客。

S. 克莱普(S. Klepper,2001)在《企业能力与产业演进:以美国汽车产业为例》一文中,在总结已有相关研究成果基础上构建了产业演进与企业成长模型,并运用时间序列数据分析得出了一些有启发意义的结论。他主要是基于纳尔逊和温特(Nelson and Winter,1982)的开创性研究,构建了一个由异质企业构成的产业演进模型,并在一系列假设的基础上得出了这样的结论:产业演进改变了企业生存与发展的环境,因而企业想实现持续成长,就必须对成长模式做出适用性调整;而某些企业的成功成长会影响产业组织形态和空间布局,进而影响其他企业对成长模式的选择。

著名的咨询公司科尔尼对全球公司的并购和产业集中进行了实证研究,得出了一个重要结论:看似混乱无序的并购行为,实际上存在清晰的规律——即所有产业都按照同样的过程进行整合,产业演进都经历一个单向 S 曲线的整合过程,都会经历起步、积累、聚集和联盟四个阶段。第一起步阶段,由于产业进入门槛比较低,分散的市场中充斥着各种规模的参与者,市场集中度较低。在该阶段的末期,企业数量达到饱和,利润增长速度大幅度放缓,整合开始进行。第二积累阶段,在这阶段由于竞争激烈,企业为了削减成本,保持市场份额,开始重视规模效益,企业之间进行大规模的并购。在积累阶段和起步阶段,企业主要采用的是横向一体化的并购模式。第三聚集阶段,由于第二积累阶段的大规模的并购活动,企业数量进一步减少,市场更加集中,企业之间的并购主要是为了扩展核心产业的大宗并购。在聚集阶段，企业 2/3 的增长来自并购，采取的并购模式主要有横向一体化和纵向一体化。第四联盟阶段，市场集中度高达 90%，垄断性竞争已基本形成，所以大宗并购已经很少发生，但大企业之间会结成战略联盟，以维持相对平衡的市场地位。一些大企业增长放缓，于是就会使用分拆高增长业务和多元化发展等手段，进入新的行业，开始新一轮的整合过程。在联盟阶段，企业采取的并购策略大多是多元化模式。从科尔尼实证研究中我们可以看出，并购与重组是产业演进过程中不可改变的发展趋势，企业最终都将并购别人或被并购，并不存在所谓的利基市场（Niche Market）。

2. 关于产业演进与技术创新、产业创新的研究

技术进步是产业演进的重要动力。从技术创新角度研究产业演进，具有代表性的是美国哈佛大学的阿伯纳西（N. Abemathy）和美国麻省理工大学的厄特巴克（J. M. Utterback）提出的产业创新动态过程模型，即 A-u 模型。A-u 模型认为：企业的产品创新和工艺创新是相互关联的，在产业成长的不同阶段，对两者的侧重有所不同，企业的创新类型和创新频率取决于产业成长的不同阶段，并把产业划分为三个不同的阶段：流动阶段、过渡阶段和稳定阶段。在行业发展早期即流动阶段，企业创新的焦点在产品创新，随着企业技术经验的积累和消费者成熟度的增加，主导设计的出现，行业发展进入过渡阶段，创新焦点从产品创新转向工艺创新；主导设计的形成，使得行业的发展进入一个相对稳定的发展时期，即进入稳定阶段，创新以渐进性产品创新和工艺创新为主。A-u 模型反映了许多行业成长的创新分布规律，也构成了产品生命周期的理论基础，然而，A-u 模型并不适用有些产业的成长过程，比如微电子产业、钢铁产业。A-u 模型及其分析，对理解创新之间的关系、创新和产业演化之间的关系提供了线索，而且还具有较强的政策意义。

日本著名技术经济学家斋腾优（1996）在技术创新研究中提出了"NR 关系理论"，即需求（need）与资源（resources）关系假说。这对产业创新分析有一定借鉴作用。首先，NR 理论能较好地解释产业创新的开发机制。NR 理论认为，只有需求才能创造发明新产品、新技术的契机。需求往往引起技术开发主体的关注，促使他们决定开发什么新产品、新技术，应该筹措何种技术开发资

源等,并驱使研究主体进行研究开发。进行技术开发要满足三个条件:(1)结合条件,即技术开发需求与技术开发资源的结合,信息交流发挥重要作用;(2)资源供给条件,即能够筹措到保证技术开发得以进行的充足资源;(3)创造性活动条件,即以创造新技术为目的的富有成效的研究开发活动等。技术开发的三个条件也是技术创新的三个条件。传统创新理论认为企业技术创新与产业生命周期和产业组织状况(产业集中度)有很大的关联性,如一般来讲,成长产业、新兴产业中企业创新活动比成熟产业、衰退产业活跃,创新的投入产出也较多(Henderson and Clark,1990;Tushman and O'pReilly,1997;Klepper,1990)。但近年来,国外有些学者对传统创新理论进行了重新检验,实证结论并不支持传统理论,如麦克盖汉和斯利威曼(McGahan and Silverman,2001)通过对20世纪80年代初期至90年代中期美国上市公司的创新行为的实证研究得到的结论就是如此。

产业创新理论来源于传统的创新理论,主要代表人物有熊彼特、弗里曼、哈梅尔和普拉哈拉德等。熊彼特是第一个从经济学角度系统提出创新理论的人。他指出:创新是一个内生因素,经济发展也不过是经济体系内部具有的创造性所导致的经济生活的一种变动。这类似生物学上的突变理论,即不断从体系内部革新经济结构,不断地破坏旧的并创造出新的结构,"产业突变"构成一种"创造性的破坏过程"。恰恰是这些"创新"、"新组合"、"创造性的破坏过程"构成了资本主义的本质特征。根据熊彼特的理论,"产业突变"是创新的本质。

弗里曼(1997)首次系统提出产业创新理论,后来他在此基础上首创了国家创新系统理论,并指出国家创新的核心是产业创新。他认为产业创新过程包括技术和技能创新、产品和流程创新、管理和市场创新等阶段。他从历史变迁的角度,对电力、钢铁、石油、化学、合成纤维、汽车、电子和计算机等许多产业的创新作了实证研究,得出结论:不同的产业,产业创新的内容是不一致的,如化学产业主要是流程创新;仪器仪表产业主要是产品创新;电力产业主要是市场创新。弗里曼指出产业创新是一个系统的概念,系统因素是产业创新成功的决定因素。

3. 关于产业生命周期理论的发展

产业生命周期理论是产业演进理论中有关整个产业从出生到成熟过程

中,产业内厂商数目、市场结构以及产业创新动态变化的理论。从目前文献资料来看,对产业生命周期的研究主要集中在以下几方面:第一,实证产业生命周期的存在性或不同特征的产业和不同市场条件下的产业生命周期曲线的特征(SteVen Klepper,1996)。第二,对产业的某个特定阶段的具体分析,讨论最多的是成熟阶段和衰退阶段(Porter,1997)。第三,产品生命周期与创新关系(Henderson and Clark,1990;Tushman and OpReilly,1997;Klepper,1990)。第四,对产业生命周期不同阶段的企业行为的研究。认为处在不同产业生命周期的企业行为如企业战略、企业能力、企业重组与并购、组织结构、竞争行为等存在显著差异(Porter,1997;Gort and Klepper,1982;Stigler,1996;Utterback,1994;威士通,1998);研究了产业生命周期对企业成长的影响,提出了四阶段论、五阶段论和六阶段论等(Biggadike,1979;Sandberg,1986;MacMillan and Day,1987;Covin and Slevin,1980;Kunkel,1991)。第五,不同阶段的进入、退出及其壁垒、集中度等变化规律(Anderson and Tushman,1990;Jovanovic and Macdonal,1994;Klepper,1996)。第六,产业生命周期和产业政策制定。

而对企业生命周期的研究是产业生命周期的另一发展。许多学者以生命周期理论来研究企业成长以及产品更新、产业更替、技术变迁等与企业成长相关的现象,形成了许多种企业周期理论。马森海尔瑞(1959)最早提出“企业生命周期”的概念。他认为企业的发展也符合生物学中的成长曲线,存在生命周期。他还指出企业发展过程中会出现停滞(消亡等现象),导致这些现象出现的原因是企业在管理上的不足,即一个企业在管理上的局限性可能成为其发展的极限。

哥德纳(1965)进一步指出,与生物学中的生命周期相比,企业的生命周期有其特殊性,主要表现在:(1)企业的发展具有可预期性。一个企业由年轻迈向年老可能会经历 20 年到 30 年时间,也可能会经历好几个世纪。(2)企业的发展过程中可能会出现一个既不明显上升,也不明显下降的停滞阶段,这是生物生命周期所没有的。(3)企业的消亡并非是不可避免,企业完全可以通过变革实现再生,从而开始一个新的生命周期。艾迪斯(1989)在其《企业生命周期》一书中,指出企业的生命周期要经历成长阶段(包括孕育期、婴儿期、学步期、青春期与盛年期)与老化阶段(包括稳定期、贵族期、官僚前期、官僚期与死亡期)。企业的成长与老化主要通过灵活性与可控性这两大因素之间的关系表现出来。他认为:"企业年轻时充满了灵活性,但控制力却不一定总是很强;企业老化时,关系变了,可控性增加了,但灵活性却减少了。"灵活性强,企业变革相对容易,但控制水平较低;控制力强的企业往往缺乏灵活性,缺乏变革的意向。在不同的阶段,企业可能会陷入不同的陷阱中。如在学步期,企业易陷入创业者陷阱。在青春期,则面临新人与元老的矛盾。

理查德·L. 达夫特(1999)在总结拉芮·E. 格利纳、罗伯特·E. 奎恩和克姆·卡麦尔森等人的理论基础上,提出企业发展经历四个主要阶段:创业阶段、集体化阶段、规范化阶段、精细化阶段,并从结构、产品或服务、奖励与控制系统、创新、企业目标、高层管理方式等六个方面对组织在这四个阶段的特点进行描述。同样的,在这四个发展阶段中,企业面临着不同的危机。

4. 关于产业演进与产业集聚的研究

产业演进还可以表现为行业结构的变化和产业空间集聚方式的变化。因此可以看出,产业集聚实质上是产业演进过程中的一种现象,是一种产业空间组织形式,即在产业演进过程中,产业链上相互关联的企业在一定地域内的集中分布所构成的产业群,产业群内的企业能获得规模经济效应,并人人提高整个产业群的竞争力。

自马歇尔首次提出产业空间集聚的三个原因以来,国内外学者对产业集聚理论进行了不懈探索,从不同的视角对产业集聚进行了研究。

从产业集聚角度研究产业演进主要集中于产业集聚和产业升级之间的关系,包括:Edmund R. Thompson(2002)认为,集群内技术转移和产业创新比集群外更加显著。Krugman(1993)认为,产业集群此起铍伏,有些产业高度集聚区会因为技术的进步,集聚程度下降甚至消失。如果集聚的产业对专门的中间投入品和信息、技术外溢的依赖程度减少,也会出现产业集聚衰退。Porte(2002,2003)则从发挥集聚效应的角度,指出了政府促进产业集聚的三个作用:(1)本地竞争的密集程度;(2)本地培养新事业的环境;(3)将产业集群内部成员聚合起来的正式或非正式机制的效能。

5. 关于模块化理论

在信息技术革命背景条件下,产业结构正发生根本性变化。经济学和管理学把这种变化称为"模块化"。其中最古典原始的模块化例子就是亚当·斯密的造针厂的故事。但在信息时代模块化对企业组织、市场结构、技术创新、产业竞争力等都产生了相当程度的变化。

鲍德温和克拉克(Baldwin and Clark,1997)在《哈佛商业评论》上发表了《模块化时代的管理》的论文,是最早问世的、系统研究模块化理论的著作。作者在文中指出,模块化现象在几个产业领域里从生产过程扩展到了设计过程,并且敏锐地指出了模块化对产业结构调整所具有的革命性意义。他们在理论方面的价值有两个:第一,它为我们理解系统创新提供了理论框架,这里的系统创新是指模块与模块之间的各种操作功能;第二,这种操作方法能够创造价值。为了更好地理解这一点,他们运用了在金融理论当中的期权理论,在理论上证明了鉴于研究开发具有很高的不确定性,这时,让几个单位(小企业)对个别模块的革新同时展开竞争,虽然会出现资源的重复投入,但在整体上对社会来说是有效的。

鲍德温——克拉克研究的直接对象是计算机产业。从20世纪90年代中后期开始,日本把注意力集中在互联网产业和汽车工业上,独立发展了模块化理论。日本浅沼万里先生(浅沼,1997)是日本汽车业的产业组织方面研究的先驱者,他指出,日本汽车竞争力的重要源泉是来自核心企业与重要零部件供应商之间存在的一种设计上的模块化。他发现了日本汽车企业的新框架:它不同于过去在美国汽车工业里常见的前者把设计图纸借给后者去加工制造,取而代之的是日本汽车企业尤其是丰田公司在确定了一般的共识和界面以后,放手让后者去设计图纸,由前者进行认可。在这种被他叫做"认可图纸方式"的框架之下,设计过程在供应商那里被"浓缩化"了。结果使生产系统里各模块的设计能够同时进行,大幅度缩短了改换车型(系统改良)的周期。

日本学者青木昌彦(Aoki,2003)对模块化进行了定义,他认为,模块化(modularity)是指半自律的子系统,通过和其他相同的子系统按照一定规则相互联系而构成的更加复杂的系统或过程。并在其著作《模块化——新产业结构的本质》一书中进一步指出,模块化理论是日本分析信息产业革命对产业结构产生影响的一个关键因素,获得了独特的发展。

## 二、三大经济区域经济发展比较研究综述[①]

长三角、珠三角、环渤海作为引领中国经济发展的三个增长极,在中国区域发展格局中的优势地位日益突出,在参与全球分工和竞争中作用显著并呈现出新的发展特点。关注长三角、珠三角和环渤海三大经济圈的发展,对中国其他区域而言具有典型的代表性、前瞻性和先导性。国内众多学者从不同角度对这三大经济圈进行了研究。

### (一) 关于三大区域经济发展的理论综述

#### 1. 区域合作与一体化方面

樊杰(2004)重点探讨了环渤海经济一体化存在的问题,指出一体化进程相对缓慢、区域基础设施建设相对滞后、原材料工业基地建设的布局不合理、主次区域的内部合作不够紧密、没有一体化的环境保护规划和生态规划,这五大问题是环渤海经济一体化进程中必须面对和解决的。于涛方(2005),曹明园、尤宏兵(2006)从制度角度探讨了长三角一体化问题,其中于涛方从区域整合理论中的新功能主义、新制度主义视角分析了1980年以来长三角地区的区域整合历程及整合效果;而曹明园、尤宏兵则强调了制度创新,认为长三角区域合作走向成功的关键在于能否尽快有效实现制度创新。肖阳(2006)则从文化角度对长三角一体化的合作机制进行了研究,认为文化特征的认同对区域性一体化的自然形成起到了关键的作用。吴国平(2006)从法治的视角来审视中国当前的泛珠三角区域经济合作,通过法律手段来建立跨行政区的有效合作机制,以确保泛珠三角区域经济的一体化发展。王辉、张丽君(2006)从旅游业的角度对环渤海旅游区域一体化问题进行了分析。

#### 2. 产业方面

王洪庆、朱荣林(2005)指出长三角部分产业集聚度低,产业的地区间转移受阻,认为经济一体化的关键和实质是产业结构的调整与互动。高传胜(2006)认为当前"长三角制造"正面临升级与发展困境,提出了以生产者服务

---

① 本部分借鉴了刘华等《长三角与珠三角:经济发展比较研究述评》(载《上海经济研究》2007年第8期)、于谨凯等《中国环渤海、长三角、珠三角经济圈之间竞合博弈分析》(载《经济与管理》2008年2月)中的研究成果。

与制造业互动发展作为长三角区域经济增长新动力的观点。曹鑫、覃扬彬（2006）从区域产业协调发展角度探讨了泛珠三角洲区域经济的协调发展问题。在产业组织政策上，要解决市场机制下竞争与规模经济的问题，以此来兼顾区域产业发展之间的平衡。包叶群（2006）着重探讨了珠三角产业集群中的制度安排问题。认为产业集群在经过发展的初级阶段后需要从制度安排方面寻求继续发展的动力。徐忠爱（2006）根据产业梯度转移规律，探讨了泛珠三角经济圈产业梯度转移与结构优化问题。赵宏、李晨霞（2005）通过对北京、天津、青岛、大连等环渤海经济圈主要城市的现状对比，运用经济学的成本收益法，分别从区域经济学的聚合效应和学习效应这两方面进行分析，提出了"环渤海圈第三产业战略联盟"的构想。

### 3. 金融与投资方面

顾列铭（2006）、何一苇（2006）对长三角地区的投资回落现象进行了研究。顾列铭认为改变传统产业粗放型的增长模式，进一步优化产业结构，适当提高服务业在经济中的比重是解决这一问题的必然选择。何一苇认为这一现象产生的主要原因在于本土经济的发展壮大和国家对外资"超国民待遇"的优惠措施的逐步降低。朱春红（2005）认为金融合作是环渤海经济圈在经济全球化背景下提高区域竞争力和持续发展的必然要求。孙可娜（2006）从金融创新角度探讨了环渤海区域经济发展问题。杨子强（2006）探讨了环渤海经济圈区域差异下的金融合作问题。环渤海地区的金融合作实质上是一种跨区域的金融大整合，需要有一个清晰的合作次序来统领全局。

### 4. 港口与物流方面

马林、沈祖志（2004）对长三角区域多物流中心整合问题进行了研究，阐述了长江三角洲地区物流资源的整合重组与区域物流网络体系的空间布局的发展战略。孟祥林（2004）对环渤海港口从运输网络的条件优势、经营创新以及发展战略等方面进行了研究。茅伯科（2005）探讨了长三角港口建设问题，认为长三角港口之间的合作动力得益于政府、企业和行业协会的共同推动。黄强（2006）研究探讨了长江黄金水道与长三角港口的联动发展问题。陈长瑶、武友德等（2006）对珠三角区域物流的空间组织形式作了初步探究，认为物流经济空间组织采取点、轴、网、面模式，合理的人为调控和组织可以有效地促进空间结构的演化。李金辉(2005)、肖金成(2005)对环渤海港口群的竞争与合作及未来发展问题进行了探讨。吕荣胜、邬德林(2006)认为港口间采用虚拟经营的合作模式是实现环渤海地区各港口资源有效整合的一种新途径,并用博弈论的方法分析了环渤海港口虚拟经营的可行性。

**(二) 关于三大区域经济发展比较的理论综述**

随着加强区域统筹、促进区域经济协调发展作为国家的经济社会重要问题被提上实施日程,关于三大区域经济发展比较的文献也越来越多。由于环渤海在进入 21 世纪,继珠三角、长三角大展活力之后,才呈现日益强劲的增长势头。因此,早期学者们主要对珠三角、长三角的比较分析的研究较多,2000年之后对三大区域经济比较的文献才日益多起来。

**1. 长三角、珠三角在全国的经济地位及发展趋势比较**

戈晓宇(1995)认为长三角相当于一个日本的规模,珠三角只是与台湾地区接近,因而得出珠三角的发展只具有区域性的效力,长三角的发展则具有全局性的作用。王珺(1995)根据两个三角洲所处的地理位置及当时它们经济发展规模的不同,认为长三角对全国的影响力大于珠三角,其理论依据是珠三角地区远离中国的中原和内陆地区,它在全国范围内的战略地位基本上是区域性的;长三角是由把中国分成南北两部分的长江冲积而成,如果以上海为龙头的长江三角洲能够得到较快发展,那么,它对中国的南北两翼和以长江为纽带的中西部发展都会起到辐射与带动作用,因而长三角的经济发展具有全国性的意义。孙祖培(2003)在探讨长三角与珠三角区域整合的前景分析中指出,珠江三角洲整合的关键是与港、澳的互动,长江三角洲整合的关键是突破省际间壁垒,充分发挥长江黄金水道的运力。王益澄(2001)在比较两个三角洲经济活动的空间布局时指出,由于长三角在经济发展过程中的扩散作用一度强于集聚作用,因而其经济活动的空间分布,表现出了大范围的空间扩散特征;珠三角尽管其经济活动空间布局具有高度集中的特征,但鉴于在发展过程中对国际市场的倚重,其在国内市场的开拓上力量式微。这样的研究指出了在与国内其他区域经济发展的融合上,长三角要明显优于珠三角,长三角对全国其他区域的经济影响力要强于珠三角。张浩瀚(2003)在比较了长三角、珠三角的经济发展态势后认为,20 世纪 90 年代末以来随着长三角经济的强劲崛起,其在全国区域经济结构中有着突出的战略优势,因为长江三角洲处于沿海经济带与沿江经济带的交汇点上,通江达海,交通便利,对沿海、沿江乃至珠江三角洲及环渤海地区都有着带动和扩散的战略区位优势,理应成为中国经济发展的"主引擎"。

2. 珠三角、长三角经济体制比较

由于改革的政策起点、地理区位及体制环境等方面的差异,两个三角洲探索走向市场经济的具体道路和进程也表现出了不同的特点。走向市场经济具体道路和进程的不同,也决定和影响了两个三角洲在经济发展的其他方面的不同特色。

关于两个三角洲经济体制改革差异,张幼文做了较全面的论述(1997)。他将两个三角洲的差异归纳为六个方面:一是走向市场经济路径的差异,长三角是改革主导型,珠三角是开放主导型;二是市场发育起点的差异,长三角是自下而上探索型,珠三角是特殊政策激励型;三是市场运行的动力差异,长三角市场体制发育的动力是内生型的,珠三角市场体制发育的动力是外源型的;四是市场成分的结构差异,长三角是内外市场并重型的市场结构,珠三角的市场构成主要是外部市场;五是经济主体利益分配方式的差异,长三角对生产活动主体的激励主要为生产性激励,珠三角对生产活动主体的激励主要是交易性激励;六是生产主体的比重差异,长三角生产活动的主体主要是内资企业,而珠三角生产活动的主体主要是外资企业。

樊纲、张泓俊(2005)通过市场化指数与经济体制改革进程的相关分析,对两个三角洲市场化改革的进程进行了比较,从政府与市场的关系、非国有经济的发展、产品市场的发育、要素市场的发育、市场中介组织和法律制度环境五个方面比较了两大区域的市场化指数。其结论是,珠三角的市场化指数高于长三角的市场化指数,由此得出结论:人均 GDP 较高的珠三角在经济体制改革方面走在了长三角的前面。

3. 长三角、珠三角发展条件、发展模式的比较

关于发展条件与发展模式的比较一直是两个三角洲经济发展比较的重要内容。改革开放伊始,长三角与珠三角经济起飞时的发展条件存在着客观的差异,发展条件的差异也造就了两个三角洲各具特色的发展模式。

肖立见(1996)认为,长三角和珠三角经济发展条件优势十分明显,但不尽相同。长三角位于我国东部沿海开放带和长江产业带的结合部,通江达海优势突出,城市化程度高,人才资源丰富,科技和经济实力强大,发展潜力和后劲大;珠三角毗邻港澳,和海外众多华侨联系密切,对外开放和市场化程度高,对珠三角经济发展具有不可估量的作用。林承亮(2000)在比较两个三角洲的改革与发展时分析了两大经济区的不同发展条件,一是珠三角的体制环境要优于长三角,珠三角是中国最早获得区域倾斜性优惠政策的地区。二是相对于长三角,珠三角具有特殊的区位和禀赋条件,且较好地实现了内地经济体制改革与香港产业转移的结合。刘渊(2001)认为,与珠三角相比,长三角的劣势主要有两个,一是区域内部行政多头领导,协调困难,二是计划体制影响重于珠三角。樊纲、张泓俊(2005)依据改革开放前两地的工业企业总数量及工业总产值,指出改革开放初期长三角的工业基础要比珠三角实力雄厚得多。

唐文进、田蓓(2001)对改革开放后两个三角洲走向市场经济的制度创新模式进行了概括,认为长江三角洲地区是内生渐进式制度创新模式,是一种依靠系统内部变量的边际创新、边际演进,促进整个系统实现制度变迁的过程,其典型形式就是组织边际创新;珠江三角洲地区是外部变量引入型制度创新模式,是一种通过引入系统外部变量,打破系统原有均衡,加速整个系统的制度创新,实现制度变迁。樊纲、张泓俊(2005)在比较两个三角洲发展模式的差异时指出,长三角在发展模式上的特色是以发展乡镇企业和民营企业为突破口,选择走内向资本积累型区域经济发展模式。

4. 长三角、珠三角经济增长方式的比较

与全国其他区域相比,两个三角洲的经济发展速度和发展水平一直处于领先地位。在经济发展中的领先地位的取得与它们推动经济增长的方式是密切相关的。从总体来说,到日前为止两个三角洲的经济增长方式仍然属于粗放型的,即经济增长的动力主要是依靠自然资源、土地、资本等生产要素的投入,同时,两个三角洲在地理区位、经济结构、经济外向化程度、人文资源等方面的差异,也导致了它们粗放型的增长方式表现了各自的特色。

张捷(1996)在比较两个三角洲的经济增长方式时认为,两个三角洲同是投资推动型经济增长方式,但上海属于国有经济推动型,苏浙属于民营经济推动型,广东则是外商投资推动型。由此他指出,两个三角洲在实现"两个转变"的过程中所需解决的课题和侧重点不尽相同:上海面临的主要任务应是加快体制改革步伐,重点是搞好国有大中型企业的改革,促进市场机制的发育,通过体制转变来推动经济增长方式的转变;与上海相比,苏、浙、粤则应把重点放在结构的调整和优化上,通过对市场结构、产业结构、企业组织结构等方面的调整和升级,促进经济的集约化和提高经济增长的质量。

靖学青(2003)认为,在将来的经济发展中,两个三角洲应在不断提高农业素质和现代化水平,不断提高第二产业技术装备和科技含量的同时,顺应产业结构变动趋势,积极推进第三产业发展,逐步提高第三产业的份额,以发挥其经济发展中的结构效应。何锦添(2004)认为,从长三角和珠三角经济发展来看,其增长源各有所重:长三角以投资拉动经济,珠三角主要以出口拉动经济。

刘渊、马庆国(2004)通过与珠江三角洲的比较分析,认为长江三角洲地区跨世纪的发展战略是实施知识产业战略,以知识产业作为新的经济增长点,力求尽快地把长江三角洲的经济增长建立在知识的生产、传播和使用的基础之上,带动全国走向知识经济。李德水(2005)在充分肯定两个三角洲经济发展成就的基础上认为,两个三角洲为了保证经济的持续健康发展,必须把发展思想统一到树立正确的发展观和政绩观上来。否则,光有发展的愿望,而无科学的态度,发展势必难以为继。

5. 关于长三角、珠三角、环渤海三大区域的比较研究

随着区域经济合作的兴起,2004 年起,由景体华主编的中国区域蓝皮书每年均对长三角、珠三角、环渤海三大区域的发展做了专题研究。《2004—2005 年:中国区域经济发展报告》针对各大经济圈区域协调发展的现状分析、产业转移、产业协调进行了分析,提出长三角应着重于吸引外资、产业集群、制造业竞争力、服务业发展,珠三角应着重于经济一体化、外来劳动力、环境保护、制造业发展、区域合作。《2005—2006 年:中国区域经济发展报告》的主题是:长三角和珠三角如何在快速发展中迅速转轨,如何在建立创新型国家的过程中继续成为活跃的增长极;京津冀区域将以什么样的战略构思,激发出后发优势,改变我国区域发展"南高北低"的不平衡状况,开创我国区域经济协调发展的新格局。《2006—2007 年:中国区域经济发展报告》则重点关注点各区域

经济转型的态势和未来预期的走向。重点分析了各大区域板块经济转型的特点与走势;区域产业集群与城市群的形成及在经济转型中的作用;区域转型中的节能减排;区域转型与新农村建设。

在金融与投资方面,周国富(2006)从储蓄—投资转化的角度对东南沿海、长三角和环渤海三大经济圈的经济增长路径作了一个比较。分析表明,尽管三大经济圈的储蓄率、储蓄投资转化率以及投资效率各有差异,但相对于内地而言,充分利用自有的储蓄资源、经济体制的市场化改革和金融市场的发育水平相对较高,无疑是促成三大经济圈经济高速增长的主要源泉。天津财经大学经济学院课题组(2007)对珠三角、长三角及环渤海金融圈发展进行了比较研究,通过对珠三角、长三角及环渤海地区的综合经济实力进行比较,简要分析了三地区金融业的发展现状,最后利用经济地理学中的威尔逊模型测算出了三地区主要城市的金融辐射半径,得出结论:珠江三角洲、长江三角洲和环渤海地区的辐射区域依次增大,这主要是由于三区域的地域范围不同。三区域之间的金融互动能力较差,也就是说,三区域的金融辐射还只是对本区域内的城市产生影响,对其他区域基本上没有影响,这一点从图中可以很好地体现出来。应该说,这三个经济区域之间的金融资源竞争还是很激烈的。因此,如何加强这三个经济区域的金融合作、取长补短,建立良性的竞争模式,避免地方保护行为是当前面临的一个问题。

在区域经济发展阶段方面,陈耀(2003)则对三大经济圈的发展特征及前景进行了研究。陈立杰(2005)分别从竞争力、动力机制、增长源泉、科技等方面进行了详细的阐述,从"错位发展"战略和内生与外生增长模式两个方面给出了借鉴意义。陈维、游德才(2007)对珠三角、长三角和京津冀区域经济发展阶段及制约因素进行了比较分析,将能源消耗、土地资源、外贸依存度等方面作为三大区域发展的主要制约因素,并选取能耗指标(单位 GDP 能耗、单位 GDP 电耗和单位工业增加值能耗)、人均耕地面积、外贸依存度等指标加以比较和分析,得出结论:在能耗上,珠三角都处于最低水平,其次是长三角区域,京津冀位居最末;外贸依存度上珠三角区域外贸依存度和出口依存度为最高,长三角次之,京津冀最低;土地资源方面,珠三角区域土地资源稀缺程度最高,其次是长三角区域,京津冀区域最低。面对这些制约因素,陈维、游德才提出,长三角地区要通过积极培育在全球市场具有影响力的本土龙头企业、积极引进跨国公司集聚、积极发展壮大民营企业的"三管齐下、三力组合"策略,提升长三角区域经济的全球影响力和竞争力;珠三角地区一方面要继续保持劳动密集型产业的竞争能力,同时需要进一步提高企业自主研发能力,加快出口加工产业的产品结构升级,提升区域出口加工产业的国际竞争能力;京津冀地区应立足北京的自主创新和人才优势、天津的新开发开放优势、河北的资源劳动力和空间优势,以克服各自局限,放大组合优势。

在产业集聚方面,殷德生、唐海燕(2007)以中国三大经济圈为例对中国制造业集聚的决定因素进行了实证分析。结果表明,环渤海地区制造业集聚的显著影响因素有技术外部性、内部规模经济和本地市场效应;长三角地区制造业集聚的显著影响因素不仅包括内部规模经济和本地市场效应,而且还包括经济开放因素;影响珠江三角洲地区制造业积聚的显著因素有地理因素和内部规模经济因素。

在引进外资方面,傅强、周克红(2006)分析了长三角、珠三角、京津冀经济圈三大经济圈利用外国直接投资的区域差异,并对利用外资与区域产业结构调整之间的关系进行了相关性检验和实证分析,结果表明:三大经济圈实际利用FDI差异变化平稳,区域内差异显著大于区域间差异;实际利用FDI对三大经济圈产业结构的调整都有积极的长期影响,都是促成该区域产业结构调整的重要因素之一,但这种影响在长三角的表现要强于其他两大经济圈。毛新雅(2007)采用UNCTAD世界投资报告中FDI流入量占固定资产形成总额的比例、FDI存量与GDP的比值以及人均FDI流入量等指标,测算了三大都市圈利用FDI的相对规模。研究发现:(1)三大都市圈利用FDI的相对规模水平总体而言高于全国水平;(2)尽管2001年以来,长三角每年实际FDI流入量已远超过珠三角,但以相对规模指标衡量,珠三角FDI在经济总量和投资中的地位较长三角更为重要;(3)与珠三角和长三角相比,首都圈相对于经济总量和投资的重要性尚不突出;(4)在世界范围以人均FDI流入量考量,中国三大都市圈还需进一步扩大利用FDI的规模。

在国际竞争力方面,李想(2006)采用瑞士洛桑国际管理发展学院的国际竞争力评价指标体系,对我国三大经济圈的国际竞争力进行测度和比较。评价结果表明,三个经济圈在总共 63 个经济体中处于中上游。三个经济圈相比,长三角竞争力最强,珠三角居中,京津冀竞争力最弱。在要素层面上,长三角在经济运行、政府效率和基础设施三方面具有优势,珠三角在商务效率方面具有优势,京津冀在要素层面不存在优势。在子要素层面上,长三角在国内经济、国际投资、就业、公共财政、体制结构、商业立法、社会机构、生产率、劳动市场、基本设施、健康与环境方面具有优势,珠三角在国际贸易、金融服务、管理水平、价值观和技术方面具有优势,京津冀在消费价格、财政政策、科研和教育方面具有优势。

### (三) 简要评价

无论对于三大经济圈各自的发展,还是对三大经济圈的比较分析,国内学者已从不同角度进行了深入研究。但目前为止,从产业研究的视角切入,对三大经济圈进行实证分析、测度各经济区域产业结构的合理化、高度化以及产业空间布局的非均衡状态等方面的研究尚属空白。区域产业发展是区域经济发展的重要基础,因此,从产业研究的视角进行区域经济比较研究具有重要的意义。

## 第四节　研究思路

下面从研究视角、研究框架、研究方法,以及研究的创新与不足之处等几个方面介绍本书研究的基本思路。

### 一、研究视角

本书研究应区域经济一体化发展的大趋势,基于我国长三角、珠三角和环渤海三大经济圈比较的视角,放眼世界,立足国家战略和区位优势,研究的核心和最终落脚点在于提出上海产业发展的宏观战略和相应对策。

### 二、研究框架

本书研究从逻辑框架上主要分为三大部分:第一部分是研究综述,第二部分是三大经济圈的比较研究,第三部分是上海产业发展的对策研究。

第一部分的研究综述即指第一章导论,主要介绍本书研究提出的背景、研究的意义、基本的概念范畴、相关文献综述,以及研究的总体思路。

第二部分的上海及三大经济圈比较研究包括第二章、第三章和第四章。第二章是对上海及三大经济圈整体发展状况的比较研究,主要从三大经济圈的地理区位条件、经济发展状况,以及区域环境评价等几个方面展开比较分析。第三章是对上海及三大经济圈产业结构的比较研究,产业研究的核心问题就是产业结构的研究,因此,本章是比较研究的重点,我们分别从产业结构的合理化、高度化、专业化优势等几个角度分别展开了对上海及三大经济圈的产业结构比较研究。第四章是对上海及三大经济圈产业集聚与产业集群的比较研究,产业集聚与集群是区域产业比较研究中一个较为新兴的角度,我们分别对上海及三大经济圈产业集聚和集群的发展状况、发展特征等做了比较研究,尤其对上海及长三角产业集群的发展提出了相应的对策建议。

第三部分的上海产业发展对策研究包括第五章和第六章。第五章是上海产业发展的战略研究,我们基于第二部分比较研究分析的基础上,从三大经济圈的功能定位出发,提出了上海产业发展的整体战略,即上海产业发展的战略定位、战略目标和战略举措的系统思路。第六章是上海重点产业发展的对策研究,是在第五章整体战略的基础上,对上海急需重点发展的现代服务业、先进制造业、文化产业、生产性服务业、信息产业、装备制造业、都市产业,以及循环产业等提出了相应的发展对策建议。

## 三、研究方法

本书研究遵循了产业研究的范式,灵活地运用了定性与定量分析相结合的研究方法。由于本研究是基于比较研究的视角,在比较研究的过程中,我们广泛运用了各种定量分析指标和结构性的计量分析工具。比如,在产业结构的比较研究中,我们运用了霍夫曼系数、加工度化指标、产业结构水平系数的分析指标,还运用了区位商、偏差份额分析等结构性分析工具;在产业集聚的比较研究中,也采用了产业集聚系数、区位基尼系数等计量分析工具。

## 四、研究创新与不足之处

### (一) 研究创新之处

本书研究的创新之处主要体现在以下几方面:

（1）研究视角上的创新。从既有的研究看，专门针对三大经济圈的比较研究最近两年才刚刚成为热点，但多数都是基于它们整体经济发展状况的研究，专门从产业发展角度切入的深入、系统的研究并不多见，特别是从三大经济圈产业发展的比较研究出发，最终落脚到上海产业发展对策上的研究更是鲜见，因此，本书研究在视角的选择上是有所创新的。

（2）研究方法上的创新。研究过程中，我们遵循了产业研究的一般规律和范式，但同时也尽可能的针对三大经济圈区域产业比较研究的特殊性，设计特色化的研究方法和工具展开研究，尤其注重定量分析，比如偏差份额分析工具的运用、产业结构水平系数的设计、产业集聚系数的设计等等。

（3）研究观点上的创新。区域经济发展水平与区域产业分工和布局的协调是互为唇齿的依存关系，在区域经济一体化发展日益成为不可抵挡的趋势和潮流的背景下，区域内特定地区的产业发展定位和策略必须服从区域整体协调发展的内在需求，因此，对于特定地区产业发展的研究决不能按传统的模式仅仅针对自身地区产业演进的路径和发展现状做出，而必须拓展视野，全面考量，站在区域整体定位和区域间合理错位竞争的角度来思考。否则，就很容易造成区域内的同构化和同质化竞争（因为区位优势条件比较接近），致使资源浪费和效率低下，在内耗中滞缓本区域的整体发展，在全球化背景的竞争中落于下风。因此，上海的产业发展定位不仅仅是上海依据自身发展水平的产业发展定位，而且是立足于长三角整体协调发展的产业发展定位，是长三角在与珠三角、环渤海等主要经济圈错位发展、寻求各具特色发展模式的理性竞争中的产业发展定位，是长三角融入国家整体战略、积极参与全球化竞争的产业发展定位。

（二） 研究不足之处

我们感到，本书研究的不足之处主要体现在以下几方面：

（1）研究数据上的不足。本研究的比较分析，主要是依靠定量分析，因此对数据可靠性的要求很高，理论上来说，对三大经济圈的比较，最精确的数据口径应该是三大经济圈城市群的数据，但由于很多城市的统计数据收集困难，且数据口径的统一也存在很大难题，因此，我们只要采用相对便宜的做法，即直接采用省级数据，这样数据获得和数据口径上的问题比较容易解决，但精确性上必然受到一定影响,比较分析的准确性也可能出现一定的偏差。

(2)研究深度上不足。三大经济圈的产业比较研究,其实是一个相当复杂的大问题的研究,要在一个相对较短的时间内展开全面、深入的研究确实存在很大的困难。研究过程中,我们常有"心有余而力不足"之感。特别是由于资料的局限和调研的困难,有些问题未能做出更加深入的分析,比如三大经济圈产业集聚的内在动因和机理、三大经济圈产业效益的全面衡量和差异性比较、三大经济圈产业政策对产业结构调整的定量描述等。此类问题有待今后进一步研究。

# 第二章　上海及三大经济圈总体发展状况比较研究

本章将通过数据简要的比较分析上海及长三角经济圈、珠三角经济圈和环渤海经济圈的总体发展状况,选取区位条件和经济发展指标进行横向区域对比。同时还对三大经济圈的经济发展趋势做了初步研判。

## 第一节　上海及三大经济圈区位条件比较

长三角经济圈位于东海之滨;珠江三角洲位于中国大陆南部,华南、中南、西南地区对外联系的主要通道和我国的南大门;环渤海经济圈排列着辽东半岛、京津唐地区、河北东部沿海地区及整个胶东半岛,是华北、东北和北方内陆部分地区走向世界的门户。三大经济圈地理位置迥异,自然、经济及人文情况都具有鲜明的地域特色,本节将对三大经济圈进行简要的区位条件比较。

### 一、主要区位条件比较

本部分将从地理区位、基础设施、人力资源和科技实力、自然资源、及经济状况等五个角度对长三角经济圈、珠三角经济圈和环渤海经济圈进行区位条件比较。

#### (一) 地理区位状况比较

根据全国及各省市统计年鉴计算,从三大经济圈国土面积的比较可以看出,环渤海经济圈的国土面积最为广阔,约为 52.2 万平方千米,占全国面积的5.4%,大于长三角经济圈、珠三角经济圈的国土面积加总,长三角和珠三角国土面积分别为 21.07 万平方千米、17.98 万平方千米。

**表 2.1　三大经济圈国土面积比较(2006 年)**

单位:万平方千米,%

| 地　　区 | 全　　国 | | 长三角 | | 珠三角 | | 环渤海 | |
|---|---|---|---|---|---|---|---|---|
| 指　　标 | 面积 | 比重 | 面积 | 比重 | 面积 | 比重 | 面积 | 比重 |
| 国土面积 | 960 | 100 | 21.07 | 2.2 | 17.98 | 1.87 | 52.2 | 5.4 |

资料来源:根据《中国统计年鉴》(2007)、各省统计年鉴(2007)的相关数据整理。

1. 上海及长三角经济圈的地理区位状况

长三角经济圈位于中国的东海之滨,具有优越的地理区位。地势平坦,水网纵横,土壤肥沃,气候温润。长三角经济圈有大陆海岸线近千公里,长江优良岸线 600 千米,集"黄金海岸"和"黄金水道"于一体。长三角是连接国际市场和内陆市场的桥梁,对外可出海入洋与世界五大洲直接相连,对内溯江而上可直抵华中、深入西部、辐射全国,交通便利,腹地广阔。而长三角正好是两个辐射面的交汇点,这些有利的地理区位条件是促使长三角经济圈成为当今亚洲经济发展最有活力、最富裕的地区之一的重要因素。长三角占地面积为21.07 万平方千米,约占全国陆地面积的 2.2%。

上海作为长三角经济圈的中心城市,位于北纬 31 度 14 分,东经 121 度 29分。它北接长江,东濒东海,南临杭州湾,西接江苏、浙江两省。上海地处长江三角洲东部,位于全国南北海岸的中心,长江由此入海,交通便利,腹地广阔,地理位置优越,是一个良好的江海港口。全市面积 6 340.5 平方千米,占全国面积的 0.06%。

2. 珠三角经济圈的地理区位状况

珠江三角洲是我国重要的侨乡,也是我国最具发展活力、最有发展潜质的经济区之一。珠江三角洲位于中国大陆最南部,历来是华南、中南、西南地区对外联系的主要通道和我国的南大门。东邻福建,北接江西、湖南,西连广西,南临南海,毗邻港澳地区。

按整个广东省的口径计算,珠三角经济圈陆地面积为 17.98 万平方千米,约占全国陆地面积的 1.87%;其中岛屿面积 1 592.7 平方千米,约占全省陆地面积的0.89%。全省沿海共有面积 500 平方米以上的岛屿 759 个,岛屿数量仅次于浙江、福建两省,居全国第三位。全省海岸线长 3 368.1 千米,居全国第一位。

3. 环渤海经济圈的地理区位状况

环渤海经济圈排列着辽东半岛、京津唐地区、河北东部沿海地区及整个胶东半岛，整个海岸线长达 5 800 千米，是华北、东北和北方内陆部分地区走向世界的门户。环渤海经济圈对外与俄罗斯、蒙古、朝鲜半岛、日本列岛相邻，而且也连接着新的"欧亚大陆桥"；对内以华北、东北及中国北方内陆为广阔的腹地。整个地区面积为 52.2 万平方千米，占中国陆地面积的 5.4%。

(二) 基础设施状况比较

交通运输网对于一个经济圈来说，是极为重要的。它影响着整个经济圈的集聚效应，增强城市之间的建设，影响整个经济圈的产业效益及竞争力的重要因素。总体来说，三大经济圈的交通体系在近年来得到了快速发展，而各个经济圈也各具优势。

在公路、铁路方面，长三角经济圈处于领先地位，在 2010 年即将形成的"三小时都市圈"，将进一步促进经济圈内合作，加快产业一体化进程。珠三角的公路网也正在逐步发展中，相对发展滞后的是环渤海经济圈，主要城市间的交通连接不畅通，铁路速度不快，高速公路堵车严重，这大大影响了经济圈内的经济共享和合作。

在航空方面，长三角依赖上海，江苏、浙江的航空运输发展远远落后于上海。珠三角的广州白云机场，吞吐量位于全国首位，环渤海中北京和天津也进行机场联合，促进了城市间生产要素流动，扩大城市间扩散效应。

在水运方面，发展最为成熟的是环渤海经济圈，大小港口有 40 多个。但是大力发展港口建设的同时，环渤海经济圈港口重复建设严重，资源并没有得到有效利用，也没有形成优势互补，反而港口之间竞争激烈，整体优势不明显。在长三角经济圈，与航空运输的情况类似，对作为世界第三大港口的上海的依赖度较高，同时浙江的宁波、舟山，江苏的连云港、张家港发展也较为迅速。珠三角主要依赖传统港口，如广州、深圳、珠海。

1. 上海及长三角经济圈的基础设施状况

世界级的国际大都市圈的发展经验说明，长三角经济圈要想冲刺"世界都市圈"，就必须实现经济圈内各个城市的互融互通。

(1) 根据"长三角都市圈高速公路网规划方案"，到 2010 年前后，长三角地区的城市均能纳入核心城市上海的"三小时都市圈"。到 2006 年末,长三角公路通车历程约为 23.27 万公里,高速公路通车里程约 6 381 千米,大约是全国平均水平的 5 倍。长三角铁路运营里程约为 3 204.9 千米,预计到 2010 年,长三角经济圈将建成新线 4 221 千米。

(2)长三角经济圈中,航空设施发展最为成熟的当属上海,上海 2006 年完成的旅客吞吐量达 2 309.42 万人次,总量几乎和江苏、浙江两省加总的旅客吞吐量持平。江苏、浙江两省虽绝对值并不大,分别为 825.5 万人次及 1 688.9 万人次,但其发展速度都在 20% 以上。

(3)长三角内港口发展速度较快,上海做为国际航运中心,2006 年上海港货物吞吐量达到 5.37 亿吨,比上年增长 21.3%,位居世界第一大港,全年港口集装箱吞吐量达到 2 171.9 TEU,位居世界第三。江苏、浙江两省的货物吞吐量也增幅较大,同期增长 10% 以上,分别达到 8.06 亿吨和 5.1 亿吨。其中集装箱吞吐能力分别为 427 万 TEU 和 751.9 万 TEU。但区域内并没有形成港口间相互合作。

2. 珠三角经济圈的基础设施状况

(1)珠三角公路发展水平较高,已初步建立起较为发达的公路网,公路基础设施具有较强的竞争力。珠三角公路通车里程约 11.72 万千米,高速公路通车里程约 3 345.07 千米。珠三角铁路运营里程约为 1 913.33 千米,已有京广、京九、广三和广深等 4 条铁路经过,其中京广铁路和广深铁路已实现电气化,广深铁路是全国第一条准高速铁路。

(2)珠三角经济圈中举足轻重的机场共有 3 个,分别是广州白云国际机场、深圳机场和珠海机场,其中广州白云国际机场的客、货吞吐量均列全国前茅。珠三角广州、深圳、珠海 3 个机场旅客吞吐量达 4 536 万人,占整个经济圈的 97%。

(3)珠三角地区港口发展速度快,广州、深圳、珠海港为全国沿海主要港口,集疏运条件不断完善,全年完成总吞吐量占全省总量的 75.6%,达 6.3 亿吨;集装箱吞吐量占全省总量的 91.3%,达 2 915 万 TEU。

3. 环渤海经济圈的基础设施状况

环渤海经济圈基本形成较为完善的交通网络。

(1)该经济圈是全国铁路网和公路网密度最高的地区,公路通车里程约

4.78万千米,高速公路通车里程约8 766千米。环渤海铁路运营里程约为14 209.9千米,主要铁路干线网络已经形成五纵五横的格局,其中北京铁路枢纽是全国铁路网的中心。环渤海经济圈铁路大动脉,目前也已经完成了一大半。

（2）环渤海经济圈中北京是全国航空线的交汇中心,也是我国通往世界大城市航空线的交汇中心,这对环渤海经济圈加强同全国其他地区和世界的联系具有重要意义。经济圈内,首都国际机场和天津滨海国际机场联合,率先实现了中国民航跨区域机场整合。

（3）环渤海作为全国港口的密集区,开始出现港口群内部的合作。经济圈已经形成以天津为核心,以大连、秦皇岛、青岛等港口为支撑的海运网。环渤海经济圈2006年的吞吐量已经达到35 170万吨,吞吐量超过100万吨的港口有11个,万吨级泊位数占全国的45%,是我国粮食、原油和煤炭的净出口物资的中转基地,承载了我国沿海外贸运输量总量的一半以上。

### （三）人力资源和科技实力状况比较

人力资源成为现代社会和组织的战略资源,它是一种能动资源,即它在经济和管理中起主导作用和处于中心地位;它发起、使用、操纵、控制着其他资源,使其他资源得到合理、有效的开发、配置和利用。科学技术是第一生产力,掌握现代科学技术的知识分子和技术工人的作用不断增强,日益成为生产力发展中第一位的人力资源,因此,科技实力直接关系到经济圈的持久发展和竞争力。

现将三大经济圈相比较,如表2.2所示,在人力资源方面,环渤海经济圈为三大经济圈中最有优势,长三角经济圈也相差不多,均在全国前列,而珠三角经济圈却落后于全国平均水平。科技实力方面,长三角经济圈在增强自主创新能力领先于其他两大经济圈,而珠三角经济圈和环渤海经济圈的科技实力持平。

表2.2　三大经济圈教育与科技实力状况（2006年）

| 指　　标 | 三种专利申请受理量(项) | 三种专利申请授权量(项) | 平均每万人口在校大学生(人) |
|---|---|---|---|
| 长三角 | 142 289 | 66 922 | 174 |
| 珠三角 | 90 886 | 43 516 | 108 |
| 环渤海 | 81 178 | 34 326 | 177 |
| 全　国 | 470 342 | 223 860 | 132 |

数据来源:根据《中国统计年鉴》(2007)、各省市统计年鉴(2007)的相关数据整理。

1. 上海及长三角经济圈的人力资源和科技实力状况

长三角经济圈是中国经济最发达的区域,一方面,长三角经济圈拥有 244 所高等学校,且学校建设以"985 项目"和"211 工程"为核心推动。另一方面,长三角经济圈每万人拥有在校人数为 174 人,和拥有最多高校数的环渤海经济圈的指标相差无几。

2006 年全国国内专利申请量、授权量分别为 470 342 项、223 860 项,分别比 2005 年增长 22.8%、30.4%。长三角经济圈在专利申请量和专利授权量均走在前列,分别为 142 289 项和 66 922 项,分别占全国的 30.2%和 29.8%,呈现出专利授权量和发明专利授权双增长的好局面,上海在技术合同额、发明专利权优势明显,浙江在实用新型、外观设计授权方面实力最强,江苏在专利申请数量上显示出了巨大实力。

2. 珠三角经济圈的人力资源和科技实力状况

珠三角经济圈的人力资源状况相对较差。一方面,珠三角经济圈拥有 105 所高校,远低于其他两个经济圈。另一方面,珠三角经济圈每万人拥有在校人数为 108 人,低于全国平均的 132 人。

2006 年,该经济圈拥有三项专利申请数与授权数分别为 90 886 项和 43 516 项,各自占全国比重的 19.33%和 19.44%。尽管在专利申请数上,珠三角并没有显著优势,但其专利数授权量占全国比重高于其申请量占全国比重,说明其在专利成功率上具有优势。

3. 环渤海经济圈的人力资源和科技实力状况

环渤海经济圈有着十分丰富的人力资源。一方面,环渤海经济圈拥有 399 所高校,和其他两个经济圈相比,数量最多。另一方面,环渤海经济圈普通高等学校的在校学生数也是全国之最。2006 年,环渤海经济圈每万人拥有在校人数为 177 人,明显高于全国平均的 132 人。

2006 年,该经济圈拥有三项专利申请数与授权数分别为 81 178 项和 34 326 项,各自占全国比重的 17.26%和 15.33%。尤其是北京、天津拥有大量的研发与创新机构,高科技园区林立,专业配套齐全。环渤海雄厚的人力资源与科技实力,使该经济圈向高科技领域发展提供了可靠的保证。

### (四) 自然资源状况比较

**1. 上海及长三角经济圈的自然资源状况**

长三角经济圈总面积占全国国土面积的 2.1%，总耕地面积为 4 973.78 万公顷，江南地区是历史悠久的鱼米之乡。但受工业化进程和自然原因影响，耕地流失的情况较为严重，且耕地质量不断下降。

长三角经济圈内河湖众多，水网密布，主要江苏的湖泽湖、太湖、骆马湖和浙江的杭州西湖、绍兴东湖、嘉兴南湖等湖泊，除淮河、长江、钱塘江、京杭大运河等重要河流外，还有江苏的秦淮河、新沭河，浙江的瓯江、灵江、南江、飞云江等水系。

长三角的矿产资源主要分布于江苏、浙江两省。上海基本无一次常规能源。江苏矿产资源分布广泛，已发现的有 120 种，能源矿产主要有煤炭、石油和天然气。黏土类矿产、建材类矿产、化工原料、冶金辅助原料和特种用途矿产是江苏矿产资源的优势，其中方解石、泥石灰、凸凹棒石黏土等矿产的保有储藏量列全国第一位。浙江省矿产资源以非金属矿产为主，石煤、明矾石等储量居全国首位，萤石居全国第二。

生物资源较为丰富。江苏、浙江两省的野生植物资源品种繁多，江苏有维管束类植物 2 400 多种，野生脊椎动物种类（除鱼类）584 种，占全国的 23.5%，鸟类 448 种，占全国的 36%。浙江森林覆盖率达 59.4%，居全国前列。上海位于东海、黄海、长江三水交汇处，水产资源有 700 多种，十分丰富。

**2. 珠三角经济圈的自然资源状况**

广东省土地总面积 17.8 万平方千米，是全国陆地总面积的 1.85%。地势北高南低海陆兼备，地貌类型复杂，海岸曲折，港湾众多，沿海滩涂丰富。大陆岸线 3 368.1 千米，居全国各省区第一，是个多轮回造山区，地质构造运动和岩浆活动频繁。地貌类型中，丘陵山地占全省土地面积的 62.43%，平原盆谷地面积占 23.44%。

广东的水资源主要来自降雨。全省人均水资源 3 044.8 立方米，耕地亩均水资源 4 807.1 立方米，均高于全国平均水平。广东水资源总量虽然丰富，但由于时空分布不均，不少地区存在明显缺水矛盾。同时，广东水力资源不甚丰富，全省水力资源理论蕴藏量为 1 072.8 万千瓦，仅占全国的

1.6%。

广东是全国具有丰富矿产资源的省份之一。目前已找到的矿产有116种,其中探明储量的有82种,产地1300多处,其中大中型矿床占30%。广东矿产储量居全国前五位的有34种,其中居第一位的有高岭土、泥炭、冶金用脉英石、水泥用粗面石、锗、碲等;居第二位的有铅、铋、银、油页岩、玻璃用砂等;居第三位的有锡、铌、钽、硒、冰洲石、玉石等;居第四位和第五位的有硫铁矿、压电水晶、陶瓷土、稀土、锌、汞等。但作为主要能源和燃料的煤炭资源相当短缺,全省探明储量9亿吨,保有储量6亿多吨,矿床规模也不大。

广东是全国野生动植物最繁盛的地区之一。据不完全统计,全省陆地野生动物有700多种,其中哺乳类100多种,鸟类500多种,两栖类80多种。国家一级保护动物有华南虎、云豹、梅花鹿、蟒等18种,国家二级保护动物有穿山甲、猕猴、白鹇等46种。还有国家一级保护物种中华白海豚等多种水生动物。此外,广东昆虫种类甚多,仅是天敌昆虫就有600种以上。

### 3. 环渤海经济圈的自然资源状况

环渤海地区的土地面积52.2万平方千米,占中国国土面积的5.4%。海陆兼备、地理单元完整统一,周边地势较高逐渐向渤海倾斜,地貌类型复杂多样。

环渤海地域有多条大河汇入渤海:辽河、滦河、海河、黄河等。渤海湾西岸是中国典型的淤泥质海岸带。

自然资源非常丰富,特别是能源和矿产资源在我国沿海地区是得天独厚的。环渤海地区石油储量非常丰富,从辽河平原一直到华北平原,是一个断陷地带,这个地带内已经查明是石油蕴藏的富集地区。现有华北、胜利、大港、中原四个油田,产量仅次于大庆居全国第二位。渤海是一个中、新生代沉降盆地,埋藏着丰富的油气资源,现已探明渤海湾石油储量达6亿多吨。环渤海地区的矿产资源储量之多与种类之广,是中国其他沿海地区所没有的。主要矿产资源在全国占有主要地位。如2004年探明各类矿藏资源基础储量中,铁矿资源占全国的53.7%,铜矿资源占62.2%,而菱镁矿资源占99.9%。

渤海是我国最大的内海,水域南北长480千米,东西宽346千米,海岸线长5 700千米。水域面积8.27万平方千米,平均水深19米。是我国最大的内海,素有"天然鱼池"之称,盛产多种鱼、虾、贝类水产品,还有丰富的其他海洋资源。

### (五) 经济状况比较

三大经济圈是我国经济最为发达的地区,是我国三大经济"增长极"。三大经济圈的GDP、全社会固定资产投资、社会消费品零售额、进出口以及实际利用外资之和均占到全国的50%以上。其中,GDP在2000年比重为51.66%,2006年增长到61.26%。我国进出口尤其主要集中在这三大经济领域,2000年三大经济圈进出口比重为87.35%,2006年达到88.76%。

综合来看,各经济圈的总体经济指标各有优势。环渤海GDP占全国比重最大,2006年达到了26.19%,说明其经济规模总量最大,长三角次之,占到22.65%,而珠三角(广东)最小,只有12.43%。三大经济圈的进出口额增长速度均较快,2006年较2000年增长倍数都在2倍以上;其中长三角增长最快,达到了4.1倍,环渤海次之,为2.31倍,珠三角稍慢,为2.1倍。但从进出口占全国比重看,珠三角2000年占全国比重最大,达到了35.86%,长三角略小,环渤海比重最小;但到2006年,广东进出口比重已经让位于长三角,广东和环渤海进出口比重都有所下降,而长三角同期进出口增长迅猛。从全社会固定资产投资规模看,环渤海比重最大,长三角紧随其后,广东最小。长三角财政收入的比重最大,这意味着长三角以小于环渤海的经济规模创造了较大的财政收入,经济效率较高,税收力度较大。社会消费品零售额环渤海比重最大,长三角次之,广东最小。广东在2000年时,该比重仍然位列第一,达到了35.8%,但2006年该比重下降为25.63%,同时,长三角和环渤海上升很快,长三角比重已经达到48.41%,环渤海的比重也超过了广东。从实际利用外资的情况看,珠三角作为我国开放最早的地区,外资经济起步最早,因此,2000年利用外资占全国的比重最高,达到35.8%,但最近几年几乎没有什么增长,到2006年仅提高了0.22倍;而同期长三角和环渤海的引进外资却取得了较快的增长,分别提高了1.5倍和1.7倍,占全国的比重也均超过了珠三角,特别是长三角占了全国的近一半。

### 1. 长三角经济圈的经济状况

近年来,长三角 GDP 占全国比重在不断上升,2000 年至 2006 年,其 GDP 增长了近 1.5 倍,占全国 GDP 的比重也提高了 3.33 个百分点,达到 22.65%。全社会固定资产投资 2000 年至 2006 年增长了 2.18 倍,但低于全国平均增长率,由 2000 年占全国比重 20.63% 降为 2006 年的 19.6%。财政收入增长了 2.54 倍,占全国比重提高了 2.16 个百分点,达到 11.69%。社会消费品零售额增加了 1.31 倍,占全国比重提高了 3.1 个百分点,达到了 20.04%。进出口和实际利用外资增长很快,其中进出口增长了 4.07 倍,实际利用外资比重由 27.5% 增长到 48.12%。

表 2.3 长三角各项经济指标与全国比重(2000—2006 年)

| 指标 | 长三角 | | 增长倍数 | 占全国比重(%) | |
|---|---|---|---|---|---|
| | 2000 年 | 2006 年 | 2006/2000-1 | 2000 年 | 2006 年 |
| 地区生产总值(亿元) | 19 170.220 | 47 753.960 | 1.491 | 19.32 | 22.65 |
| 全社会固定资产投资(亿元) | 6 789.300 | 21 559.400 | 2.175 | 20.63 | 19.60 |
| 财政收入(万元) | 12 764 619.000 | 45 309 606.000 | 2.550 | 9.53 | 11.69 |
| 社会消费品零售额总计(亿元) | 6 625.200 | 15 308.900 | 1.311 | 16.94 | 20.04 |
| 进出口(万美元) | 12 817 700.000 | 65 064 419.000 | 4.076 | 27.03 | 36.96 |
| 实际利用外资(万美元) | 1 119 830.000 | 2 835 083.000 | 1.532 | 27.50 | 48.12 |

资料来源:根据《中国统计年鉴》(2007)的相关数据整理。

### 2. 珠三角经济圈的经济状况

由于本文的珠三角经济圈,是指广东省全省。广东作为单独的一个省,GDP 占全国比重较小,但上升幅度很快,2006 年较 2000 年增长了 1.71 倍,2000 年比重为 9.74%,2006 年增长到了 12.43%。全社会固定资产投资 2000 年至 2006 年增长了 1.54 倍,低于全国平均增长率,由 2000 年占全国比重 9.55% 降到 2006 年的 7.25%。财政收入增长了 1.39 倍,比重由 2000 年的 6.8% 下降到 5.62%。社会消费品零售额比重增长了 1.52 个百分点,达到了 11.93%。进出口增长较快,增长了 2.1 倍,但低于同期的全国平均增长速度,占全国的比重由 2000 年的 35.86% 下降为 29.95%;实际利用外资增长速度很低,比重由 35.8% 下降到 25.63%。

表 2.4　珠三角各项经济指标与全国比重(2000—2006 年)

| 指　　　标 | 珠　三　角 | | 增长倍数 | 占全国比重(%) | |
|---|---|---|---|---|---|
| | 2000 年 | 2006 年 | 2006/2000-1 | 2000 年 | 2006 年 |
| 地区生产总值(亿元) | 9 662.23 | 26 204.47 | 1.71 | 9.74 | 12.43 |
| 全社会固定资产投资(亿元) | 3 145.13 | 7 973.40 | 1.54 | 9.55 | 7.25 |
| 财政收入(万元) | 9 105 560.00 | 21 794 608.00 | 1.39 | 6.80 | 5.62 |
| 社会消费品零售额总计(亿元) | 4 071.90 | 9 118.10 | 1.24 | 10.41 | 11.93 |
| 进出口(万美元) | 17 009 888.00 | 52 719 910.00 | 2.10 | 35.86 | 29.95 |
| 实际利用外资(万美元) | 1 457 466.00 | 1 780 780.00 | 0.22 | 35.80 | 25.63 |

资料来源:原始数据来源《中国统计年鉴》各年,笔者整理。

### 3. 环渤海经济圈的经济状况

环渤海 GDP 占全国比重较大,而且在不断上升,2000 年比重为 22.6%,2006 年增长到了 26.19%,增长了 1.46 倍。全社会固定资产投资增长较快,2000 年至 2006 年增长了 2.65 倍,高于全国平均增长率,由 2000 年占全国比重 22.81%增长到 2006 年的 24.9%。财政收入增长了 1.91 倍,比重基本不变,由 2000 年的 11.1%增长到 11.69%。社会消费品零售额比重增长了 3.1%,达到了 20.04%。进出口增长较快,增长了 2.31 倍,但低于同期的全国平均增长速度,占全国的比重由 2000 年的 24.47%下降为 21.85%;实际利用外资比重由 24.3%增长到 38.41%。

表 2.5　环渤海各项经济指标与全国比重(2000—2006 年)

| 指　　　标 | 环　渤　海 | | 增长倍数 | 占全国比重(%) | |
|---|---|---|---|---|---|
| | 2000 年 | 2006 年 | 2006/2000-1 | 2000 年 | 2006 年 |
| 地区生产总值(亿元) | 22 418.58 | 55 218.37 | 1.46 | 22.60 | 26.19 |
| 全社会固定资产投资(亿元) | 7 506.97 | 27 388.10 | 2.65 | 22.81 | 24.90 |
| 财政收入(万元) | 14 866 720.00 | 43 286 577.00 | 1.91 | 11.10 | 11.17 |
| 社会消费品零售额总计(亿元) | 8 187.30 | 18 586.50 | 1.27 | 20.94 | 24.32 |
| 进出口(万美元) | 11 603 575.00 | 38 463 350.00 | 2.31 | 24.47 | 21.85 |
| 实际利用外资(万美元) | 989 225.00 | 2 689 222.00 | 1.72 | 24.30 | 38.41 |

资料来源:原始数据来源《中国统计年鉴》各年,笔者整理。

## 二、区域环境综合评价

### (一) 区域环境评价指标体系介绍

区域环境是直接或间接影响投资者投资行为和结果的各种条件和因素

的总称。一般包含地理区位、自然资源、基础设施、原材料供应、市场化程度、竞争状况、人力资源、信息渠道、资金融通、纳税负担、社会服务、经济政策、法律法规、社会秩序、政治形势等条件与因素,涵盖经济、社会、政治、文化、法律、自然等方面。针对不同的目的,对投资环境的评价可以有多角度和多方法,对评价指标的选择和权重的确定也各不相同。本文将结合应望江教授《中国区域投资环境评价 2006》取 8 个大类指标来评价三大经济圈区域投资环境。

八大类指标分别是基础设施、人力资源、技能和技术存量、税收负担、商务经营成本、经济发展情况、市场状况及外资参与。基于经验和相关研究结果,根据八大类指标的重要性差异,对八大指标分别赋予了一定的权重,具体见表 2.6。八大类指标均为一级指标,其下分别包含若干二级指标,这些二级指标同样按照其相对重要性,在对应的一级指标下被赋予了一定的权重。

（二） 各经济区域环境分析

根据应望江教授的《中国区域投资环境评价 2006》,我们得到了长三角、环渤海和珠三角各省市的区域投资环境得分情况,然后计算各省市 GDP 占其经济区域的比率,将此结果作为权重与修正总得分相乘,计算出各省市"按修正总得分",再加以汇总,得到该经济区域的总得分,如表 2.7 所示。

可以看到,投资环境的综合得分,珠三角排名第一,长三角名列第二,环渤海在三个区域中排名第三。总体来看,珠三角的整个投资环境是相对具有竞争优势的,长三角的投资环境略低弱于珠三角,环渤海相比较而言,投资环境较差。

（三） 长三角各省市区域环境分析

长三角主要包括上海市、江苏省和浙江省。应望江的《区域投资环境评价 2006》表明,长三角各省市投资环境均排在全国前列。综合得分,上海当之无愧地位列第一,其中基础设施、技能和技术存量、商务经营成本和经济发展等水平很高,但税收负担、市场状况和外资参与情况缺乏对投资的吸引力。江苏和浙江的投资环境分别排在全国第五、六位,总体环境劣于上海,江苏的市场状况和外资参与程度优于上海,江苏在税收负担、市场状况等方面比上海优势大。具体数据见表 2.8。

表 2.6 中国区域投资环境评价指标体系及指标权重分配

| 一级指标 | 一级指标权重 | 二 级 指 标 | 二级指标权重 |
|---|---|---|---|
| 基础设施 | 0.15 | 内部基本基础设施<br>对外基础设施<br>信息技术基础设施 | 0.35<br>0.35<br>0.30 |
| 人力资源 | 0.15 | 职工平均工资<br>劳动者报酬占生产总值的比重<br>企业在相关职业介绍机构登记招聘员工成功率 | 0.30<br>0.40<br>0.30 |
| 技能和技术存量 | 0.10 | 普通高等学校和中等专业学校在校学生数占人口比例<br>人均教育经费<br>技术市场成交额占地区生产总值比例<br>人均专利申请受理量 | 0.25<br>0.25<br>0.25<br>0.25 |
| 税收负担 | 0.10 | 企业所得税占国内生产总值的比例<br>企业生产税净额占国内生产总值的比例<br>税收的 GDP 弹性 | 0.50<br>0.20<br>0.30 |
| 商务经营成本 | 0.15 | 劳动力成本<br>固定资产投资价格指数 | 0.70<br>0.30 |
| 经济发展水平 | 0.20 | 人均地区国内生产总值<br>外商国际直接投资业绩指数<br>第三产业占国民生产总值比重<br>新经济指数 | 0.20<br>0.35<br>0.20<br>0.25 |
| 市场状况 | 0.10 | 社会消费品零售总额<br>批发零售贸易业商品销售总额<br>出口额 | 0.40<br>0.40<br>0.20 |
| 外资参与情况 | 0.05 | 实际外商投资额<br>外商投资企业年底注册登记情况 | 0.50<br>0.50 |

资料来源:应望江:《中国区域投资环境评价 2006》。

## (四) 环渤海各省市区域环境分析

环渤海主要包括北京、天津、河北、山东和辽宁等省市。由表 2.9 可以看到,各省市环境都处于中等偏上水平,北京排名全国第二位,仅落后于上海,基础设施、技能和技术存量经济发展水平很高,但税收负担、外资参与情况很差。天津的总体区域环境也很靠前,人力资源、商务经营成本得分很高,但税收负担、市场状况和外资参与情况比较差。辽宁、山东和河北分别排名全国第七、八、十三位,总体环境也高于全国平均水平。

表 2.7　各经济区域环境得分汇总

| 经济圈 | 地区 | GDP(亿元) | 比重 | 修正前得分 | 按权重修正得分 | 按权重修正得分汇总 | 排名 |
|---|---|---|---|---|---|---|---|
| 长三角 | 上海 | 10 366.37 | 0.22 | 100 | 21.71 | 79.78 | 2 |
| | 江苏 | 21 645.08 | 0.45 | 75.9 | 34.40 | | |
| | 浙江 | 15 742.51 | 0.33 | 71.8 | 23.67 | | |
| 环渤海 | 北京 | 7 870.28 | 0.14 | 89 | 12.69 | 70.41 | 3 |
| | 天津 | 4 359.15 | 0.08 | 82.6 | 6.52 | | |
| | 河北 | 11 660.43 | 0.21 | 57.8 | 12.21 | | |
| | 山东 | 22 077.36 | 0.40 | 69.1 | 27.63 | | |
| | 辽宁 | 9 251.15 | 0.17 | 67.9 | 11.38 | | |
| 珠三角 | 广东 | 26 204.47 | 1.00 | 83.9 | 83.90 | 83.90 | 1 |

资料来源:应望江.《中国区域投资环境评价 2006》。

表 2.8　长三角各省市环境得分汇总

| 地区 | 基础设施 | 人力资源 | 技能和技术存量 | 税收负担 | 商务经济成本 | 经济发展 | 市场状况 | 外资参与 | 总得分 | 修正总得分 | 全国排名 |
|---|---|---|---|---|---|---|---|---|---|---|---|
| 上海 | 100 | 88.6 | 92.4 | 36.7 | 100 | 100 | 56.1 | 54.4 | 84.5 | 100 | 1 |
| 江苏 | 58 | 72.2 | 41 | 40.7 | 83.8 | 70.9 | 57.6 | 79.5 | 64.2 | 75.9 | 5 |
| 浙江 | 56 | 75.9 | 49.9 | 38.8 | 78.1 | 61.2 | 61.6 | 37.8 | 60.7 | 71.8 | 6 |

资料来源:应望江.《中国区域投资环境评价 2006》。

表 2.9　环渤海各省市环境得分汇总

| 地区 | 基础设施 | 人力资源 | 技能和技术存量 | 税收负担 | 商务经营成本 | 经济发展 | 市场状况 | 外资参与 | 总得分 | 修正总得分 | 全国总排名 |
|---|---|---|---|---|---|---|---|---|---|---|---|
| 北京 | 92.1 | 78.5 | 100 | 37.7 | 81.8 | 90.5 | 45.1 | 20 | 75.2 | 89 | 2 |
| 天津 | 68.3 | 100 | 87.5 | 42.4 | 94.9 | 72.1 | 20.9 | 16.6 | 69.8 | 82.6 | 4 |
| 河北 | 41.4 | 82.3 | 19.9 | 69.2 | 78.3 | 34.6 | 22.7 | 8.9 | 48.8 | 57.8 | 13 |
| 辽宁 | 42.9 | 84.8 | 44.8 | 50.7 | 85.4 | 55 | 34.7 | 28 | 57.4 | 67.9 | 8 |
| 山东 | 39.4 | 89.9 | 27.9 | 57.8 | 84.9 | 52.6 | 50.5 | 43.6 | 58.5 | 69.1 | 7 |

资料来源:应望江.《中国区域投资环境评价 2006》。

（五） 三大经济圈的直辖市区域环境分析

我们将上海、北京和天津三个直辖市作为分析对象，考察他们在全国范围内的区域环境情况，上海、北京和天津的投资环境分别为全国第一、二和四位（见表 2.10）。

表 2.10　三个直辖市投资环境得分情况表

| 地区 | 基础设施 | 人力资源 | 技能和技术存量 | 税收负担 | 商务经营成本 | 经济发展 | 市场状况 | 外资参与 | 总得分 | 修正总得分 | 全国总排名 |
|---|---|---|---|---|---|---|---|---|---|---|---|
| 上海 | 100 | 89 | 92 | 37 | 100 | 100 | 56 | 54 | 85 | 100 | 1 |
| 北京 | 92.1 | 78.5 | 100 | 37.7 | 81.8 | 90.5 | 45.1 | 20 | 75.2 | 89 | 2 |
| 天津 | 68.3 | 100 | 87.5 | 42.4 | 94.9 | 72.1 | 20.9 | 16.6 | 69.8 | 82.6 | 4 |

资料来源：应望江：《中国区域投资环境评价 2006》。

可以看到，作为长三角的核心城市，上海市的综合环境最具竞争力。上海市经济的发展水平很高，基础设施、商务经营成本和经济发展位列全国第一，技能和技术存量也有优势，外资参与度也高于北京与天津，这使得上海对投资最具吸引力。但上海的税收负担、市场状况和外资参与度等排名较差。

北京是环渤海的经济、文化中心，区域环境的各项排名都较靠前，稍逊于上海。其中技能和技术存量、基础设施和经济发展等很具有吸引力。但人力资源、税收负担、商务经营成本、外资参与方面较为落后。

天津也是环渤海的重要城市，人力资源、商务经营成本等方面极具竞争力，税收负担方面也优于上海与北京。但基础设施、技能和技术存量、市场状况外资参与等方面比较差。

# 第二节　上海及三大经济圈经济发展状况比较

在初步对三大经济圈进行了区位分析的基础上，本节将基于 2006 年的具体经济指标对长三角经济圈、珠三角经济圈和环渤海经济圈及其中心城市的经济发展水平进行横向静态的对比。

## 一、经济总体发展水平比较

长三角经济圈、珠三角经济圈和环渤海经济圈的地区生产总值接近全国国内生产总值的 2/3,三大经济圈在中国的经济格局中具有核心的战略地位。长三角经济圈地理位置优异,自然资源丰富,经济实力雄厚,发展潜力巨大。整个经济圈的发展显示统筹、协同的趋势,城市间的联系更加紧密,各方面的合作不断深入,社会资源充分共享,以上海国际化大都市为龙头世界第六大城市群雏形初现,城市群独有的经济形态和发展优势逐步显现,对周边地区乃至全国的影响不断增强。珠三角经济圈依托改革开放前沿和毗邻香港的区位优势,整体经济实力较强,加工制造业尤其发达,是国内最具生机活力、经济增长最快的地区。环渤海经济圈拥有体系完备的老工业基地,同时高素质的人才聚集地,随着国家滨海新区开放战略的实施,京津作为环渤海经济圈的两大亮点,正努力打造引领环渤海经济圈、辐射东北和华北的北方第三增长极。

## (一) 三大经济圈比较

三大经济圈的地区生产总值占全国的 61%。2006 年长三角的地区生产总值达到 47 753.96 亿元,上海、浙江和江苏的地区生产总值分别达到10 366.37 亿元、15 742.51 亿元、21 645.08 亿元。珠三角的地区生产总值达到 26 204.47 亿元。环渤海的地区生产总值达到 55 218.37 亿元,同时广州的地区生产总值在全国占据首位。北京、天津、河北、辽宁和山东的地区生产总值分别为 7 870.28 亿元、4 359.15 亿元、11 660.43 亿元、9 251.15 亿元、22 077.36亿元。

长三角的人均 GDP 最多,达到 33 516.88 元/人。假定长三角的人均GDP 为 1,则长三角、珠三角和环渤海经济圈的人均 GDP 比值为 1∶0.85∶0.72;假定长三角的地均 GDP 为 1,则长三角、珠三角和环渤海经济圈的地均GDP 比值为:1∶0.64∶0.46。可见,无论按人口平均还是土地面积平均,长三角经济圈都是经济产出效率或集约化程度最高的区域,珠三角和环渤海依次递减。

为了考察和分析中心城市在经济圈中的地位和作用,本书研究引用了"首位城市首位度"的概念,以经济区域中经济总量居第一的中心城市与经济总量居第二的城市 GDP 比值来衡量首位城市首位度。表 2.11 显示了三大经济圈的首位城市首位度,长三角最高(3.01),依次是环渤海(1.81)和珠三角

(1.04)。长三角经济圈的首位城市上海在区域中心地位突出,辐射和带动区域增长能力强。环渤海经济圈的首位城市是北京,北京经济总量是第二位城市天津的1.8倍,从经济总量而言,北京的环渤海中心城市地位优势是比较明显的。而环渤海经济圈的首位城市是广州,其经济总量略高于深圳,首位度为1.04。这个数字大体可以认为珠三角经济圈是双核城市带动经济圈经济的模式。

表 2.11  三大经济圈总体发展情况指标(2006 年)

| 地　区 | 生产总值(亿元) | 人均 GDP(元) | 地均 GDP(万元/平方千米) | 首位度 |
|---|---|---|---|---|
| 长三角 | 47 753.96 | 33 516.88 | 2 266.01 | 3.01 |
| 珠三角 | 26 204.47 | 28 332.00 | 1 457.78 | 1.04 |
| 环渤海 | 55 218.37 | 23 989.78 | 1 048.97 | 1.81 |

资料来源:根据《中国统计年鉴》(2007)的相关数据整理。

长三角经济圈的特点是经济稳步发展,世界第六大城市带的规模初显。长三角经济圈两省一市的发展水平居于三大经济圈的首位,人均 GDP、地均 GDP 等各项指标都全面超越珠三角经济圈和环渤海经济圈。其中上海充分利用国际化大都市的地位,积极辐射区域,带动了长三角经济圈中江苏和浙江格局特色的发展,初步实现了长三角经济圈整体的协调共进。上海在长三角经济圈的中心城市地位突出,对经济圈的发展带动能力较强,综合经济功能的能量等级高。

珠三角经济圈的特点是经济发展成熟度高,泛珠三角区域合作在探索中前行。珠三角生产总值在三大经济圈中各项指标都居于中游,选取的中心城市广州首位度勉强超过 1,说明珠三角经济圈主要还是广州深圳两级拉动的模式。广州应该把握区域特色,以国际市场为导向更好地融入和带动珠三角的发展。目前珠三角也正在积极探索扩大广州深圳两级的辐射,更大程度实现区域平衡发展。

环渤海经济圈的特点是地域广、经济总量大,但区域差异度明显。三省两市范围最大,涵盖的人口最多。但人均 GDP 和地均 GDP 均位于三大经济圈较低的水平,具有较大的提升空间。北京基本发挥了区域龙头的作用,但目前集聚力仍是大于扩散力,辐射作用有待进一步增强,对于经济圈整体的作用和贡献度偏低。随着天津滨海新区战略的实施,有望通过京津两级发展,带动整体经济圈的发展。

### (二) 主要中心城市比较

三大经济圈首位城市的比较,经济总量最大的是长三角地区的上海,生产总值达到了 10 366.37 亿元;居于第二和第三的分别是环渤海首位城市北京和广州。北京的地区生产总值达到了 7 870.28 亿元,广州也达到了 6 073.83 亿元(如表 2.12)。

表 2.12　中心城市经济发展总体指标(2006 年)

| 地　区 | 生产总值(亿元) | 人均 GDP(元) | 地均 GDP(万元/平方千米) |
| --- | --- | --- | --- |
| 上　海 | 10 366.37 | 57 695.00 | 16 349.45 |
| 广　州 | 6 073.83 | 63 100.00 | 15 803.15 |
| 北　京 | 7 870.28 | 50 467.00 | 4 795.87 |

资料来源:根据《中国统计年鉴》(2007)相关数据整理。

上海经济的发展经历了两个重要历程:20 世纪 80 年代,改革开放相对滞后,经济社会发展相对缓慢;1992 年至今,改革开放领先,经济社会快速发展。1992 年以来上海一直保持着两位数的增长,高于全国平均水平 2~3 个百分点。上海人均 GDP 从 1981 年的 2 813 元激增到 2006 年的 57 695 元,增加了将近 20 倍,地均 GDP 达到三个城市的首位 16 349.45 万元/平方千米。

北京第三产业经历了四次跨越:2006 年第三产业地区生产总值达到 70%,是一个普遍被认可的发达国家第三产业占地区生产总值水平的标志性比例,目前美国是 75%,英国、法国、德国、日本等是 70%左右。上海和广州为 50.6%、57.6%,而我国全国平均水平是 40%以上。北京 1994 年第三产业占生产总值的比重首次超过了第二产业,达到 49%;1995 年三产比重突破 50%,占到了 52.4%;1998 年三产比重突破 60%,占到了 61.5%。北京服务业总体上保持着两位数的增长,占经济的比重年均提高 2 个百分点,直接推动了首都经济的快速发展、经济结构的优化和质量效益的提高。北京的第三产业正在成长为现代化国际大都市和新型工业化服务业的平台。除传统三产平稳发展外,新兴第三产业已经集聚起了足够的发展张力。

广州人均 GDP 超过了上海和北京,广州外向型经济总体水平较高。珠江三角洲地区充分发挥毗邻港澳的地缘优势和侨胞遍及世界各地的有利条件，以国际市场为导向，以国内市场为依托，推动外向型经济高水平、快速度发展。在改革开放的成果中，广州将和深圳辐射和带动珠三角的发展。

## 二、经济增长源比较

三大经济圈不仅是中国经济的主产区，也是经济增长最快的区域。目前，我国经济增长的主要决定因素为投资、消费和出口"三驾马车"的拉动。考察三大经济圈的相应数据，可以发现三大经济圈各自的增长源。

### （一）三大经济圈比较

长三角经济圈的最终消费支出和资本形成总额接近 1：1，最终消费支出、资本形成总额和货物和服务净流出比为 6.1：6.5：1。珠三角三者之比为3.5：2.5：1，环渤海地区为 8.9：9.5：1。长三角经济圈和环渤海经济圈的经济增长源相近，均是最终消费和资本形成所拉动。珠三角经济圈中货物和服务净流出相较其余两大经济圈，更大的支持了本地区的生产（见表 2.13）。

表 2.13　三大经济圈 GDP 的流向指标（2006 年）

| 地　区 | 地区 GDP 绝对值（亿元） | 最终消费支出 | | 资本形成总额 | | 货物和服务净流出 | |
| --- | --- | --- | --- | --- | --- | --- | --- |
| | | 绝对值（亿元） | 占 GDP 比重（%） | 绝对值（亿元） | 占 GDP 比重（%） | 绝对值（亿元） | 占 GDP 比重（%） |
| 长三角 | 47 753.96 | 21 521.31 | 45.07 | 22 733.77 | 47.61 | 3 498.88 | 7.33 |
| 珠三角 | 26 204.47 | 12 892.81 | 49.20 | 9 621.48 | 36.72 | 3 690.18 | 14.08 |
| 环渤海 | 55 218.37 | 24 597.77 | 44.55 | 27 683.14 | 50.13 | 2 937.46 | 5.32 |

资料来源：根据国研网数据整理。

长三角经济圈的经济增长源的特点是，消费和投资并行带动经济增长。经过长时间的发展，长三角经济圈内各项指标趋于成熟和稳定，主体特征是稳中渐进，保持高位运行。消费和投资对 GDP 贡献程度基本相同，共同居于领头羊位置。货物和服务净流出位于三经济圈的中游水平。2006 年在投资、外贸增幅连续走低的情况下，地区消费市场继续保持稳定增长，凸显其对维护经济可持续发展的强大能力。目前，投资和外贸仍在长三角地区的经济发展中占据重要地位，但依托大量资源开发和密集资本投入的粗放型经济增长方式开始显现负面效应。可以预见,在"十一五"期间,消费市场对经济发展的驱动力将不断增强,将成为推动经济增长方式向资源节约型、环境友好型和科技创新型转变的重要纽带。

环渤海经济圈的增长源是投资拉动增长,最终消费配合发展。目前在环渤海地区经济高速增长的同时,国内外资金也逐渐呈现出"北移"的趋势。尤其是滨海新区的开放战略实施后,引进外资的后发优势凸现。2006 年,天津引进国内资金较上年增长 27%。内资来源也更加集中,来自三大经济区的资金比重达到 89.9%。其中,民间资本处于主体地位,到位 316.45 亿元,占天津市利用内资的比重达到 73%。同时,环渤海地区吸收外商直接投资的比重逐年增加,2006 年,环渤海五省市吸收的外商直接投资占到了全国的 38%。

珠三角经济圈增长源的明显特点是,出口拉动大于其他区域。借着其比邻港澳、靠近东南亚的地缘优势和华侨指向的人缘优势,以"三来一补"、"大进大出"的加工贸易起步,并大量吸引海外投资,迅速成为中国经济国际化或外向化程度最高的地区。2002 年货物和服务净流出占地区 GDP 的 6.74%,到 2006 年这一比例达到 14.08%。

### (二) 主要中心城市比较

表 2.14 显示了三大经济圈中心城市的支出结构特点。上海和北京都出现了与所在经济圈的不同特点,即消费支出额超过了资本形成额。北京的货物和服务净流出出现了负值。广州则完全和珠三角经济圈的增长源类似,依然是最终消费支出、资本形成总额为主,但是货物和服务净流出比重要大大高于其他两个中心城市。

表 2.14　中心城市地区生产总值的支出指标(2006 年)

| 地　区 | 地区 GDP | 最终消费支出 | | 资本形成总额 | | 货物和服务净流出 | |
| --- | --- | --- | --- | --- | --- | --- | --- |
| | 绝对值(亿元) | 绝对值(亿元) | 占 GDP 比重(%) | 绝对值(亿元) | 占 GDP 比重(%) | 绝对值(亿元) | 占 GDP 比重(%) |
| 上　海 | 10 366.37 | 5 079.76 | 49.00 | 4 762.86 | 45.95 | 523.75 | 5.05 |
| 广　州 | 6 073.83 | 2 988.32 | 49.20 | 4.77 | 36.70 | 856.41 | 14.10 |
| 北　京 | 7 870.28 | 4 205.16 | 53.43 | 3 970.92 | 50.45 | −305.80 | −3.89 |

资料来源:国研网宏观数据库。

从最终消费支出、资本形成总额为主,但是货物和服务净流出三者关系我们能看到中心城市的经济状况。

上海的增长源具有消费拉动、投资配合的特点,二者贡献程度基本相当。最终消费支出和资本形成总额分别从 2 455.67 亿元和 2 409.39 亿元增加到 5 079.76 亿元和 4 762.86 亿元,增加比例为 106.86% 和 97.68%,上海的外贸依存度(一国进出口贸易总额占其国内生产总值的比重)为三城市最高,达到 1.71。上海是最终消费支出、资本形成总额和国外储蓄均衡增长的城市。

广州增长源的主要特点是,货物和服务净流出在国民经济中发挥着比较重要的作用。广州考虑到货物和服务净流出最终都是消费品,所以资本形成总额比例更小,反而是国外储蓄较高,外贸依存度也低于北京和上海。

北京的增长源和上海相似,消费拉动、投资配合,但货物服务净流出出现了负值。北京的消费支出增长迅速,而国外储蓄越来越大缺口的负储蓄;经济增长源主要依靠消费与投资,货物和服务净流出很少。北京的外贸依存度也相当高,达到了 1.57,仅次于上海。外贸依存度高,国外储蓄呈现负值,说明北京对于进口的依赖度比较大(见表 2.15)。

表 2.15　三大中心城市对外经济贸易情况(2006 年)

| 指　　标 | 上　海 | 北　京 | 广　州 | 全　国 |
|---|---|---|---|---|
| GDP(亿元) | 10 366.4 | 7 870.3 | 6 073.8 | 210 871.0 |
| 进出口(亿美元) | 2 275.2 | 1 581.8 | 637.6 | 17 604 |
| 进口(亿美元) | 1 135.9 | 1 201.9 | 313.9 | 7 914.6 |
| 出口(亿美元) | 1 139.3 | 379.8 | 323.8 | 9 689.4 |
| 外贸依存度 | 1.714 | 1.569 | 0.820 | 0.652 |
| 进口依存度 | 0.856 | 1.192 | 0.404 | 0.293 |
| 出口依存度 | 0.858 | 0.377 | 0.416 | 0.359 |

注:汇率采用 2006 年 12 月 31 日 100 美元兑人民币的中间折算价:780.8。
资料来源:根据《中国统计年鉴》(2007)和各省市统计年鉴(2007)的相关数据整理。

## 三、经济增长动力机制比较

我们将从工业增加值的所有制结构、固定资产投资的所有制结构和利用外资规模来进行区域间经济增长动力机制比较,分析各区域最重要的增长动力机制,从而了解区域的经济情况。

### (一) 三大经济圈比较

#### 1. 工业增加值结构比较

通过三大经济区域的工业增加值的所有制结构比较,可以看出各种类型的所有制结构经济在工业增加值中贡献程度。这里,由于各省区的统计数据口径不一致,为了取得较为统一的数据,我们采取了规模以上企业工业增加值作为替代指标(见表 2.16)。

表 2.16 三大经济圈规模以上企业的工业增加值所有制结构(2006 年)

| 地 区 | 规模以上企业工业增加值(亿元) | 国有及国有控股 | | 私营工业企业 | | "三资"工业企业 | |
|---|---|---|---|---|---|---|---|
| | | 工业增加值(亿元) | 比重(%) | 工业增加值(亿元) | 比重(%) | 工业增加值(亿元) | 比重(%) |
| 长三角 | 21 136 | 4 305.6 | 20.37 | 5 514.9 | 26.09 | 8 419.92 | 39.84 |
| 珠三角 | 11 781 | 2 482.6 | 21.07 | 1 513.3 | 12.85 | 6 923.83 | 58.77 |
| 环渤海 | 23 799 | 8 347.7 | 35.08 | 5 344.9 | 22.46 | 5 456.97 | 22.93 |

资料来源:根据国研网宏观数据库数据整理。

长三角经济圈的工业增加值分布按照"三资"、私营工业企业和国有及国有控股企业的方式排列,说明长三角经济圈的工业增加值贡献中,三资企业带头,私营和国有及国有控股形成有利支撑的三角形态势。

珠三角经济圈中,"三资"企业所占的增加值超过了 50%,达到了 58.77% 的高位值;国有及国有控股企业的工业增加值超过私营工业企业的增加值。说明珠三角经济圈形成了三资企业为主体,国有及国有控股企业紧随、私营工业企业点后的箭头式发展态势。

环渤海经济圈以国有及国有控股企业增加值最高,三资企业和私营工业企业的工业增加值贡献程度基本上相等。和长三角经济圈的三角形态势类似,环渤海经济圈形成了国有及国有控股为主体,三资企业和私营工业企业平分秋色的格局。

#### 2. 固定资产投资额的所有制结构比较

固定资产投资额的所有制结构比较体现的是所有制结构对固定资产投资的贡献程度。本部分数据主要使用统计年鉴中固定资产投资总额(按注册类型)的相关数据。

表 2.17　三大经济圈固定资产投资额的所有制结构比较(2006 年)

| 企业类型 | 长三角经济圈 | | 环渤海经济圈 | | 珠三角经济圈 | |
|---|---|---|---|---|---|---|
| | 绝对值<br>(亿元) | 比重(%) | 绝对值<br>(亿元) | 比重(%) | 绝对值<br>(亿元) | 比重(%) |
| 固定资产投资总额 | 21 559.4 | — | 27 388.2 | — | 7 973.4 | — |
| 内资 | 18 157 | 84.22 | 24 713 | 90.23 | 6 049.4 | 75.87 |
| 国有 | 5 094.8 | 23.63 | 5 962.4 | 21.77 | 1 877.1 | 23.54 |
| 集体 | 677 | 3.14 | 1 564.7 | 5.71 | 401.1 | 5.03 |
| 股份合作 | 124.3 | 0.58 | 163.7 | 0.60 | 39.9 | 0.50 |
| 联营 | 103.8 | 0.48 | 107.7 | 0.39 | 51.9 | 0.65 |
| 有限责任公司 | 5 228.9 | 24.25 | 7 514.7 | 27.44 | 1 455.6 | 18.26 |
| 股份有限公司 | 806.6 | 3.74 | 1 899.7 | 6.94 | 522.5 | 6.55 |
| 私营 | 5 274.5 | 24.46 | 5 671.3 | 20.71 | 1 221.7 | 15.32 |
| 个体 | 621.2 | 2.88 | 1 000.6 | 3.65 | 380.2 | 4.77 |
| 其他 | 226 | 1.05 | 828.4 | 3.02 | 99.4 | 1.25 |
| 港澳台商投资 | 1 168.6 | 5.42 | 900.6 | 3.29 | 1 197.8 | 15.02 |
| 外商投资 | 2 233.8 | 10.36 | 1 774.6 | 6.48 | 726.2 | 9.11 |

资料来源:根据各省市统计年鉴(2007)的相关数据整理。

在三大经济圈中,内资都在固定资产投资中占有绝对优势。其中环渤海的内资企业固定资产投资占 90.23%,处于绝对的高位值;珠三角内资企业的固定资产投资为 75.8%,位于低位值;长三角经济圈的内资投资 84.22%,处于中间值。

长三角经济圈的固定资产投资中,私企和外企表现抢眼。内资企业中,私营企业投资比重为 24.46%,是三经济圈的最高值;三资(含港澳台及外商投资)企业投资位于三区域的中间值,但外商投资居于最高值。说明长三角的外商投资企业与私营企业的固定投资贡献率位于最高。

环渤海经济圈的固定资产投资中,三资(含港澳台及外商投资)企业固定资产投资是三区域最低的,内资企业固定资产投资比率位于高位值。这说明环渤海经济圈的固定资产投资主要还是依靠内资,港澳台及外商投资的发展空间比较大。

珠三角经济圈中,三资(含港澳台及外商投资)企业比率是三区域中最高的,达到 24.13%。区别于长三角经济圈,珠三角经济圈的港澳台投资要大大高于外商投资,同时也是三个区域中港澳台资固定资产投资最为集中的区域,这与珠三角经济圈的特殊地理位置是分不开的。

3. 利用外资情况分析

本部分利用各省市统计年鉴的合同引进外资和实际利用外资的数据进行

整理推算,目的是了解区域间的外资利用情况。

从表 2.18 可以看出,在三大经济圈中,长江三角洲进出口的各数据都占据了第一的位置。珠三角经济圈的进出口数量及占全国的比重也都超过了环渤海经济圈。这说明长三角经济圈和珠三角经济圈是我国进出口的主要地域,其中仅两大经济圈(共三省一市)的出口规模就占全国的近 70%。

表 2.18　三大经济圈进出口规模(2006 年)

| 项　　目 | 全　国 | 环渤海经济圈 | | 长三角经济圈 | | 珠三角经济圈 | |
|---|---|---|---|---|---|---|---|
| | | 绝对值(亿美元) | 占全国比重(%) | 绝对值(亿美元) | 占全国比重(%) | 绝对值(亿美元) | 占全国比重(%) |
| 进出口 | 17 604.0 | 3 846.3 | 21.8 | 6 506.4 | 37.0 | 5 272.0 | 29.9 |
| 出　口 | 9 689.4 | 1 712.0 | 17.7 | 3 748.9 | 38.7 | 3 019.5 | 31.2 |
| 进　口 | 7 914.6 | 2 134.4 | 27.0 | 2 757.5 | 34.8 | 2 252.5 | 28.5 |

资料来源:根据各省市统计年鉴(2007)的相关数据整理。

从表 2.19 可以看出,长三角经济圈利用外资的规模是最大的,同时合同引进外资和实际利用外资都在全国占有最为重要的比重。环渤海经济圈利用外资的规模位于第二等级,尤其是在天津滨海新区和山东、胶东半岛经济吸收外资后发优势凸现之后,环渤海正成为新一轮吸收外资的地域。珠三角经济圈利用外资的优势正在逐渐被环渤海经济圈所赶超,吸引外资的能力减弱,从2006 年利用外资规模的数据看,合同引进外资和实际利用外资相比,环渤海经济圈和长三角经济圈都表现出较大幅度的落后。

表 2.19　三大经济圈利用外资规模(2006 年)

| 项　　目 | 全　国 | 环渤海经济圈 | | 长三角经济圈 | | 珠三角经济圈 | |
|---|---|---|---|---|---|---|---|
| | | 绝对值(亿美元) | 占全国比重(%) | 绝对值(亿美元) | 占全国比重(%) | 绝对值(亿美元) | 占全国比重(%) |
| 合同引进外资 | 2 001.74 | 486.1 | 24.28 | 802.1 | 40.07 | 283.9 | 14.18 |
| 实际利用外资* | 694.68 | 272.6 | 39.24 | 334.3 | 48.12 | 178.08 | 25.63 |

注:* 全国实际利用外资要低于各省市统计年鉴的加总值,因此仅作参考使用。
资料来源:根据各省市统计年鉴(2007)的相关数据整理。

4. 三大经济圈增长动力机制总结

(1)长三角经济圈:国有、民营、外资三头并进型。长三角经济圈的工业增加值贡献中,三资企业带头,私营和国有及国有控股形成有利支撑的三角形态势。长三角经济圈的固定资产投资中,私企和外企表现抢眼,形成国际国内两条增长体制。外资利用水平稳居三大经济圈的龙头位置。

（2）珠三角经济圈:外资主导型。珠三角经济圈形成了三资企业为主体,国有及国有控股企业紧随、私营工业企业点后的箭头式发展态势。固定资产投资中,受惠于地理优势,港澳台资固定资产投资最为集中。从外资利用角度分析,优势有逐渐下降的趋势。

（3）环渤海经济圈:国有主导型。环渤海经济圈形成了国有及国有控股为主体,三资企业和私营工业企业平分秋色的格局。经济圈汇聚了传统的老工业基地,因此固定资产投资主要还是依靠内资,港澳台及外商投资的发展空间比较大。外资利用情况逐年改善,处于平稳上升过程。

### （二）主要中心城市比较

1. 中心城市规模以上企业工业增加值的所有制结构比较

上海的三资企业增加值绝对值最高,在三城市的规模以上企业工业增加值中绝对值最大,比重占58.15%。北京的工业增加值最大贡献者是国有和国有控股企业,比重为51%。广州的三资企业工业增加值构成为70.13%,从比重而言,是三城市中最高的。上海和广州是三资企业拉动为主,其中,特别值得指出的是广州的外向度相当高。北京的增长机制则主要来自国有和国有控股企业(见表2.20)。

表 2.20　三大中心城市规模以上企业工业增加值的所有制结构比较(2006 年)

| 地　区 | 规模以上企业工业增加值（亿元） | 国有及国有控股 | | 私营工业企业 | | "三资"工业企业 | |
| --- | --- | --- | --- | --- | --- | --- | --- |
| | | 工业增加值（亿元） | 比重（%） | 工业增加值（亿元） | 比重（%） | 工业增加值（亿元） | 比重（%） |
| 上　海 | 4 833.88 | 1 742.07 | 36.04 | 552.65 | 11.43 | 2 810.98 | 58.15 |
| 北　京 | 1 840.21 | 954.81 | 51.89 | 97.38 | 5.29 | 689.9 | 37.49 |
| 广　州* | 1 970.94 | 654.71 | 33.22 | 258.91 | 13.14 | 1 382.17 | 70.13 |

注：* 广州的数据来源广州统计局,企业按所有制划分的工业增加值加总不等于地区工业增加值。

资料来源:根据各省市统计年鉴(2007)的相关数据整理。

2. 固定资产投资总额比较

上海的固定资产投资中,国有企业投资占据首位,私营企业比重则远低于长三角经济圈中私营企业固定资产投资的比重,说明江浙二省私营企业投资的优势明显。北京的固定资产投资中,内资的有限责任公司居第一,说明北京的固定资产投入主要是依靠内资企业拉动。广州固定资产投资中最典型的特点是,港澳台资和外商投资比重高于远远上海和北京两中心城市(见表2.21)。

表2.21  三中心城市2006年固定资产投资总额对比(2006年)

| 企业类型 | 上海 | | 北京 | | 广州 | |
|---|---|---|---|---|---|---|
| | 绝对值(亿元) | 比重(%) | 绝对值(亿元) | 比重(%) | 绝对值(亿元) | 比重(%) |
| 固定资产投资总额 | 3 900 | 100 | 3 296.4 | 100 | 1 690.1 | 100 |
| 内资 | 3 212.3 | 82.37 | 2 786.1 | 84.52 | 1 225.4 | 72.51 |
| 国有 | 1 266.4 | 32.47 | 829.7 | 25.17 | 607.0 | 35.92 |
| 集体 | 125.5 | 3.22 | 66.2 | 2.01 | 31.0 | 1.83 |
| 股份合作 | 17.4 | 0.45 | 7.3 | 0.22 | — | — |
| 联营 | 53 | 1.36 | 10.5 | 0.32 | 1.7 | 0.10 |
| 有限责任公司 | 944.8 | 24.23 | 1 520.9 | 46.14 | — | — |
| 股份有限公司 | 147.2 | 3.77 | 162.5 | 4.93 | 387.7 | 22.94 |
| 私营 | 635.3 | 16.29 | 152.7 | 4.63 | 190.5 | 11.27 |
| 个体 | 6 | 0.15 | 20 | 0.61 | 7.6 | 0.45 |
| 其他 | 16.7 | 0.43 | 16.3 | 0.49 | 6.3 | 0.37 |
| 港澳台商投资 | 179.2 | 4.59 | 187.2 | 5.68 | | |
| 外商投资 | 508.5 | 13.04 | 323.1 | 9.80 | 464.6 | 27.49 |

资料来源:根据国研网宏观数据库整理。

3. 利用外资规模比较

本部分利用三中心城市的统计年鉴中,合同引进外资和实际利用外资进行整理推算,目的是了解区域间的外资利用情况。

表2.22反映了三大经济圈以及其中心城市的进出口规模,通过这些数据可以了解中心城市的进出口规模以及各自在经济圈对外经济中的地位和作用。

表 2.22 中心城市进出口规模和区域进出口规模对比(2006 年)　单位:亿美元

| 项　目 | 长三角经济圈 | | | 环渤海经济圈 | | | 珠三角经济圈 | | |
| --- | --- | --- | --- | --- | --- | --- | --- | --- | --- |
| | 上海 | 经济圈 | 中心城市比重(%) | 北京 | 经济圈 | 中心城市比重(%) | 广州 | 经济圈 | 中心城市比重(%) |
| 进出口 | 2 275.2 | 6 506.4 | 34.97 | 1 581.77 | 3 846.3 | 41.12 | 637.6 | 5 272 | 12.09 |
| 出　口 | 1 135.9 | 3 748.9 | 30.30 | 379.84 | 1 712 | 22.19 | 323.8 | 3 019.5 | 10.72 |
| 进　口 | 1 139.3 | 2 757.5 | 41.32 | 1 201.93 | 2 134.4 | 56.31 | 313.9 | 2 252.5 | 13.94 |

资料来源:根据各省市统计年鉴(2007)的相关数据整理。

上海的对外贸易是三大中心城市中最高,到达了 2 275.2 亿美元,上海在长三角经济圈对外贸易中的比重基本位于 1/3 左右,说明上海的辐射能力基本体现,同时也从侧面反映了江浙沪在外贸出口方面各有特色。

北京对外贸易的总额为 1 581.77 亿美元,值得注意的是,北京在环渤海经济圈的对外经济中地位不均衡,进出口总额具有领先位置,但进、出口额很不平衡,进口规模高达 1 201.93 亿美元,出口仅为 379.8 亿美元,进口额远远高于出口额。从中心城市和经济圈的进出口规模对比来看,出口仅为环渤海经济圈的 22.19%,进口高达区域出口总额 56.31%。

广州居于最末,为 637.6 亿美元。在结构上,上海和广州的进出口结构类似,进口出口基本持平,出口略高于进口。需要指出的是,广州的对外经济规模在珠三角经济圈所占的比重偏少,仅为 12% 左右。这也从侧面反映出珠三角的经济中心城市——广州,并不属于经济圈的对外贸易的中心城市。

在考察了三大经济圈中心城市对外经济的基础上,我们再来考察三大中心城市利用外资情况。同样,在表 2.23 中,我们给出了中心城市和所在经济圈的规模对比。

表 2.23　三大中心城市利用外资情况(2006 年)　　单位:亿美元

| 项　目 | 长三角经济圈 | | | 环渤海经济圈 | | | 珠三角经济圈 | | |
| --- | --- | --- | --- | --- | --- | --- | --- | --- | --- |
| | 上海 | 经济圈 | 占区域比重(%) | 北京 | 经济圈 | 占区域比重(%) | 广州 | 经济圈 | 占区域比重(%) |
| 合同引进外资 | 145.74 | 802.1 | 18.2 | 73 | 486.1 | 15.0 | 43.91 | 283.9 | 15.5 |
| 实际利用外资 | 71.07 | 334.3 | 21.3 | 45.5 | 272.6 | 16.7 | 29.23 | 178.08 | 16.4 |

资料来源:根据各省市统计年鉴(2007)的相关数据整理。

上海在利用外资的规模方面远远高于北京和广州,作为长三角经济圈的中心城市,上海合同引进外资和实际使用外资基本占经济圈使用外资的 1/5 左右,这也说明长三角经济圈的省市吸收外资的能力比较强。

北京的外资利用规模次于上海,但大大高于广州。作为环渤海经济圈的中心城市,北京吸收外资利用的规模占本区域的比重要低于上海,这也从一个侧面显示,相较于上海在长三角经济圈中的强势作用,北京在环渤海经济圈中的作用在有些方面强势地位较弱。

广东的整体比重和北京类似。三大中心城市的比较结合和三大经济圈的情况是大体一致的。

4. 中心城市增长动力机制总结

（1）上海作为长三角的中心城市,发展既依靠内源模式同时也依靠外向模式,三资企业在规模以上企业工业增加值中所占比率超过私营企业和国有及国有控股企业。固定资产投资中,国有及国有控股企业的投资贡献度高,外资利用的规模是三大经济圈的中心城市中规模最大的,上海的进出口规模也可以为这一事实提供部分解释。综上所述,上海的对外依存度高,开放度高,吸引外资的能力也比较强。区域内各种经济竞相发展,相互补充,共同促进区域经济发展。由于外向型经济,对外出口的依存度也是最高的,过度依赖国际贸易环境,在面临贸易壁垒和贸易摩擦的情况下,对于经济的可持续发展会提出一定的挑战。

（2）北京作为环渤海经济圈的中心城市,发展呈现以内资尤其是国有及国有控股企业为主的特征。工业增加值、固定资产投资都是内资为主。在引进外资规模的考察中,我们发现北京的进出口结构呈现与其他中心城市完全不同的情况,即进口远远高于出口,外资利用规模居于三城市中游。

（3）广州作为珠三角经济圈的中心城市,三资企业对工业增加值的贡献中一枝独秀,固定资产投资依旧以内资为主,但是港澳台和外资企业的固定资产投入比率也高于其他两城市,说明广州的外资利用是为海外企业所认可。在外贸方面,广州的进出口结构和上海类似,但是规模相比要小很多,外资利用规模在三中心城市位于最末。广州利用临近港澳的区位优势,改革开放的先发优势,国际化程度高。然而最近一段时间,由于长三角经济圈的成熟发展以及环渤海经济圈的快速崛起，政策优势逐渐丧失，吸引外资能力也在减弱，在后工业时代，及时调整产业结构，把握国际产业转移的机遇，快速提升珠三角的国际竞争力是当务之急。

## 四、产业特色比较

基于不同的区位、历史条件、改革进程和制度因素，长三角、珠三角和环渤海经济圈形成了各具特色的产业现状。通过对三大经济圈的产业构成进行分析，可以了解区域间的产业结构特征。

### （一）三大经济圈比较

#### 1．产业构成分析

三次产业的静态格局可以通过第一、二、三产业的国内生产总值构成指标来表示（见表 2.24），全国的产业构成为 11.7∶48.9∶39.3，环渤海经济圈的产业构成为 8.9∶51.2∶39.9，长三角的产业构成为 5.4∶54.0∶40.6，珠三角经济圈的产业构成为 6.0∶51.3∶42.7。

表 2.24　三大经济圈的产业 GDP 构成和全国比较（2006 年）

| 项　　　目 | 全国 | | 环渤海经济圈 | | 长三角经济圈 | | 珠三角经济圈 | |
|---|---|---|---|---|---|---|---|---|
| | 绝对值（亿元） | 比重（%） | 绝对值（亿元） | 比重（%） | 绝对值（亿元） | 比重（%） | 绝对值（亿元） | 比重（%） |
| 生产总值 | 210 871 | — | 55 218.37 | — | 47 753.96 | — | 26 204.47 | — |
| 第一产业生产总值 | 24 737 | 11.7 | 4 938.02 | 8.9 | 2 563.91 | 5.4 | 1 577.12 | 6.0 |
| 第二产业生产总值 | 103 162 | 48.9 | 28 275.43 | 51.2 | 25 788.78 | 54.0 | 13 431.82 | 51.3 |
| 第三产业生产总值 | 82 972 | 39.3 | 22 004.92 | 39.9 | 19 401.28 | 40.6 | 11 195.53 | 42.7 |

资料来源：根据《中国统计年鉴》（2007）和各省市统计年鉴（2007）的相关数据整理。

与全国平均水平比较，三大经济圈具有的共同特点是，第一产业在地区生产总值所占的比重均低于全国平均水平，第二、三产业构成均高于全国平均水平，表明三大经济圈的产业发展水平高于全国平均水平。在三大经济圈的比较中，珠三角经济圈的第三产业构成最高；长三角经济圈的第一产业构成最低,第二产业构成最高;环渤海经济圈第二、三产业构成最低,第一产业构成最高。

2. 轻重工业分析

表2.25反映了轻重工业增加值的对比情况。我们使用轻重工业增加值比率来代替霍夫曼系数考察各经济圈的工业发展情况。

表2.25　三大经济区域的轻重工业情况(2006 年)　　　单位:亿元

| 项　　　目 | 长三角经济圈 | 珠三角经济圈 | 环渤海经济圈 |
|---|---|---|---|
| 工业增加值 | 21 136.08 | 11 780.89 | 21 806.56 |
| 轻工业增加值 | 7 503.22 | 4 642.86 | 5 614.8 |
| 重工业增加值 | 13 632.86 | 7 138.03 | 16 191.76 |
| 轻工业增加值/重工业增加值 | 0.55 | 0.65 | 0.35 |

资料来源:根据各省市统计年鉴(2007)的相关数据整理。

长三角经济圈的轻重工业增加值比率为0.55,位于三大经济圈轻重工业增加值比率的中间值。需要指出,长江三角洲经济圈的轻工业增加值是最高的,达到了7 503.22亿元,较排名第二的环渤海经济圈高出近2 000亿元。

珠三角经济圈的轻重工业增加值比率为0.65,是三大经济圈中轻重工业增加值比率最高的。珠三角经济圈工业增加值要远远低于长三角经济圈和环渤海经济圈,考察轻重工业增加值之后,可以发现,和其余两个经济圈相比较,珠三角的轻工业增加值相差不多,但是重工业增加值相差甚远。这说明珠三角的工业结构有调整的空间。

环渤海经济圈的轻重工业增加值比率是0.35,是三大经济圈的最低值,而工业增加值和重工业增加值都是名列三大经济圈榜首,重工业增加值更是远高于名列第二的长三角经济圈。这说明环渤海经济圈的重工业实力非常强劲,相比之下,环渤海的轻工业增加值则显得相对比较弱小。

3. 三大经济圈的产业特色小结

三大经济圈在产业发展中表现出了不同的产业特色,主要呈现如下形式:

(1)长三角经济圈:格局调整,第三产业加速。2006 年,地区经济保持平稳较快发展,产业结构维持"二三一"的基本格局。第三产业延续加速增长势头,与第二产业的增幅差距明显缩小,对经济发展的贡献进一步加强。长江三

表 2.26　三大经济圈优势产业*（2006 年）

| 长三角经济圈优势产业产品 | | | 环渤海经济圈优势产业产品 | | | 珠三角经济圈优势产业产品 | | |
|---|---|---|---|---|---|---|---|---|
| 产业 | 占全国产量的比重（%） | 地区 | 产业 | 占全国产量的比重（%） | 地区 | 产业 | 占全国产量的比重（%） | 地区 |
| 发电量 | 8.8 | 江苏 | 原盐 | 34.9 | 山东 | 房间空调器 | 48.9 | 广东 |
| 初级形态 | 14.5 | 江苏 | 啤酒 | 10.3 | 山东 | 彩色电视机 | 50.0 | 广东 |
| 化学农药原药 | 27.1 | 江苏 | 纱 | 27.2 | 山东 | | | |
| 微型电子计算机 | 42.1 | 江苏 | 机制纸及纸板 | 18.5 | 山东 | | | |
| 集成电路 | 34.1 | 江苏 | 烧碱 | 20.1 | 山东 | | | |
| 布 | 23.9 | 浙江 | 纯碱 | 17.7 | 山东 | | | |
| 化学纤维 | 39.9 | 浙江 | 农用氮 | 13.7 | 山东 | | | |
| 家用洗衣机 | 37.7 | 浙江 | 水泥 | 13.5 | 山东 | | | |
| 乙烯 | 20.6 | 上海 | 家用电冰箱 | 30.1 | 山东 | | | |
| | | | 大中型拖拉机 | 27.4 | 山东 | | | |
| | | | 平板玻璃 | 19.3 | 河北 | | | |
| | | | 生铁 | 20.1 | 河北 | | | |
| | | | 粗钢 | 21.7 | 河北 | | | |
| | | | 钢材 | 18.2 | 河北 | | | |
| | | | 汽车 | 9.4 | 北京 | | | |
| | | | 移动通信手机 | 29.3 | 北京 | | | |
| | | | 金属切削机床 | 22.9 | 辽宁 | | | |

注：* 选取优势产业的标准是产量居全国第一。
资料来源：根据《中国统计年鉴》（2007）的相关数据整理。

角洲具有较好的工业基础，产业种类齐全，轻重工业都相对比较发达。纺织、化工行业发达，技术含量高附加值高的集成电路和微型计算机的产量也居于前列。

（2）珠三角经济圈：第三产业比重高，轻工业发达。珠三角经济圈产业6.0：51.3：42.7，其中第三产业结构在三大经济圈中是最高的。同时，轻重工业比值高于全国平均水平,达到了 0.65 的高位值。这些数据都表明,区别于其他两个经济圈,珠三角经济圈的轻工业和第三产业在经济圈中发挥着较高的作用。珠三角经济圈"三来一补"加工业占据主要位置,产品为劳动密集型产品,偏向于轻工业。优势产业虽然少,但是集中度相当高,珠三角的彩电和空调生产量居全国第一,且所占全国产量的比重均接近或者超过 50%。

(3) 环渤海经济圈:差异明显,产业结构各具特色。环渤海经济圈的三次产业结构为 8.9 : 51.2 : 39.9,初步符合环渤海经济圈是中国重化工业、装备制造业和高新技术产业基地的特点。从经济圈的中心城市——北京的分析可以看出,北京具有所有对比经济圈城市中最高的第三产业比重,高达 70% 以上,逼近发达国家水平。这从一个侧面说明环渤海经济圈的产业结构出现比较大的分化:京津产业的产业优势大;河北经济发展水平相对较低,工业化和城市化低,部分城市第一产业比重高;山东和辽宁为老工业基地,第二产业基础相对较好。环渤海经济圈多个产业的产量均居于国内第一,包括原材料、化工、建材、钢铁、机床以及附件值较高的通讯和汽车。

(二) 中心城市比较

我们对中心城市的定义是每个经济圈中 GDP 居该经济圈内首位的城市。长三角经济圈、环渤海经济圈和珠三角经济圈的中心城市分别为上海、北京和广州。对中心城市的 GDP 按照三次产业进行产业构成分析,可以发现中心城市的产业特点。

1. 产业构成分析

表 2.27 对三大经济圈中心城市 2006 年三大产业占 GDP 的构成进行了对比。

表 2.27　三大经济圈中心城市产业构成比较(2006 年)(%)

| 地　　区 | 地区生产总值 | 第一产业 | 第二产业 | 第三产业 |
|---|---|---|---|---|
| 上　海 | 100.0 | 0.9 | 48.5 | 50.6 |
| 北　京 | 100.0 | 1.2 | 27.8 | 70.9 |
| 广　州 | 100.0 | 2.4 | 40.0 | 57.6 |

资料来源:根据各省市统计年鉴(2007)的相关数据整理。

上海的第一产业比重最低,第三产业构成比重最低,说明上海的产业构成正处于第二产业向第三产业变化的过程中,现代服务业为支撑的第三产业还存在较大的提升空间。北京市的第三产业构成超过70%,远远高于上海和广州,已经明显地出现了服务化社会特征。广东第一产业构成最高,第二、三产业构成在三中心城市里位于中间水平。

2. 轻重工业分析

对三中心城市的轻重工业增加值进行分析,可以得出如下的结论:上海的工业增加值总量最大,轻重工业比值为0.41,处于三中心城市的中流水平。北京的轻重比值是0.25,为三中心城市最低,广州的轻重工业比值为0.8,是三中心城市中最高的(见表2.28)。

表2.28　2006年三中心城市的轻重工业比较　　　　单位:亿元

| 地　　区 | 上　　海 | 北　　京 | 广　　州 |
|---|---|---|---|
| 地区工业增加值 | 4 833.87 | 1 840.22 | 1 970.95 |
| 轻工业 | 1 396.71 | 370.1 | 874.09 |
| 重工业 | 3 437.16 | 1 470.12 | 1 096.86 |
| 轻工业增加值/重工业增加值 | 0.41 | 0.25 | 0.8 |

资料来源:根据各省市统计年鉴(2007)的相关数据整理。

3. 中心城市产业特色总结

(1)上海作为长三角的中心城市,区别于长三角经济圈"二、三、一"产业的构成(三产业GDP比重按产业顺序为5.4:54.0:40.6),勉强呈现了"三、二、一"的格局(三产业GDP比重按产业顺序为0.9:48.5:50.6)。霍夫曼系数的替代指数——轻重工业比率为0.41,高于北京。上海轻重工业发展比较均衡,在后工业化进程中,产业结构调整还存在较大的提升空间。上海已经开始工业化后期的加速发展阶段。经济增长主要靠制造业支撑,重工业占工业的比重出现加速态势。第三产业的发展也在逐渐减快,产业结构在稳定中出现变化,服务业发展成为新的经济增长点。

(2)北京的产业结构在各中心城市中相当出众,"三、二、一"的产业构成已经成熟,三产业按产业顺序占GDP比重达到了1.2:27.8:70.9的水平。体现工业化的霍夫曼系数替代值——轻重工业比率也在三中心城市中达到了

0.25 的最低点。作为环渤海经济圈的中心城市,北京的产业结构和发达国家已经接近,产业构成位于区域高端,在全国也是首屈一指。北京的产业结构以高新技术与现代制造业以及现代服务业功能为主,是具有新型工业化导向。

(3) 广州也呈现了"三、二、一"的产业结构,三产业 GDP 比重按产业顺序为 2.4∶40.0∶57.6,位于各中心城市的中间。轻重工业比值是三中心城市中最高的,几乎是上海的 2 倍。这充分说明相对于其他各中心城市,广州的工业结构中轻工业具有相当的重要性。这与珠江三角洲经济圈曾经一度主要从事"三来一补"加工业的现实是相适应的。广州的工业结构正在发生变化,重化工产业比重超过加工制造业,高新技术产业发展迅猛,第三产业稳健推进。

## 第三节　三大经济圈发展趋势研判

基于对三大经济圈区位条件和经济发展状况的论证,本节我们将对三大经济圈的发展趋势进行初步的研判。

### 一、发展趋势研判

#### (一) 长三角:深化战略调整,巩固领先地位

通过前两节的论证,我们可以看出,长三角经济圈各项指标都走在全国前列,经济产出效率、集约化程度均超过珠三角和环渤海经济圈,有较发达的民营经济,市场化和国际化程度较高,是我国发经济发展基础最雄厚的地区。但我们也应该看到,长三角低端制造业仍然占据着很大比例,其竞争优势很大程度上来源于低成本的土地、劳动力等要素所带来的成本和价格优势。随着国家宏观调控、资源约束日益突显等相关产业环境和区域环境发生变化而导致制造成本上升时,长三角区域经济的发展必然会受到不利影响。因此,长三角经济圈的经济增长不能再主要依靠土地与资本投入的简单增长方式,而要向依靠人才与科技投入的自主创新增长模式方向转变。

1. 选择合适的战略

结合建设创新型国家以及可持续发展国家战略,发挥竞争优势,选择合适的长三角区域经济发展战略。长三角地区具有较好的发挥积累,应充分利用

这些优势条件,以建设上海国际化大都市为龙头,努力发展成为世界第六大城市群,积极、全方位参与国际竞争,提高区域综合国际竞争能力。在国内,明确以长江经济带为腹地和充分发挥区域经济的辐射扩散效应,积极参与西部大开发和中部崛起的建设进程,发挥率先发展、服务辐射的带动作用。

2. 提升创新能力,加快区域经济增长方式的转变

长三角以制造业为主导,无论是内生型的还是外生型的,只有进一步提升技术水平和创新能力,才能获得核心竞争力,提升在全球产业链中的位置,提高附加值,实现可持续发展。因此,长三角经济圈应在民营经济发达的基础上,利用资本累积优势,提升民营企业的自主创新能力,提升企业产品等级和品牌,推进企业和产业向高度化方向发展。引导和支持民营企业加强劳动力培训,加强企业的人力资本条件。同时,积极引导外资投向高新技术产业和现代服务业。提高外资使用效率和互补带动效应。

3. 促进产业结构的进一步升级与优化,转移不再具备发展优势的产业

长三角作为先进制造业基地,其产业结构优化不但在于提高制造业的创新水平和附加值,优化在产业链分工、产业间分工、产品分工中的地位,更要借助良好的制造业基础发展服务业,使得两者相辅相成、相得益彰。长三角区域要以上海建设"四个中心"为契机,加快区域产业升级,加强区域内产业分工协作,提升和整合区域产业集群。上海继续提高第三产业占 GDP 的比重,重点发展以金融、现代物流、贸易以及咨询等生产性现代服务业,充分发挥上海国际化大都市的辐射功能、服务效益和扩散效应,并与杭州、苏州等次一级中心城市形成合理分工,提升长三角经济圈整体经济实力,完善长三角经济圈产业结构。长三角需要利用整体自主创新能力强的优势,加强区域自主创新能力,加快发展高新技术产业,提升区域国际竞争能力。长三角在聚集更高级的经济发展要素,发展更高端的产业的同时,将不再具备发展优势的产业转移到其他区域,一些发展要素向其他区域外溢,实现经济结构的优化、升级。

(二) 珠三角:转换增长方式,拓展发展空间

珠三角经济圈以外向型的高新技术制造业和劳动密集的加工型产业为主导,偏于轻工业。依托临近港澳的区位优势,国际化程度高,经济的内生性不强,建立在自主创新能力和自有品牌基础上的核心竞争力薄弱,且近年来吸引

外资能力减弱。我们可以看到,经过二十多年的工业化和城市化,珠三角目前面临着土地资源稀缺,能源紧张,生产成本上升等经济制约因素。这意味着珠三角与长三角一样,面临经济增长方式转型的关键时刻,需要尽快将主要以成本为依托的比较优势升级为主要以知识为依托的竞争优势。而且其因外向度与长三角相比更加明显,因此对自身产品提升要求更加迫切,应加快提高区域产品的国际竞争力。

1. 继续依托紧靠港澳的区位优势,抓住国际制造业转移的机遇,促进产业结构调整

珠三角的崛起,一定程度上得益于与香港"前店后厂"的分工协作。与香港的一体化整合无论在过去还是将来,都是珠三角赖以发展的重要形式;香港以其发达的服务业和国际城市的地位,成为支撑珠三角发展的服务中心城市。在现行的经济基础和CEPA实施的新环境下,珠三角与香港如果能实现更高层次和水平的分工,则对于珠三角经济发展的转型、升级以及香港经济的可持续发展,都具有十分重要的意义。珠三角的产业高端化,如果能进一步借助香港的服务平台,开拓市场、培育品种、优化管理、进行资本运营,则能取得较大的进展;同时,香港的服务业如果能进一步与珠三角形成合理分工,向珠三角进行梯度转移,则会有力地促进珠三角的相关服务业尤其是生产者服务业的发展。

2. 提高区域自主研发能力,优化出口产品结构,提升国际竞争力

发展外向型经济,应以提高经济内生力为目标。珠三角应继续发挥人力资源丰富的优势,保持劳动密集型产业的竞争能力,并逐步实现劳动力向第三产业的转移。在现有经济基础上,提升自主创新能力,保护和激励自主知识产权,培育自有品牌。其次应打造高新技术产业和劳动密集型加工业的竞争力,进一步加快出口加工产业的产品结构升级。对于高新技术产业提高创新能力和技术水平,由此优化在全球产业链条上的位置,提高产业的科技含量和附加值;对于劳动密集型产业进行市场创新和组织创新,培育自有品牌,提高品牌竞争力。在稳固发展出口加工产业的基础上,调整区域产业结构,工业化进程需要转向大力发展资本密集型和技术密集型产业,推进产业高级化,适度发展重工业,最后实现工业生产向高工艺、高技术、高增加值转变,达到转变区域经

济增长方式的目标。

### （三）　环渤海：把握发展机遇，推进南北平衡

环渤海经济圈是中国最大的工业密集区，有资源和市场的比较优势，同时也是中国科技力量最强大的地区，仅京津两大直辖市的科研院所、高等院校的科技人员占全国的四分之一。但同时，其区域内部发展差距很大，并且缺乏一定的互补优势，京津大都市扩散效应和辐射功能未能得到充分发挥。环渤海经济圈有土地和劳动力资源优势，但同时面临着能耗水平高的制约因素，需要调整产业结构以及企业的全方位技术改造。在天津滨海新区开发开放的有利形势下，环渤海经济圈有待于进一步提升区域整体经济实力。

**1. 以京津冀为中心，以山东半岛和辽东半岛地区为两翼，统筹规划、合理布局**

环渤海经济圈的一体化发展启动较晚，是三大经济圈中经济联系较为松散的一个。在区域经济日益重要的趋势下，环渤海各方及国家层面日益认识到促进环渤海区域整合、实现协调发展的意义并开始积极推动，其区域发展战略已呈现出实践探索与理论研究双向良性互动的势头。环渤海区域经济圈应从一开始就进行史为先进、合理的战略选择，以实现较强的后发优势。针对环渤海目前的三个经济区，应以京津冀地区为环渤海经济圈中心，山东半岛和辽东半岛地区为南北两翼，大力推进三大制造带的联合建设，发展高新技术产业和现代制造业，加强联系和交流，打造交通运输联系网络，构建大市场，促进要素的无障碍流动，共享资源。以滨海新区的开发开放为契机，充分发挥北京政治文化和天津港区位的优势，努力打造北方区域经济中心，积极参与国际竞争，主要方向是与东北亚地区的竞争合作。

**2. 滨海新区和曹妃甸工业区将成为京津冀区域新的重要发展引擎**

滨海新区的进一步开发开放已被纳入国家战略，这不但对天津、对环渤海也是重要的利好。滨海新区的加快发展，意味着外向型经济、先进制造业和物流等相关产业的加快发展，对天津及其周边区域将起到有力的带动作用，并通过垂直和水平分工与北京形成有效分工协作和竞争，进一步凸现和强化北京的优势。滨海新区从而将发挥天津和京津冀新增长极的作用。曹妃甸工业区作为临港重化工业基地，承接北京钢铁业的产业转移，既发展了自身，也为优

化北京产业结构做出了贡献。通过港口的进一步建设和产业的进一步集聚，曹妃甸工业区必将成为京津冀乃至我国北方重要的重化工业发展基地。

3. 抓住机遇，逐步提升工业化和城市化质量和层次，在发展过程中逐步转变经济增长方式

环渤海经济圈正处于历史性的战略机遇期，尤其是我国向以创新为主导的经济发展方式的战略转变，为环渤海下一步的发展指明了方向。环渤海最大的比较优势在于拥有我国科技创新能力最强的北京，天津的科技创新水平也较高，只要科技创新能有效地与一、二、三产业以及其他经济活动相融合，环渤海经济圈发展的道路将是可持续的、富有成效的。环渤海地区应充分发挥北京自主创新和人才优势，增强北京辐射服务功能，调整区域产业结构，加快区域企业技术改造，提高区域原材料加工业等重工业的资源利用效率。以滨海新区开发开放为契机，天津需要进一步引导外资投向高科技产业和服务业，提高引进外资质量，使外资投向有利于环境友好和节约资源的产业。环渤海经济圈各方一方面在产业、科技等经济社会的各方面需要实现合理的分工合作，有效竞争，形成发展的合力，另一方面在后发工业化和城市化过程中，需要注意协调经济发展与环境的关系，避免快速经济发展对环境造成的负面效应，根据经济发展阶段逐步提升工业化和城市化质量和层次，在发展过程中逐步转变经济增长方式。

## 二、区域一体化的推进策略

### （一）区域一体化的共性问题

目前，三大经济圈进一步扩张面临的共性障碍，就是行政体制分割，各自为政，行政性区际关系削弱甚至是替代了市场性区际关系，以致经济圈内因地方行政主体利益导向而难以做到资源的优化配置及经济融合。

突出表现在：一是存在严重的不合理重复建设，这不仅出现在价高利大的产业领域，而且在港口、机场等基础设施领域尤甚。如珠三角已有 5 个机场，长三角竞相建港口，环渤海的机场、港口资源利用也不协调。二是在开放引资上竞相出台优惠政策，在外贸出口上竞相压价，导致过度或恶性竞争；甚至经济圈内的区际联系还要小于与国际的联系，由此损害了区域整体利益。三是

经济圈内仍然存在一定程度的贸易壁垒、资源大战,以及各种形式或花样翻新的地方保护。

### (二) 区域一体化的推进策略

#### 1. 制定一体化发展规划

中国的大城市经济圈都是由不同的城市等级、不同的行政主体以及不同的功能区域构成的经济复合体。推进经济一体化必须规划先行,研究制定超越现有行政区划,能够覆盖经济圈内各城市等级、各行政主体以及各功能区的大区域规划,如"大珠三角规划"、"大北京规划"、"大上海规划"。要通过规划,明确经济圈一体化的总目标和分阶段目标,包括旨在消除要素和产品流动障碍的市场一体化,能够发挥各自比较优势形成合理分工的产业一体化,以公路、港口、机场的衔接配套和交通、物流网络的完善为重点的基础设施一体化,以强化信息资源互通共享的信息一体化,以消除城乡二元结构形态完善城市功能的城市布局一体化,以及旨在规范各地政府行为的制度一体化。

#### 2. 构筑一体化共同市场

实现生产要素的自由流动以及产品和服务的彻底开放,除了要弱化地方行政参与经济的力量外,关键在于培育和构建统一、开放、规范的共同市场。要在市场规则上尽可能与国际接轨,符合中国加入 WTO 的承诺,完善各类市场体系,形成各类市场的共同体,保障市场机制发挥基础性作用。目前,特别重要的是,共建区域性的商品物流共同市场、产权交易市场、人力资源共同市场、科技成果及知识产权保护共同市场、基于信息网络平台的信息共享及信用征信共同市场,以及文化旅游共同市场等。比如,建立经济圈产权交易机构,可以为跨地区产权重组、异地并购、产权交易等活动创造条件。

#### 3. 订立有约束力的统一公约和法规

区域一体化是经济圈内各经济体发展到一定程度上的客观要求,符合各经济体的共同利益。但各经济体又有各自不同的利益,为了约束和规范因各自利益而产生的不利于一体化的行为,有必要订立大家共同遵守的统一公约和法规。目前可以选择影响一体化最突出的一些问题,如招商引资、土地批租、外贸出口、人才流动、技术开发、工程招标、信息共享等方面,通过共同协商,形成经济圈内无特别差异政策的公约、规则或法规。考虑到某些经济体的水平和条件的悬殊,应允许存在一定的政策差异,使之有利于相对落后经济体的发展。

4. 组建半官方的协调仲裁委员会

国内外的实践表明,推进区域经济一体化需要有一个由各经济体共同组成的组织机构。过去各经济圈为了加强区域协作都设立了类似城市市长联席会议的机制或组织,但其作用十分有限。考虑到目前设立超越行政区的政府组织有难度,可以由政府部门和民间机构共同组建一个半官方的经济圈协调仲裁委员会。主要职能包括研究制定经济圈统一发展规划和统一政策、组织协商协调以及仲裁经济纠纷。其中,仲裁职能可以借鉴世界贸易组织的做法,主要是考虑到当由于地方保护难以合理解决经济纠纷情形下,需要有这样的权威机构来公正地裁判。

## 本章小结

(1) 三大经济圈各自具有区位条件优势。第一,三大经济圈的发展涉及了拥有近万千米海岸线的中国10％的土地区域。这些地区拥有中国改革开放后最好的基础设施。在资源方面,三大经济圈拥有现代社会和组织的战略资源——人力资源的优势,是中国科技实力最强大的地区。自然资源方面,长三角经济圈水系繁多,运输条件好,但自然资源相对紧缺;珠三角经济圈矿产丰富,但能源不足;环渤海经济圈自然能源资源都相当丰富。

第二,三大经济圈具有我国"三大经济增长极"的地位,地区生产总值、社会消费品零售总额、固定资产投资、进出口、财政收入、利用外资等指标均出现相当大比例的增长;对国家经济的发展都起到带动和领头羊的作用。在区域环境评价中,珠三角经济圈排名第一,长三角经济圈和环渤海经济圈排名第二和第三。

(2) 经济现状同中存异,产业特色明显。第一,三大经济圈实现全国生产总值的61％,人均生产总值高于全国平均水平。长三角经济圈经济稳步发展,世界第六大城市带的规模初显。珠三角经济圈经济发展成熟度高,泛珠三角区域合作在探索中前行。环渤海经济圈地域广、经济总量大、但区域差异度明显。其中,上海作为长三角经济圈的中心城市,首位度高,对区域的带动和辐射能力强。北京及广州,对于渤海经济圈和珠三角经济圈的带动能级就明显小了很多。

第二,三大经济圈的增长源各有特色。长三角经济圈是消费和投资并行带动经济增长;环渤海经济圈是投资拉动增长,最终消费配合发展;珠三角经济圈出口对整体经济的拉动大于其他两个区域。三大经济圈中心城市的增长也体现出和各自区域相符合的特征,值得指出的是,北京的货物服务净流出出现了负值,说明北京对于进口的依赖度比较大。

第三,三大经济圈的所有制构成同中有异。①长三角经济圈:国有、民营、外资三头并进型。长三角经济圈的工业增加值贡献中,三资企业带头,私营和国有及国有控股形成有利支撑的三角形态势。长三角经济圈的固定资产投资中,私企和外企表现抢眼,形成国际国内两条增长体制。外资利用水平稳居三经济圈的龙头位置。②珠三角经济圈:外资主导型。珠三角经济圈形成了三资企业为主体,国有及国有控股企业紧随、私营工业企业点后的箭头式发展态势。固定资产投资中,受惠于地理优势,港澳台资固定资产投资最为集中。从外资利用角度分析,优势又逐渐下降的趋势。③环渤海经济圈:国有主导型。经济圈汇聚了传统的老工业基地,因此固定资产投资主要还是依靠内资,港澳台及外商投资的发展空间比较大。外资利用情况逐年改善,处于平稳上升过程。④中心城市比较:上海发展既依靠内源模式同时也依靠外向模式。区域内各种经济竞相发展,相互补充,共同促进区域经济发展。北京发展呈现以内资尤其是国有及国有控股企业为主的特征,工业增加值、固定资产投资都是内资为主。广州的三资企业对工业增加值的贡献中一枝独秀,固定资产投资依旧以内资为主,但是港澳台和外资企业的固定资产投入比率也高于其他两城市。

第四,三大经济圈产业特色非常鲜明。长三角经济圈的产业格局处于调整阶段,产业分布比较均匀,第三产业加速明显。珠三角经济圈的第三产业比重高,轻工业发达,优势产业虽然少,但是集中度相当高。环渤海经济圈区域内各省市的产业差异明显,结构具有地方特色。就中心城市而言,上海勉强呈现了"三二一"的格局,后工业化进程中,产业结构调整还存在较大的提升空间。北京的产业结构相当出众,"三二一"的产业构成已经成熟,产业结构和发达国家先进城市已经接近,在全国首屈一指。广州则呈现了"三二一"的产业结构,轻工业在工业结构的重要性非常突出。

（3）上海及三大经济圈发展趋势研判。长三角经济圈的战略举措是深化战略调整,巩固领先地位。结合建设创新型国家以及可持续发展国家战略,发挥竞争优势,全方位参与国际竞争,提高区域竞争能力;提升创新能力,加快区域经济增长方式的转变;同时,促进产业结构的进一步升级与优化。珠三角经济圈的战略举措是转换增长方式,拓展发展空间。继续依托紧靠港澳的区位优势,抓住国际制造业转移的机遇,促进产业结构调整;提高区域自主研发能力,优化出口产品结构,提升国际竞争力。环渤海经济圈的战略举措是把握发展机遇,推进南北平衡。以京津冀为中心,以山东半岛和辽东半岛地区为两翼,统筹规划、合理布局;将滨海新区和曹妃甸工业区将成为京津冀区域新的重要发展引擎;抓住机遇,逐步提升工业化和城市化质量和层次,在发展过程中逐步转变经济增长方式。三大经济圈面临的共同问题是,需要制定一体化发展规划、构筑一体化共同市场、订立有约束力的统一公约和法规、组建半官方的协调仲裁委员会。

# 第三章　上海及三大经济圈产业结构比较研究

产业结构是区域产业研究的核心命题。本章将从三次产业结构发展态势、产业结构合理化和高度化水平、产业专业化优势等方面着眼,对上海及三大经济圈的产业结构问题开展深入的比较研究。

## 第一节　理论综述

### 一、产业结构研究的发展脉络①

产业结构研究的基本发展脉络是:对产业结构的认识、对产业结构演变的认识和对工业化阶段划分的认识。

#### (一)　对产业结构和产业结构演变的认识

关于产业结构,马克思在研究单个资本循环周转时,提出过产业分类问题。他认为,单个资本的循环是互相交错、互为前提、互为作用的,这成为社会总资本的实现条件。正是单个资本的互为作用,形成了全社会资本的总运动。全社会在一定时期内生产的社会总产品通过生产资料消费和生活资料消费得以实现,社会再生产运动就会连续不断地进行。据此,马克思将社会再生产从物质形态上划分为两大部类,即生产生产资料的第一部类和生产消费资料的第二部类。马克思揭示的两大部类的关系,实质上是物质生产部门之间的关系。从中可以看出,马克思关于两大部类的划分实质上是社会产业的简单分类。

产业结构理论最初产生于实证研究之中,正如日本学者石川秀所说:"在

---

① 本部分的理论综述主要引用了李金华等著的《中国产业:结构、增长及效益》(清华大学出版社 2007 年版)一书中总结的成果。

结构变化的文献中存在两种不同的方法。第一种方法试图使用经过选择的若干国家之间的横断面数据和时间序列数据,从统计上确认经济增长与结构变化之间的某些普遍联系;第二种方法从一开始就集中研究在相似的起始条件与经济制度下的一批国家的历史经验,并且探索能够最好地说明所发生的结构变化过程的特殊理论。"欧美一些经济学家在研究各国经济增长中的各种数据资料之后,发现了一些在产业结构变动方面规律性的东西,揭示出人均国民收入变动与结构变动之间的内在联系,后来的学者在此基础上对产业结构变动如何反过来促进经济增长又做了进一步的理论研究。

市场经济条件下,西方产业结构理论已成为指导各国产业发展和调整的主导理论。关于产业结构,通行的定义是指各产业在其经济活动中形成的技术经济联系以及由此表现出来的一些比例关系。它是一个体系,包括各产业部门的构成形式和比例,各产业部门所处的地位及它们之间的相互联系和相互作用。产业结构的具体形态是各产业部门目的比例关系,这种比例关系不仅反映一国或一个地区产业结构的现状,而且还是其产业结构发展演进的基础和依据。

早在 17 世纪,英国经济学家威廉·配第就已经注意到不同经济发展阶段产业结构的差异,但产业结构问题引起人们的广泛关注并引发系统的研究却是从 20 世纪 30 年代开始的。1935 年新西兰经济学家阿·费希尔在其《安全与进步的冲突》一书中,根据人类生产活动发展阶段提出了三次产业的概念。1940 年,英国经济学家 C. 克拉克在其《经济进步的条件》一书中进一步阐述了三次产业分类法,即把全部经济活动划分为第一产业、第二产业和第三产业。他把产品直接取自自然界的部门称为第一次产业;对初级产品进行再加工的部门称为第二次产业;为生产和消费提供各种服务的部门称为第三次产业。这种界定,构成了现代三次产业研究的理论基础。

美国经济学家西蒙·库兹涅茨(S. Kuznets)对产业结构的研究做出过重要贡献,他于 1941 年出版了自己的著作《国民收入及其构成》。该书论述了国民收入与产业之间的重要联系,在对大量经济资料进行实证分析后得出了一个重要结论:产业结构和劳动力部门结构将随经济增长而不断发生变化;劳动收入在国民经济中所占的比重、政府消费在国民生产总值中的比重将趋于上升,而财政收入的比重、个人消费比重将会趋于下降;要合理解释经济增长,就必须理解和衡量生产结构的变化。他通过对二十多个国家的一百多年资料的研究,从劳动力和国民收入两方面考察了三大产业的变动规律。他认为:随着经济增长,农业产值比重会下降,工业产值比重会上升,服务业产值比重变动不明显;相应地,农业劳动力比重明显下降,下降幅度与产值下降幅度相当,工业劳动力比重趋于上升,但上升幅度低于产值上升幅度。这是因为,工业自动化趋势吸纳的劳动力会逐步减少,而服务业劳动力比重上升的幅度大于产值比重上升的幅度,第三产业成为劳动力蓄水池。

美国发展经济学创始人刘易斯认为,整个经济是由弱小的现代资本部门与强大的传统农业部门组成,经济的发展需要扩大现代资本主义部门,缩小传统的农业部门。其代表作《经济增长理论》一书,全面分析了影响经济发展的经济因素和非经济因素,如资本积累、技术进步、人口增长、社会结构、经济结构等,提出了用以解释发展中国家经济问题的理论模型——二元经济结构论。

美国经济学家钱纳里利用基于一般均衡性质建立的结构变化模型,描述了经济增长过程中产业部门之间的相互依存关系,揭示了产业结构变化在经济发展中的重要作用。他认为,对经济增长产生最直接、最重要影响的是产业结构的变化,产业结构变动的主要表现是三次产业结构的变动和三次产业的内部升级,产业结构转变的先决条件是社会需求结构和贸易结构的变动。故而,经济发展本身可被看作经济结构持续的一系列互相关联的变化(H.钱纳里,1991)。库兹涅茨、刘易斯、钱纳里的经典论述,为经济学界分析产业结构、研究产业结构演变的动因提供了理论基石。

国内一些学者对产业结构及产业结构的变动也有不同的见解。有学者认为,产业结构的变动与国家的经济发展是紧密相连的,随着经济的发展、人均生活水平的提高,人们的需求结构必然会发生变化,而需求结构的变动,最终要导致产业结构发生变化。

另有学者认为,产业结构变动的根本原因是科技变动;第一产业的比重下降,第二、第三产业的比重上升是经济发展的普遍规律,但当经济发展到一定阶段时,第一、第二产业的比重有可能同时下降,而第三产业的比重则可能快速上升。还有学者认为,产业只是经济系统中的一个子系统,在整个经济系统中不仅有产业结构,还有资源结构、需求结构和分配结构等,故而产业结构不仅包括它们本身之间的关系,还包括它们与资源结构、需求结构和分配结构相互作用的关系结构。

（二） 对工业化阶段划分的认识

产业结构的演变,最终要形成不同的工业化阶段。因此,工业化阶段的划分是产业结构理论的重要内容之一。

工业内部结构变动过程就是工业化过程,其主要表现是制造业在国民经济中所占比重的变动趋势。工业化程度在一定程度上反映一国产业结构的均衡度和高级度。经济学家们一般把工业化阶段划分为早期、中期、后期,其划分标准主要有:制造业增加值占 GDP 比重、人均国民收入指标、产业特征等。

（1）按制造业增加值占 GDP 比重划分。H. 钱纳里在对多国资料研究后,得出了由农业国转化到工业国的主要量化指标:制造业增加值占 GDP 比重 15％以上为工业化早期;约 20％以上是工业化中期;约 30％以上是工业化后期;达到 36％,则完成工业化建设,进入发达经济阶段。

（2）按人均国民收入指标划分。H. 钱纳里的研究结果是,人均 GDP 在 140—280 美元之间为农业国;在 280—560 美元之间为工业化早期;在 560—1 120美元之间为工业化中期;在 1 120—2 100 美元之间为工业化后期;在 2 100美元以上则为发达经济阶段。

（3）按产业特征划分。由于工业化是工业内部结构变动的过程,因此在不同的工业化阶段将呈现不同的特征。经济学家的主流观点是:

工业化早期,轻纺工业为主导产业,与轻纺工业原料相关的农业、机械制造、能源得到推动、发展。

工业化中期,呈工业重型化趋势,即消费资料接近于轻工业,资本资料接近于重工业。随着工业化发展,资本资料比重不断上升,消费资料比重不断下降。

工业化后期,呈工业高加工度化趋势。在这一时期,劳动生产率比较低下,就业压力大,资金和社会需求不足,高新技术产业不可能成为主导产业,只是处于萌芽阶段,以较小规模发展,或为改造传统行业服务。相反的,高附加值制造业在吸纳劳动力、满足社会需求方面具有极大优势,成为国民经济的主导产业。美国经济学家赫希曼通过资料测算，进一步发现加工产品销售额与基期数之比不断上升，而原材料产品销售额与基期数之比不断下降，即组装、深度加工工业的比重不断提高，它不仅超过采掘业，而且逐步超过低附加值加工工业。赫希曼还发现了工业化后期主导产业有转向高附加值加工工业的趋势，同时这一时期具有发达的基础工业和完备的交通通信等基础设施。

发达经济时期，呈技术集约化趋势。这一阶段产业发展从依赖劳动力、资金，逐步转向依赖技术，也就是国民经济的发展将逐渐依赖高新技术产业。这是熊比特和库茨涅兹从技术角度阐述的工业化发展的必然趋势。

综合经济学家的观点可见，工业化早期以轻纺工业为主导产业，中期以重化工业为主导产业，后期则以高附加值加工工业为主导产业。一般在完成工业国建设后，进入发达经济阶段，这时主导产业转向高新技术产业。

## 二、产业结构的经典理论

产业结构理论的经典在于经济学家们对于产业结构变动影响因素的归纳和对产业演变一般规律的总结和揭示。

### （一）产业结构变动影响因素

西蒙·库兹涅茨曾对总产值中的部门份额与就业人数的部门份额之间的内在联系和总趋势进行过开创性的比较研究，他得出结论：产业结构的变动受人均国民收入变动的影响，人均国民收入是产业结构变动的决定性因素。

事实上，在经济发展过程中，影响产业结构的因素是极为复杂的，既受主观因素的影响，又受客观环境的制约，不能仅仅从人均国民收入的高低变动来解释产业结构的演进。

而更为一般的、经常的、起制约作用的基本因素有自然条件和资源禀赋、人口、技术进步、产业政策、消费需求、投资需求以及国际贸易等。这些因素共同作用，促使产业结构不断演进。

1. 自然条件和资源禀赋因素

自然条件和资源禀赋直接影响着一国产业结构的形成和转换，尤其是在工业化的初期阶段。自然条件和资源不同会导致劳动对象不同，加之劳动力自身能力的差异，就使得产业结构也不尽相同。与此同时，自然条件和资源禀赋与一国产业结构转换间的关系又具有多样性。例如,一些中东产油国家,其产业结构的变化至今仍基本上受制于国内的自然资源禀赋。一些工业发达国家或发展中国家,在推动产业结构转换的过程中,自然资源禀赋起着不可或缺的作用。纵观世界各国产业结构演变的历史,绝大部分的国家自然资源禀赋作为工业化发展与经济增长的初始条件或先决条件,在其产业结构的转换过程中的不同阶段,其作用和影响是绝对不能低估的,越是在初中期阶段,其影响与作用越大。当初级产品生产的比较优势被制造业所取代,从而完成起飞与初期阶段向中期阶段过渡时,它的作用与影响则会趋于减小。

2. 人口因素

人口既是经济增长的必要条件,又是决定经济发展的重要因素。作为劳动力资源和社会的构成要素,人口对一国经济增长和产业结构的变动起着很强的制约作用。

人口具有数量与质量两个方面的内涵。一定数量与质量的人口是产业结构变动的必要条件。产业结构与人口质量或劳动力素质之间存在着高度的正相关关系。在资本存量既定的条件下,不同素质的社会劳动力有着不同的边际资本—产出比率。在熟练劳动和高水平的管理能力下,边际资本—产出比率可能较低,等量的资本可能会产出比原来预期更高的产量。产量提高可能导致供给结构的变化,供给结构的变化又会促进产业结构的调整。

3. 技术进步因素

技术进步是一国产业结构实现转换升级的决定性因素。一个产业部门所采用的生产技术体系确定了它对其他部门产品的需求。在均衡状态下,本产业部门对其他产业部门产品的需求与其他产业部门的供给能力是相适应的。当供给部门的生产技术体系发生变化,其提供的产品的品种、规格和数量也发生变化以后,需求部门为了维持,供给格局,就需要对本部门原有的生产技术体系进行改造,在这种情况下,该部门的产业规模、产品性能和品种、数量都可能发生重大变化,于是该部门在经济总体中所占的比例也会发生变化。

一个产业部门的生产技术体系发生变化,不仅能改变供给结构,拉动下游企业部门改变自身的需求以适应供给的变化,同时也将改变本部门的需求结构,导致上游的产业部门的生产技术体系发生相应的变化。如此,由于技术进步而引起的供给结构和需求结构的变动,会导致整个产业结构的演进。

在技术因素影响下,产业结构的升级变动有两种基本的方式:一种是产业间结构的变化,另一种是产业内的升级。

一般而言,一个产品的经济寿命是由投入期、成长期、成熟期和衰退期等4个不同的阶段构成的,这会使得以该产品为基础的某个产业也存在着由形成期、成长期、成熟期和衰退期4个阶段所构成的产业生命周期。当某个产业处在衰退期时,则会被另一新型的产业所取代。产业间的这种替代过程表现为一个由劳动密集型逐渐被其他资本密集型或技术密集型产业所替代的趋势。尽管存在着产业生命周期,但产业生命周期的变化率极为缓慢。由于一个产业集中了多个产品,众多产品的生命周期相互更迭,所以反映众多产品产业生命周期的曲线变化率自然会小于某一特定产品生命周期的变化率。此外,产业生命具有衰而不亡的特征。尽管处在衰退期的产业在产业间的比重下降,但并不意味着该产业会彻底消亡。究其原因,除了需求因素之外,其中最重要的是技术的创新与进步,包括用高技术的生产逐步取代低技术生产,用高技术含量的产品替代低技术含量的产品,即引入一种新产品或提高一种产品的新质量。这种以技术创新和技术进步为主要手段的产业内升级,深化和拓展了传统产业的功能与内涵,也相对减少了社会在帮助衰退产业撤出和转换时付出的成本,便于资本存量结构与资本增量结构的调整有机地结合起来,使各产业具有竞争力与长足的发展后劲。

从深层次看,技术进步促进产业结构调整的机理就在于它导致了不同产业生产率提高速度的差异。由于各产业的技术经济特点不同,创造、吸收和采用新技术的能力各异,这样各产业间的生产效率和扩张速度也会不同。一般来说,技术进步快的产业,生产率上升快,反之则慢。生产率上升快意味着投入减少、成本降低、收益增加的速度加快。生产率这种差异的存在引起生产要素在各产业间的转移,从而推动着产业结构的调整和升级。

4. 产业政策因素

产业政策是政府为弥补市场的不足而对经济活动进行干预的一系列措施。国家的产业政策对产业结构的影响是非常巨大的。通常情况下,为了实现经济发展目标,政府会通过制定产业政策来鼓励或限制某些产业的发展,产业结构会因此而相应变动。日本和韩国就是典型的凭借有效的产业政策而实现产业结构高级化的国家。

绝大多数国家都制定经济发展战略以指导经济发展。发展战略的重要内容之一是确定优先发展的产业，并通过制定产业政策以实现优先发展的目标。产业政策体现了政府在干预经济的过程中，针对不同的产业特点和干预目的而采取的方针和政策。产业政策直接地体现了国家经济发展的战略意图，主要是解决资源配置的宏观效益问题，它对经济的干预比较强烈，具有相当强的政策力和浓厚的区域特色。

一个国家、一个地区若能够正确地认识和掌握产业结构演进规律，科学地选择优先或限制发展的产业，制定出相应的扶植政策，就能够推动产业结构循着高度化的方向演进。如果缺乏经济战略的指导，单纯依靠市场力量和产业结构内在机制自发地演变，产业结构的演进周期将会十分漫长。

5. 消费需求因素

社会对最终产品的需求是影响产业结构调整的根本性因素之一。一种产业能否发展起来，发展规模有多大，取决于社会是否需要，需求的规模和潜力有多大。消费需求变化包括需求总量的变化和消费结构的变化，两者都会引起相应产业部门的扩张或缩小，也会引起新产业部门的产生和旧产业部门的衰落。从总量角度考虑，人口数量的增加和人均收入水平的提高都会扩大消费需求，经济发展水平、社会发展水平和技术水平不同，消费水平通常也会不同；从结构角度考虑，消费结构对产业结构变化的影响最为直接，消费结构的变化促使生产结构和供给结构发生相应变化，从而导致产业结构的相应变化。

消费结构一般分为3个层次：占统治地位的生理性需求、追求便利和机能的需求、追求时尚和个性的需求。消费结构与人均国民收入水平的变化密切相关，当人均国民收入水平提高时，需求重点便会逐步由较低层次向较高层次转移，由以购买吃穿为主转向以大量购买耐用消费品和服务品为主。需求结构变动的这一特征对产业结构成长有直接的拉动作用。就三次产业来说，第一产业的产品主要满足食物需要。根据恩格尔定律，随着收入增加，生活消费支出中用于食物需求的部分所占比重会逐渐下降，因而其收入弹性较低。当人们可用于消费支出的收入增加很多时，对食物的需求会在某个临界点上趋向饱和,这就必然使农业产值的增长速度放慢。工业品有较大的收入弹性,市场需求会随着国民收入水平提高而迅速扩大,这就使得第二、第三产业的产值在产业结构中的比重呈不断上升的趋势。因此,随着社会经济的发展和居民生活水平的不断提高,消费构成将会出现重大的变化,这必然要求对现有产业结构进行变动和调整,以适应消费需求的变化。

### 6. 投资需求因素

投资是企业扩大再生产和产业扩张的重要条件之一,投资需求的变动将影响产业结构的变动。投资对产业结构的影响主要表现在三个方面:一是投资总量及其增长速度;二是投资结构;三是固定资产更新改造的速度和强度。

投资总量会在总体上影响生产投资品的产业。投资总量增长加快,对投资品的需求就多,从而拉动生产投资品的产业发展;反之,如果投资总量下降,生产投资品的产业就会萎缩。投资结构影响生产投资品的各产业部门的构成。不同产业的投资,其投资品需求具有较大差异,对生产投资品的各产业的拉动作用也不同。例如,工业投资往往需要购置大量机械设备,这对机械制造业具有很强的拉动作用,而金融保险业投资对机械制造业就缺乏拉动作用。此外,固定资产在生产和使用过程中会逐渐消耗而最后丧失效用,必须通过产业投资形成新的固定资产来补偿、替换被消耗掉的固定资产,即实现固定资产的再生产。这样,才能保证原有的产出能力或进一步扩大产出能力。如果一个产业的投资不足,其固定资产的再生产就不足,该产业的产出能力就会逐步下降;反之,其产出能力就会不断上升。现存的各产业的固定资产和产出能力是过去产业投资分配的结果,而现在和未来的投资结构又决定着未来各产业的产出能力。

### 7. 国际贸易因素

一个国家的对外贸易,其规模与结构受该国消费需求规模与结构及国际市场的需求规模与结构的制约。

在正常情况下,一国出口产品往往是该国国民经济生产系统中具有绝对或相对优势的产品,而且其生产能力一般大于国内需求总量;一国的进口产品则是那些在该国不能生产或难以生产,但又有消费需求的产品。这样,通过对外贸易可以充分利用本国具有相对优势或绝对优势的生产能力和有关资源,同时补充某些部门生产能力的不足，弥补本国经济资源和产业结构中的相对薄弱环节，从而调节市场供求状况，促使国民经济健康发展。

对外贸易对产业结构变动的影响分为两种情况。

一种情况是：首先在国内研发新产品，依靠国内市场促进其发展，当国内市场趋于饱和时，便尽力向国际市场寻求出口。随着国外市场的形成，又进一步推动技术出口和资本输出。国外生产能力形成以后，又在先进技术的基础上，以更低的价格将产品返销国内，因而促使国内该产品的生产萎缩。这时，该资产便流向其他新产品的开发或国内需求大而生产不足的产业。如此周而复始的良性循环，不断推动国内产业结构的演进。

另一种情况是：一般后起的国家实行"进口替代"政策，借助进口产品来开拓国内市场，诱发该产业的成长。当该产业发展到一定程度，利用规模经济和国内优势的劳动力资源和自然资源，可使生产成本大幅下降，形成比较效益，开始打入国际市场。随着该产品的国际市场的形成，需求扩大，从而促使国内产业结构变动。

**（二）产业结构演变的一般规律**

一个国家经济发展的过程不仅体现为总量的增长，而且体现为结构的变化。世界经济的发展史表明，伴随经济发展而产生的产业结构演变的根本动力在于科学技术进步和生产力水平的提高。产业结构的变化具有内在需求，也存在外在动因，其演变具有自身的规律性，这种规律可概括为如下定律：随着经济的发展、人均收入的提高，第一产业在社会生产总量中的比重会不断下降，第二、第三产业的比重则会不断上升；社会的主导产业将由第一产业演变到第二产业，再演变到第三产业；产业结构则由低级阶段向高级阶段演变，各阶段难以逾越，但每一阶段演变的时间可以缩短也可能延长，这取决于推动产业结构演变的动因。

产业结构演变的一般规律表明，产业结构演变的实质是一个不断趋于高级化的进程，具有较强的阶段性和有序性；随着一国经济的发展，即人均GDP的逐步提高，对应于不同的发展阶段，产业结构的比重顺序也将经过了由"一、二、三"向"二、一、三"再向"三、二、一"的转变。

纵观各国经济发展历史，产业结构演变的阶段大致可分为农业化、工业化、信息化(后工业化)3个阶段。其中,工业化作为经济发展中一个特定的重要阶段,又可以分为重工业化阶段、高加工度化阶段和技术集约化阶段。在工业化前期,一般是农业和轻纺工业在经济发展中起主导作用,基础工业和基础设施发展迅速;在工业化中期,产业结构明显向重化工业倾斜,石油化工、钢铁、电力、机器制造业等产业成为主导产业,基础工业和基础设施发展进一步加快;在工业化后期,以汽车、家用电器为代表的耐用消费品和以微电子技术、信息技术、光电子工业、办公自动化设备、信息处理系统、生物工程、新能源和新材料等为代表的新兴产业得到迅猛发展,产业结构趋向高级化。

在工业化进程中,生产要素由劳动密集型向资本密集型、资本技术密集型,再向知识技术密集型产业转变;劳动对象由采掘业向原材料产业再向初加工产业,进而向深加工产业的方向转变;而产业的技术则由传统产业向新兴产业,再向新兴产业与传统产业相结合的方向发展;劳动产品的产出由低附加值向高附加值发展。

此外,发达工业国家的示范效应和科学技术的转移与扩散,将使后发达国家能够利用后发优势在较低的经济发展阶段(即人均收入水平较低)实现产业结构的转换、升级,进而缩短工业化进程。

前述的产业结构演变的一般规律,揭示了产业结构演变的轨迹和产业结构演变的动因,它是经济学家们在对大量观测数据进行分析,对现实问题进行广泛研究后得出的带有普遍意义的结论。这也是我们研究上海及三大经济圈产业结构和产业结构演变特征的理论依据。


## 第二节　上海及三大经济圈三次产业结构发展态势比较

我们将根据第一、第二和第三产业的 GDP 比重来反映三次产业结构,三次产业结构的分析是产业结构分析最基本的方面。本节将对三大经济圈整体及各自内部省、直辖市的三次产业结构发展态势进行比较分析,同时也将对三大经济圈的中心城市,即上海、广州、深圳、北京、天津的三次产业结构的发展态势进行比较分析。

## 一、三大经济圈比较

我们根据《中国统计年鉴》的数据分别计算出了1978年、1995年和2006年长三角、珠三角和环渤海三大经济区域三次产业结构比重(见表3.1所示)。1978年是反映改革开放初的状况,1995年是反映1992年邓小平南方谈话后的情况(考虑到滞后效应,所以用1995年的数据),2006年是最新状况(因为最新可得的数据只有2006年的)。

**表3.1 三大经济圈三次产业结构发展态势(1978年、1995年、2006年)**

单位:%

| 地　　区 | | 1978年 | | | 1995年 | | | 2006年 | | |
|---|---|---|---|---|---|---|---|---|---|---|
| | | Ⅰ | Ⅱ | Ⅲ | Ⅰ | Ⅱ | Ⅲ | Ⅰ | Ⅱ | Ⅲ |
| 全　　国 | | 28.19 | 47.88 | 23.94 | 19.86 | 47.18 | 32.86 | 11.73 | 48.92 | 39.36 |
| 长三角 | 长三角 | 19.60 | 61.30 | 19.10 | 13.20 | 53.50 | 33.30 | 5.40 | 54.00 | 40.60 |
| | 上　海 | 4.00 | 77.40 | 18.60 | 2.50 | 57.30 | 40.20 | 0.90 | 48.50 | 50.60 |
| | 浙　江 | 38.00 | 43.30 | 18.70 | 15.50 | 52.10 | 32.40 | 5.90 | 54.00 | 40.10 |
| | 江　苏 | 27.60 | 52.60 | 19.80 | 16.80 | 52.70 | 30.50 | 7.10 | 56.60 | 36.30 |
| 珠三角 | 珠三角 | 29.80 | 46.60 | 23.60 | 14.60 | 48.90 | 36.50 | 6.00 | 51.30 | 42.70 |
| | 广　东 | 29.80 | 46.60 | 23.60 | 14.60 | 48.90 | 36.50 | 6.00 | 51.30 | 42.70 |
| 环渤海 | 环渤海 | 20.54 | 61.45 | 18.01 | 16.63 | 47.81 | 35.56 | 8.94 | 51.21 | 39.85 |
| | 北　京 | 5.15 | 71.14 | 23.71 | 4.90 | 42.80 | 52.30 | 1.25 | 27.84 | 70.91 |
| | 天　津 | 6.10 | 69.60 | 24.30 | 6.50 | 55.70 | 37.80 | 2.71 | 57.08 | 40.21 |
| | 河　北 | 28.52 | 50.46 | 21.02 | 22.16 | 46.42 | 31.42 | 13.78 | 52.44 | 33.78 |
| | 山　东 | 33.30 | 52.90 | 13.80 | 20.40 | 47.60 | 32.00 | 9.69 | 57.76 | 32.55 |
| | 辽　宁 | 14.10 | 71.10 | 14.80 | 14.00 | 49.80 | 36.20 | 10.55 | 51.12 | 38.32 |

注:Ⅰ、Ⅱ、Ⅲ分别指第一产业、第二产业和第三产业。
资料来源:根据《中国统计年鉴》各年度相关数据整理。

### (一) 三大经济圈的总体比较

随着改革开放的不断深入,我国经济的不断发展,产业结构也呈现显著的一、二、三产业递进的特征。1978年,我国总体产业结构还是"二、一、三"的结构,到1995年已发展为"二、三、一"的结构,到2006年,虽然还是"二、三、一"的结构,但在第二产业基本稳定的前提下,第三产业地位显著提升,第一产业显著下降。

三大经济圈作为改革以来我国经济增长最大的三个"增长极",它们的产业结构演进速度总体上高于全国平均水平,这是符合产业结构演进的一般规律的,但不同阶段有着不同的发展特点,基本上是1992年前向全国平均水平收敛,1992年之后加速体现优势,拉开与全国平均水平的距离。1978年三大经济圈与全国一样均是"二、一、三"的结构,但由于上海、北京、天津、辽宁均是我国重要的工业基地,因此,长三角和环渤海的第二产业比重显著高于全国水平,广东的工业基础则相对落后,所以1978年第二产业比重甚至还略低于全国平均水平。到1995年,三大经济圈的产业结构也均演变为"二、三、一"的结构,但这一阶段三大经济圈产业结构的演进与全国相比优势并不明显,最显著的特点是,三大经济圈的三次产业结构向全国平均水平收敛,即三大经济圈与全国水平非常近似,区域性差别并不显著。我们推测,主要是因为1992年之前,三大经济圈所在的东部地区的经济发展活力还并没充分迸发出来,尚未凸显优势,因此产业结构的演进向全国平均水平靠近。但到2006年,它们与全国平均水平的差异就显著体现出来了,虽然与全国一样还是"二、三、一"的结构,但它们的第一产业比重大大低于全国平均水平,第二产业和第三产业均高于全国平均水平。

将2006年与1978年相比,三大经济圈的共同特点都是第一产业显著降低,第三产业显著提高,但第二产业表现有所不同,长三角和环渤海第二产业比重都是下降的,珠三角是提高的。这与我们现实观察到的情况是吻合的,珠三角实际上是改革开放,尤其是"南方谈话"之后才加快了工业化进程,成为我国重要的加工工业,尤其是出口导向型加工工业的基地,而长三角和环渤海的老工业基地则经历了调整、再发展的新兴工业化的过程,当然也包括浙江、江苏、山东这些新的制造业基地的崛起,而上海、北京等中心城市已经进入"三"主导的阶段,所以"二"的下降也是合理的。

（二）长三角区域内比较

从1978年的产业结构看,上海已经是"二、三、一"的结构,浙江和江苏均是"二、一、三"的结构,且上海第一产业比重大大低于浙江和江苏(在全国也是最低的),第二产业比重远远高于江苏和浙江,第三产业相差不大。这说明上海的工业基础明显强于江苏和浙江,但服务业发展水平倒基本差不多。浙江的农业成份最大,江苏的工业基础略好于浙江。

从1995年的产业结构看,上海、浙江和江苏产业结构都已演进为"二、三、一"的结构,共同的特点是第一产业比重均有所下降,第三产业比重均有所提高;不同的特点是,上海第二产业比重显著下降,浙江有所提高,江苏基本持平。而且与前面的分析结果一样,上海、浙江和江苏产业结构的趋同性显现,尤其是浙江和江苏的近似度非常高。

从2006年的产业结构看,上海已经演进为"三、二、一"的结构,浙江和江苏仍为"二、三、一"的结构。浙江和江苏以工业为主导的产业结构仍非常显著,但产业结构的近似度有所降低,江苏的第二产业比重高于浙江,但第三产业比重低于浙江,说明浙江的产业结构演进水平要略高于江苏。上海第一产业的比重已经非常微弱,而第三产业比重已经超过了50%,这是与上海作为区域乃至全国的经济中心和国际大都市的地位相适应的,长三角经济圈以上海为中心、浙江和江苏为两翼的发展架构从目前它们的产业结构中已经有所显现了。

### (三) 环渤海区域内比较

从1978年的产业结构看,北京、天津和上海类似,是"二、三、一"的产业结构,辽宁虽然也是"二、三、一"的结构,但第一和第三产业基本持平,天津和河北是"二、一、三"的产业结构。北京、天津、辽宁作为解放后我国主要的工业基地之一,工业基础的优势也相对比较突出。山东的工业基础略好于河北。

从1995年的产业结构看,北京已率先达到"三、二、一"的产业结构,这是北京作为国家政治、经济、文化中心使然,其他几个省市都是"二、三、一"的产业结构。北京、天津的第一产业比重依然显著低于河北、山东和辽宁,天津第二产业的比重已居于区域内首位,河北、山东和辽宁产业结构的近似度显著提高。

从2006年的产业结构看,北京"三、二、一"的产业结构进一步凸显,其第三产业比重已高达70%,第二产业比重显著下降到27.8%(但这并不能说北京的工业发展远远落后,只是其第三产业的高度发展弱化了工业的地位)。天津、河北、山东和辽宁均还是"二、三、一"的结构,都还是典型的工业主导型结构,且结构近似度较高,天津和山东的第二产业比重较高,天津的第三产业比重也相对较高一些。

## 二、主要中心城市比较

对三大经济圈的主要中心城市的三次产业结构发展态势做进一步分析。长三角选取上海市、珠三角选取广州市和深圳市,环渤海选取北京市和天津市。数据结果见表 3.2 所示。

表 3.2　三大经济圈主要中心城市三次产业结构发展态势　　　　单位:%

| 城　　市 | 1978 年 | | | 1995 年 | | | 2006 年 | | |
|---|---|---|---|---|---|---|---|---|---|
| | Ⅰ | Ⅱ | Ⅲ | Ⅰ | Ⅱ | Ⅲ | Ⅰ | Ⅱ | Ⅲ |
| 上　海 | 4.00 | 77.40 | 18.60 | 2.50 | 57.30 | 40.20 | 0.90 | 48.50 | 50.60 |
| 广　州 | 11.67 | 58.59 | 29.74 | 5.83 | 45.91 | 48.26 | 2.39 | 40.01 | 57.60 |
| 深　圳 | 37.00 | 20.50 | 42.50 | 1.50 | 50.10 | 48.40 | 0.12 | 52.46 | 47.42 |
| 北　京 | 5.15 | 71.14 | 23.71 | 4.90 | 42.80 | 52.30 | 1.25 | 27.84 | 70.91 |
| 天　津 | 6.10 | 69.60 | 24.30 | 6.50 | 55.70 | 37.80 | 2.71 | 57.08 | 40.21 |

注:Ⅰ、Ⅱ、Ⅲ分别指第一产业、第二产业和第三产业。
资料来源:根据《中国统计年鉴》、各省市统计年鉴各年度的相关数据整理。

从 1978 年的数据看,上海、北京、天津三大直辖市的结构很类似,都是高度工业主导型的结构,第二产业的比重都在 70% 左右,第一产业都很低,在 5% 左右,第三产业水平也不高仅有 20% 左右,这与当时它们作为中国工业中心的地位是相符的。广州虽然也具备了"二、三、一"的产业结构,但产业结构水平要低于三大直辖市。深圳与它们显著不同,第一产业和第三产业比重很高,而第二产业比重很低,这是因为 1978 年深圳还未列为经济特区进行建设。

从 1995 年的数据看,各城市共同的一个特点就是第一产业的比重都有所下降,第三产业的比重都有所提高。北京和广州已经实现"三、二、一"的产业结构,上海、深圳和天津还是"二、三、一"的结构,与上海、天津第二产业比重的显著下降形成鲜明对照的是深圳的第二产业比重的大幅提高,上海、天津的下降主要是缘于第三产业发展的替代效应,深圳显然是因为特区开放建设的成果。

从 2006 年的数据看,各城市第一产业的比重继续下降,都不足 3%,上海和深圳甚至不足1%,除深圳第三产业略有下降外,其他城市第三产业比重都是提高的,北京甚至达到了70%,已接近发达国家国际大都市的水平,而上海第三产业比重显著落后于北京,比广州也要低一些,这与上海着力要打造的国际大都市的定位目标的要求显然存在很大的差距。上海第三产业比重提升速度较慢可能主要是因为上海20世纪90年代后期大力推进先进制造业的战略有关。广州和深圳作为珠三角的双核心,产业结构上还是各有优势,广州已初步形成服务业主导的结构,深圳依然是制造业主导的结构。天津的第三产业比重是几个城市中最低的,显然在环渤海区域,天津与北京相比,产业结构水平的差距还是很大的,要提升自己的中心城市地位还有很大努力空间,但滨海新区的开发将为天津注入极大的活力和动力。

## 第三节　上海及三大经济圈产业结构合理化比较

在上述三次产业结构发展态势分析的基础上,我们再进一步比较研究上海及三大经济圈产业结构的合理化水平。

产业结构研究的一个共识性的结论是,一个地区产业结构发展是否合理,是与该地区经济发展水平相匹配的,即一个地区产业结构是否合理,关键是看与它本身的经济发展阶段是否相适应;那么,不同经济发展阶段应该具备怎样的产业结构才是合理的,必须找到一个"标准"。因此,本节我们将首先利用国际上通行的经验"标准"对上海及三大经济圈的产业结构进行合理化检验。另外,基于我国目前经济发展阶段工业在国民经济中的主导地位,我们还将从GDP、人均GDP增长与各区域工业发展水平的相关关系,来审视三大经济圈产业结构的合理化水平。

### 一、"标准结构"判别分析

#### (一)　"标准结构"的理论基础

自配第定律以来,人们逐渐开始意识和了解到产业结构演变是有规律的,认识到产业结构的演变是一个不断从高级向低级转变的过程,是经济发展的历史和逻辑序列顺向演进的过程。既然产业结构的演进是有规律的,对现有产业结构的合理化判别，一个合乎逻辑的做法即是将其和所谓的"标准结构"进行比较。"标准结构"是大多数国家产业结构演进的综合描述，一般是通过统计分析的方法，对样本国家产业结构表现出来的产业特征进行统计归纳，并在此基础上综合出能刻画某一阶段的若干指标，作为产业结构演进到此阶段的"标准"和代表。如果某一产业结构系统在其发展过程中与标准结构产生一定的差距，就可认为该系统偏离了大多数国家发展的共同轨迹，很自然的可以认定这一系统违背了产业结构发展的规律，其内部的结构是不合理的。反之，如果一个特定系统在发展到一定的阶段时，其内部结构恰好与"标准结构"相符合，也可自然地认定这一系统与产业结构发展的共同规律是吻合的，因此其结构也是合理的。

进一步研究表明，虽然"标准结构"可以作为判断一个特定产业结构系统是否合理的参照系，但是各个产业结构系统在其自身的发展中，由于所处时空环境的差异，各自都有自身发展的独特轨迹，因此，与其将其作为一个判断的根据，不如当作给我们提供一种判断产业结构是否合理的大致线索合理一些。

作为"标准结构"，首先我们想到的肯定是配第定理。该定理是英国经济学家科林·克拉克在威廉·配第研究成果的基础上，深入分析研究了劳动力在二大产业间分布结构的演变及其趋势后得出的，同时提出了一些带有普遍性的经验总结。克拉克认为他的发展只是验证了配第的观点，故称之为配第定理，后人则统称为配第—克拉克定理。克拉克使用三次产业分类法，将全部经济活动分为第一次产业、第二次产业和第三次产业为基本框架，通过分析若干国家在一定时间序列中所发生的变化，使用劳动力这个指标来探讨产业结构的演变规律的。按照年代的推移，分析劳动力在三次产业间移动的趋势，如表 3.3 所示。

表 3.3　据 1958 年按人均 GNP 分组的 59 个国家当年劳动力的生产部门份额

| 8 组国家 | 1 | 2 | 3 | 4 | 5 | 6 | 7 | 8 |
|---|---|---|---|---|---|---|---|---|
| 国家数 | 5 | 6 | 6 | 18 | 6 | 6 | 6 | 6 |
| 人均 GNP/美元 | 72.3 | 107 | 147 | 218 | 382 | 588 | 999 | 1 501 |
| 第一次产业 | 79.7 | 63.9 | 66.2 | 59.6 | 37.8 | 21.8 | 18.9 | 11.6 |
| 第二次产业 | 9.9 | 15.2 | 16.0 | 20.1 | 30.2 | 40.9 | 47.2 | 48.1 |
| 第三次产业 | 10.4 | 20.9 | 17.8 | 20.3 | 32.0 | 37.3 | 33.9 | 40.3 |

资料来源：芮明杰：《产业经济学》，上海财经大学出版社 2005 年版。

在如上克拉克研究成果的基础上,美国著名的经济学家"GNP之父"库兹涅茨进一步收集和整理了二十多个国家的庞大数据,甚至将一些国家(如英国)的统计资料追溯到19世纪初,从国民收入和劳动力在产业间的分布入手,对伴随经济增长的产业结构变化演进进一步探讨,从而把产业结构的演变规律研究深入到研究三次产业所实现的国民收入的比例关系及其变化上来,从而把产业结构演变的动因分析推进了一大步,得到以产值结构为指标的表3.4和以劳动力结构为指标的表3.5如下。

表3.4 库兹涅茨模式(产值结构比重)

| 行　　业 | 人均国民生产总值的基准水平(1958年,美元) | | | | |
|---|---|---|---|---|---|
| | 70 | 150 | 300 | 500 | 1 000 |
| 农业 | 48.4 | 36.8 | 26.4 | 18.7 | 11.7 |
| 工业和建筑业 | 20.6 | 26.3 | 33.0 | 40.9 | 48.4 |
| 制造业 | 9.3 | 13.6 | 18.2 | 23.4 | 29.6 |
| 建筑业 | 4.1 | 4.2 | 5.0 | 6.1 | 6.6 |
| 商业服务业 | 31.0 | 36.9 | 40.6 | 40.4 | 39.9 |

资料来源:库兹涅茨:《各国的经济增长——总产值和生产结构》,商务印书馆1999年版。

表3.5 库兹涅茨模式(劳动力比重)

| 行　　业 | 人均国民生产总值的基准水平(1958年,美元) | | | | |
|---|---|---|---|---|---|
| | 70 | 150 | 300 | 500 | 1 000 |
| 农业 | 83.3 | 63.7 | 46.0 | 31.4 | 17.7 |
| 工业和建筑业 | 9.2 | 17.0 | 26.9 | 36.2 | 45.3 |
| 商业 | 4.7 | 7.2 | 10.0 | 12.2 | 15.2 |
| 服务业 | 5.8 | 12.1 | 17.1 | 20.2 | 21.8 |

资料来源:库兹涅茨:《各国的经济增长——总产值和生产结构》,商务印书馆1999年版。

与此同时,应用比较劳动生产率的概念,通过对四十多个发展程度不同的国家进行横断面的比较研究,得出一系列的结论,如表3.6所示。

从表3.6的图标中可以看出,产业结构和与经济发展水平密切相关,在经济发展的不同阶段,起主导作用的产业是不同的。随着经济发展和人均国民收入水平的提高,产业结构的重心将由第一产业向第二产业转移;当人均国民收入水平进一步提高时,产业重心又会向第三产业转移,产业结构趋向高级化。

表 3.6 产业发展形态的概括(三次产业的构成)

| 产 业 | (1) 劳动力的相对比重 | | (2) 国名收入的相对比重 | | (3) ＝(2)/(1)相对国民收入(比较生产率) | |
|---|---|---|---|---|---|---|
| | 时间序列分析 | 横断面分析 | 时间序列分析 | 横断面分析 | 时间序列分析 | 横断面分析 |
| 第一次产业 | ↓ | ↓ | ↓ | ↓ | ↓ | (1以下)— |
| 第二次产业 | ≌ | ↑ | ↑ | ↑ | ↑ | (1以下)↓ |
| 第三次产业 | ↑ | ↑ | ≌ | — | ↓ | (1以下)↓ |

注:≌表示不确定;—表示稳定或者几乎不变。
资料来源:宫泽健一:《产业经济学》,东洋经济新报社 1989 年版。

现如今,我们来研究探讨区域产业结构的合理化水平,可以参考世界银行总结提出的,国际上通行的不同发展阶段国家产业结构的标准,如表 3.7 所示。

表 3.7 不同发展阶段产业结构国际标准(世界银行)

| 指 标 | | 低收入水平国家 | 中下等收入水平国家 | 中等收入水平国家 | 中上等收入水平国家 | 发达国家 |
|---|---|---|---|---|---|---|
| 人均 GDP/美元 | | 430 | 1 670 | 2 390 | 4 260 | 24 930 |
| 增加值构成(%) | 第一产业 | 25 | 13 | 11 | 9 | 2 |
| | 第二产业 | 38 | 36 | 35 | 37 | 32 |
| | 第三产业 | 35 | 49 | 52 | 53 | 66 |
| 从业人员构成(%) | 第一产业 | 73 | 54 | 44 | 30 | 6 |
| | 第二产业 | 13 | 17 | 22 | 28 | 38 |
| | 第三产业 | 15 | 29 | 34 | 42 | 56 |

资料来源:根据世界银行:《世界发展报告》(1997)、《中国统计年鉴》(2002)的相关数据整理。

### (二) 上海及三大经济圈产业结构标准化判别比较

#### 1. 三大经济圈总体比较

按照与表 3.7 一样的结构,我们计算出了 2006 年三大经济圈的相关指标,如表 3.8 所示。

表 3.8　三大经济圈经济发展水平与产业结构(2006 年)

| 指　　标 | | 长三角 | 珠三角 | 环渤海 |
|---|---|---|---|---|
| 人均 GDP/美元 | | 4 374.95 | 3 632.31 | 3 060.12 |
| 增加值构成(%) | 第一产业 | 5.40 | 6.02 | 8.94 |
| | 第二产业 | 54.00 | 51.26 | 51.21 |
| | 第三产业 | 40.60 | 42.72 | 39.85 |
| 从业人员构成(%) | 第一产业 | 24.70 | 30.40 | 35.70 |
| | 第二产业 | 39.10 | 38.80 | 30.35 |
| | 第三产业 | 36.20 | 30.80 | 33.91 |

注:人均 GDP 按 7.8 元人民币:1 美元的汇率换算。

资料来源:根据《中国统计年鉴》(2007)的相关数据整理。

　　人均 GDP 所显示的三大经济圈的总体发展水平,长三角高于珠三角,珠三角高于环渤海。长三角已达到中上等收入水平国家,珠三角接近,环渤海介于中等收入水平和中上等收入水平国家之间。

　　从增加值构成,与国际标准结构相比,三大经济圈的一个共同特点是第二产业比重明显偏高,第一产业有所偏低,而第三产业明显发展不足。我们知道,中国已成为全世界最大、最重要的制造业基地,三大经济圈又是中国最主要的制造业基地,制造业主导的经济发展模式造就了三大经济圈相近似的产业结构,并且与国际经验的同等发展水平的国家或地区的产业结构水平相比明显有结构偏低,不太合理。相对而言,三大经济圈中与国际经验标准较为接近的是珠三角,其次是长三角,最后是环渤海。从这个角度上,我们基本的判断是,与经济发展水平相匹配,珠三角的产业结构更合理一些,其次是长三角,最后是环渤海。当然,也必须考虑到这样的因素,珠三角只是一个行政区域,所以内部协调度更高,而长三角和环渤海都是多个行政省市的综合,在目前行政壁垒使得产业区域一体化水平还不高的前提下,内部的不均衡使得综合判断容易出现偏差。

　　从就业人员构成看,三大经济圈的产业结构总体上与国际标准结构的近似度要高于增加值构成,即虽然第二产业的比重依然偏高,但是偏高度相比增加值构成有所降低,总体上判断,要么是制造业劳动生产率相对更高,要么是第一和第三产业劳动生产率相对较低,从我国实际情况看,我们倾向于后者,即第二产业就业构成与国际标准的接近,主要是缘于我国第一和第三产业经济效率相对较低。与增加值构成的判断一样之处在于,珠三角的产业结构更合理一些,其次是长三角,最后是环渤海。

2. 长三角内部比较

表 3.9　长三角各省市经济发展水平与产业结构(2006 年)

| 指　标 | | 上　海 | 浙　江 | 江　苏 |
|---|---|---|---|---|
| 人均 GDP/美元 | | 7 396.79 | 4 086.41 | 3 694.1 |
| 增加值构成(%) | 第一产业 | 0.9 | 5.9 | 7.1 |
| | 第二产业 | 48.5 | 54 | 56.6 |
| | 第三产业 | 50.6 | 40.1 | 36.3 |
| 从业人员构成(%) | 第一产业 | 6.2 | 22.6 | 29.8 |
| | 第二产业 | 37 | 45.8 | 34.8 |
| | 第三产业 | 56.8 | 31.6 | 35.4 |

注:人均 GDP 按 7.8 元人民币:1 美元的汇率换算。
资料来源:根据《中国统计年鉴》(2007)的相关数据整理。

从人均 GDP 看,长三角经济圈内部发展水平的不均衡还是比较明显的,上海的发展水平明显高于浙江和江苏,浙江略高于江苏。上海已经开始从中上等收入水平向发达国家水平迈进,浙江和江苏才刚刚接近中上等收入水平。

从增加值构成看,它们第二产业比重也是明显偏高的,第三产业明显偏低。上海第三产业比重虽然高于浙江和江苏,但考虑到其人均 GDP 水平也明显高于浙江和江苏,因此,上海的产业结构还是"偏硬",如果与一些发达国家国际大都市同等发展水平时期的产业结构相比,上海第三产业的发展水平更是远远落后的。

从就业人员构成看,上海就业人员构成与国际标准相比,是偏高的,结合其增加值构成偏低的情况,说明上海服务业的经济效率水平还是太低。

3. 环渤海内部比较

从人均 GDP 看,环渤海经济圈内部发展水平的不均衡是三大经济圈中最显著的。北京和天津已经超过中上等收入水平,山东和辽宁开始接近中上等收入水平,河北还没达到中等收入水平。各地区发展水平的较大差异,自然使得它们的产业发展水平也差异悬殊,这也使得环渤海经济圈在三大经济圈中面临最大一体化发展的难度。

表 3.10　环渤海各省市经济发展水平与产业结构(2006 年)

| 指　　标 | | 北京 | 天津 | 河北 | 山东 | 辽宁 |
|---|---|---|---|---|---|---|
| 人均 GDP/美元 | | 6 470.13 | 5 277.31 | 2 174.62 | 3 050.51 | 2 793.33 |
| 增加值构成(%) | 第一产业 | 1.20 | 2.70 | 13.80 | 9.70 | 10.60 |
| | 第二产业 | 27.80 | 57.10 | 52.40 | 57.80 | 51.10 |
| | 第三产业 | 71.00 | 40.20 | 33.80 | 32.50 | 38.30 |
| 从业人员构成(%) | 第一产业 | 6.60 | 14.20 | 42.24 | 39.10 | 33.70 |
| | 第二产业 | 24.50 | 41.10 | 29.99 | 31.40 | 27.70 |
| | 第三产业 | 68.90 | 44.70 | 27.77 | 29.50 | 38.60 |

注:人均 GDP 按 7.8 元人民币:1 美元的汇率换算。
资料来源:根据《中国统计年鉴》(2007)的相关数据整理。

从增加值构成看,除了北京,其他省市第二产业的比重偏高一些,第三产业明显偏低,天津作为大城市由于其第一产业比重很低,所以第三产业的情况好于河北、山东和辽宁。值得注意的是,山东相对河北较高的经济发展水平,似乎来源于其更高的工业发展水平,而辽宁相对河北更高的发展水平,源于其更高的服务业发展水平。

从从业人员构成看,北京依然是很显著的第三产业高比重,河北、山东和辽宁的结构很近似,与标准结构的偏差也不如增加值结构大。

4. 主要中心城市比较

表 3.11　三大经济圈主要中心城市经济发展水平与产业结构(2006 年)

| 指　　标 | | 上海 | 广州 | 深圳 | 北京 | 天津 |
|---|---|---|---|---|---|---|
| 人均 GDP/美元 | | 7 396.79 | 8 089.74 | 8 903.85 | 6 470.13 | 5 277.31 |
| 生产总值构成(%) | 第一产业 | 0.90 | 2.40 | 0.10 | 1.20 | 2.70 |
| | 第二产业 | 48.50 | 40.00 | 52.50 | 27.80 | 57.10 |
| | 第三产业 | 50.60 | 57.60 | 47.40 | 71.00 | 40.20 |
| 从业人员构成(%) | 第一产业 | 6.20 | 13.87 | 0.27 | 6.60 | 14.20 |
| | 第二产业 | 37.00 | 38.95 | 57.43 | 24.50 | 41.10 |
| | 第三产业 | 56.80 | 47.18 | 42.30 | 68.90 | 44.70 |

注:人均 GDP 按 7.8 元人民币:1 美元的汇率换算。
资料来源:根据《中国统计年鉴》(2007)、《广东省统计年鉴》(2007)的相关数据整理。

从人均 GDP 水平看,各主要城市中,深圳发展水平最高,已接近 9 000 美元,其次是广州,然后依次是上海、北京和天津,天津明显低于其他几个城市。

从增加值构成看,除了北京第三产业高于国际标准结构外,其他城市实际上都是低于标准结构的,尤其深圳,人均 GDP 水平最高,但第三产业比重仅略高于天津,还不如广州和上海。如果服务业发展水平是中心城市辐射和带动区域协调发展的重要标志的话,深圳作为珠三角中心城市的地位是不如广州的。同样类比的话,上海中心城市的作用远不如北京,也不如广州。

## 二、区域工业发展与经济增长的关联分析

工业是国民经济发展的命脉,一直在中国的经济增长中充当重要角色。1978年的 GDP 构成中工业所占比重为 44.4%,2006 年这一比重为 43.3%。工业发达与否直接影响各地域的经济发展和人民生活水平。下面我们将通过各区域经济发展与工业发展相关指标的对比分析,研判各区域产业结构的合理化水平。

李金华(2007 年)运用 1978—2004 年 GDP 平均增长率、人均 GDP 地方与全国之比变化率、工业中产值比重增长率这几个指标对全国各省、直辖市进行了排序。[1]我们引用李金华的计算结果,对上海及三大经济圈的情况进行分析。

表 3.12　GDP 增长、工业总产值及人均 GDP 变化排序

| 地　　区 | | GDP 平均增长率/%（1978—2004） | | 人均 GDP 地方与全国之比变化率(1978—2004) | | 工业总产值比重增长率/%（1978—2003） | |
|---|---|---|---|---|---|---|---|
| | | 数值 | 全国排名 | 数值 | 全国排名 | 数值 | 全国排名 |
| 长三角 | 上海 | 8.15 | 29 | −2.51 | 30 | −4.86 | 30 |
| | 浙江 | 13.27 | 2 | 1.39 | 1 | 5.92 | 2 |
| | 江苏 | 11.6 | 5 | 0.83 | 4 | 4.71 | 3 |
| 珠三角 | 广东 | 13.07 | 3 | 0.87 | 3 | 10.4 | 1 |
| 环渤海 | 北京 | 9.68 | 16 | −0.58 | 29 | −1.33 | 25 |
| | 天津 | 9.24 | 21 | −0.3 | 26 | −0.86 | 22 |
| | 河北 | 10.51 | 8 | 0.26 | 6 | −1.16 | 24 |
| | 山东 | 12.05 | 4 | 0.77 | 5 | 3.8 | 4 |
| | 辽宁 | 8.54 | 27 | −0.24 | 24 | −4.6 | 29 |

注:(1)人均 GDP 地方与全国之比变化率是用 2004 年人均 GDP 地方与全国之比减去 1978 年人均 GDP 地方与全国之比。(2)工业生产总值比重增长率是地区工业总产值与全国工业总产值比重的增长率。

资料来源:根据李金华:《中国产业:结构、增长及效益》(清华大学出版社 2007 年版)中表 2.1 的结果整理。

---

[1]　李金华等:《中国产业:结构、增长及效益》,清华大学出版社 2007 年版,第 47—48 页。

从表 3.12 的计算结果来看,各地区的工业发展速度与各地区经济发展速度之间存在高度正相关关系,即 GDP 平均增长率和人均 GDP 地方与全国之比变化率排名靠前的地区,工业总产值比重增长率也靠前;反之,亦然。这一定程度上说明了区域间产业发展不均衡与区域间经济发展水平不均衡的内在联系,也说明了我国区域产业发展总体上是有其内在的客观合理性的。

从三大经济圈的情况比较来看,珠三角(广东省)显然最能体现高速的经济增长与高速的工业化进程之间的内在联系;而长三角与环渤海区域内各省市反差却很大,长三角的浙江和江苏、环渤海的山东与珠三角的广东一样是高速的经济增长与高速的工业化进程的有机统一;上海、北京、天津这三个直辖市的排名均靠后,似乎是有点反常,但进一步分析,也能找出合理的原因。长期以来,这三个大城市的人均 GDP 一直远高于全国平均水平,1978 年的比值分别是 6.56、3.29 和 3.01,位居最高的前三位,2004 年该比值分别为 4.05、2.72 和 2.71,仍位居前 3 位,虽然与全国平均水平的差距显著缩小了。这种缩小反映了同期这三个城市工业生产的"退步",即这一时期它们的工业生产总值在全国的比重,上海降低了 4.86 个百分点,北京降低了 1.33 个百分点,天津降低了 0.86 个百分点。那么,这三个城市高水平的人均 GDP 显然只能从它们相对其他地区更发达的第三产业有关。2004 年,北京第三产业占当地 GDP 的 60%,位居全国第一,上海的比重为48%,居全国第三,天津的比重为 41%,也居于全国前列。第三产业的高比重可以解释这三大城市"工业缩水"与高人均 GDP 水平之间的看似不合理的关系。

## 第四节　上海及三大经济圈产业结构高度化比较

区域产业结构合理化只是说明了区域产业结构的演进与区域经济发展水平的适配性,而要比较区域产业结构的进步程度,则需要运用相关高度化指标进行测度和比较。我们将运用霍夫曼系数、软化度系数、产业结构水平系数等常用指标测度比较上海及三大经济圈的产业结构高度化水平。

# 一、产业结构高度化判别的理论基础

我们知道产业结构的演变是具有规律的,是一个不断从低级向高级转变的过程,对于这样一个转变和演进过程,我们称之为产业结构的高度化过程。而衡量一个产业结构系统在这一过程中的转变和演进过程,就被称之为产业结构高度化的判别。实践中,产业结构高度化的判别有很多种方法,比如,相对比较判别法、工业化程度判别法、软化度判别法、产业结构水平判别法等。

## (一) 相对比较判别法

所谓的相对比较判别,就是选取另一个产业结构系统作为参照系来评价和判别,比如选取理论上合理的产业结构或者国外发达国家产业系统结构作为参照系。依据这个方法,在进行产业结构高度化的相对比较判别时,有两种思路。一是比较两个产业结构的相似程度,以两个"接近程度"对被判别产业结构的高度化进行衡量;另一种思路是度量两个产业结构系统之间的差距,以两者之间的"差离程度"对被判别产业结构的高度化进行衡量。

记被判别的城市为 $A$,作为参考系为 $B$,$U_i$ 为产业 $i$ 在整个产业结构系统的比例。自然,$U_{Ai}$ 和 $U_{Bi}$ 分别为产业 $i$ 在产业系统 $A$ 和 $B$ 的比例,其中,$\sum_i^n U_i = 1$。

### 1. 相似判别法(接近程度)

相似判别法的关键是构造一个关系式,将被判别产业结构系统与作为参照系的产业结构系统联系起来,并且这个关系式能反映出两者之间的相关程度。我们可以选取下面两种关系式作为相似判别法的具体判别方法。

夹角余弦法,计算公式为:

$$r_{AB} = \sum_i^n U_{Ai} U_{Bi} / \left[ \left( \sum_i^n U_{Ai}^2 \right) \left( \sum_i^n U_{Bi}^v \right) \right]^{\frac{1}{2}}$$

相关关系法,计算公式为:

$$r_{AB} = \sum_i^n |U_{Ai} - V_{Ai}| |U_{Bi} - V_{Bi}| / \left[ \sum_i^n (U_{Ai} - V_{Ai})^2 \sum_i^n (U_{Bi} - V_{Bi})^2 \right]^{\frac{1}{2}}$$

其中,$V_{Ai} = \sum_i^n U_{Ai} / n$,$V_{Bi} = \sum_i^n U_{Bi} / n$

在这两个关系式中,夹角余弦法由于计算简单,在目前产业结构高度化判别的实证分析中常被应用。但是在实际应用中,尽管两个产业结构系统的高度化存在较大的差异,利用夹角余弦法计算的系数却较为接近,较难得出直观的判断。随着计算工具的进步和数学知识的普及,相关系数法由于计算结果更加直观和其在统计方面具有更广泛的应用性,可能使用范围会逐渐有所增加。

2. 距离判别方法(差离程度)

距离判别法的关键同样是构造一个关系式,这个关系式不但能联系被判别产业结构系统和作为参照系的产业结构系统,而且还能计算出两者之间的差离程度。我们可以选取下面三种关系式作为距离判别法的具体判别方法。

欧氏距离法,计算公式为:

$$R_{AB} = \left[ \sum_i^n (U_{Ai} - U_{Bi})^2 \right]^{\frac{1}{2}}$$

海明距离法,计算公式为:

$$R_{AB} = \sum_i^n |U_{Ai} - U_{Bi}|$$

兰氏距离法,计算公式为:

$$R_{AB} = \sum_i^n |U_{Ai} - U_{Bi}| / (U_{Ai} + U_{Bi})$$

上述三种方法的计算公式虽然不同,但都能表达出两个产业结构系统之间的"距离"。

(二) 工业化程度判别法

1. 工业化阶段判别:霍夫曼系数

我们都知道,第二次产业(主要是工业)是国民收入的主要源泉,是一个国家经济发展的主导部门。人们往往把近代的经济发展同工业的发展紧密联系起来,工业化在经济发展中的作用是非常巨大的。无论是配第一克拉克定理所归纳的经验性规律现象,还是库兹涅茨等人对产业结构演变规律的进一步探讨,实际上都描述了一个国家走上工业化道路的过程和动因,勾画出产业结构如何随着经济规模的扩大而演变的基本框架。

由此可知,对第二次产业内部结构的演变规律作更深层次的探讨研究是极为必要的。对此,德国经济学家霍夫曼在这个领域作了开拓性的研究,其代表作是《工业化的阶段与类型》。霍夫依据近 20 个国家的时间序列数据,着重分析制造业中消费资料工业和资本资料工业的比例关系。这一比例关系就是消费资料工业的净产值(或附加值)和资本资料工业净产值之比,即所谓的"霍夫曼系数",用公式表示为:

霍夫曼系数＝消费品工业的净产值/资本品工业的净产值

根据这一比例进行测算,便得出所谓的"霍夫曼定理",即在工业化进程中,霍夫曼系数不断下降的规律。同时,霍夫曼根据霍夫曼系数的变化趋势,把工业化进程分为四个阶段,如表 3.13 所示。

表 3.13　霍夫曼工业化阶段指标

| 霍夫曼系数的范围 | 工业化的阶段 |
| --- | --- |
| 5.0(±1.0) | 第一阶段(工业化早期) |
| 2.5(±1.0) | 第二阶段(工业化中期) |
| 1.0(±0.5) | 第三阶段(工业化中后期) |
| 1.0 以下 | 第四阶段(工业化后期) |

第一阶段:消费品工业在整个制造业中居于压倒优势的地位,其净产值平均为资本品工业净产值的 5 倍。

第二阶段:消费品工业最初所具有的主导地位趋于削弱,资本品工业逐渐发展起来,但前者的产值仍是 2.5 倍于后者的净产值。

第三阶段:两类工业的近产值大致相当。

第四阶段:消费品工业远不及资本品工业增长来得迅速,后者的净产值将大于前者。

由于我国统计年鉴中没有消费品工业和资本品工业的分类,无法得到相应的数据,因此,我们是用轻、重工业增加值分别替代消费品工业和资本品工业的净产值,即我们计算的霍夫曼系数,用公式表示为:

霍夫曼系数＝轻工业增加值/重工业增加值

## 2. 产业结构高加工度化判别

产业结构高加工度，一方面意味着加工、组装业的发展快于原材料工业的发展速度；另一方面意味着加工业产品的加工深度不断深化。把工业部门先分为两大类：一类是劳动对象工业，即原材料、燃料、能源生产部门；另一类是加工组装工业。后一类再进一步细分为机械工业和传统加工工业。任何一个国家和地区的工业化进程都是以机械工业为核心而发展起来的。机械工业水平、机械工业在整个工业结构中的地位的变化，直接决定和反映了区域工业发展水平，即产业结构高度化水平。衡量产业结构高加工度化的指标为：

（1）机械工业比重。机械工业比重等于地区机械工业产值与地区工业产值总额之比。

（2）机械工业与传统加工工业比重之比。

（3）机械工业与劳动对象工业比重之比。

这三个指标越高，说明一个地区产业结构加工度化越高，亦即工业化程度越高。

为计算产业结构高加工化，我们将工业进行分类。劳动对象工业包括：石油和天然气开采业，非金属矿采选业，造纸及纸制品业，石油加工、炼焦及核燃料加工业，化学原料及化学制品制造业，化学纤维制造业，橡胶制品业，塑料制品业，非金属矿物制品业，黑色金属冶炼及压延加工业，有色金属冶炼及压延加工业，废弃资源和废旧材料回收加工业，电力、热力的生产和供应业，燃气生产和供应业，水的生产和供应业，煤炭开采和洗选业，黑色金属矿选业，有色金属矿选业，其他采矿业。

加工组装工业包括机械工业和传统加工工业，机械工业包括：金属制品业，通用设备制造，专用设备制造业，交通运输设备制造业，电气机械及器材制造业，通信设备、计算机及其他电子设备制造业，仪器仪表及文化、办公用机械制造业；传统加工工业包括：农副食品加工业，食品制造业，饮料制造业，烟草制品业，纺织业，纺织服装、鞋、帽制造业，皮革、毛皮、羽毛（绒）及其制品业，木材加工及木、竹、藤、棕、草制品业，家具制造业，印刷业和记录媒介的复制、文教体育用品制造业，医药制造业，工艺及其他制造业。

### （三） 软化度判别法

著名经济学家科林·克拉克认为，劳动力在产业间的配置主要受人均收入增长的影响，具体有两点：一是需求因素，二是效率因素。对前者，他说："随着人均收入的增加，很明显，对农产品的相对需求一直在下降，而对制造品的相对需求首先上升然后下降，而让位于服务业。"他进一步指出："服务业所提供的产业，其收益对象不仅包括一般消费者，而且包括企业。若把为企业提供的服务考虑进来，服务业就会有很高的边际需求，其相对需求上升就是必然的。"[①]

"软化经济"的概念是日本经济结构变化与政策问题研究会于1983年首次提出来的。产业结构的软化有两个层次的含义：一是指产业结构的演进过程中，软产业（主要是第三产业）的比重不断上升，出现了所谓的"经济服务化"趋势。正如当今世界经济向"服务化"趋势发展，第三产业在各国经济的比重不断上升，尤其是发达国家，第三产业经济总量远远超过工业。例如，美国1996年的三次产业比重就分别是1.8∶26.8∶71.4，这一现象在城市经济中更为明显，无论是纽约、东京等国际中心城市，还是香港、新加坡等区域经济中心城市，第三产业均已在经济总量中占据了70％以上的比重，其中香港已达到了85％。二是指随着工业结构的高度加工化过程和高技术化过程，在整个产业结构中对管理、技术和知识等"软要素"的依赖度大大加强。

所谓产业的"硬化"和"软化"，是由软化率指数来划分的。软化率指数的计算一般有两种方法，即：

$$软化率 ＝ 非物质投入 /（非物质投入＋物质投入）\qquad(1)$$

$$软化率 ＝（非物质投入＋工资费用）/ 生产额 \qquad(2)$$

在日本，人们把按算法（2）计算出来的软化率大于60％的产业称为高软化产业；把软化率在40％—60％之间的产业叫低软化产业；而软化率低于40％的产业就是硬产业。

显然，产业结构软化的第一层含义就是软化产业，特别是高软化产业在整

---

① 科林·克拉克:《经济进步的条件》1957年英文第三版。

个产业结构中占据了一定的比重。当然，比起第一产业和第二产业，第三产业的软化率是最高的。而第三产业主要以服务为主，因此，也常把产业的软化过程叫做"经济服务化"过程。产业结构软化的第二层含义是在所谓的硬行业中，其"软要素"所起的作用也越来越大，而相对来说生产等职能的作用则日趋减少。这在企业中的一个明显表现就是直接生产人员比例的下降，而非直接生产人员的比例则有所增加。

在实践中，产业结构系统的软化程度现在还没有一个明确统一的衡量标准，其内涵相当丰富，大致体现在以下一些方面：

（1）第三产业增加值占 GDP 的比重和第三产业就业人数占就业总人数的比重明显高于第一产业和第二产业的同一比重；

（2）服务从业人员增减率与服务性企业数增减率；

（3）消费结构中家庭服务消费的比例增加（家务劳动社会化）；

（4）企业购买服务的支出占总成本的比例增加（企业内部劳务社会化）；

（5）制造业的产品价格构成中原材料成本所占的比重下降；

（6）白领工人的比例增加（劳动服务化）；

（7）劳动市场的外延扩大（女人、老年人的就业增加）；

（8）劳动力的素质提高及向专业化方向发展。

我们在测度各经济区域产业结构的软化程度时，为简便起见，选取第一个方面，即第三产业产值占国内生产总值的比重和第三产业就业人数占就业总人数的比重进行分析。

设某地区的第三产业产值占该地区生产总值的比重为 $\alpha_1$，第三产业就业人数占该地区就业总人数的比重为 $\alpha_2$，为简化起见，我们自定义软化系数为系数 $\alpha_1$、$\alpha_2$ 的算术平均值，即：

$$\alpha = (\alpha_1 + \alpha_2)/2$$

根据软化系数比较不同经济区域的软化程度。

（四）　产业结构水平系数判别法

产业结构水平是对产业结构由低级向高级演化的综合度量，通过将产业结构水平综合化为一定量指标，来表明某一经济区域产业结构的高度。显然，相对于前面的工业化判别（霍夫曼系数）和软化度判别，产业结构水平判别是产业高度化水平的综合判别。

对于产业结构水平的判别需要构建相应的定量指标，我们称之为"产业结构水平系数"。对这一指标的构建，已经形成了大量的研究成果。

潘文清等（1994）认为，产业结构高度化水平的实质是当时各产业的经济技术水平及其结构关联水平，它最终反映在结构关联技术矩阵的水平上。因此，可以把结构关联经济技术矩阵水平作为产业结构高度化水平的综合性衡量指标，他们将结构关联经济技术举证最大特征的倒数定义为产业结构水平的测算指标，即：

$$h = \frac{1}{\lambda}$$

其中，$h$ 为产业结构高度化水平，$\lambda$ 为结构关联经济技术矩阵的最大特征值，显然，随着 $\lambda$ 值逐渐降低，$h$ 值是逐渐增高的。

白雪梅等（1995）在分析地区产业结构时，提出用范数来作为描述产业结构的指标，并通过增加一定的权数，对范数指标进行了修正，变多值映射为单值映射。经过修正的指标为：

$$S_i = \sqrt{\sum_{j=1}^{n} W_j X_{ij}^2}$$

其中，$S_i$ 为产业结构水平系数，$X_{ij}$ 为 $i$ 地区 $j$ 产业占地区 GDP 的比重；$j$ 产业指第二产业、第三产业和非农产业。没有用第一产业的原因是由于第一产业的变动方向与第二和第三产业大变动方向相反，而这里的非农产业实质上是把第一产业的逆指标变为正向指标；$W_j$ 为 $j$ 产业的权数，在研究中作者将第二产业、第三产业和非农产业设定的权重分别为 0.2、0.3 和 0.5。

周昌林等（2007）提出，衡量一个经济系统的产业结构水平，需要对不同产业的技术特征、要素消耗特征、资本结构特征、产品价值构成等进行综合评价，确定个别产业水平，在此基础上对产业结构进行评价。他们进一步认为，产业结构演进是伴随着分工与专业化水平的不断提高而持续进行的，分工与专业化水平是产业结构演进的决定性因素。劳动生产率提高是分工与专业化的必

然结果,是分工与专业化的集中体现,因此,也是产业结构水平的集中体现。由此,他们提出的产业结构水平系数的构建方法是:

$$H = \sum_{i=1}^{n} k_i \cdot \sqrt{\frac{p_i}{l_i}}_{n=1, 2, \cdots, n}$$

其中,$n$ 是某地区产业部门数,$k_i$ 是 $i$ 产业在整个产业结构系统中的产出比重,$p_i$ 是 $i$ 产业的产值,$l_i$ 是 $i$ 产业的从业人员数,则 $\frac{p_i}{l_i}$ 就是 $i$ 产业的劳动生产率,开方处理是为了提高水平变化的敏感性。

后面将利用这一产业结构系数指标的计算方法,分别计算出上海及三大经济圈的产业结构系数,然后进行产业高度化水平的比较分析。

## 二、上海及三大经济圈工业化程度比较

### (一) 轻重工业增加值比重比较

1. 三大经济圈比较

我们运用霍夫曼系数的替代指标——轻重工业增加值比值来进行比较分析,表 3.14 列出了 2006 年三大经济圈的轻重工业增加值比值。

表 3.14　三大经济圈的轻重工业增加值比值(2006 年)

| 地　区 | | 轻重工业增加值比值 |
|---|---|---|
| 全　国 | | 0.44 |
| 长三角 | 长三角 | 0.55 |
| | 上　海 | 0.41 |
| | 浙　江 | 0.85 |
| | 江　苏 | 0.48 |
| 珠三角 | 珠三角 | 0.65 |
| | 广　东 | 0.65 |
| 环渤海 | 环渤海 | 0.35 |
| | 北　京 | 0.25 |
| | 天　津 | 0.19 |
| | 河　北 | 0.27 |
| | 山　东 | 0.52 |
| | 辽　宁 | 0.22 |

资料来源:根据《中国统计年鉴》(2007)、各省市统计年鉴(2007)的相关数据整理。

（1）从三大经济圈总体情况看，环渤海重工业化程度最高，其次是长三角，珠三角最低，这与环渤海地区布局有相对较多的老工业基地有关，因为老工业基地基本是以重工业为主，长三角的上海、江苏也有较多的老工业基地，所以重工业化程度也较高，而珠三角主要是新兴的出口导向的制造业基地，以轻工业居多，所以重工业化程度明显低于环渤海和珠三角。

（2）从长三角内部比较看，上海重工业化程度最高，其次是江苏，浙江重工业化程度明显低于上海和江苏，这在一定程度上说明，浙江在工业构成上与上海和江苏存在一定相异之处。

（3）从环渤海的内部情况看，除了山东作为新兴的制造业基地，重工业化程度明显较低以外，北京、天津、河北、辽宁均较高。

2．主要中心城市比较

表 3.15　三大经济圈主要中心城市轻重工业增加值比值（2006 年）

| 城　　市 | 轻重工业增加值比值 |
|---|---|
| 上　海 | 0.41 |
| 广　州 | 0.80 |
| 深　圳 | 0.29 |
| 北　京 | 0.25 |
| 天　津 | 0.27 |

资料来源：根据各省市统计年鉴（2007）的相关数据整理。

从几个主要城市看，北京和天津的重工业化程度最高，其次是深圳和上海，广州明显低于其他几个城市。

（二）　高加工度化比较

新中国成立后，我国长期实行的是重工业优先发展的工业发展战略，致使我国很多地区的工业结构有所扭曲，与现代市场经济发展趋势下的产业结构演进规律有所背离，到今天，这样的扭曲效应也还存在重要影响。因此，用上述轻重工业比重指标来检验各地区工业发展水平难免有所偏差，即重工业化程度高的地区其实未必是工业化发展水平高的地区。因此我们有必要用更深入的结构化指标来检验比较各地的工业化发展水平，下面用加工度化指标来比较三大经济圈的工业发展水平。

1. 三大经济圈比较

表 3.16 计算了 2006 年三大经济圈加工度化的指标。

表 3.16　三大经济圈高加工度化指标(2006 年)

| 地　区 | | 机械工业比重 | 机械工业与传统加工工业之比 | 机械工业与劳动对象工业之比 |
|---|---|---|---|---|
| 全　国 | | 0.333 622 8 | 1.602 638 3 | 0.728 106 5 |
| 长三角 | 长三角 | 0.411 511 | 1.866 078 5 | 1.118 333 4 |
| | 上　海 | 0.541 023 | 4.041 429 9 | 1.664 136 7 |
| | 浙　江 | 0.334 554 | 1.132 520 5 | 0.904 100 8 |
| | 江　苏 | 0.407 557 | 1.971 646 8 | 1.056 578 3 |
| 珠三角 | 珠三角 | 0.524 390 7 | 3.005 488 3 | 1.741 400 8 |
| | 广　东 | 0.524 390 7 | 3.005 488 3 | 1.741 400 8 |
| 环渤海 | 环渤海 | 0.270 520 5 | 1.228 044 4 | 0.531 272 |
| | 北　京 | 0.538 447 5 | 4.744 920 4 | 1.546 934 6 |
| | 天　津 | — | — | |
| | 河　北 | 0.145 668 1 | 0.805 990 9 | 0.216 252 9 |
| | 山　东 | 0.254 316 4 | 0.889 098 8 | 0.553 288 3 |
| | 辽　宁 | 0.278 492 6 | 1.991 189 8 | 0.478 801 8 |

注:(1) 由于没有全部工业的分行业产值数据,因此用规模以上工业产值的数据计算。
　　(2) 由于天津统计年鉴中没有分行业的规模以上工业总产值数据,因此环渤海没有包括天津。
资料来源:根据《中国统计年鉴》(2007)和各省市统计年鉴(2007)数据计算。

　　从三大经济圈的整体情况看,珠三角三个指标均高于其他两个区域,长三角三个指标也全高于环渤海,这说明珠三角总体的工业发展程度要高于长三角和环渤海,长三角又明显高于环渤海。

　　从长三角内部情况看,上海的三个指标均明显高于浙江和江苏,而江苏略高于浙江。这说明上海总体的工业发展程度高于江苏和浙江,而江苏和浙江基本持平,江苏略高一些。

　　从环渤海的内部情况看,不均衡状况就比较明显,北京一枝独秀,大大高于其他省市,其次是作为重要老工业基地的辽宁,然后是山东,最低的是河北。

2. 主要中心城市比较

表 3.17  主要中心城市高加工度化指标(2006 年)

| 城　　市 | 机械工业比重 | 机械工业与传统加工工业之比 | 机械工业与劳动对象工业之比 |
|---|---|---|---|
| 上　海 | 0.541 023 | 4.041 429 9 | 1.664 136 7 |
| 广　州 | 0.443 900 5 | 2.422 226 7 | 1.190 598 3 |
| 深　圳 | 0.759 717 | 8.236 786 9 | 5.131 545 1 |
| 北　京 | 0.538 447 5 | 4.744 920 4 | 1.546 934 6 |

注:由于没有全部工业的分行业产值数据,因此用规模以上工业产值的数据计算。
资料来源:根据各省市统计年鉴(2007)数据计算。

从几个主要城市的对比看,深圳的工业化程度相对是最高的,机械工业在其整个工业结构中占据绝对主导地位;上海和北京工业化程度基本持平,上海略高于北京,它们的机械工业比重均超过了 50%;广州的工业化发展程度就要相对低一些,虽然机械工业依然超过了传统加工工业和劳动对象工业,但机械工业的比重还未达到 50%。

## 三、上海及三大经济圈软化度比较

### (一) 三大经济圈比较

利用前面提到的软化系数来比较三大经济圈产业结构的软化程度,计算出来的各区域软化系数指标见表 3.18 所示。

总体来看,三大经济圈的产业结构软化度都要高于全国平均水平,这是与他们的经济发展水平相吻合的,是符合产业演进规律的。相比较而言,长三角总体水平最高,环渤海其次,珠三角最低,但珠三角和环渤海的水平基本持平。

从长三角内部看,差异是比较显著的,上海显著高于浙江和江苏,浙江和江苏则持平。

从环渤海的内部情况看,差异比长三角更为显著,北京遥遥领先,其次是天津和辽宁,最后是山东和河北。

表 3.18　三大经济圈产业结构软化系数(2006 年)

| 地 区 | | $\alpha_1$ | $\alpha_2$ | $\alpha = (\alpha_1 + \alpha_2)/2$ |
|---|---|---|---|---|
| 全　国 | | 39.40 | 32.20 | 35.80 |
| 长三角 | 长三角 | 40.60 | 36.20 | 38.4 |
| | 上　海 | 50.60 | 56.80 | 53.7 |
| | 浙　江 | 40.10 | 31.60 | 35.85 |
| | 江　苏 | 36.30 | 35.40 | 35.85 |
| 珠三角 | 珠三角 | 42.70 | 30.82 | 36.76 |
| | 广　东 | 42.70 | 30.82 | 36.76 |
| 环渤海 | 环渤海 | 39.85 | 33.91 | 36.88 |
| | 北　京 | 70.91 | 68.90 | 69.90 |
| | 天　津 | 40.21 | 44.70 | 42.45 |
| | 河　北 | 33.78 | 27.77 | 30.77 |
| | 山　东 | 32.55 | 29.50 | 31.03 |
| | 辽　宁 | 38.32 | 38.60 | 38.46 |

资料来源:根据《中国统计年鉴》(2007)、各省市统计年鉴(2007)的相关数据整理。

## (二)　主要中心城市比较

表 3.19　三大经济圈主要中心城市软化系数(2006 年)

| 城　市 | $\alpha_1$ | $\alpha_2$ | $\alpha = (\alpha_1 + \alpha_2)/2$ |
|---|---|---|---|
| 上　海 | 50.60 | 56.80 | 53.70 |
| 广　州 | 57.60 | 47.18 | 52.39 |
| 深　圳 | 57.60 | 42.30 | 49.95 |
| 北　京 | 70.91 | 68.90 | 69.90 |
| 天　津 | 40.21 | 44.70 | 42.45 |

资料来源:根据各省市统计年鉴(2007)的相关数据整理。

从几大中心城市的比较来看,北京显著高于其他几个城市,上海略高于广州和深圳,天津要明显低于其他几个城市。

## 四、上海及三大经济圈产业结构水平系数比较

### (一)　三大经济圈比较

利用前面提到的产业结构水平系数来比较三大经济圈产业结构的综合高

度化水平,计算出来的各区域产业结构水平系数指标见表3.20所示。

表 3.20 三大经济圈产业结构水平系数(2006 年)

| 地 区 | | $H_1$ | $H_2$ | $H_3$ | $H = H_1 + H_2 + H_3$ |
|---|---|---|---|---|---|
| 全 国 | | 0.10 | 1.13 | 0.72 | 1.96 |
| 长三角 | 长 三 角 | 0.06 | 1.49 | 1.01 | 2.57 |
| | 上 海 | 0.01 | 1.90 | 1.63 | 3.55 |
| | 浙 江 | 0.07 | 1.31 | 1.01 | 2.38 |
| | 江 苏 | 0.08 | 1.57 | 0.80 | 2.45 |
| 珠三角 | 珠 三 角 | 0.06 | 1.32 | 1.12 | 2.50 |
| | 广 东 | 0.06 | 1.32 | 1.12 | 2.50 |
| 环渤海 | 环 渤 海 | 0.09 | 1.36 | 0.88 | 2.34 |
| | 北 京 | 0.02 | 0.87 | 2.10 | 2.99 |
| | 天 津 | 0.03 | 1.86 | 1.07 | 2.96 |
| | 河 北 | 0.14 | 1.2 | 0.67 | 2.06 |
| | 山 东 | 0.09 | 1.51 | 0.66 | 2.26 |
| | 辽 宁 | 0.12 | 1.45 | 0.80 | 2.37 |

注: $H_1$ 表示第一产业在产业结构水平中的贡献度, $H_1 = k_1 \cdot \sqrt{\dfrac{p_i}{l_i}}$ , $H_2$ 和 $H_3$ 依次表示第二和第三产业在产业结构水平中的贡献度,类推 $H_1$ 的公式计算。

资料来源:根据《中国统计年鉴》(2007),各省市统计年鉴(2007)相关数据整理。

### 1. 三大经济圈总体比较

总体来看,三大经济圈的产业结构水平明显高于全国平均水平,全国平均的系数水平不足 2,而三大经济圈均在 2.3 以上。相比较而言,长三角的产业结构水平最高,系数达到了 2.57,其次是珠三角,系数为 2.5,最后是环渤海,系数是 2.34。但从三次产业的贡献度看,情况又有所不同,虽然三大经济圈对产业结构贡献度最高的都是第二产业,但相对而言,环渤海第二产业的贡献度最高,长三角其次,珠三角最低。三大经济圈中,珠三角第三产业的贡献度反而是最高的,长三角其次,环渤海最低。由此我们推断,长三角相对较高的产业结构水平,主要是缘于相对均衡的产业结构比重和产业经济效率。

### 2. 长三角内部比较

从长三角内部看,上海的产业结构水平远远高于浙江和江苏,上海系数达到了 3.55,江苏其次是 2.45,浙江最低是 2.38。从三次产业的贡献度看,江苏第二产业的贡献度明显高于上海和浙江,第三产业贡献度则明显低于上海和浙江。由此我们推断,上海较高的产业结构水平一是缘于相对更高的第三次产业比重,二是缘于更高经济效率的第二产业和第三产业;江苏相对浙江更高的产业结构水平则主要是依靠其更高的第二产业效率。

### 3. 环渤海内部比较

从环渤海内部结构看,北京最高,其次是天津,然后是辽宁、山东和河北,北京和天津均接近 3,比辽宁、山东和河北要明显高一些。北京和天津虽然总体系数水平相差不大,但贡献源明显不一样,北京主要缘于发达的第三产业,天津则主要缘于第二产业。

### (二) 主要中心城市比较

表 3.21　三大经济圈主要中心城市产业结构水平系数(2006 年)

| 城　市 | $H_1$ | $H_2$ | $H_3$ | $H = H_1 + H_2 + H_3$ |
|---|---|---|---|---|
| 上　海 | 0.01 | 1.90 | 1.63 | 3.55 |
| 广　州 | 0.03 | 1.28 | 2.01 | 3.32 |
| 深　圳 | 0.00 | 1.50 | 1.50 | 3.01 |
| 北　京 | 0.02 | 0.87 | 2.10 | 2.99 |
| 天　津 | 0.03 | 1.86 | 1.07 | 2.96 |

资料来源:根据各省市统计年鉴(2007)的相关数据整理。

从几个主要城市的对比看,上海水平最高,其次是广州和深圳,最后是北京和天津。我们知道,北京的第三产业发展水平是显著高于其他几个城市的,但总系数却低于上海、广州和深圳,这主要是缘于北京相对较低的第二产业发展水平和第二产业的经济效率。

## 第五节　上海及三大经济圈产业专业化优势比较

前面的分析基本上是沿着三次产业结构的演变规律和内在关系展开的,但对区域产业结构的比较研究还必须更进一步探讨其内在的结构性差异。某一特定区域的产业结构在其演变过程中,在特定的发展阶段,往往会形成具有相对优势和特色的产业；或者说不同的区域在特定的发展阶段，往往会形成各具特色的产业专业化优势。本节将从区域产业专业化优势的角度对上海及三大经济圈的产业结构特点展开深入的比较研究。

## 一、区域产业专业化优势研究的理论基础

对于区域专业化优势的研究，基本的方法是构建相应的指标或计量模型来进行测度。最常用的指标是区位商，最常用计量分析模型是偏差份额分析模型。

### （一）　区位商

分析一个地区的行业的专业化，并不是简单地以该地区不同行业的比重来判断。就是说，有时候一个地区某行业在该地区的比重比较大，但放在整个经济区域看却是微不足道的，有些比重较小的行业往往在整个经济区域有举足轻重的地位，这就是建立在区域专业分工基础上的相对优势。

分析区域分工优势常用区位商（location quotient，LQ）来测定。区位商分析可以通过测定各行业（产业部门）在各地区的相对专业化程度，间接反映区域间经济联系的结构和方向。常用的测定指标有增加值（销售收入、产值）等，其定义为：

区位商（$LQ$）＝（某地区 $A$ 行业增加值／该地区全部行业增加值）/（整个
经济区域 $A$ 行业增加值/整个经济区域全部行业增加值）

计算公式为：

$$LQ_{ij} = (L_{ij} / \sum_i L_{ij}) / (\sum_j L_{ij} / \sum_i \sum_j L_{ij})$$

其中，$i$ 表示第 $i$ 个行业；$j$ 表示第 $j$ 个地区；$L_{ij}$ 表示表示第 $j$ 个地区、第 $i$ 个行业的增加值；$\sum_i L_{ij}$ 表示第 $j$ 个地区、全部行业的增加值；$\sum_j L_{ij}$ 表示整个经济区域、第 $i$ 行业的增加值；$\sum_i \sum_j L_{ij}$ 表示整个经济区域、全部行业的增加值。

一般说来，$LQ > 1$，表明 $i$ 产业在 $j$ 地区专业化程度超过整个经济区域，属于地区专业化行业，该行业具有比较优势，该产业或其产品可以对外扩张或

者输出，$LQ$ 值越大，专业化水平越高。$LQ=1$ 时，表明该地区 $i$ 产业的专业化水平与经济区域相当。$LQ<1$，说明该地区 $i$ 产业的专业化水平低于整个经济区域，需要从区域外引进该行业或者输入 $i$ 产业的产品满足区域内的需要。

### (二) 偏差份额分析模型

我们知道，各行业的增长速度有快有慢，自然其在各地的增长速度也不同，这实际上构成了各地域整体产业发展水平不均等的部分原因，若能将某地域行业的增长与该地域整体的增长联系起来并建立可供分析的数量关系，则有助于理解产业发展在地区上的不均等状况，回答诸如"地域产业增长速度快慢与该地域产业结构之间关系如何"，"某一行业在不同地域发展水平的不均等在多大程度上是由于地方因素造成的"等类似的问题。份额转移分析方法就是为了建立这种数量关系并尝试回答如上问题。

份额转移分析法是进行结构分析，尤其是跨地域结构分析的经典方法，其本质上是一种指标分解方法，它将某行业在某一地域特定时期内的产业变动分解成结构性变动和地域性变动之和，然后按照两种变动的不同组合来解释不均发展中的影响要素。

设 $Y_{ij}$ 为 $i$ 行业在地域 $j$ 的年产出（采用增加值度量），则 $\Delta Y_{ij}$ 是由基年到报告年之间产出的变化，依据定理则有：

$$\Delta Y_{ij} = Y_{ij0}R_{ij}$$

其中，$Y_{ij0}$ 为基期年产出；$R_{ij}$ 为整个时期内的累积增长率。

该式可分解为：

$$\Delta Y_{ij} = Y_{ij0}R_k + Y_{ij0}(R_{ik} - R_k) + Y_{ij0}(R_{ij} - R_{ik}) \qquad (*)$$

其中，$R_k$ 为全国工业增加值总增长率；$R_{ik}$ 为全国范围内行业 $i$ 的总增长率。

式（*）右边的第一项被称为全国性因素，它表示其他条件不变的情况下，若 $j$ 地域的行业 $i$ 按照全国工业增加值总增长率增长，在报告期所能达到的产出水平。

式（*）右边的第二项被称为结构性因素 $SC$，它表示 $j$ 地域行业 $i$ 的产出变动中可以由该行业结构特性来解释的部分。若该区域的行业结构中包含更多高增长性行业（$R_{ik} > R_k$），则该地域的产出水平自然会相对高一点。

式（*）右边的第三项被称为残差项，它表示某行业在某地域的产出变动中不能被前两项所解释的地方性因素 $LC$。

将上式变形为：

$$\Delta Y_{ij} - Y_{ij0}R_k = Y_{ij0}(R_{ik} - R_k) + Y_{ij0}(R_{ij} - R_{ik})$$

左边就是所谓净相对变化 $NRC$，代表 $j$ 地域 $i$ 行业的实际变化与其若按全国总体增长率变动所能达到的变化之间的差额，若某一行业的相对表现好于全国平均水平，则 $NRC$ 大于 0，反之则小于 0。这种相对表现好坏的成因就被分解成等式右边的两个部分：结构性因素 $SC$ 和地方性因素 $LC$。同样，若一个地域的产业结构较好，则 $SC$ 大于 0。除此之外，如该地区还存在有利于该行业发展的其他因素，则 $LC$ 也大于 0。最终得的等式如下：

$$NRC = SC + LC$$

逻辑上，$NRC$ 可正可负，$SC$ 和 $LC$ 亦然，所以按照三者不同符号的组合可以归为以下 6 大类，如表 3.22 所示。

表 3.22　份额转移分析结果的主要类型

| 类　　型 | 净相对变化（$NRC$） | 结构性因素（$SC$） | 地方性因素（$LC$） |
|:---:|:---:|:---:|:---:|
| 1 | ＋ | ＋ | ＋ |
| 2 | ＋ | ＋ | － |
| 3 | ＋ | － | ＋ |
| 4 | － | － | － |
| 5 | － | ＋ | － |
| 6 | － | － | ＋ |

可见，某行业在某一地区的整体表现取决于地方性因素和结构性因素的共同作用。若地方性因素有利（类型 1、类型 3 和类型 6），则可以称该行业在该地区的增长是地方拉动型增长；若结构性因素有利（类型 1、类型 2 和类型 5），则称该行业属于结构拉动型增长行业。一般而言，某地区的地方拉动型行业数目越多，说明该地区行业发展的相对优势越突出，地方拉动型的行业也可视为该地区具有相对专业化优势的行业。

## 二、基于区位商的比较

### （一）三次产业区位商比较

我们先从三次产业大的框架上来比较分析上海及三大经济圈的产业专业化优势。

#### 1. 三大经济圈比较

表3.23运用三次产业GDP比重计算了三大经济圈相对于全国的区位商值。

表3.23 三大经济圈区位商值(2006年)

| 地 区 | | 区位商(LQ) | | |
|---|---|---|---|---|
| | | $LQ_1$ | $LQ_2$ | $LQ_3$ |
| 长三角 | 长三角 | 0.46 | 1.10 | 1.03 |
| | 上 海 | 0.08 | 0.99 | 1.29 |
| | 浙 江 | 0.50 | 1.10 | 1.02 |
| | 江 苏 | 0.61 | 1.16 | 0.92 |
| 珠三角 | 珠三角 | 0.51 | 1.05 | 1.09 |
| | 广 东 | 0.51 | 1.05 | 1.09 |
| 环渤海 | 环渤海 | 0.76 | 1.05 | 1.01 |
| | 北 京 | 0.11 | 0.57 | 1.80 |
| | 天 津 | 0.23 | 1.17 | 1.02 |
| | 河 北 | 1.17 | 1.07 | 0.86 |
| | 山 东 | 0.83 | 1.18 | 0.83 |
| | 辽 宁 | 0.90 | 1.05 | 0.97 |

注：$LQ_1$、$LQ_2$和$LQ_3$分别是第一、第二和第三产业的区位商。
资料来源：根据《中国统计年鉴》(2007)的相关数据计算。

从三大经济圈整体情况看,差异并不显著,它们第一产业的专业化优势都显著低于全国平均水平,而第二产业和第三产业则体现了专业化优势。长三角和环渤海第二产业的专业化优势更突出一些,珠三角第三产业的专业化优势更明显一点。

从长三角内部情况看,上海第三产业的专业化优势明显,第二产业则略低于1,浙江和江苏都是在第二产业体现专业化优势,江苏更明显,浙江第三产业略高于 1。

从环渤海内部情况看,北京第三产业的专业化优势特别显著,但第二产业明显不具备专业化优势,其他几个省市都是在第二产业体现专业化优势,天津的第三产业也略有专业化优势。

2. 主要中心城市比较

中心城市在区域经济发展中的地位很大程度上取决于中心城市的辐射能力,而辐射能力的高低又很大程度上取决于中心城市服务业的发达水平和相对专业化优势,即中心城市服务业越发达和在区域内专业化优势越明显,则其在区域内的辐射能力越强,中心地位越突出。因此,我们着重用第三产业区位商值来比较三大经济圈各中心城市的辐射能力。

表 3.24 三大经济圈主要中心城市 $LQ_3$(2006 年)

| 城　　市 | 基于全国的 $LQ_3$ | 基于本经济圈的 $LQ_3$ |
|---|---|---|
| 上　海 | 1.29 | 1.25 |
| 广　州 | 1.46 | 1.35 |
| 北　京 | 1.80 | 1.78 |

资料来源:根据《中国统计年鉴》(2007)和《广东省统计年鉴》(2007)的相关数据计算。

无论是基于全国,还是基于本经济圈,上海、广州和北京这三个中心城市第三产业都体现了较为显著的专业化优势,但程度不同,北京最为显著,其次是广州,最后是上海。由此,我们感到上海要实现向服务型经济的转型,尤其要以服务业的发展带动本市经济增长方式的转变,以及带动整个长三角经济圈的经济增长方式提升,确实还面临很大的差距。

(二) 主要工业行业区位商比较

我们再计算各经济圈工业二位码行业的区位商,比较分析各区域工业中的相对优势行业及其内在特征。这里我们是运用规模以上工业增加值来计算的,但由于《上海统计年鉴》中没有工业分行业的工业增加值数据,所以上海以及长三角整体是用规模以上工业总产值来计算的。如表3.25所示。

表 3.25 三大经济圈工业二位码行业区位商值(2006 年)

| 行 业 | 长 三 角 | | | | 珠三角(广东) | 环 渤 海 | | | | | |
|---|---|---|---|---|---|---|---|---|---|---|---|
| | 长三角 | 上海 | 浙江 | 江苏 | | 环渤海 | 北京 | 天津 | 河北 | 山东 | 辽宁 |
| 煤炭开采和洗选业 | 0.08 | 0.00 | 0.01 | 0.21 | 0.00 | 0.98 | 0.42 | 0.02 | 1.14 | 1.38 | 0.52 |
| 石油和天然气开采业 | 0.04 | 0.04 | 0.00 | 0.09 | 0.67 | 1.09 | 0.08 | 2.93 | 0.94 | 0.93 | 1.00 |
| 黑色金属矿采选业 | 0.13 | 0.00 | 0.04 | 0.20 | 0.20 | 1.89 | 0.42 | 0.00 | 7.20 | 0.68 | 2.03 |
| 有色金属矿采选业 | 0.06 | 0.00 | 0.16 | 0.03 | 0.22 | 0.64 | 0.00 | 0.12 | 0.35 | 0.90 | 0.79 |
| 非金属矿采选业 | 0.47 | 0.00 | 0.69 | 0.58 | 0.38 | 1.11 | 0.14 | 0.50 | 0.95 | 1.49 | 1.00 |
| 其他采矿业 | 1.13 | 0.00 | 0.00 | 3.38 | 0.00 | 0.40 | 0.00 | 0.00 | 0.00 | 0.65 | 0.49 |
| 农副食品加工业 | 0.40 | 0.20 | 0.31 | 0.52 | 0.43 | 1.50 | 0.22 | 0.29 | 0.96 | 2.19 | 1.37 |
| 食品制造业 | 0.49 | 0.86 | 0.50 | 0.38 | 0.82 | 1.16 | 1.48 | 0.84 | 1.13 | 1.37 | 0.63 |
| 饮料制造业 | 0.58 | 0.51 | 0.76 | 0.53 | 0.68 | 0.81 | 1.37 | 0.12 | 0.76 | 0.87 | 0.59 |
| 烟草制品业 | 0.68 | 1.22 | 0.93 | 0.69 | 0.45 | 0.28 | 0.28 | 0.12 | 0.41 | 0.30 | 0.20 |
| 纺织业 | 1.74 | 0.40 | 2.64 | 2.06 | 0.66 | 1.00 | 0.22 | 0.19 | 0.80 | 1.61 | 0.29 |
| 纺织服装、鞋、帽制造业 | 1.69 | 1.12 | 2.35 | 1.92 | 1.32 | 0.73 | 0.73 | 0.45 | 0.40 | 0.90 | 0.71 |
| 皮革、毛皮、羽毛(绒)及其制品业 | 1.19 | 0.49 | 2.77 | 0.57 | 1.53 | 0.83 | 0.05 | 0.19 | 1.72 | 0.88 | 0.56 |
| 木材加工及木、竹、藤、棕、草制品业 | 1.06 | 0.54 | 1.18 | 1.42 | 0.60 | 0.94 | 0.14 | 0.14 | 0.81 | 1.25 | 1.04 |
| 家具制造业 | 1.10 | 1.59 | 1.97 | 0.50 | 1.99 | 0.98 | 0.92 | 0.63 | 0.65 | 0.85 | 1.86 |
| 造纸及纸制品业 | 0.93 | 0.53 | 1.28 | 1.01 | 1.17 | 1.15 | 0.46 | 0.35 | 0.84 | 1.80 | 0.37 |
| 印刷业和记录媒介的复制 | 0.96 | 1.40 | 1.31 | 0.64 | 1.79 | 0.75 | 2.94 | 0.42 | 0.81 | 0.57 | 0.45 |
| 文教体育用品制造业 | 1.45 | 1.47 | 2.05 | 1.39 | 2.69 | 0.67 | 0.56 | 0.63 | 0.15 | 1.02 | 0.25 |
| 石油加工、炼焦及核燃料加工业 | 0.59 | 1.03 | 0.49 | 0.30 | 0.79 | 1.59 | 1.06 | 0.70 | 0.98 | 1.33 | 3.65 |
| 化学原料及化学制品制造业 | 1.19 | 1.11 | 0.90 | 1.52 | 0.92 | 1.04 | 0.52 | 0.69 | 0.81 | 1.40 | 0.68 |
| 医药制造业 | 0.88 | 0.80 | 1.10 | 0.90 | 0.57 | 0.94 | 1.56 | 1.43 | 0.84 | 0.88 | 0.67 |
| 化学纤维制造业 | 2.54 | 0.26 | 3.58 | 3.22 | 0.41 | 0.38 | 0.08 | 0.03 | 0.28 | 0.43 | 0.65 |
| 橡胶制品业 | 1.02 | 0.97 | 1.17 | 1.16 | 0.61 | 1.53 | 0.35 | 0.78 | 0.90 | 2.28 | 0.94 |
| 塑料制品业 | 1.30 | 1.06 | 2.05 | 1.06 | 1.80 | 0.81 | 0.40 | 1.01 | 0.63 | 0.83 | 0.96 |
| 非金属矿物制品业 | 0.66 | 0.57 | 0.73 | 0.68 | 0.84 | 1.15 | 0.72 | 0.31 | 1.13 | 1.40 | 1.13 |
| 黑色金属冶炼及压延加工业 | 0.85 | 0.97 | 0.31 | 1.04 | 0.21 | 1.63 | 1.70 | 2.17 | 3.50 | 0.69 | 2.16 |
| 有色金属冶炼及压延加工业 | 0.83 | 0.55 | 0.84 | 0.82 | 0.58 | 0.56 | 0.11 | 0.27 | 0.27 | 0.72 | 0.76 |
| 金属制品业 | 1.37 | 1.34 | 1.52 | 1.56 | 1.70 | 0.95 | 0.63 | 0.91 | 1.18 | 0.91 | 1.00 |

| 行 业 | 长 三 角 | | | | 珠三角(广东) | 环 渤 海 | | | | | |
|---|---|---|---|---|---|---|---|---|---|---|---|
| | 长三角 | 上海 | 浙江 | 江苏 | | 环渤海 | 北京 | 天津 | 河北 | 山东 | 辽宁 |
| 通用设备制造业 | 1.56 | 1.90 | 1.85 | 1.48 | 0.43 | 1.20 | 0.95 | 0.66 | 0.68 | 1.35 | 1.73 |
| 专用设备制造业 | 1.00 | 0.98 | 1.08 | 1.14 | 0.70 | 1.20 | 1.87 | 0.77 | 0.87 | 1.24 | 1.36 |
| 交通运输设备制造业 | 0.93 | 1.58 | 1.02 | 0.77 | 0.93 | 0.81 | 1.56 | 1.16 | 0.45 | 0.63 | 1.14 |
| 电气机械及器材制造业 | 1.28 | 1.20 | 1.53 | 1.41 | 2.05 | 0.81 | 0.65 | 0.63 | 0.59 | 0.97 | 0.75 |
| 通信设备、计算机及其他电子设备制造业 | 1.28 | 2.02 | 0.49 | 1.74 | 2.75 | 0.75 | 2.30 | 2.68 | 0.09 | 0.47 | 0.35 |
| 仪器仪表及文化、办公用机械制造业 | 1.35 | 1.45 | 1.64 | 1.42 | 2.00 | 0.74 | 3.09 | 0.86 | 0.21 | 0.62 | 0.51 |
| 工艺品及其他制造业 | 1.03 | 0.58 | 2.36 | 0.59 | 1.56 | 0.93 | 0.95 | 0.36 | 0.26 | 1.47 | 0.40 |
| 废弃资源和废旧材料回收加工业 | 1.66 | 0.81 | 2.49 | 0.92 | 1.69 | 0.46 | 0.47 | 1.03 | 0.28 | 0.29 | 0.78 |
| 电力、热力的生产和供应业 | 0.73 | 0.51 | 1.14 | 0.67 | 1.06 | 0.75 | 1.82 | 0.53 | 1.15 | 0.46 | 0.88 |
| 燃气生产和供应业 | 0.87 | 1.51 | 0.19 | 0.66 | 1.18 | 0.91 | 5.23 | 0.62 | 0.66 | 0.58 | 0.42 |
| 水的生产和供应业 | 0.67 | 0.69 | 1.29 | 0.63 | 1.88 | 0.60 | 1.30 | 0.80 | 0.61 | 0.37 | 0.81 |

资料来源:根据《中国统计年鉴》(2007)和各省统计年鉴(2007)的相关数据整理。

1. 三大经济圈比较

根据表 3.25 的数据,我们将各经济圈的地方专业化工业优势产业整理出来,见表 3.26 所示。

从表 3.26 整理的数据看,长三角地方专业化优势产业数量最多,共有 20 个,其次是珠三角,共 15 个,环渤海最少,共 14 个。行业数量可以直接反映一个区域工业发展的程度,因此,相对而言,长三角总体的工业发展程度要高于珠三角和环渤海。珠三角最显著的特点是区位商大于 1.5 的行业数量显著高于长三角和环渤海,说明珠三角相对有更多的行业地方专业化优势比较突出,这可能与珠三角相对工业空间布局更为集中和紧凑有关。

长三角地方专业化优势最突出的行业($LQ > 1.5$)主要有:化学纤维制造业,印刷业和记录媒介的复制,纺织业,纺织服装、鞋、帽制造业,通用设备制造业;珠三角地方专业化优势最突出的行业主要有:通信设备、计算机及其他电子设备制造业,文教体育用品制造业,电气机械及器材制造业,仪器仪表及文

表 3.26　三大经济圈的地方专业化工业优势产业

| 地区 | $LQ > 1$ | $LQ > 1.5$ |
|---|---|---|
| 长三角 | 共 15 个行业:其他采矿业(1.13),皮革、毛皮、羽毛(绒)及其制品业(1.19),木材加工及木、竹、藤、棕、草制品业(1.06),家具制造业(1.10),文教体育用品制造业(1.45),化学原料及化学制品制造业(1.19),橡胶制品业(1.02),塑料制品业(1.30),金属制品业(1.37),专用设备制造业(1.00),电气机械及器材制造业(1.28),通信设备、计算机及其他电子设备制造业(1.28),仪器仪表及文化、办公用机械制造业(1.35),工艺品及其他制造业(1.03),废弃资源和废旧材料回收加工业(1.66) | 共 5 个行业:纺织业(1.74),纺织服装、鞋、帽制造业(1.69),化学纤维制造业(2.54),通用设备制造业(1.56),印刷业和记录媒介的复制(1.79) |
| 珠三角 | 共 4 个行业:纺织服装、鞋、帽制造业(1.32),造纸及纸制品业(1.17),电力、热力的生产和供应业(1.06),燃气生产和供应业(1.18) | 共 11 个行业:皮革、毛皮、羽毛(绒)及其制品业(1.53),家具制造业(1.99),文教体育用品制造业(2.69),塑料制品业(1.80),金属制品业(1.70),电气机械及器材制造业(2.05),通信设备、计算机及其他电子设备制造业(2.75),仪器仪表及文化、办公用机械制造业(2.00),工艺品及其他制造业(1.56),废弃资源和废旧材料回收加工业(1.69),水的生产和供应业(1.88) |
| 环渤海 | 共 9 个行业:石油和天然气开采业(1.09),非金属矿采选业(1.11),食品制造业(1.16),纺织业(1.00),造纸及纸制品业(1.15),化学原料及化学制品制造业(1.04),非金属矿物制品业(1.15),通用设备制造业(1.20),专用设备制造业(1.20) | 共 5 个行业:黑色金属矿采选业(1.89),农副食品加工业(1.50),石油加工、炼焦及核燃料加工业(1.59),橡胶制品业(1.53),黑色金属冶炼及压延加工业(1.63) |

化、办公用机械制造业,家具制造业,水的生产和供应业,塑料制品业,金属制品业,废弃资源和废旧材料回收加工业,工艺品及其他制造业,皮革、毛皮、羽毛(绒)及其制品业;环渤海地方专业化优势最突出的行业主要有:黑色金属矿采选业,黑色金属冶炼及压延加工业,石油加工、炼焦及核燃料加工业,橡胶制品业,农副食品加工业。相比较而言,长三角和珠三角的地方专业化优势行业有点近似,在设备制造行业的优势比较突出,这可能与它们近年来都大力发展先进制造业的战略导向和取得的成效有关,长三角最显著的一点是纺织相关

行业的优势很突出，环渤海最显著的则是在资源类行业的优势比较突出，这与该地区钢铁、石化等行业的大型企业相对集中有关。

## 2. 长三角经济圈内部比较

我们再将长三角各省市的地方专业化工业优势行业整理如表3.27所示。

从表3.27整理的情况看，浙江专业化优势突出的行业数目最多，达到22个，尤其是区位商大于1.5的行业数达到13个，江苏和上海基本持平，分别是16个和15个。因此，相对而言，浙江工业化整体的专业化优势比上海和江苏要高一些。从具体行业分布看，上海地方专业化优势最突出的行业集中在相关设备制造行业，浙江和江苏专业化优势行业有同构化的特征，在化学纤维制

表3.27　长三角各省市地方专业化工业优势行业

| 地区 | LQ＞1 | LQ＞1.5 |
|---|---|---|
| 上海 | 共10个行业：烟草制品业(1.22)，纺织服装、鞋、帽制造业(1.12)，印刷业和记录媒介的复制(1.40)，文教体育用品制造业(1.47)，石油加工、炼焦及核燃料加工业(1.03)，化学原料及化学制品制造业(1.11)，塑料制品业(1.06)，金属制品业(1.34)，电气机械及器材制造业(1.20)，仪器仪表及文化、办公用机械制造业(1.45) | 共5个行业：家具制造业(1.59)，通用设备制造业(1.90)，交通运输设备制造业(1.58)，通信设备、计算机及其他电子设备制造业(2.02)，燃气生产和供应业(1.51) |
| 浙江 | 共9个行业：木材加工及木、竹、藤、棕、草制品业(1.18)，造纸及纸制品业(1.28)，印刷业和记录媒介的复制(1.31)，医药制造业(1.10)，橡胶制品业(1.17)，专用设备制造业(1.08)，交通运输设备制造业(1.02)，电力、热力的生产和供应业(1.14)，水的生产和供应业(1.29) | 共13个行业：纺织业(2.64)，纺织服装、鞋、帽制造业(2.35)，皮革、毛皮、羽毛(绒)及其制品业(2.77)，家具制造业(1.97)，文教体育用品制造业(2.05)，化学纤维制造业(3.58)，塑料制品业(2.05)，金属制品业(1.52)，通用设备制造业(1.85)，电气机械及器材制造业(1.53)，仪器仪表及文化、办公用机械制造业(1.64)，工艺品及其他制造业(2.36)，废弃资源和废旧材料回收加工业(2.49) |
| 江苏 | 共10个行业：木材加工及木、竹、藤、棕、草制品业(1.42)，造纸及纸制品业(1.01)，文教体育用品制造业(1.39)，橡胶制品业(1.16)，塑料制品业(1.06)，黑色金属冶炼及压延加工业(1.04)，通用设备制造业(1.48)，专用设备制造业(1.14)，电气机械及器材制造业(1.41)，仪器仪表及文化、办公用机械制造业(1.42) | 共6个行业：其他采矿业(3.38)，纺织业(2.06)，纺织服装、鞋、帽制造业(1.92)，化学纤维制造业(3.22)，金属制品业(1.56)，通信设备、计算机及其他电子设备制造业(1.74) |

造业,相关纺织行业的优势都非常突出。从长三角三省市专业化优势行业的分布中,我们可以感到,虽然它们有同构化的特征,比如设备制造都比较发达,但明显上海和浙江、江苏之间已经形成了一定分工上的差异,比如传统上属于上海的优势行业的纺织业已经明显转移到了江苏和浙江,上海着力发展先进制造业,已经体现出相对浙江和江苏更为领先的优势。因此,我们可以认为,长三角地区的产业一体化分工和布局已经开始显现成效。

3. 环渤海经济圈内部比较

我们将环渤海各省市的地方专业化工业优势行业整理如表 3.28 所示。

表 3.28　环渤海各省市地方专业化工业优势行业

| 地区 | $LQ>1$ | $LQ>1.5$ |
|---|---|---|
| 北京 | 共 4 个行业:食品制造业(1.48),饮料制造业(1.37),石油加工、炼焦及核燃料加工业(1.06),水的生产和供应业(1.30) | 共 9 个行业:印刷业和记录媒介的复制(2.94),医药制造业(1.56),黑色金属冶炼及压延加工业(1.70),专用设备制造业(1.87),交通运输设备制造业(1.56),通信设备、计算机及其他电子设备制造业(2.30),仪器仪表及文化、办公用机械制造业(3.09),电力、热力的生产和供应业(1.82),燃气生产和供应业(5.23) |
| 天津 | 共 4 个行业:医药制造业(1.43),塑料制品业(1.01),交通运输设备制造业(1.16),废弃资源和废旧材料回收加工业(1.03) | 共 3 个行业:石油和天然气开采业(2.93),黑色金属冶炼及压延加工业(2.17),通信设备、计算机及其他电子设备制造业(2.68) |
| 河北 | 共 5 个行业:煤炭开采和洗选业(1.14),食品制造业(1.13),非金属矿物制品业(1.13),金属制品业(1.18),电力、热力的生产和供应业(1.15) | 共 3 个行业:黑色金属矿采选业(7.2),皮革、毛皮、羽毛(绒)及其制品业(1.72),黑色金属冶炼及压延加工业(3.50) |
| 山东 | 共 11 个行业:煤炭开采和洗选业(1.38),非金属矿采选业(1.49),食品制造业(1.37),木材加工及木、竹、藤、棕、草制品业(1.25),文教体育用品制造业(1.02),石油加工、炼焦及核燃料加工业(1.33),化学原料及化学制品制造业(1.40),非金属矿物制品业(1.40),通用设备制造业(1.35),专用设备制造业(1.24),工艺品及其他制造业(1.47) | 共 4 个行业:农副食品加工业(2.19),纺织业(1.61),造纸及纸制品业(1.80),橡胶制品业(2.28) |
| 辽宁 | 共 7 个行业:石油和天然气开采业(1.00),非金属矿采选业(1.00),农副食品加工业(1.37),木材加工及木、竹、藤、棕、草制品业(1.04),非金属矿物制品业(1.13),专用设备制造业(1.36),交通运输设备制造业(1.14) | 共 5 个行业:黑色金属矿采选业(2.03),家具制造业(1.86),石油加工、炼焦及核燃料加工业(3.65),黑色金属冶炼及压延加工业(2.16),通用设备制造业(1.73) |

从表 3.28 整理的数据看,山东、北京和辽宁是环渤海地方专业化优势工业行业数目最多的省市,分别达到 15 个、13 个和 12 个,但北京区位商大于 1.5 的行业数是最多的,达到 9 个行业。天津和河北相对而言,明显低于山东、北京和辽宁,分别只有 7 个和 8 个。从环渤海各省市的具体专业化优势行业分布看,同构化的趋向非常明显,比如几乎各省市的黑色金属(即钢铁)相关行业、石化相关行业、设备制造相关行业的优势都比较突出。与长三角相比,环渤海区域内工业行业产业分工的格局还没有显现出来。

(三) 主要服务行业区位商比较

我们同样计算服务业二位码行业的区位商,但考虑到在各经济圈中服务业主要集中在中心城市,因此,我们对各经济圈中心城市服务业二位码行业的区位商进行比较。

表 3.29 三大经济圈主要中心城市服务业二位码行业区位商(2006 年)

| 行　　业 | 上海 | 广州 | 深圳 | 北京 | 天津 |
|---|---|---|---|---|---|
| 交通运输、仓储和邮政业 | 0.85 | 1.29 | 0.61 | 1.00 | 1.04 |
| 信息传输、计算机服务和软件业 | 1.20 | 1.20 | 1.17 | 3.27 | 0.80 |
| 批发和零售业 | 0.99 | 1.02 | 1.21 | 1.29 | 1.60 |
| 住宿和餐饮业 | 0.64 | 0.74 | 0.72 | 1.16 | 0.83 |
| 金融业 | 1.70 | 0.78 | 1.54 | 3.54 | 1.26 |
| 房地产业 | 1.30 | 1.00 | 1.78 | 1.47 | 0.78 |
| 租赁和商务服务业 | 1.59 | 2.60 | 1.65 | 3.18 | 0.78 |
| 科学研究、技术服务和地质勘察业 | 1.65 | 0.84 | 0.90 | 4.45 | 1.92 |
| 水利、环境和公共设施管理业 | 1.00 | 0.89 | 1.14 | 1.26 | 1.28 |
| 居民服务和其他服务业 | 0.42 | 0.73 | 0.70 | 0.72 | 1.06 |
| 教育 | 0.76 | 0.64 | 0.36 | 1.49 | 0.82 |
| 卫生、社会保障和社会福利业 | 0.78 | 0.70 | 0.54 | 1.06 | 0.68 |
| 文化、体育和娱乐业 | 1.04 | 1.16 | 1.34 | 3.85 | 0.55 |
| 公共管理和社会组织 | 0.43 | 0.64 | 0.43 | 0.90 | 0.55 |
| $LQ > 1$ 的行业个数 | 7 个 | 6 个 | 7 个 | 12 个 | 6 个 |
| $LQ$ 平均值 | 1.03 | 1.02 | 1.01 | 2.05 | 1.00 |

资料来源:根据《中国统计年鉴》(2007)和各省市统计年鉴(2007)整理计算。

总体来看,北京在服务业的专业化优势显著高于其他几个城市,其区位商大于 1 的行业数达到了 12 个,而其他几个城市均只有 6、7 个,且北京的平均区位商值大于 2,其他几个城市都略高于 1。从具体行业看,上海优势最突出的行业(区位商大于 1.5)主要是:金融业,科学研究、技术服务和地质勘察业,租赁和商务服务业；广州优势最突出的行业主要是：租赁和商务服务业；深圳优势最突出的行业主要是：房地产业，金融业；北京优势最突出的行业主要是：科学研究、技术服务和地质勘察业，文化、体育和娱乐业，金融业，租赁和商务服务业，信息传输、计算机服务和软件业；天津优势最突出的行业主要是：科学研究、技术服务和地质勘察业，批发和零售业。可以看出，属于现代服务业的几个行业，比如信息服务业、金融业、科技服务业等，各个城市都是相对比较发达的，但北京的发展水平明显高于其他几个城市，尤其我们可以看到上海的现代服务业的发展水平在几个城市的对比中，几乎没有什么显著的优势。因此，上海要实现"四个率先"、建设成为"四个中心"的国际大都市，以及引领长三角区域协调发展，其服务业，尤其是现代服务业的发展水平还是远远不能适应发展需求的，必须大力拓展。

### 三、基于偏差份额分析模型的比较

李金华等(2007)利用前述的偏差份额分析模型计算了1994—2003年全国30个省区主要工业二位码行业的份额转移结果。我们引用李金华等(2007)的计算结果，整理出三大经济圈各省市所拥有的地方拉动增长型行业（见表3.30和表3.31所示），以此来比较分析三大经济圈各自的具有地方专业化优势的工业行业。

一般而言，一个地区地方拉动增长型工业行业数目越多，说明该地区工业发展速度越快。总体来看，长三角、珠三角和环渤海三大经济圈方拉动增长型工业行业数目在全国是居于前列水平的，这与它们作为中国三大经济增长极的地位是相称的，特别是浙江、山东、天津、江苏、广东分别居于全国的第1、2、3、4和6位。

但从各经济圈区域内省市的具体情况看，却存在着明显的不均衡状况。比如，长三角内浙江和江苏的行业数明显高于上海，环渤海内山东和天津明显高于河北、北京和辽宁。对于上海和北京的情况似乎有点出乎我们的意料，感觉它们的工业发展在"退步"，尤其北京只有3个行业，在全国排名26位，上海也仅排在14位，这与我们在第三节"区域工业发展与经济增长关联分析"的结果很类似，我们认为，这还是与这两大城市相对于其他地区高度发达的第三产业有关（前面的区位商分析已经证明了这一点），因为第三产业的快速发展已经取代了本地区工业的地位，或者说，原来有地区专业化优势的工业行业逐步转移出去了，所以工业行业的地方专业化优势明显弱化了。

表 3.30　三大经济圈各省市的地方拉动增长型工业行业个数

| 地　　区 | | 地方拉动型增长行业 | |
| --- | --- | --- | --- |
| | | 类型 | 行业数/个 |
| 长三角 | 上　海 | 类型 1<br>类型 3<br>类型 6<br>总计 | 3<br>4<br>2<br>9 |
| | 浙　江 | 类型 1<br>类型 3<br>类型 6<br>总计 | 10<br>3<br>7<br>20 |
| | 江　苏 | 类型 1<br>类型 3<br>类型 6<br>总计 | 8<br>3<br>6<br>17 |
| 珠三角 | 广　东 | 类型 1<br>类型 3<br>类型 6<br>总计 | 9<br>5<br>2<br>16 |
| 环渤海 | 北　京 | 类型 1<br>类型 3<br>类型 6<br>总计 | 2<br>1<br>0<br>3 |
| | 天　津 | 类型 1<br>类型 3<br>类型 6<br>总计 | 8<br>6<br>3<br>17 |
| | 河　北 | 类型 1<br>类型 3<br>类型 6<br>总计 | 5<br>2<br>2<br>9 |
| | 山　东 | 类型 1<br>类型 3<br>类型 6<br>总计 | 10<br>7<br>1<br>18 |
| | 辽　宁 | 类型 1<br>类型 3<br>类型 6<br>总计 | 1<br>1<br>0<br>2 |

资料来源:根据李金华等(2007)的计算结果整理。

辽宁的最弱也是令我们较为惊讶的,辽宁地方拉动增长型工业行业数只有 2 个,在全国排在最后一位,明显拖了环渤海经济圈的"后腿"。这在一定程度上说明,与基础更好、发展时间更长的长三角和珠三角经济圈相比,环渤海这一新兴的经济圈尚远远不如长三角和珠三角的整体发展水平那么均衡,区域内联动发展水平那么高,环渤海经济圈尚处于联动发展的初级阶段,京津

表 3.31 三大经济圈地方拉动增长型工业行业的省市分布

| 行 业 | 长 三 角 | | | 珠三角(广东) | 环 渤 海 | | | | |
|---|---|---|---|---|---|---|---|---|---|
| | 上海 | 浙江 | 江苏 | | 北京 | 天津 | 河北 | 山东 | 辽宁 |
| 煤炭开采和洗选业 | | | | | ✓ | ✓ | | ✓ | |
| 石油和天然气开采业 | | | ✓ | ✓ | | ✓ | | | |
| 黑色金属矿采选业 | | | ✓ | | | | ✓ | ✓ | ✓ |
| 有色金属矿采选业 | | | ✓ | | | ✓ | | ✓ | |
| 农副食品加工业 | ✓ | ✓ | ✓ | | | | ✓ | ✓ | |
| 食品制造业 | ✓ | | | ✓ | | ✓ | ✓ | | |
| 饮料制造业 | ✓ | | | ✓ | | ✓ | | | |
| 烟草制品业 | ✓ | | ✓ | | | | | | ✓ |
| 纺织业 | | ✓ | ✓ | ✓ | | | | ✓ | |
| 造纸及纸制品业 | | ✓ | ✓ | | | | | ✓ | |
| 石油加工、炼焦及核燃料加工业 | ✓ | ✓ | ✓ | | | | ✓ | | |
| 化学原料及化学制品制造业 | | ✓ | ✓ | ✓ | | ✓ | | ✓ | |
| 医药制造业 | | ✓ | ✓ | | ✓ | ✓ | | ✓ | |
| 化学纤维制造业 | | ✓ | ✓ | | | | | | |
| 非金属矿物制品业 | ✓ | | ✓ | | | ✓ | | ✓ | |
| 黑色金属冶炼及压延加工业 | | ✓ | ✓ | | | ✓ | ✓ | ✓ | |
| 有色金属冶炼及压延加工业 | | ✓ | ✓ | ✓ | | ✓ | ✓ | | |
| 金属制品业 | ✓ | ✓ | ✓ | | | | | ✓ | |
| 通用设备制造业 | ✓ | ✓ | ✓ | | | | | ✓ | |
| 专用设备制造业 | | | ✓ | ✓ | | | | ✓ | |
| 交通运输设备制造业 | ✓ | ✓ | ✓ | | | | | ✓ | |
| 电气机械及器材制造业 | | ✓ | | ✓ | | | | | |
| 通信设备、计算机及其他电子设备制造业 | | | ✓ | ✓ | | ✓ | | ✓ | |
| 仪器仪表及文化、办公用机械制造业 | | ✓ | | ✓ | | | | | |
| 电力、热力的生产和供应业 | | ✓ | ✓ | | ✓ | ✓ | ✓ | | |

资料来源:根据李金华等(2007)的计算结果整理。

冀、胶东半岛、辽东半岛处于各自发展的"板块经济"状态,加强各板块之间的联动发展仍是环渤海经济圈面临的首要问题。

表 3.31 进一步展示了各省区具体的地方拉动增长型工业行业的分布情况。从中我们可以提炼出有价值的信息:

(1)长三角最具突出的地方拉动增长工业行业(即上海、浙江、江苏同时具备)包括:农副食品加工业、烟草制品业、石油加工、炼焦及核燃料加工、金属制品业、通用设备制造业;珠三角由于只有广东一个省,所以不具体列了;环渤海没有一个行业是三省两市都同时具备的,最突出的是医药制造业,除辽宁外,都具备。

(2)浙江和江苏行业近似度很高,有 14 个行业同时具备,这在一定程度上也说明了浙江和江苏产业同构化的问题,但它们与上海的较大差异,使我们对于长三角整体产业同构化的质疑有了新的看法,即在长三角内,上海的中心地位日益凸显,其重要标志就是其相对更高的服务业发展水平和与浙江和江苏日益差异化的工业行业布局,也就是说,长三角内以上海为中心的产业一体化协调发展的格局已日益显著。我们也注意到,环渤海内的京津冀板块也开始显现这样的特征,但整个环渤海显然还有较长的路要走。

(3)浙江、江苏与山东的近似度也很高,有 10 个行业同时具备,这可能与它们相似的经济发展模式和机制有关,它们都是我国民营经济发展最活跃的区域,而民营经济主要集中在制造业行业。


## 本章小结

本章根据产业结构研究和分析的一般范式,对三大经济圈产业结构的现状进行了多角度的比较分析,由此得出的基本结论是:

(1)三大经济圈产业结构的演进路径基本是相同的,也基本都遵循了"一、二、三"产业依次递进的规律。改革开放起来,三大经济圈的产业结构已经从 1978 年的"二、一、三"的结构演变为"二、三、一"的结构,第一产业比重显著降低,第三产业的比重显著提高,第二产业依然占据主导地位。显著不同的一点是,改革开放初期,长三角和环渤海由于分布了我国重要的工业基地,因此,第二产业的比重很高,随后是不断下降的,而珠三角改革开放初期第二产业的比重并不如长三角和环渤海那么突出。随着改革开放,尤其是1992年后,第二产业开始快速增长,并占据突出的主导地位。因此,我们认为,三大经济圈产业演进的模式还是有显著差异的,长三角和环渤海都是老工业基地转型与新制造业基地崛起并重型,珠三角则是比较纯粹的新制造业基地崛起型。

（2）从人均GDP指标看,长三角整体已迈过了4 000美元大关,珠三角则迈过了3 500美元,环渤海则刚刚迈过3 000美元关口。产业结构的演进是与经济发展水平直接匹配的,长三角整体的产业结构水平确实要高于珠三角和环渤海,但与国际标准结构相比,三大经济圈的产业结构一个共同的不足之处在于,第二产业的发展明显偏高,而第三产业的发展有所不足。因此,三大经济圈的进一步发展,都面临着从第二产业主导型向二三产业联动发展型,以及第三产业主导型的不断提升和转变。产业发展模式的转变将成为影响三大经济圈进一步发展的关键因素,谁能率先实现成功转型,谁就能在区域发展的竞争中脱颖而出,成为引领中国经济增长方式转型的领头羊。

（3）在第二产业主导发展的模式下,三大经济圈都进入了工业化的后期阶段,即重工业化的阶段,但相对而言,环渤海的重工业化程度要明显高于长三角和珠三角,长三角又高于珠三角,这是与环渤海主要以钢铁、石油、设备制造等重化工产业为主导优势产业直接相关的。但从工业加工度化的程度看,与重工业化程度正好相反,珠三角水平最高,其次是长三角,环渤海最低,这在一定程度上说明各区域在先进制造业的发展竞争中(先进制造业水平越高,工业加工度化的程度越高),珠三角已经具备了一定领先优势,长三角相对环渤海也有一定的优势。

（4）三大经济圈虽然都是第二产业占据主导地位,但通过区位商、偏差份额等结构化工具的分析,我们发现它们各自具体的优势行业是存在显著差异的。珠三角优势行业的分布面是最广的,相对集中在设备制造行业、出口导向的相关劳动密集型行业;长三角集中在纺织相关行业、化学纤维制造行业、设备制造行业等;环渤海则集中在钢铁、石化等资源加工型行业,但环渤海的医药制造业比较突出。

（5）在区域产业研究中,一个备受关注的问题就是区域内产业同构化的问题,通过分析,我们发现,三大经济圈产业同构化的问题都是存在的,只不过珠三角因为只有一个行政区划,所以产业同构反而是以产业集中优势体现出来的。长三角内产业同构与异构的趋势其实并行发展,江苏和浙江的产业同构化趋势非常明显,但它们与上海之间产业异构化的趋势也日益明显,我们认为,这是长三角区域产业分工格局正逐步形成的标志,是区域内产业协调度日益提高的体现,对区域产业发展反而是有利的。环渤海由于区域内发展不平衡程度远远高于珠三角和长三角,异构化趋势应该更加明显一些,但反而是产业同构趋势更加显著,异构化的趋势不如长三角明显。因此,我们认为,环渤海区域内产业发展的协调能力现在还远不如珠三角和长三角。

(6)由于本研究最终要落脚在上海产业发展的对策上,因此,我们还专门对比分析了上海与珠三角、环渤海的几个中心城市的产业结构。我们发现一个最显著的问题是,上海作为区域中心城市,其服务业的发展水平与其发展定位的要求是极不匹配的,即上海服务业的发展水平与其发展定位的需求相比还存在很大的差距。上海服务业的发展水平远远落后于北京,甚至还落后于广州,最受关注的现代服务业的相关行业,如金融业、信息服务业、科技服务业等,上海与北京的差距更加明显。因此,无论是从上海自身产业发展的需要考虑,还是从提升长三角区域产业协调发展的要求出发,上海大力发展服务业,积极向服务型经济转型,都面临着显著的紧迫性和极大的挑战。

# 第四章 上海及三大经济圈产业集聚与集群比较研究

从区域产业发展的普遍经验来看,产业的空间集聚已成为日益普遍的趋势。中国的绝大部分行业也普遍存在显著的地理集聚现象,且集聚呈明显的非均衡状态。虽然中国产业的地理集聚趋势在不断加强,但目前的集聚程度仍然大大低于美国 20 世纪 90 年代初的水平。[①]一个地区产业的集聚程度与该地区的经济发展水平密切相关,通过吸引某些行业向某些地区集聚可以刺激该地区的经济增长。长三角、珠三角和环渤海为我国经济发展最快的三大经济圈,其经济发展过程中无意或有意的均形成了较其他地区更为显著的产业集聚现象,我们认为这也是它们经济发展水平更高的重要原因。

如果产业集聚向深层次演进,在特定区域内形成特定产业的企业"共生"生态圈,就变成了产业集群,产业集群化已成为各地区打造优势产业的重要手段。从全球范围来看,由于各国(或各地区)对产业集群的科学规划和政策支持,产业集群对提升地区经济地位,促进国家经济增长以及创造就业机会等方面,已引起了令世人瞩目的作用。据统计,美国大约有 380 个跨产业部门的公司集群,他们雇用了 57％的劳动力,并创造 61％的国民产出。在意大利,70％以上的制造业、30％以上的就业、40％以上的出口都通过专业化生产集群来实现。

本章将从产业空间集聚的角度对三大经济圈的产业集聚、产业集群的发展态势、特征等进行比较研究。

## 第一节 理论综述

下面先分别介绍产业集聚和产业集群的相关理论研究成果。

---

① 李金华等:《中国产业:结构、增长及效益》,清华大学出版社 2007 年版,第 102 页。

# 一、产业集聚的理论综述

## （一）产业集聚的概念

产业集聚这一概念最早是由加拿大的扎马斯基（Cazmnaski）明确提出的。1971 年扎马斯基发表了一篇关于产业聚集的学术论文，在文中提出了产业集聚的概念。1976 年，扎马斯基又发表了《关于空间产业集聚的研究》，把产业集聚定义为产业活动在空间上的一种集聚。在研究方法上，扎马斯基主要是从投入—产出的产业关联出发，研究在空间上集聚的产业内部活动。劳得维尔（Luadua）等人应用产业集聚的概念，专门研究了丹麦的乳产品加工业的产业集聚问题。劳得维尔等人通过研究，发现丹麦的乳产品加工业呈现产业集聚的特征。在该产业内，投入—产出的关系十分明显，而且是垂直分工的产业集聚。在丹麦主要的乳业加工区，乳业加工机械生产厂商和使用厂商之间存在着紧密的分工和使用关系；同样，牛奶生产与乳产品制作之间也有明显的投入—产出关系。继扎马斯基之后，美国和欧洲有不少学者也对产业集聚的主题做出了自己的研究。这里值得一提的是高登（Iran R. Gordon）和麦凯恩（Philip MeCann）的研究，他们提出了一些独特的观点。高登和麦凯恩从古典经济学和古典经济学中关于区域经济的基本理论学说出发，认为产业集聚的概念实际上是古典经济学和新古典经济学中的区位理论的演变和发展，其渊源可以追溯到韦伯的运输成本和区位生产要素的学说。他们把产业集聚定义为企业在确定区域内的稳定的商业关系，这种企业之间的购买与销售关系决定了他们的区位性企业行为。由于在确定的区域内企业相互之间的商业关系可以得到巩固，而且使企业从中得到利益，所以，企业在某地区聚集形成产业集聚开始成为一种普遍的现象。

## （二）产业集聚的类型

产业集聚根据形成机制的不同，可以分为三种类型：原发型产业集聚，嵌入型产业集聚和新兴产业集聚。

原发型产业集聚是依靠当地传统产业、文化等历史特殊要素及资本的累积，通过内生发展而形成的，具有很强的根植性。原发型产业集聚形成与发展依赖的产业特定性要素可分为产业特定性知识、技术工匠、特质劳动力和产业氛围,它们在特定地理范围内不规则地分布并且固定下来,形成原发型产业集聚区。

嵌入型产业集聚所涉及的产业与当地原来的产业和企业没有非常明显的前后向的联系,新的产业和新的产品价值链是嵌入到当地的产业结构中,而不是融合,能够比较清楚地观察到集聚的企业网络结构的边界,外资企业是产业集聚的主体,当地企业常常处于边缘化的地位,开始时无法通过前后向的联系纳入到外资企业的网络结构。嵌入型产业集聚表现为大量同一产业的、有前后向联系的相关外商投资企业在同一空间集结,它们相互之间构成了相对完整、连续和独立的产业链条,本土企业参与配套生产的能力比较弱,中间产品的采购多从配套的外商投资企业购买,产品的研发和设计环节往往放在母国,生产的产品除满足东道国市场外,很大一部分是出口到母国或其他第三国,比较高的出口比例是它的特点之一。集聚的外商投资企业能够通过自己的网络完成中间产品和成品的生产,而与之相关的产业和经济组织也得以发展。

新兴产业集聚所涉及的产业是指国际贸易、金融、专业化中介服务等产业,不同于原发型产业集聚和嵌入型产业集聚所涉及的制造业。新兴产业集聚的形成与制度因素密切相关,深度依赖地区产业政策,政府通常利用强制性制度分割和诱致性制度分割来影响新兴产业集聚的形成。新兴产业集聚的特点表现为:一是现代服务业和高新技术产业中的同业部门在地理上集聚,例如城市中的金融街、高新技术开发区等等;二是高度依赖政府主导与制度分割;三是高度依赖相关产业发展,例如香港成为国际金融中心与其高度发达的国际贸易是密切相关的;四是构成并依赖品牌效果和形象,与传统产业集群相比,新兴产业集群一方面有助于形成品牌效应,产生吸引力,另一方面又依赖品牌效果,无品牌效果,新兴产业集群的持续性会受到威胁;五是必须依托高度发达的地方网络,如地方政府的公共管理水平和效率。

(三) **产业集聚的因素**[①]

就引起产业集聚的因素而言,现在的理论仍然来源于马歇尔提出的三种主要原因(Marshall,1920):特殊的上游原材料供应;特殊技能的劳动力市场

---

① 关于产业集聚因素的理论综述我们主要借鉴了李金华等(2007)的总结。

的形成;知识外溢及其他各种外部性。后来的研究都是对这三种因素的进一步分离和细化分析,比如缪尔达尔(Myrdal,1957)提出的所谓"金钱纽带"(pecuniary linkages)就是对上述第一条原因的扩展和细化,他不仅指出集聚地的厂商与该地区更多专业的原材料供应商之间的关系对产业集聚的影响,也指出了集聚带来了当地对厂商产品需求的扩大,从而吸引更多的厂商集中在这一地区。而这种前向和后向的纽带引发了所谓累积性因果关系。

目前对于引起产业集聚的因素的理论分析,主要集中在两大流派:新经济地理学和城市经济学,下面分别介绍。

1. 新经济地理学的解释

行业在各地区的发展水平差异可由地区性因素解释,而近二十年新经济地理学(new economic geography,简称 NEG)的研究正是对这种因素的深入探讨(Fujita and Krugman,2004),而这一类型的研究通常又把产业在地理上分布的不平均即产业集聚作为地区性因素的主要分析对象(Fujita and Thisse,1996)。除 NEG 模型以外,城市经济学中的各种模型也是解释产业集聚的重要理论来源。

新经济地理学的发展起源于克鲁格曼 1991 年发表在《政治经济学杂志》上的《报酬递增和经济地理》一文(Krugman,1991b),该文第一次正式模型化了 NEG 理论最重要的两个组成部分:规模报酬和运输成本。该文还提出了这种模型可能产生的多重均衡结果。其后经过一系列的发展,最终在 1999 年由藤田昌久、克鲁格曼和维纳布尔斯共同出版的《空间经济学:城市、地区以及国际贸易》(Fujita,Krugman and Venables,1999)一书中奠定了 NEG 的微观理论基础。

(1) NEG 模型的构架。如克鲁格曼所言(Fujita and Krugman,2004),NEG 模型只是理论化了马歇尔提出的三大原因中的第一条。换句话说,NEG 模型只是关于缪尔达尔所谓"金钱纽带"和"累积性因果关系"的理论。一般而言,由于行业集聚所带来的正的外部性——生产所需特定中间投入品供应商的集聚,行业集中程度越高的地区,该行业的发展越快。此外,行业集聚在某一地区将扩大该地区的需求,通过累积性因果关系推动该地区经济的增长以及该行业在该地区的进一步集聚。这就是新经济地理学文献中常见的集聚地市场效应(homemarketeffects)。这些内容也正是地区性因素的含义。

在《空间经济学》:城市、地区以及国际贸易一书中,三位作者提出了建立NEG模型的"口号":迪克西特—斯蒂格里茨、冰山、演化和计算机。这4个词分别代表了NEG模型最重要的4个组成部分:规模报酬递增下的垄断竞争模型、萨缪尔森式的"冰山"运输成本、动态和多重均衡以及计算机模拟。

第一,NEG模型下的厂商技术和市场结构是垄断竞争式的。在该假设下,厂商会集中生产某一种产品以求利用更大规模生产带来的规模经济,而消费者则偏好更加多样的产品。这样,厂商对其生产的一种特定产品就具有一定的垄断力量,但是由于市场自由进入、厂商数目众多以及不同产品间的可替代性,该厂商的垄断力量是有限的。此外,该模型的一个重要特点是厂商之间的行为不具有策略性,即厂商的决策不受其他厂商行动的影响。

第二,引入"冰山"型的运输成本(Samuelson,1952)也是为了简化模型。在这种假设下,考虑厂商的运输成本时无须考虑经济中的运输部门,而直接假定到达市场的产品只是厂商出厂产品的一个固定比例,中间消耗掉的就是所谓的"冰山运输成本"。

第三,采用演化的方法是为了处理模型可能出现的多重均衡。NEG模型虽然指明了导致产业集聚的经济力量,但并没有说明某一产业可能会集中在什么地方! 实际上,出于历史的原因或纯粹的偶然因素,产业可能集中在任何地区。此外,若人们预期某产业将来会集中在某地,所以纷纷向该地区转移,也可能导致该产业最后真的集聚到了该地区。无论是历史因素还是自我实现的预期都会导致多重均衡,而引入演化的方法就是排除了自我实现的预期,而将动态演化的原因归结于过去的因素。

第四,计算机模拟给NEG理论家带来了很多好处,不仅可以帮助经济学家模拟理论预测的各种结果,还可以根据模拟结果来激发更多的建模灵感。此外,由于NEG模型的非线性形式,在进行实证的微观计量检验方面,数值模拟方法可以摆脱传统计量模型的线性回归形式。

显而易见,这4个组成部分都是很不现实的,但却是目前理论上可以操作的最好形式,也能产生诸多可以追踪的结果。比如,克鲁格曼利用这些材料所建立的经典的中心—外围模型(core and periphery model, Krugman, 1991b),

在这一模型中,各种向心力所产生的累积性因果关系会导致产业在地理上集聚于当地需求较大的地区以节省运输成本。

(2) NEG 模型的局限。NEG 模型的局限表现在 3 个方面:

第一,虽然 NEG 模型是一种可以便于理论操作的模型(尽管相当复杂),但是作为理论的话,它忽略了某些可能是重要的影响产业地理分布的因素,比如马歇尔提出的其他外部性来源等。

第二,就 NEG 中的垄断竞争结构而言,也有人质疑了它的合理性。比如加洛奇(GalloQ,2005)就脱离了迪克西特—斯蒂格里茨的垄断竞争模型,引入了厂商之间的策略行为,利用古诺竞争模型来解释市场大小与产业集聚之间的关系。

第三,由于 NEG 模型固有的多重均衡特点,克鲁格曼(1991)宣称某些地区的产业集聚可能是不合理的。即历史偶然事件会将某些地区锁定在低效率均衡中,即已有的产业集聚的地区可能并不是最适合该产业发展的地区,而使产业集聚的经济力量将阻止该产业向更好的地区转移。对于这种"锁定的低效率均衡"提出了不同的观点,他指出,集聚经济的重要来源之一是,集聚所在地会出现大量的各种专业原料供应商,但并非所有企业都能从这一来源中获得相同的好处,那些从集聚经济中获益较小的厂商(即那些对各种专业原料需求较小的厂商)会率先离开该地区,搬往更适合的地区,这种趋势继续到一定程度,则会在新的地区重新出现导致产业集聚的经济力量,从而造成由低效率均衡向高效率均衡的变迁。

尽管存在各种缺陷,NEG 模型确实由于其理论的清晰和丰富的可验证结论受到了经济学界的广泛重视,围绕其结果产生了很多富有价值的实证分析。

## 2. 城市经济学的集聚理论

所谓的"城市经济学"有着广泛的含义,尤其指那些 NEG 理论家忽视了的其他引起产业集聚和城市扩展的因素的著述,特别是马歇尔提出的另外两个因素:特殊技能的劳动力市场形成和知识外溢带来的外部性,而这两方面又是密切相关的。

产业在地方上的集聚会带来与该产业相关的特殊技能的工人在该地方的聚集,这会减少劳动力市场的摩擦,使得厂商更容易雇用到合适的雇员,而工人也可以减低失业的风险。这些有利条件会进一步吸引更多的专业工人和厂商集聚在该地区。

上述的推理本质上依然依赖厂商内部的规模报酬递增假设,若非如此,则逻辑上厂商可以在各地分散生产以利用各地区的劳动力资源,而集聚不会发生。

对此,阿斯莫格鲁(Acemoglu,1996)建立了另外一种劳动力市场微观模型,在他的模型中,即使全部厂商的生产技术都是规模报酬不变的,有特殊技能的劳动力也会发生集聚现象,其原因在于经济上的外部性,即随着某地区平均人力资本的上升,该地区工人的人力资本回报会上升得更快。

大量同类型技术工人的集聚又是所谓知识外溢所带来的外部性的重要来源。以美国硅谷为例,计算机工程师之间的大量正式或非正式交流会引起新技术和新思想的快速扩散,从而促进更多的创新活动。而为了利用这些优势,更多的技术工人和企业将被吸引到这一地区。

与 NEG 模型的分析相比,与劳动力市场相关的人力资本和知识外溢更加难以测度和检验。因为知识流动是无形的,很难度量和追踪。但是,也确实存在一些优秀的实证研究对知识外溢和人力资本等因素进行了检验。

贾菲等人(Jaffe,1993)利用美国各州专利之间的互相引用(patent citations)频率为指标,指出了知识外溢也存在广泛的地理集聚现象。而奥德瑞查和费尔德曼(Audretsch and Feldman,1996)则利用美国制造业企业所报告的创新次数(即新产品种类)计算了美国创新活动的区位基尼系数,指出创新集中的地区往往也是生产集中的地区,而即使控制了生产集中程度这一因素以后,在那些知识外溢比较重要的行业(即行业的研发投入较高、大学的相关研究较多及技术工人的比例较高的行业),创新活动的集聚程度也大于那些知识外溢作用不大的行业。

此外,与克鲁曼和奥贝斯菲尔德(Krugman and Obsfield,2000)强调工程技术人员之间的知识交流对产业集聚的影响不同,黄(Huang,2005)利用伦敦的数据分析了企业家之间的知识交流对产业集聚的影响。他指出,企业家居住的社区环境影响其进入某种新行业的决策。一般而言,其所居住的社区某一行业的企业家越多,该地区的新企业家进入该行业的可能性越大。而且这种模式随着社区内人际交流水平的提高而趋于稳定。

然而,也有一些分析认为,知识外溢的作用有限。比如,博希马和韦特林斯(Boschema and Weterings,2004)利用了荷兰 265 个软件公司的数据说明"网络效应"(network effects,包括不同雇员之间的非正式交流)对公司的表现并无显著影响,但是特定的雇工来源非常重要,位于高专业技术雇员多的地区的软件公司其创新能力也强。而惠勒(Wheeler,2005)认为,知识外溢并不是地方外部性的主要来源,在其论著中,作者将地方的知识外溢效应作为地区人力资本存量(以该地区工人的受教育年限和工作年数,即经验来度量)的函数,利用美国制造业(主要是 3 位码行业)的数据进行了检验,结果表明:尽管地区人力资本存量与该地区的产业集聚程度正相关,但两者之间的因果性联系却很微弱。

### (四) 产业集聚的效应

产业集聚效应是指各种产业和经济活动在空间上集中产生的经济效果以及吸引经济活动向一定地区靠近的向心力,是导致城市形成和不断扩大的基本因素。集聚经济是集聚效益的一个重要方面,通常我们用集聚经济来衡量产业集聚效益的好坏。

集聚经济指特定区位格中所有社会经济因素的集中和彼此相互作用所带来的经济收益。一般所说的集聚经济就是指与企业规模相联系的内部和外部经济即产业集聚经济。除此之外,按照理查德森(Richardson,1973)的划分,还包括社会集聚经济和家庭集聚经济。社会集聚经济是指各种社会因素的集中可以使整个社会环境得到改善,为各产业的发展提供良好的社会环境。尽管各社会团体在社会发展中的地位和作用不同,但是社会集聚经济深刻影响到社会中的所有团体。公益事业服务机构的效率对于社会集聚经济的实现影响显著。家庭集聚经济涉及家庭在大城市中生活的利益,这些利益随家庭的收入、职业和等级有非常大的变化。

社会集聚经济、家庭集聚经济和产业集聚经济作为集聚经济的三种主要形式,它们是相互联系和相互影响的,其中最基本的是产业集聚经济。因为作为生产力空间集中的产业集聚经济是推动其他两种经济的源动力,在产业集聚的基础上,伴随着家庭集聚和社会集聚产生。相反,在产业高度分散的区位,不可能产生家庭和社会因素的空间集中。从这个意义上说,产业集聚经济决定和影响其他两种集聚经济的存在和发展,而其他两种集聚经济则直接服务和推动产业集聚经济的发展。因此一般而言,集聚经济指的是产业集聚经济。

规模递增收益是集聚经济的支配性来源。正如米尔斯(Mills,1967)阐述的那样:区位理论家识别了导致集聚经济的各种因素。这些因素中最重要的是规模递增收益,规模递增收益不但导致某一经济活动的聚集,而且导致与之垂直联系的其他活动的聚集。在集聚经济的其他来源中,大多数是规模经济。集聚经济通常划分为地方化经济和城市化经济。地方化经济和城市化经济是生产率差异的空间来源。

1. 地方化经济

当某一产业公司数量在某一区位增加时,对公司是内部的、但对该产业是外部的经济可能变得重要。产业的空间集中导致高度专业化的生产要素的"共同供应源"的发展,该产业的许多公司能够共享之,从而降低生产要素的存货水平。相反,孤立的公司必须在手头有维修人员以及相关的设备和备件,以便维持生产的正常运转。然而,由于在共同的区域中该产业的发展,有些公司在某一方面专业化,向该产业的许多公司提供服务。例如专业供应商的发展,为企业提供保持较少数量的现有存货的机会;劳动力和原材料市场的组织发展,降低公司对这些要素的"库存"的需要;专业化经济人的发展,也引起公司对这些要素"库存"需要的降低。另外,某一产业中间投入品生产专业化公司和其他公司在一个区域的集中,专业化的公司可以获得规模经济。产业内公司的集中导致从生产地点运进投入品和运出产成品的运输投入的降低。

地方化经济对产业定位和区域发展是重要的。地方化经济以多种方式起作用:第一,产业内的专业化经济,较大的产业规模将容许公司功能更大的专业化。相似的产业可以发展具体领域的技术,公司可以在集聚体中更有效地生产产品。第二,劳动力市场经济,产业规模降低公司寻找与其产业有关的、经过特殊培训的工人的搜索成本。较低的搜索成本和较低的培训成本可以增加生产效率。搜寻和培训成本在更大劳动力市场中明显降低,许多技能完全在劳动力中得以体现。第三,公司间的"交流"经济,其增加创新采用的速度,加快公司间信息交流的速度。通过降低传递信息的时间和获得信息的机会成本,接近性也降低必要的人力资本费用。第四,提供公共中间产品投入的规模经济,满足生产行业对技术的需要。

2. 城市化经济

由于特定区位总经济规模的扩大,城市化经济导致公司降低单位时间对要素"库存"的需求。类似于地方化经济的例子包括:劳动力供应源的发展和接近;企业家人才的存在;降低公司存货水平的城市批发机构的存在。此外,中间投入品生产专业化公司的发展,比如商业、银行、财政以及专业化企业(如计算机服务业、广告、会计、法律、R&D)服务机构的发展,能够获得规模经济。

城市化经济反映在更大的城市环境中起作用的利益,城市环境中有更大的劳动力市场、更大的服务部门以及更大潜力的公共中间品投入。尽管不同产业可能经历不同程度的城市化经济,但是只有城市规模而不是产业组成影响每个产业中公司规模效益的程度和水平。因此,城市或区域人口规模或密度被用作城市化经济的替代。某些城市经济要素在人口密度大的区域能够有效提供,某些城市经济要素只有高于一定的人口规模或密度门槛才可以提供。

由上述可知,集聚经济与区域发展具有相关阶段性,对人口发展具有不变弹性,集聚经济结构影响到轻重工业发展,积聚经济影响到区域竞价发展的政策选择,集聚经济有利于区域增长极的正确构建,集聚经济能够促进区域产业转移。

## 二、产业集群的理论综述

### (一) 产业集群的概念

产业集群的概念借用生态学对同一栖所的不同族群"共生"关系的定义,强调同一地区企业之间的紧密联系。迈克尔·波特(Port,1998)从产业竞争优势角度将产业集群定义为在某一特定领域(通常以一个主导产业为主)中,大量产业联系密切的企业以及相关支撑机构在空间上集聚,并形成强劲、持续竞争优势的现象。这些企业既独立自主又彼此依赖,既具有专业分工、资源互补现象,又维持着一种长期的、非特定的合作关系。瑞得曼(Rdemna,1994)则强调产业集群是产品生产链在地址上显著集中的现象,这种集中还包括与生产链相关的教育活动、基础服务和研究计划活动的聚集。罗森菲尔德(Ros-nefield,1995)从集聚动因出发,认为产业集群是类似或者相关的企业为了获得一种经济上的协力优势所形成的地理上松散的集聚行为,集群内部的企业的商业交易是相对稳定的互惠交易。约瑟夫(DoJesPh)和鲁格曼(A. Rugmna)考虑了空间集聚中的政府角色,认为产业集群是在产业政策的诱导或者产业间互补及共享资源交互作用下,一群相同或相关产业的厂商集聚在特定区域的现象,有效的产业集群必须包括供货商、消费者、竞争者和基础设施(包括政府、大学和相关机构)。OECD国家关于集群的专题小组从生产网络和价值链的创新系统出发,将产业集群定义为:在附加值生产链中关联性很强的供应商、消费者和知识中心,大学、研究所、知识密集型服务、中介组织所形成的网络。

## (二) 产业集群的类型

彼得·诺英斯和乔克·迈耶-斯塔默(Peter Knorrings and Jrg Meyer-Stamer,1998)在对发展中国家的产业集群研究中,借鉴马库森(Markuson,1996年)对产业区的分类法,把产业集群分为以下三大类,见表4.1。

表4.1  产业集群的分类

| | 意大利式产业集聚 | 卫星式产业集聚 | 轮轴式产业集聚 |
|---|---|---|---|
| 主要特征 | ● 以中小企业居多<br>● 专业化强<br>● 地方竞争激烈,合作网络<br>● 基于信任的关系 | ● 以中小企业居多<br>● 依赖外部企业<br>● 基于低廉的劳动成本 | ● 大规模地方企业和中小企业<br>● 明显的等级制度 |
| 主要弱点 | ● 路径依赖<br>● 面临技术环境和技术突变<br>● 适应缓慢 | ● 销售和投入依赖外部参与者<br>● 有限的诀窍影响了竞争优势 | ● 整个集群依赖少数大企业的绩效 |
| 典型发展轨迹 | ● 停滞/衰退<br>● 内部劳动分工的变迁<br>● 部分活动外包给其他区域<br>● 轮轴式结构出现 | ● 升级<br>● 前向和后向工序的整合,提供客户全套产品或服务 | ● 停滞/衰退(如果大企业停滞/衰退)<br>● 升级,内部分工变化 |
| 政策干预 | ● 集体行动形成区域优势<br>● 公共部门和私营部门合营 | ● 中小企业升级的典型工具(培训和技术扩散) | ● 大企业协会和中小企业支持机构的合作,从而增强了中小企业的实力 |

资料来源:Peter Knorrings/Jrg Meyer-Stamer. New Dimension in Enterprise Co-operation and Development:From Clusters to Industrial Districts. 1998(10).

### （三） 产业集群的特征

产业集群之所以能够持久发展,在于其竞争优势,竞争优势的形成又基于其内部固有的特征:

#### 1. 植根性

植根性是深深的嵌入本地社会关系之中的经济行为。如何来弥补地区发展的底蕴和根基不足呢？关键就在于加强集群内各企业的植根性。企业集群的植根性要求加强企业之间的联系和发展本土企业群。要发展教育和培训、创建有本地专业化特色的大学,是企业减少新增雇员的成本,以适应快速变化的市场。所谓本地企业群,即一组在地理上靠近的相互联系的公司和关联的机构。他们同处于一个特定的产业领域,由于共性和互补性联系在一起。因此对于外来企业,就应该使之成为地道的本地产业集群中的一员,在本地扎根。植根性能够加强本地企业群的黏力。跨国资本在全球化的流动空间里搜索资源和组织经济活动,在这个流动的空间里,什么地方的生产要素发达,资本就会黏在那里,这种黏力蕴藏在本地企业群之中。在本地建立真正的产业集群,不仅吸引来的工厂会植根于本地,还会有许多新企业在本地繁殖和成长,从而黏住流动的财富。

#### 2. 共生性

共生性是指产业集群内众多企业在产业上由于关联性,能共享诸多产业要素,包括专业人才、市场、技术和信息等,而一些互补产业则可以产生共生效应。这是企业集群内各企业获得内部规模经济、范围经济和外部规模经济、范围经济双重效益的根源所在。产业的发展需要建立地区的分工协作网络,形成一个有利于提升产业竞争力的创新的产业集群。这种产业集群表现为高度的相关产品的成群出现,这些产品源于其他实体的发展,并且能够导致其他实体的发展。

#### 3. 互动性

互动性是指产业集群内的企业既有竞争又有合作,既有分工又有协作。彼此间形成一种互动性的关联,由这种互动形成的竞争压力、潜在压力有利于构成集群内企业的持续创新能力,并由此带来一系列的产品创新,促进产业升级的加快。

世界上的产业集群是千差万别的，由于它们的专业化分工、经济发达程度、社会文化环境、地理位置等诸方面的差异，各个产业群内所包含企业的数目、规模结构不相同，企业之间的互动程度也不同。企业经过正式或非正式的接触，知识和信息会很快地流动，这是创新的关键。企业在地理上靠近，有助于创造出越来越高效的合作机会，使企业在培训、金融、技术开发、产品设计、市场营销、出口、分配等多方面形成网络化的互动和合作。同时，由于产业集群内部的高度竞争，企业如果想在集群内取得竞争优势，就必须不断地创新。这种互动性有利于解决所谓的"马歇尔困境"，即马歇尔提出的竞争和垄断的两难选择。自由竞争导致生产规模扩大，形成大规模经济，提高产品市场占有率，又不可避免地造成市场垄断，而垄断发展到一定程度又必然阻止竞争，扼杀企业活力。而产业集群的互动性就有效地解决了这个问题。一方面通过外部垄断获得外部规模经济和范围经济，具有规模收益递增的结果；另一方面又可以内部竞争，不断降低生产成本，提高产品质量，加强产品差异化和不断创新。

4. 柔韧性

柔韧性是指由于集群内集聚了大量的经济资源和众多的企业，一方面高度集聚的资源和生产要素处于随时可以利用的状态，为集群内企业提供了极大的便利，降低了企业的交易成本；另一方面大量企业的存在也使集群内的经济要素和资源的配置效率得以提高，达到效益的最大化。产业集群内自发形成的这种经济资源与企业效益的良好运作，增强了集群适应外界环境的能力，使产业集群具有一般经济形态所不可比拟的柔韧性，造就了产业集群得以长盛不衰的优势。

正是由于企业集群具有以上四个特征，才能保证产业集群的竞争力优势，通过其有效运作，将外部的信息、知识内部化，活化企业的内部资源，更好地发挥经济高度社会分工和专业化协作所带来的低廉的生产成本，能迅速地适应环境的变化和规模经营等群体优势，并通过内部创新强化所产生的集聚效应，实现外部的规模经济和范围经济。

**（四）产业集群的优势**

作为一种能够有效提升区域竞争力的经济组织形式，产业集群已在诸多方面表现出极大的竞争优势：

1. 产业集群可以降低交易成本

产业集群能够提高专业化企业互相之间的交易效率，并降低了交易成本。

（1）在现代产业世界里，社会分工日益发达，已发展到零部件专业化和工艺工程专业化阶段。在市场的需求多样性和不可预测性连续增加的情况下，单个企业（即使是大企业）无法也没有必要囊括生产链上的所有环节。每个企业都不得不通过采取与其他企业进行合作和交易的形式，来获得所需的产品和服务。这就意味着企业之间的交易频率不断增加，交易成本也就相应成为企业生产经营过程中投入的重要组成部分。而且，企业间的交易本省也包含着区位成本，企业在空间上越分散，交易频率越多，交易成本就越高。但是对于柔性集聚体来说，企业间的空间接近可以降低每一次的交易成本，继而在连续的交易过程中大大减少总的交易成本。

（2）在柔性集聚体内，企业的经济活动是植根于地方社会网络中的，企业与企业、人与人之间的合作往往基于共同的社会文化背景和共同的价值观念。人与人的信任度越高，地方社会网络的形成和发展拥有良好的信任基础。若从交易效率上来看，地方社会网络显然有利于成员自荐的合作和彼此的信任，从而促进交易双方很快达成并履行合约，地方社会网络还可以节省企业搜索市场信息的时间和成本。因此，基于地方社会网络信任基础上的交易或合作，有利于提高交易效率、节约交易成本。

2. 产业集群能获得外部经济

外部经济最初由马歇尔提出，它是由许多性质相似的小型企业集中在特定的地方而产生的，并为区域全部企业所共享。在产业集群内实现这种外部经济，主要体现在三个方面：

（1）成本降低，效益递增。首先，中小企业通过共同使用公共设施减少分散布局所要增加的额外投资，产业联系较强的企业因地理接近而节省相互间物资和费用的转移费用，从而降低生产成本，这也是通常所说的"城市化积聚经济"。其次，通过产业的空间集聚，可以实现相同部门的中小企业数量增加，整体规模增大，进而使无法获得内部规模经济的单个企业实现合作基础上的外部规模经济的获得。而且，中小企业在相关部门之间实现专业化分工以及在生产与交易过程中的密切合作，可以获得外部范围经济。在一定限度内，外部规模经济和外部范围经济与企业数量的增长呈正相关关系，且他们都能使单个企业的生产成本得以降低。在理论上，外部经济具有正反馈机制，一旦产业集聚在某些地区，外部经济就会成为新的企业选择区位的推动力，从而促进集聚体的进一步发展，产生更大的外部经济。需要指出的是，对于柔性企业来说，相关产业的企业集聚可以及时获得产业供应并及时向客户提供产品，还可以比较方便地控制分包商的产业质量。对企业来说，在市场竞争方面，集聚的这种优势通常比节约生产成本更为重要。

（2）促进专业化，提高生产率。亚当·斯密认为，市场范围决定了专业化水平。在产业集群内，大量专业化的中小企业集聚一地，使得区内通过分工与协作，实现规模生产。相应地，对分工更细、专业化更强的产品和服务的潜在需求量增加，也即这些产品和服务的潜在市场需求量大，这就为专业化生产商提供了大量的生存机会。而逐渐增强的专业化水平，也使得柔性集聚体内部的生产率不断提高。

（3）实现对劳动力的柔性需求。大多数产业集群的发展会带动地方劳动力市场的形成。国外一些典型的产业集群出现在传统工业区之外，这里工会组织少，很容易吸引自由劳动力，如家庭妇女、非工会工人、新移民等，形成规模较大的自由劳动力市场，并因此吸引新企业迁入。在大学和研究机构密集地区常常形成高技术产业集聚体，这里拥有丰富的专业技术和高级管理人才，企业很容易获得这方面的人才，甚至在数量上也能实现柔性。地方劳动力市场能供应充足的自由劳动力，集聚体内的企业因此可以根据自身的生产需要及时调节工人的数量，减少了管理成本和工人保障方面的费用。另一方面，由于地方劳动力市场多具有流动性强的特点，客观上，劳动力的高流动率加快了知识和信息的流动，并增加了创新的机会。

3. 产业集群可以增加创新功能

集群是创新的催化剂，产业集群的创新功能增强以及内部的创新活动发生与增值，可以从两个方面来认识：

（1）集聚体内知识的累积、传递与扩散。在产业集群内，高度专业化技能和知识、机构、竞争者、相关企业及老道的客户在地理上的集中，能产生较强的知识和信息累积效应,为企业提供实现创新的重要来源以及所需的物质基础;同时,大量同行业企业集聚一地常使企业之间的竞争压力表面化,迫使企业利用这些优越条件积极参与创新活动,以获得市场竞争力,更快、更好地满足客户的需要。这在加强企业持续创新能力方面起着关键作用。

（2）产业集群内的新企业能够快速衍生与成长。发达的产业集群以较多的市场机遇、较低的运作成本和较小的风险等有利条件,促进新企业的生成,并增强集聚体自身竞争能力。

4. 产业集群有利于吸引外资,促进地区经济的发展

有学者研究发现,外商投资尤其直接投资的企业区位选择,往往在其他外资企业集中区或者国内相关产业的企业集中区,即产业集群区。如到美国投资的日本汽车生产企业,厂址都选择在靠近美国三大汽车公司总部所在地的地方,而其零部件供应商又集聚在它们附近。从这里我们可以得出这样一个结论,外商投资也具有空间集聚现象,产业集群规模也大,竞争力越强,对外商的吸引力越大。

# 第二节　上海及三大经济圈产业集聚比较

下面,我们将运用产业集聚分析中最常用的两个指标,即产业集聚系数和区位基尼系数来测度上海及三大经济圈的产业集聚状况。当然,与一般的分析一样,我们的研究主要是针对工业行业。

## 一、基于产业集聚系数的比较研究

### （一）指标说明

产业集聚系数的定义:测定产业在空间集聚程度的指标,以 $\beta$ 表示,它是企业单位结构相对数 $\beta_1$、增加值结构相对数 $\beta_2$ 和从业人员结构相对数 $\beta_3$ 的均值,即 $\beta = (\beta_1 + \beta_2 + \beta_3)/3$。

### （二）计算和比较分析

根据上述定义,我们分别计算了 2006 年三大经济圈各省市的主要工业二位码行业的产业集聚系数,计算结果整理见表 4.2 所示。

表 4.2 三大经济圈各省市主要工业行业的产业集聚系数（2006 年） 单位：%

| 行　业 | 长 三 角 | | | 珠三角（广东） | 环 渤 海 | | | | |
| --- | --- | --- | --- | --- | --- | --- | --- | --- | --- |
| | 上海 | 浙江 | 江苏 | | 北京 | 天津 | 河北 | 山东 | 辽宁 |
| 煤炭开采和洗选业 | — | 0.13 | 2.20 | 0.31 | 0.81 | 0.03 | 5.27 | 13.63 | 3.26 |
| 石油和天然气开采业 | 0.50 | — | 1.55 | 2.48 | — | 5.89 | 5.29 | 9.89 | 6.99 |
| 黑色金属矿采选业 | — | 0.57 | 3.01 | 2.22 | 0.99 | — | 25.56 | 8.36 | 13.60 |
| 有色金属矿采选业 | — | 1.44 | 0.51 | 2.76 | — | 0.82 | 1.69 | 15.40 | 4.62 |
| 农副食品加工业 | 1.41 | 4.00 | 7.07 | 6.32 | 1.38 | 1.44 | 4.10 | 15.93 | 4.13 |
| 食品制造业 | 6.01 | 5.21 | 5.96 | 11.61 | 3.38 | 2.51 | 5.11 | 12.55 | 2.72 |
| 饮料制造业 | 6.82 | 19.66 | 18.50 | 21.05 | 8.38 | 5.65 | 15.07 | 31.99 | 8.57 |
| 烟草制品业 | 4.27 | 3.28 | 4.14 | 5.51 | 0.69 | 0.44 | 2.04 | 5.87 | 1.27 |
| 纺织业 | 4.03 | 18.10 | 21.02 | 9.06 | 0.88 | 1.50 | 4.07 | 13.83 | 1.77 |
| 造纸及纸制品业 | 3.20 | 11.14 | 8.68 | 13.91 | 1.32 | 1.90 | 5.22 | 16.32 | 2.07 |
| 石油加工、炼焦及核燃料加工业 | 5.84 | 2.78 | 6.07 | 4.79 | 2.19 | 2.29 | 4.11 | 10.39 | 10.33 |
| 化学原料及化学制品制造业 | 5.04 | 6.20 | 14.61 | 9.75 | 2.08 | 3.22 | 4.38 | 11.26 | 3.72 |
| 医药制造业 | 4.29 | 7.74 | 8.70 | 7.28 | 3.70 | 3.37 | 5.36 | 7.35 | 2.88 |
| 化学纤维制造业 | 4.47 | 18.82 | 32.19 | 5.08 | 0.22 | 1.40 | 3.27 | 10.23 | 1.87 |
| 非金属矿物制品业 | 2.70 | 5.74 | 7.46 | 10.07 | 1.97 | 0.96 | 6.19 | 12.57 | 3.74 |
| 黑色金属冶炼及压延加工业 | 5.48 | 3.35 | 9.43 | 3.59 | 2.17 | 3.25 | 11.76 | 5.23 | 9.47 |
| 有色金属冶炼及压延加工业 | 3.40 | 6.51 | 8.94 | 7.13 | 1.00 | 1.60 | 2.85 | 4.97 | 5.03 |
| 金属制品业 | 8.57 | 13.76 | 16.53 | 21.05 | 2.25 | 3.96 | 4.61 | 7.78 | 2.93 |
| 通用设备制造业 | 9.07 | 15.05 | 17.02 | 5.31 | 1.90 | 2.63 | 3.79 | 11.64 | 6.45 |
| 专用设备制造业 | 6.37 | 9.19 | 13.87 | 5.75 | 3.15 | 2.36 | 3.80 | 13.61 | 4.32 |
| 交通运输设备制造业 | 9.49 | 9.73 | 9.83 | 7.26 | 3.13 | 3.29 | 2.89 | 6.43 | 4.11 |
| 电气机械及器材制造业 | 7.35 | 15.08 | 13.52 | 25.36 | 2.01 | 2.15 | 2.43 | 8.16 | 3.00 |
| 通信设备、计算机及其他电子设备制造业 | 7.59 | 6.96 | 16.53 | 36.99 | 4.56 | 4.35 | 0.78 | 4.67 | 3.25 |
| 仪器仪表及文化、办公用机械制造业 | 8.65 | 13.46 | 11.29 | 27.50 | 4.73 | 3.49 | 1.29 | 4.15 | 3.11 |
| 电力、热力的生产和供应业 | 1.84 | 5.22 | 4.37 | 9.89 | 1.27 | 1.16 | 5.30 | 6.94 | 4.61 |

注：“—”表示该行业在该地区几乎是空白，忽略不计。
资料来源：根据各省市统计年鉴（2007）的相关数据整理。

　　总体来看，三大经济圈无疑是我国工业行业集聚度最高的区域，主要工业行业集聚系数最高的省份基本上都在三大经济圈内。我们可以明显看出，三大经济圈在不同工业行业的集聚程度存在显著差异，即三大经济圈通过不同的行业集聚实际上形成了各自不同的优势行业。我们根据表 4.2 的计算结果大致整理了三大经济圈集聚程度高的优势行业，见表 4.3 所示。

表 4.3    三大经济圈由于集聚所形成的相对优势行业

| 地 区 | 行 业 名 称 |
| --- | --- |
| 长三角 | 农副食品加工业,食品制造业,饮料制造业,烟草制品业,纺织业,造纸及纸制品业,石油加工、炼焦及核燃料加工业,化学原料及化学制品制造业,医药制造业,化学纤维制造业,黑色金属冶炼及压延加工业,金属制品业,通用设备制造业,专用设备制造业,交通运输设备制造业,电气机械及器材制造业,通信设备、计算机及其他电子设备制造业,仪器仪表及文化、办公用机械制造业 |
| 珠三角 | 农副食品加工业,食品制造业,饮料制造业,纺织业,造纸及纸制品业,化学原料及化学制品制造业,医药制造业,非金属矿物制品业,交通运输设备制造业,电气机械及器材制造业,通信设备、计算机及其他电子设备制造业,仪器仪表及文化、办公用机械制造业 |
| 环渤海 | 煤炭开采和洗选业,石油和天然气开采业,黑色金属矿采选业,有色金属矿采选业,农副食品加工业,食品制造业,饮料制造业,造纸及纸制品业,石油加工、炼焦及核燃料加工业,医药制造业,非金属矿物制品业,黑色金属冶炼及压延加工业 |

资料来源:根据表 4.2 的计算结果整理所得。

从表 4.3 的整理结果可以看出,三大经济圈之间有一定的同构性,即在某些相同行业的集聚程度都很高,主要是农副产品加工、食品、饮料、医药等行业。但总体来说,还是差异性更加突出,环渤海在资源加工类的行业集聚度明显高于长三角和珠三角;长三角在纺织、化学纤维制造、金属制品、相关设备制造行业的集聚优势比较突出;珠三角与长三角的优势行业比较近似,重点是在相关设备制造行业,但长三角主要是在通用设备、交通运输设备和专用设备制造方面,而珠三角是在电气机械及器材制造业,通信设备、计算机及其他电子设备制造业,仪器仪表及文化、办公用机械制造业优势尤为显著。由此我们认为,三大经济圈在行业布局上虽然有一定的重复,但错位竞争的格局已经初步显现,这对我国整体的产业布局协调是有积极意义的。

从长三角内部的格局看,与上一章专业化优势的结构分析的结论一致,上海与江苏、浙江的异构化趋势,和江苏与浙江的同构化趋势并存。环渤海内部的不均衡状态比较明显,山东一枝独秀,工业集聚程度非常高,且与长三角的优势行业格局更接近。

## 二、基于区位基尼系数的比较研究

### (一) 指标说明

基尼系数(Gini Coefficient)由意大利学者科拉多·基尼(Corrado Gini)的一系列论文而闻名。最初用于测量收入不平等程度,是经济学中广泛使用的指标之一。除了测量收入不平等程度,基尼系数也被经济学家用来测度产业在不同地区分布的不均等程度。克鲁格曼(1991)构造了区位基尼系数来测量美国三位码制造业的地区分布。阿米蒂(Amiti,1998)进一步澄清了克鲁格曼方法的思路,并测量了欧盟国家各种行业的区位基尼系数。

计算基尼系数的方法有很多种,常用的有几何算法、绝对离差算法、方差算法、矩阵算法等,这些算法若使用正确,其结果在数学上是等价的。李金华等(2007)利用几何算法,构建了区位基尼系数的计算模型,如下所示:

$$G = \sum_{i=1}^{n} (F_{i+1}L_i - F_iL_{i+1})$$

其中,$G$ 为某行业的区位基尼系数,$i$ 为各省市,$F_i$ 表示 $i$ 地区全部工业增加值占全国全部工业增加值的比重,$L_i$ 表示 $i$ 地区某行业的工业增加值占全国某行业工业增加值的比重。区位基尼系数的取值在 0—1 之间,越接近 0,表示该行业的集聚程度越低,越接近 1,表示该行业集聚程度越高。

### (二) 比较说明

李金华等利用上述公式计算了 1994 年至 2003 年全国主要工业行业的区位基尼系数,我们引用他们的计算结果,针对三大经济圈的情况进行比较说明。如表 4.4 所示。

从表 4.4 的结果我们可以看出:

(1)我国工业行业的地理集聚现象在加剧。2003 年区位基尼系数的平均值和中位数为 0.4,而 1994 年的平均值和中位数分别是 0.38 和 0.35,从总体来看基尼系数上升了。而从所有计算的 25 个行业中,有 19 个行业的基尼系数上升了,一个行业的系数未发生变化,而只有 5 个行业的基尼系数下降了,其中 3 个行业下降的幅度并不显著。

(2)从份额最高的省份的分布来看,份额最高的省份基本上都分布在三大经济圈中,由此可以判断,在我国工业行业集聚程度提高的过程中,主要是在向经济发展水平更高的三大经济圈集聚。尤其我们可以看到,在集聚程度提高最快的几个行业,主要是向珠三角的广东、长三角的江苏、环渤海的山东

表 4.4　产业集聚程度(基尼系数)的历史比较

| 行业名称 | 2003 年基尼系数 | 份额最高的省份 | 1994 年基尼系数 | 份额最高的省份 | 基尼系数增长幅度/% |
|---|---|---|---|---|---|
| | (1) | (2) | (3) | (4) | (5)＝[(1)－(4)]/(4) |
| 金属制品业 | 0.31 | 广东,江苏 | 0.16 | 江苏,广东 | 93.75 |
| 通用设备制造业 | 0.32 | 江苏,山东 | 0.22 | 江苏,辽宁 | 45.45 |
| 农副食品加工业 | 0.37 | 山东,河南 | 0.28 | 山东,广东 | 32.14 |
| 仪器仪表及文化、办公用机械制造业 | 0.44 | 广东,江苏 | 0.36 | 江苏,上海 | 22.22 |
| 非金属矿物制品业 | 0.23 | 山东,广东 | 0.19 | 山东,广东 | 21.05 |
| 造纸及纸制品业 | 0.3 | 山东,广东 | 0.25 | 山东,广东 | 20.00 |
| 煤炭开采和洗选业 | 0.66 | 山西,山东 | 0.56 | 山西,山东 | 17.86 |
| 化学纤维制造业 | 0.55 | 江苏,浙江 | 0.47 | 上海,江苏, | 17.02 |
| 电气机械及器材制造业 | 0.31 | 广东,江苏 | 0.27 | 广东,江苏 | 14.81 |
| 纺织业 | 0.39 | 江苏,浙江 | 0.34 | 江苏,山东 | 14.71 |
| 饮料制造业 | 0.4 | 四川,山东 | 0.35 | 山东,广东 | 14.29 |
| 食品制造业 | 0.24 | 广东,山东 | 0.21 | 山东,广东 | 14.29 |
| 专用设备制造业 | 0.27 | 山东,江苏 | 0.24 | 江苏,山东 | 12.50 |
| 黑色金属矿采选业 | 0.65 | 河北,山东 | 0.59 | 河北,安徽 | 10.17 |
| 医药制造业 | 0.25 | 江苏,广东 | 0.23 | 广东,江苏 | 8.70 |
| 交通运输设备制造业 | 0.58 | 上海,吉林 | 0.54 | 上海,湖北 | 7.41 |
| 有色金属矿采选业 | 0.62 | 山东,河南 | 0.58 | 山东,江西 | 6.90 |
| 通信设备、计算机及其他电子设备制造业 | 0.5 | 广东,江苏 | 0.48 | 广东,上海 | 4.17 |
| 石油加工、炼焦及核燃料加工业 | 0.4 | 山东,辽宁 | 0.39 | 辽宁,山东 | 2.56 |
| 电力、热力的生产和供应业 | 0.2 | 广东,浙江 | 0.2 | 广东,山东 | 0.00 |
| 黑色金属冶炼及压延加工业 | 0.41 | 河北,上海 | 0.42 | 辽宁,上海 | －2.38 |
| 有色金属冶炼及压延加工业 | 0.42 | 河南,江苏 | 0.44 | 甘肃,江苏 | －4.55 |
| 化学原料及化学制品制造业 | 0.16 | 江苏,广东 | 0.17 | 江苏,山东 | －5.88 |
| 烟草制品业 | 0.54 | 云南,上海 | 0.62 | 云南,湖南 | －12.90 |
| 石油和天然气开采业 | 0.45 | 黑龙江,山东 | 0.75 | 黑龙江,山东 | －40.00 |

资料来源:李金华等:《中国产业:机构、增长及效益》清华大学出版社 2007 年版,第 132 页。

集聚。在基尼系数提高的 19 个行业中,广东在 8 个行业占据份额最高的前两名,江苏也在 8 个行业占据份额最高的前两名,山东则在 9 个行业占据份额最高的前两名。

# 第三节　上海及三大经济圈产业集群比较

产业集群是指在某一特定领域内相互联系的、在特定地理位置上聚集、并根植于该区域的由横向和纵向联系的企业及其相关支持机构组成的具有强大创新能力的中间性组织。它包括一批对竞争起重要作用的、相互联系的产业和其他实体。一个区域的核心竞争力则往往表现在地方特色产业集群上，产业集群已成为促进区域经济发展、提升区域经济综合竞争力的重要途径。本节从产业集群的角度对"上海—长三角"经济圈、珠三角经济圈及环渤海经济圈进行比较研究，了解产业集群在这三个经济圈的发展情况。在总结各经济圈发展特点的基础上，分析"上海—长三角"产业集群发展的相对不足，并提出相应的对策建议，以期实现"上海—长三角"经济体与其他两个经济圈的协调发展。

## 一、上海及三大经济圈产业集群的发展现状

### （一）　"上海—长三角"经济圈产业集群的发展现状

#### 1. 上海产业集群的发展现状

近年，上海制造业加速向城郊产业基地和工业区集聚，其在郊区比重已占全市比重的80％以上，已经形成微电子基地、国际汽车城、化学工业区、精品钢材基地、装备产业基地和船舶制造基地六大高新技术产业集群带。2007年这六个重点发展工业行业共完成工业总产值 14 377.29 亿元，比上年增长19％，占全市规模以上工业总产值的比重达到 65.5％（如图 4.1 所示）。此外，中心城区服务业集群能级也在不断提升，2005 年第三产业增加值占重心城区生产总值比重的 75％。外滩、陆家嘴、环人民广场地区等已成为上海服务业相对发达的标志性区域。

上海的产业集群按空间集聚形态可分为工业开发区型集群、都市工业楼宇型集群和乡镇工业小区型集群三类：

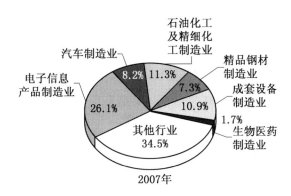

资料来源:《2007年上海市国民经济和社会发展统计公报》。

**图4.1 上海2007年六个重点发展工业行业占工业总产值的比重**

（1）工业开发区型集群,它是上海产业集群的主要形态,上海已经形成国家级、市级、区县和乡镇等多级开发区管理体系。现有国家级开发区3家(漕河泾新兴技术开发、闵行经济技术开发区、上海松江出口加工区),市级开发区9家(松江工业区、康桥工业开发区、嘉定工业开发区、莘庄工业区、奉浦工业开发区、金山嘴工业开发区、宝山工业园区、青浦工业园区、崇明工业园区)。2005年,全市国家级和市级工业区完成总产值6 916亿元,比上年增长43.8%,其中金桥、松江两个工业区产值超过1 000亿元。

（2）乡镇工业小区型集群,目前共有128个乡镇工业小区型集群,基本上一个乡镇形成了一个集群。在这些乡镇工业小区中,规模稍大一些,且布局在重要乡镇的工业小区被列为区县一级的重点工业小区,一般一个区县有3—5个,其规划面积大于一般的乡镇工业小区。

（3）都市工业楼宇型集群,它是最近几年上海中心城区中小企业集聚的主要形式。目前,上海10个中心区都市型工业园区楼宇建筑面积达300万平方米以上,引进电子产品加工、软件开发、广告印刷、服装服饰、食品加工、钻石工艺品等创业型、科技型和就业型企业1 100多家,增加就业岗位3万多个。

2．江苏产业集群的发展现状

江苏目前已形成沿江、沿沪宁线、沿东陇海线和沿海四条产业带,它们在推动江苏的经济增长中的地位有所不同:各沿江产业带主要是装备制造、现代化工、冶金、物流等基础产业集群,是重要的基础产业基地和国际先进制造业的集聚区；沿沪宁线高新技术产业带是电子信息、软件、生物医药、新材料等高新技术的研发基地、产业化基地和推广应用基地,支撑和引领江苏省先进制造业,推动江苏制造业产业能级的提升。在这个集群里,密集分布着苏州高新区、苏州工业园区、南京江宁开发区、无锡高新区、昆山高新区、吴江开发区、南京珠江路科技园区等一批以电子信息类项目为主体、年销售收入超过百亿元的信息产业园区。截至2007年底,全省以产业园区为载体已建成54个国家级高新技术特色产业集群带。2007年全省高新技术园区实现技工贸总收入14 400亿元、增加值2 740亿元,分别比上年增长30.3％和29.4％(见表4.5);沿东陇海线后发优势明显,形成以劳动密集型和资源加工型产业为主的加工业生产基地和内外贸基地;沿海产业带建设在起步中加速,随着港口特别是大型深水港口的开发建设,以能源、化工、造船、造纸、物流等为重点的临港产业和以海洋食品、海产品加工、海洋化工、海洋医药等为重点的海洋产业及其产业集群逐步形成。

表 4.5　2007 年江苏高新产业集群规模

| 行业 | 单位 | 绝对数 | 比上年增长(％) |
|------|------|--------|----------------|
| 汽车 | 万辆 | 17.82 | 16.7 |
| 集成电路 | 亿块 | 26.89 | 57.6 |
| 光通信设备 | 台 | 36 823 | 36.4 |
| 移动电话机 | 万台 | 4 921.56 | 69.5 |
| 微型电子计算机 | 万台 | 153.59 | 10.4 |

3. 浙江产业集群的发展现状

浙江目前已形成环杭州湾、温台沿海、金衢丽地区三大产业集群带。环杭州湾地区是浙江先进制造业基地的核心区,2005年GDP占全省的66.4％,高新技术产业产值占全省的80％,逐步成为电子信息、现代医药、石化、纺织、服装五大产业集群区。杭州都市经济圈,包括杭州市以及绍兴、湖州、嘉兴三市的近杭地区,主要以电子信息、现代医药、纺织、服装等产业为主,逐步成为全省高新技术研究开发与产业化的核心区域、高附加值传统优势产业发展的枢纽区域;宁波都市经济圈,包括宁波市、舟山市和绍兴市的部分地区,主要是临港重化产业和服装、塑料加工等产业,逐步成为上海国际航运中心的重要组成部分与浙江临港重化工业的核心区域;近沪经济走廊，包括嘉兴、湖州临近上海地区，主要是临港型产业、高附加值传统特色产业和部分高新技术产业，逐步成为上海产业转移的吸纳基地和跨国公司的出口加工基地。温台地区已成为电气机械、交通运输设备、轻工机械等三大装备制造业集聚区。该地区拥有汽车摩托车及零配件、医药化工、模具塑料、服装机械、家用电气、绿色农产品、日用品加工等发达的特色产业，其块状经济已经形成特色产业、专业市场、小城镇三位一体联动发展的格局。金衢丽地区生态环境优越，是特色制造业基地和绿色农产品基地，其高速公路和铁路沿线区域逐步成为汽车、日用小商品、五金机械、氟化工、食品加工、建材等特色优势产业集群。

浙江的中小企业产业集群主要以"块状经济"①的形态存在，在浙江经济持续增长的过程中，"一乡一品"，"一县一业"的集群成长模式已成为浙江经济的一大特点，并成为该省中小企业生存发展和浙江经济快速发展的主流模式之一。2005年，浙江"块状经济"工业总产值18 405亿元，占全部工业总产值的60.9%，全省工业总产值在1亿元以上的"块状经济"有360个②。浙江的"块状经济"共涉及28个工业部门，比较集中的有纺织、服装、电器、通用设备、交通设备、金属制品、电子、皮革和工业品等。在浙江"块状经济"中，交易值超过1亿元的专业市场有223个，78个特色产品国内市场占有率超过30%。例如，温州的打火机产量占世界70%；嵊州的领带产量占全国的80%，世界领带市场的30%；永康的衡器产量占全国的2/3；苍南铝制徽章的国内市场占有率达45%；海宁的装饰布占全国市场的35%；乐清柳市的低压电器在全国的市场占有率超过1/3。

**（二）珠三角经济圈产业集群的发展现状**

广东省的6个省级产业集群中，珠三角占大部分。珠江三角洲一带尤其是南海、番禺顺德等地区，历史上就曾是我国制造业的中心之一，有着较好的制造业传统，因此，在改革开放政策实施之后，尤其是珠三角先行一步的政策空间，使得顺德、南海等地首先恢复了如纺织、小电器、五金和花卉生产等方面

---

① 块状经济专指以制造业为主体，具有产业集群特征，富有浙江特色的区域经济形态。
② 数据来源：《浙江"块状经济"发展报告》，载《浙江经济》2006年7月4日。

的传统。临近香港的优势,又使得珠三角借助在技术、资金及管理上得到的外来支持,形成了电子信息、家电、纺织服装、汽车、建材及装备制造六大支柱产业集群。珠三角产业集群空间布局的一大特色就是呈专业镇的分布,整个经济圈包含 200 多个经济规模从几十亿元到几百亿元的专业镇,多数是"一镇一品(或数品)",也有跨镇甚至跨市的,如珠江东岸深圳、东莞、惠州的电子信息产业集群。这种专业镇集群大多是由本地企业家自发推动发展起来的,也有过去在国有集团企业工作的干部员工出来创业,带动了一大批企业效仿,在形成区域规模经济后,配套服务企业包括地方政府的支持加速了产业集群化的发展。

1. 电子信息产业集群现状

电子信息产业集群分布较为广泛,包括以东莞、深圳、广州和惠州为中心的电子计算机制造基地,以深圳、广州为中心的通信设备制造基地和以广州、深圳、东莞、惠州和中山为中心的家用视听设备制造基地。已建成珠江三角洲、深圳两个国家级电子信息产业基地和佛山市显示器件、惠州视听产品、顺德家用电子产品三个国家级产业园,拥有 TCL、康佳、创维、步步高等一批在国内乃至国际上均有一定知名度的企业和品牌。

2. 家电产业集群现状

家电产业集群主要分布于佛山、中山、珠海等地。大小家用电器产品门类品种齐全,多种家用电器产品的制造能力在全国名列前茅,在国内市场也占有重要地位。期间培育出一批在国内具有相当竞争力的核心企业和享有高知名度的著名品牌,如空调业的格力、美的、微波炉业的格兰仕等。

3. 纺织服装产业集群现状

纺织产重点集群在广州、佛山、中山、东莞和江门等市所属的 40 个镇,如中山沙溪的休闲装,深圳女装,盐布的内衣,南海西樵的面料,东莞虎门的服装,大朗的毛针织,佛山环市的童装等。此集群企业与港澳市场结合紧密,信息灵通,能及时跟进国际流行趋势。

4. 汽车产业集群现状

珠三角汽车产业集群体系庞大,可以按照产品类型归为以下三种集群模式:一是依托广州本田、广州丰田和东风乘用车公司,形成的广州经济开发区、花都和南沙等轿车产业生产基地;二是以广州羊城、骏威、佛山粤海、东莞永强等企业为中坚,形成的客车、载货车、专业车的规模生产基地;三是围绕与汽车企业相配套,从引进外资、先进技术入手,形成的由南海汽配园、中山火炬汽配工业园、深圳龙岗和惠州大亚湾等组成的环珠江三角洲企业零部件产业带。

5.建材产业集群现状

建材产业主要分布在佛山、开平、顺德等地,如佛山建筑陶瓷、开平卫浴、顺德涂料等产业集群。建材产业集群的形成,对增强珠三角建材产品的竞争力,占领国内市场,参与国际贸易,增强竞争力起到了重要的作用。

6.装备制造业产业集群现状

以深圳、东莞、广州、佛山、中山等城市为中心,重点发展技术密集、资金密集、人才密集的机械工业和高投入、高附加值机械工业,逐步形成了广州、深圳、佛山机械装备的三大核心地区。

(三) 环渤海经济圈产业集群的发展现状

1.京津冀产业集群的发展现状

北京产业集群尚处于集聚和结网阶段,经过长期的发展,产业集群效应已经开始显现。典型的中关村科技园产业带,2003年涵盖的企业达12 031个,从业人员达48.9万人,其下属的7个科技园区已经形成了各具特色的经济区域,如丰台园的光机电一体化产业占园区经济总量的31.7%,生物医药产业占园区经济总量的1.7%。

天津产业集群以二、三产业为主,现已形成15大门类、具有特色的产业体系。世界500强跨国公司在滨海新区已落户一百多家,快速发展的加工制造业和服务业正在形成产业集群。产业的聚集和专业化导致滨海新区的第二产业目前主要沿海岸线、津塘公路和海河两岸布局,形成了以塘沽城区为中心的"十字形"工业集中带。另外,以物流产业、金融贸易信息服务和旅游业为主体的第三产业分布在以天津港为中心、沿主要交通干线延伸的物流服务区,以及天津经济技术开发区、天津港保税区和塘沽区三个金融贸易产业比较集中的地区。同时,电子信息、石油和海洋化工、汽车及装备制造业、现代冶金、生物技术和现代医药、新型能源和新型材料等六大优势产业迅速发展。开发区电子工业基地、大港石油化工基地、海河下游现代冶金基地初步形成,并建立了泰达创业中心、天大科技园、泰达生命技术、强芯半导体芯片、天保科技等一批研发中心。

河北省以优势产业和特色产业为基础,以中小企业为主体的产业集群已经成为全省经济发展的重要增长点。到 2004 年底,河北省初步形成年营业收入 5 亿元以上的各类产业集群 139 个,其中,年营业收入 10 亿元以上的产业集群 90 个,50 亿元以上产业集群 25 个,100 亿元以上的产业集群 7 个。全省 5 亿元以上产业集群实现营业收入 5 977.2 亿元,占全省民营经济营业收入总量的 40.3%;完成增加值 1 588 亿元,占全省民营经济增加值的 39.9%;完成出口产品交货值 244 亿元,实现利润 414 亿元,上交税金 91.2 亿元,分别占全省民营经济出口产品交货值、实现利润、上交税金的 46.4%、36.8% 和 28.6%。

河北省 139 个产业集群分布在 120 多个县(市、区),优化了区域经济布局,实现了资源的合理配置。河北区域产业集群发展已经初具规模,效益与效应正在显现并呈扩展之势。老的特色产业(如清河羊绒、辛集皮革、安国药材)基地已经比较成熟,在集群的广度和深度方面有了突破性进展,内部具备了一定的专业化分工,形成了内部组织结构比较健全、产供销协调运作的本地生产网络。明确的分工带来了高效率,集群内交易市场的建立又促进了分工的发展。此外,新的产业集群(灵寿石材、沙河玻璃、乐亭高效农业)雏形不断涌现。"镇口市场、镇内生产"的"前店后厂"的新格局,成为河北产业集群获得集群效应的有效途径。

2. 山东半岛产业集群的发展现状

山东产业集群以第一、二产业为主,尤以第二产业为重点。截至 2005 年底山东已经初步形成八大板块产业集群。它们分别是:分布在青岛的电子家电产业板块;分布在威海、青岛、潍坊的交通运输设备机械产业板块;分布在威海、青岛、烟台的食品加工产业板块;分布在青岛、潍坊、东营的化工产业板块;分布在滨州、潍坊、青岛的纺织产业板块;分布在淄博、临沂的建筑陶瓷产业板块;分布在菏泽的木制板材产业板块;分布在德州的玻璃钢制品产业板块。山东产业集群是以"大企业、大品牌、大产业"为特色的"群象经济",中小企业生存空间被大企业挤压,这也是山东中小企业集群发展缓慢的原因。高新技术产业虽发展迅速,规模不断增大,但仍显弱小,山东仍然以较高投入、较低成本、较低科技水平、较大规模的低层次行业部门为主,这与山东低层次劳动力数量大、产业改造困难重重,市场需求旺盛是分不开的。

**表 4.6　山东省产业集群分布表**

| 地市 | 县市区 | 调查县市区 | 工业产业 | 农业产业 | 商业流通 | 特色产业 | 合计 |
|------|--------|-----------|---------|---------|---------|---------|------|
| 济南 | 10 | 7 | 16 | 3 | 3 | 5 | 27 |
| 青岛 | 12 | 11 | 30 | 2 | 4 | 6 | 42 |
| 淄博 | 8 | 6 | 19 | 3 | 4 | 1 | 27 |
| 枣庄 | 6 | 6 | 13 | 5 | 1 | 4 | 23 |
| 东营 | 4 | 4 | 14 | 3 | 1 | 1 | 19 |
| 烟台 | 12 | 10 | 23 | 6 | 3 | 5 | 37 |
| 潍坊 | 12 | 10 | 27 | 9 | 8 | 3 | 47 |
| 济宁 | 12 | 9 | 24 | 13 | 5 | 3 | 45 |
| 泰安 | 6 | 4 | 11 | 6 | 1 | 4 | 22 |
| 威海 | 4 | 4 | 10 | 2 | 3 | 1 | 16 |
| 日照 | 4 | 3 | 4 | 1 | | | 5 |
| 莱芜 | 2 | 2 | 4 | 2 | 2 | 1 | 11 |
| 临沂 | 12 | 11 | 31 | 2 | 2 | 9 | 54 |
| 德州 | 11 | 7 | 18 | 3 | 3 | 3 | 25 |
| 聊城 | 8 | 8 | 13 | | | | 13 |
| 滨州 | 7 | 7 | 12 | 1 | | | 15 |
| 菏泽 | 9 | 9 | 8 | 1 | 1 | 1 | 13 |
| 合计 | 139 | 118 | 277 | 76 | 41 | 47 | 441 |

资料来源:山东大学经济研究院:《山东省重点产业集群调查情况报告》。

3. 辽东半岛产业集群的发展现状

辽东地区是一个自然资源禀赋比较丰裕的地区,同时又是一个在计划经济时期建立起来的老工业基地。作为一个老工业基地,辽东地区存在许多企业集群,主要有:石油开采加工企业集群,汽车企业集群,黑色金属冶炼业、电子及通信设备制造业、船舶制造企业集群,交通运输设备制造企业集群和机械加工企业集群等。在发展民营经济和县域经济的过程中,辽东地区又新出现了一些企业集聚区或产业集聚区,如,宽甸县硼海镇聚集了四、五十家以硼矿开采和生产硼、硼砂的企业;在大石桥市聚集了一批生产镁制品的企业;在佟二堡聚集了一批生产皮装、皮具的企业;在法库县聚集了一批生产瓷砖的企业等。

## 二、上海及三大经济圈产业集群的发展特征比较

### （一）上海及三大经济圈产业集群的动力机制比较

#### 1. "上海—长三角"产业集群的动力机制

"上海—长三角"地区主要存在三种产业集群形成的驱动机制：一是由政府引导培育的园区型产业集群。这类园区既包括国家级、省市级的经济技术开发区、高新技术产业开发区、出口加工区、保税区等，也包括乡镇工业园区、特色工业园区、都市工业园区等。如上海浦东软件园于1992年由信息产业部和上海市人民政府共同出资组建，昆山经济技术开发区是地方政府于1985年开始自办，经过地方政府的产业引导迅速发展成型，后来被批准为国家级经济技术开发区；二是民间自发形成的专业市场型产业集群。这是浙江省产业集群形成的主要动力机制。浙江产业集群的发展较好地结合了本地的要素禀赋优势和历史文化因素，以专业市场为依托，以专业化分工为基础，以专业化产品为主业，生产性企业子群落与商贸服务性企业子群落并联耦合紧密。政府基本不作引导，完全是在利益最大化的驱动下，自发形成的。政府主要解决基础设施和环保等公共产品的协调问题，产业整合和产业集群等经济问题，主要在政府支持下鼓励企业自身去解决；三是以技术创新为平台，形成的产学研联盟企业集群。产学研联盟企业集群以致力于发展"总部经济"的上海为代表，如复旦科技园创建于2000年，2001年5月由国家科技部、教育部联合认定为国家大学科技园，主导产业集中在生物医药等领域。园区以复旦大学为依托，联合周边15所高校和100多家科研机构和企业加盟，兼具软件人才培训和学术交流功能。

#### 2. 珠三角产业集群的动力机制

珠三角地区产业集群形成的动力来源主要有以下三方面：

（1）政府引导是珠三角产业集群的原始动力。

（2）国际商品链整体性转移是珠三角产业集群的重要动力。珠三角产业集群的形成，则是一种外资"嵌入型"的产业集群，为外资驱动型。它是依靠广东的地缘优势、政策优势、低成本优势吸引外来企业直接投资，建立外向型加工制造业基地，并逐渐形成了产业集群。这种"嵌入型"产业集群关联性和根植性较弱，集群具有可迁移性。

（3）产学研相结合是珠三角产业集群的新生动力。产学研结合是科研、教育、生产不同的部门在功能与资源优势上的协同与集成化，是技术创新上、中、下游的对接，是科技成果产业化的有效实现途径。例如，中山市大涌镇先后与中国科学院广州能源研究所、北京林业大学中国传统家具研究所、清华大学明式家具研究所、西安交通大学环境与化工学院等院校单位，建立了良好的科研合作关系，合作研究了"木材烘干"、"红木家具的创新设计"、"传统家具的应用与开发"、"红木家具环保油漆的研制"等多项课题，推动了大涌镇家具产业集群的技术进步。

3. 环渤海产业集群的动力机制

环渤海经济圈产业集群的驱动因素构成较为复杂，且呈现出明显的区域特性：

（1）京津冀地区的混合驱动型产业集群。北京是"市场＋政府"的产业集群驱动模式，中关村信息产业带在1998年国务院颁布《北京市高新技术产业开发区试验区暂行条例》前，属于市场导向为主的发展模式，随着条例的出台，中关村步入市场自发与政府调控相结合的发展模式。天津的产业集群是典型的外资驱动型，即依托摩托罗拉等大型跨国公司的投资"孵化"出　个声势庞大的"极核型"的制造业产业集群。河北的产业集群是以亲缘为基础的个体所有制中小企业自发组成，发达的非正式组织关系网络形成所谓的"无墙效应"，具有明显的家庭作坊特征，这种根植于地方社会文化、历史背景的竞争优势是别的区域不能模仿的。

（2）山东半岛的内源驱动型产业集群。山东半岛内按照集群动力源的性质可将其分为两类：一是大项目驱动型产业集群，这是指一些重大的、带有前瞻性的国家级或国际项目和与之配套的相关产业建设，带动该地区集聚的飞速发展和产业集群的形成、发展和取得竞争优势。如青岛的中国造船业龙头——中船重工集团计划总投资100多亿元在青岛建设9个大项目，统筹规划青岛海西湾船舶工业基地；二是明星企业驱动型产业集群，一些在国内或国外有较高声誉的明星企业的黏性吸附中小企业在其周围聚集，依靠明星企业的品牌、市场、产业链条、组织和管理经验，带动一大批企业的成长。例如青岛家电业产业集群是由海尔、海信、澳柯玛三大明星企业带动的。2004年三大龙头企业不仅自身产生了1 300亿元的销售收入和43亿元的税收，还带动了800多家配套企业的发展。

（3）辽东半岛的资源驱动型产业集群。辽东半岛依托自身的自然资源优势，凭借较好的工业基础，形成了资源驱动型产业空间集群。

（二）　上海及三大经济圈产业集群的优势产业比较

长三角作为我国最大的综合性工业基地，产业门类齐全，轻重工业均较发达。其化纤、纺织、机械、电子、钢铁、有色冶金等工业在全国占有相当重要地位，钢产量占全国1/2，钢材产量占1/4，化纤产量占1/2，汽车产量占1/5，拥有宝钢、大众汽车、跃进汽车、熊猫电子、扬子石化、金山石化、镇海炼化等一批优势企业。此外，高新技术产业发展迅速，目前已经成为我国电子通信、生物医药、新材料等诸多高新技术产业集群，以微电子、光纤通信、生物工程、海洋工程、新材料等为代表的高新技术产业也居全国领先位置。珠三角经济圈的产业主要体现在来料加工业，偏向轻工业，重工业不太发达。环渤海经济圈自然资源禀赋比较丰裕，偏重工业，在有色金属矿采选业、黑色金属冶炼压延加工业、石油开采加工、船舶制造、金属原材料加工业、矿产加工以及机械设备制造业等方面具有其他地区无法比拟的优势。

表4.7　上海及三大经济圈集群产业类别一览表

| 地区 | | 集群产业主要类别 |
| --- | --- | --- |
| 长三角 | 上海 | 电子信息产品制造业、汽车制造业、石油化工及精细化工制造业、精品钢材制造业、成套设备制造业、生物医药制造业 |
| | 江苏 | 纺织业、化学原料及化学制品制造业、电子及通信设备制造业、普通机械制造业、电子机械及器材制造业、交通运输设备制造业、黑色金属冶炼及压延加工业 |
| | 浙江 | 纺织业、电子机械及器材制造业、普通机械制造业、交通运输设备制造业、服装及其他纤维制造业、化学原料及化学制品制造业 |
| 珠三角 | 广东 | 电子信息、电气机械及专用设备、石油及化学、纺织服装、食品饮料、建筑材料、造纸、医药、汽车 |
| 环渤海 | 北京 | 电子信息产品制造业、电子机械及器材制造业、专用设备制造业、交通运输设备制造业、化学原料及化学制品制造业、黑色金属冶炼及压延加工业、黑色金属矿物制品制造业 |
| | 天津 | 电子及通信设备制造业、交通运输设备制造业、石油及天然气开采业 |
| | 河北 | 黑色金属冶炼及压延加工业、化学原料及化学制品制造业、纺织业、非金属矿物制品业、石油加工及炼焦业、交通运输设备制造业、食品加工及制造业、医药制造业 |
| | 辽宁 | 石油开采加工业、汽车制造业、黑色金属冶炼业、电子及通信设备制造业 |
| | 山东 | 机械制造业、纺织服装业、建材业、化工业、食品加工业 |

（三）　上海及三大经济圈产业集群的创新能力比较

区域创新能力可以从创新投入及创新成果两方面来衡量。2005 年区域创新能力调查报告显示，长三角区域创新投入最高，其次是京津冀区域，珠三角区域位居最末。在专利申请和授权量上，长三角位居首位，其次是珠三角区域，京津冀区域位居最末。这表明长三角经济圈的区域创新能力较其他两区域强。长江三角洲产业集群的创新功能开发与地方政府促进行为是密切相关的，政府科技合作正在由过去的单纯口号宣传、优惠政策激励向区域创新条件体系、创业条件体系建设、有效制度安排等方向转变。各地政府积极推动国家重大高科技成果和地方高技术产业集群、新兴产业发展的紧密结合，开辟了一种多元化的官产学研合作形式，推动了一系列的区域特色高新技术优势产品、特色高新技术优势产业集群的形成。近年来，郊县在长江三角洲高新技术产业集群中的载体功能凸显。以昆山为例，道达尔·菲纳、利乐、诺华、通力、耐斯迪、DSM、丹尼斯克等数十家世界 500 强企业以及一批行业领先的国际知名企业、财团和跨国公司在昆山投资，并逐步形成了以电子信息、精密机械、精细化工为主的高新技术特色产业集群。目前昆山生产的笔记本电脑已占到国际市场总量的 1/3，成为国际上最大的笔记本电脑生产基地。

## 三、"上海—长三角"经济圈产业集群的发展问题及政策建议

在前文比较分析三大经济圈产业集群发展现状及特点的基础上，本研究将进一步总结"上海—长三角"经济圈在产业集群发展中存在的突出问题，并剖析问题产生的根源，以期从地区政府的角度提出操作性较强的政策建议，更好地推动产业集群综合经济效应的发挥，促进"上海—长三角"经济圈产业间的共生性发展。

（一）　"上海—长三角"经济圈产业集群发展面临的问题

1. 产业链纵深程度不足，产业集群的功能不突出

"上海—长三角"经济圈内虽拥有不少国家级的科技产业园区，一些企业已占据着产业链的高端，但由于其纵深程度不足，研发、人力等资源优势仅仅体现在产业链的部分环节上，支柱产业之间关联度较低，未能形成完整、有效

传递的产业链。正是由于产业链某些环节的薄弱,使得群内企业之间业务关联性和技术关联不大,无法在高度专业化分工基础上建立有效的资源共享机制和交流互动机制,存在"聚"而不"群"现象。此外,产业之间关联度较低,在一定程度上降低了产业集群的程度及竞争力,使得集聚所形成的规模效应、技术效应和知识溢出效应不能得到充分发挥,阻碍其与其他地区的产业群形成良好的群动关系。

2. 集群区商务成本快速上涨,集群的综合经济效应弱化

"上海—长三角"作为中国的制造业基地,随着工业化进城的加快,物质资源消耗强度增加,资源供给和环境承载力的压力越来越大,土地、资金、交通等要素供求矛盾业日益突出。2005 年国家继续实行严格的土地政策,可支配工业用地日益减少,一定程度上制约工业项目建设和技改扩张,一些工程由于拆迁进度缓慢而难以推进,激化了资源的供求矛盾,使得生产资料成本快速上涨。商务成本中产业用地用房、劳动力工资福利以及交通便利度所附带的时间、经济成本是最主要的成本要素,商务成本的上升,迫使一些跨国公司等根植性较差的外源型企业纷纷迁出集群产业圈,到中国的中、西部等地区寻找更低廉的集聚地进行产业扩张。

3. 对高新技术项目消化、吸收能力不强,缺乏有自主知识产权的高新技术

目前中国的产业集群大都是以低成本为基础的简单"扎堆",而不是以创新为基础的,集群内企业内生竞争力不足,缺少具有自主知识产权的拳头产品。近期浙江工商联针对 122 家民营企业的一项调查显示,被调查的企业中仅仅 0.181% 的企业有自主的知识产权产品,有 57.52% 的企业没有投入科研经费。在企业生产的新产品中,只有不到半数的产品是自己研制的,企业承认有 17.41% 的新产品是仿制的,一些企业数年没有更新产品。[①]由于不具备自我创新能力,长三角产业集群的发展走的是一条以仿效为主的道路,长期如此将使我国产业技术难以超越发达国家,在全球市场上失去价格竞争优势,市场实现的空间将受到很大的限制。调查显示,虽然有 4.81% 的被调查企业拥有

---

① 《浙江民营企业超过半数无科研经费》,载《中国高新技术产业导报》2005 年 12 月 30 日。

世界一流的生产设备,4.44%的企业拥有一流的产品质量,但只有其中 1/3 左右的企业的产品能卖出相应的价格[①]。这一现象是多方面原因造成的:首先,自主创新意识较弱。在江浙一带的民营企业集群中,许多企业主是从集市贸易经营户或农民家庭工业起家,企业起点低、规模小,不同程度地有追求"小而全"的倾向,创新合作意识淡薄。其二,缺乏良好的创新环境。长三角产业集群的服务环境和资金环境并不完善:一方面,许多集群内部缺乏能为企业提供公益性产品开发、信息咨询和其他配套服务的网络化公共技术创新平台;另一方面,中小企业贷款可获得性差、金融担保、风险投资机制的缺失使得企业缺少创新启动资金,进一步限制了企业研发创新能力。

### (二) "上海—长三角"经济圈产业集群发展的政策建议

产业集群发展政策建议的目标主要是强化集群的外部性、累积性和集体效率优势,促进企业之间合作,培育集群区域品牌,营造创新网络系统。当集群进入到升级阶段,政府需要从促进集群数量扩张转变为注重结构优化和质量提升,从无为而治或直接干预转变为间接政策引导,致力于改善集群升级环境,引导企业。针对"上海—长三角"经济圈产业集群存在的一些问题,提出如下政策建议:

#### 1. 完善产业布局引导和整合机制,提高集群的市场组织化程度

充分利用"上海—长三角"产业布局调整的机遇,建立产业布局引导机制,突出重点功能区和专业集聚区的产业定位,优化保证优势、支柱产业的土地供应,抢占新兴产业重点领域,通过项目的合理布局引导相关产业集聚,并鼓励各产业群根据自身特色有目标地利用各种资源吸收搬迁企业,强化产业空间规划约束。此外,政府还要积极引导和推进群内产业整合,鼓励集群以兼并、收购、合并、联合、合作、联盟等方式进行企业间资产重新配置,实现集群内部"洗牌",形成产业链纵深力较强的主导型企业,并发挥主导企业在创新与技术示范、网络辐射等方面的龙头带动作用,与中小企业建立专业分工基础上的长期合作关系,形成寡头主导、大中小共存的有效竞争市场结构,提升集群参与全球价值链竞争的能力。

---

① 浙江省发展和改革委员会:《浙江省"十一五"规划纲要读本》,2006 年,第 49 页。

2. 软化资源成本约束,建立支撑产业集群升级的服务平台

随着资源、环境压力日益增大,政府应逐步淘汰耗费资源多、附加值低的比较劣势产业,致力于消除服务业的体制性障碍和政策性歧视,引入和强化市场竞争,发展生产性服务业。引进相关产业的研发、销售、采购、工业设计、咨询、商务服务和创意中心,为高端制造业提供生产性服务,实现产业集群能级的提升。强调以制造业集群为依托发展生产者服务业,促进生产者服务业与制造业集群的互动化发展,促进生产者服务业的专业化、外包化和集聚化发展,建立和完善集群公共服务体系,除技术平台外,迫切需要加快风险投资、公共信息、营销网络、融资担保、产权保护、孵化器等服务平台建设。

3. 扶持科技型中小企业发展,构建集群的创新网络系统

产业集群创新能力的提升可以从以下两方面着手:一方面,挖掘发展潜力较大的拥有自主知识产权的科技型中小企业进行重点培养。政府可以进一步改善扶持策略,加大创新基础资源投入力度,重视共性技术的研发和扩散。充分发挥创业服务等孵化机构的作用,对中小企业实行政府、企业、中介机构和科研院所等多元化投资,建立研发和引进、推广和示范、产品检验和技术培训等技术平台,为它们提供技术创新服务。另一方面,积极引进跨国公司和教育科研院所的研发机构在集群区落户。充分发挥和利用研发机构在人才和其他创新资源的集聚效应、研发管理的示范效应、产业关联效应,技术和知识的溢出效应,带动集群内其他中小企业提升自主创新能力。完善集群创新的激励、决策和运行等机制,通过区域孤点的辐射作用,促进区域性、共生型、开放式的创新网络体系的形成。

## 本章小结

我们利用产业集聚系数和区位基尼系数这两个反映地区间产业分布不均衡的计量分析指标,着重对三大经济圈工业行业的集聚状况进行了比较分析。由此,我们得到的基本结论是:第一,我国工业行业确实存在空间分布不均衡的状态,产业集聚的趋势日益显著,而长三角、珠三角和环渤海三大经济圈正是我国工业行业集聚的重点区位,这与我们经验上的判断相一致。第二,三大

经济圈虽然都是我国工业行业集聚的重点区位,但却在不同类型的行业中体现了各自的优势和特色,比如,长三角在纺织、化学纤维制造、相关设备制造等行业集聚优势明显,珠三角在金属制品制造、食品、饮料制造、相关设备制造等行业集聚优势明显,而环渤海依托其资源丰富的禀赋,在资源加工类行业的集聚优势最为突出。三大经济圈各自集聚的优势产业与我们上一章专业化优势分析的结果基本吻合,这说明三大经济圈在产业集聚的驱动方面,主要是借助于本区位的特定区位优势因素,但具体是哪些因素还值得深入探讨。

产业集群是众企业选择同一区位的结果,同时也表明了企业的一种生存状态。经过长期的累积,长三角、珠三角以及"环渤海"内的产业集群发展已初具规模,并且在各自经济禀赋的基础上形成了一套适合自身经济发展的集群模式,成为推动区域经济发展的一股重要力量。各个经济圈内产业集群方面的研究近年来成为学术界和政府部门广泛关注的焦点,但是从三大经济圈比较的角度对区域产业集群进行系统分析的研究并不多见。我们从产业集群分布、规模及主导产业角度对各大经济圈产业集群的现状进行描述,并在此基础上重点比较了三大经济圈产业集群形成的动力机制、优势产业及创新能力的异同。

研究表明,"上海—长三角"地区主要存在三种产业集群形成的驱动机制,它们分别是:由政府引导培育的园区型产业集群,民间自发形成的专业市场型产业集群,以技术创新为平台形成的产学研联盟企业集群。珠三角地区产业集群形成的动力来源主要有以下三方面:首先,政府引导是珠三角产业集群的原始动力;第二,国际商品链整体性转移是珠三角产业集群的重要动力;第三,产学研相结合是珠三角产业集群的新生动力。环渤海经济圈产业集群的驱动因素构成较为复杂,且呈现出明显的区域特性。它包括:京津冀地区的混合驱动型产业集群,山东半岛的内源驱动型产业集群,以及辽东半岛的资源驱动型产业集群。长三角作为我国最大的综合性工业基地,产业门类齐全,轻重工业均较发达。珠三角经济圈的产业主要体现在来料加工业,偏向轻工业,重工业不太发达。环渤海经济圈自然资源禀赋比较丰裕,偏重重工业。长三角区域创新投入最高,在专利申请和授权量上也居三大经济圈首位,创新能力较其他两经济圈强。

随着经济环境的日益复杂,"上海—长三角"经济圈在产业集群发展中也存在一些突出的问题,如产业链纵深程度不足,产业集群的功能不突出;集群区商务成本快速上涨,集群的综合经济效应弱化;对高新技术项目消化、吸收能力不强,缺乏有自主知识产权的高新技术等等。针对"上海—长三角"经济圈产业集群存在的这些突出问题,本研究提出如下的政策建议:首先,完善产业布局引导和整合机制,提高集群的市场组织化程度;其次,软化资源成本约束,建立支撑产业集群升级的服务平台;第三,扶持科技型中小企业发展,构建集群的创新网络系统。

# 第五章  上海产业发展总体战略研究

本章将在前面基于三大经济圈比较研究的基础上,对上海产业发展的总体战略提出我们的思考和对策。

## 第一节  三大经济圈产业发展战略定位的总体思考

长三角、珠三角以及环渤海三大区域,是我国市场化程度、工业化程度、城市化水平以及经济国际化程度最高的区域,是推动我国经济发展的"三大引擎"。但在不同的地理条件和经济发展背景下,不同经济圈生产发展水平存在区域差异并呈现经济水平发展互异的格局。因此,三大经济圈应从整体出发,针对经济圈内各城市不同的条件制定相应的产业发展政策,因地制宜,发挥特色,建立各具特色的区域发展格局。

### 一、长三角产业发展战略定位

《长江三角洲地区区域规划纲要》(草案)中明确提出,长三角的区域功能定位为:我国综合实力最强的经济中心、亚太地区重要的国际门户、全球重要的先进制造业基地和我国率先跻身世界级城市群的地区。重点产业发展布局为:做大做强石化、钢铁、电子信息产业等具有国际竞争力的战略产业;巩固提升装备制造业、纺织轻工和旅游业等传统优势支柱产业;同时加快发展现代生产性服务业和生物医药、新型材料等具有先导作用的新型产业。

#### (一) 按照"一核六带"总体布局,形成网络状总体开发格局

按照"一核六带"区域布局,形成分工明确、功能齐备、等级合理的网络状总体开发格局。"一核"即强化上海这个核心,充分发挥上海作为国内外交通枢纽、长三角要素资源配置中心和文化交流中心以及创新源头的作用,整合利

用周边地区的资源优势,增强上海集聚和组织引导能力,以促进区域整体优势的发挥和竞争力。"六带"为优化提升沪宁、沪杭沿线发展带,目标是建成具有世界发达水平的都市连绵区域。这一发展带主要包括沪宁杭交通沿线地区,将按照集约、创新、优化的原则,加快高技术产业集聚和现代服务业发展,优化城市功能,改善环境质量,成为带动区域创新能力和国际化水平提升、服务长三角乃至全国发展的区域。重点建设沿江发展带。根据规划,长江沿线的县市区将充分发挥"黄金水道"的优势,引导装备制造、化工、冶金、物流等产业向沿江地区集聚;建成特色鲜明、规模聚集、布局合理、生态良好的基础产业基地和城镇聚集带,并成为具有全球影响的长江产业带的核心组成部分。重点建设沿(杭州)湾发展带。沿杭州湾县市依托现有产业基础和港口条件,积极发展高新技术和高附加值的制造加工业和重化工业。这一发展带的目标是建成功能协调的现代制造业聚集带和城镇聚集带,以带动长三角南翼发展。积极开发沿海发展带,即拥有沿海岸线的县市区,依托临海港口,培育和壮大港口物流、大型重化工和能源基地,发展新兴的临港产业、海洋经济与生态保护相协调的综合经济带。积极培育宁湖(湖州)杭发展带,拓展长三角向中西部地区辐射带动功能。宁湖杭沿线县市须充分考虑区域资源环境开发容量及其生态屏障功能,选择与生态经济相协调的开发方向和模式,重点发展高技术产业、旅游休闲、现代物流、生态农业以及资源加工业,积极培育城镇集聚区,形成生态产业集聚、城镇有序发展的新型发展带。引导发展沿湖(太湖)生态服务带,成为全国性重要旅游休闲带和区域性会展研发基地。环太湖乡镇须坚持生态优先原则,在保护太湖及其沿岸重要生态服务功能的前提下,适度发展旅游观光、休闲度假、会展、研发等服务业和特色生态农业,严格控制用地开发规模和强度,突出开发理念创新和空间布局优化。

(二) **长三角各省市发挥各自优势,重点发展适合自身比较优势的产业**

通过前面的分析,我们可以明显看出上海在制造业上已没有显著的优势。因此,我们可以合理地推测,上海产业结构的重点应该是第三产业,如金融、信息、服务、教育等产业及高新技术产业,而江苏和浙江在制造业生产中则应各自发挥自身的比较优势,重点发展一些本地区具有相对比较优势的产业。如江苏在仪器仪表及文化、办公用机械制造业、有色金属冶炼及压延加工业方面优于浙江;浙江在纺织业,化学纤维制造业,石油加工、炼焦及核燃料加工业等方面优于江苏。因此,江苏和浙江在做好上海产业转移的过程中也应该各自发挥优势,实现长三角地区经济发展中某种程度的产业"错位"发展,避免过度"同业竞争"。

(三) 构筑先进制造业共同体,打造长三角地区世界级先进制造业基地

长三角在通信设备、计算机等电子设备制造业中具有优越的比较优势,因此可以根据产业分工的原理,在竞争中开展一定形式的合作,组建目标一致、互惠互荣、彼此衔接的先进制造业网络,以群体优势打拼国际市场。例如,组建信息产业网络,在硬件—软件—信息服务这一产业链条上,上海应大力发展软件和信息服务,而浙江和江苏以硬件和软件为主;在研发—生产—销售这一产业链上,上海应进一步扩大其研发实力和影响力,增强其在国际国内的地位;在芯片及元器件—组件—整机产品这一产业链上,上海应大力发展芯片和元器件环节的集成电路产业、新型显示器件产业,整机环节的现代通信设备产业、网络设备产业等等。

(四) 紧随上海,确定长三角次区域产业结构演进方向

一方面,上海在长三角地区产业演进过程中处于"领头雁"地位,是长三角重要的制造业研发基地和生产者服务的主要提供者,同时也是吸引外资的重要区位和对外贸易的重要桥梁,从长三角二省一市产业优势分析中,可以发现上海的重点产业战略已经给长三角地区带来了扩散效应和集聚效应;另一方面是浙江与江苏制造业基础较好,加工制造能力强,如江苏和浙江在化学原料及化学制品制造业、电气机械及器材制造业已经具备了一定的优势,与上海的互补性强。在拟定产业发展战略时,可充分考虑上海重点产业所带来的扩散效应和集聚效应,构建与上海一体化发展的战略。同时,长三角地区可以在这些共同优势产业上进行科研合作,创造优势名牌,形成具有自主知识产权的优质产品和品牌,实现整个长三角地区产业结构的高度化。

## 二、珠三角产业发展战略定位

我们知道,珠三角经济圈以出口拉动经济的增长方式已日益受到资源和环境因素的制约,因此,要主动抓住以高新技术产业为主导的全球产业结构大

调整和国际产业大分工的发展趋势,着力调整和优化本区域的产业结构,加强科学技术的研发和人力资源的培育。同时面临城市功能结构不合理,地区差异性较大的现状,有必要优化珠江三角洲内部城市的空间和职能结构,明确内部分工,协调城市发展的矛盾,提高区域的整体竞争力。

(一) 自主创新,提高承接国际产业转移竞争力

未来十几年是珠三角经济腾飞的重要时期,在承接新一轮国际产业转移方面,珠三角仍具有独特的空间和优势,但必须采取积极措施,以企业为主体,以市场为基,以技术进步和技术创新为动力,以发挥人才优势为主因,在创新中承接国际产业转移。通过创新使产业链向两端延伸,在保持珠三角广东中低端产品或生产环节的国际竞争力的同时,提高和实现中高端产品或生产环节的国际竞争力,在技术密集型和知识密集型产业领域缩小与发达国家的差距。通过技术创新、制度创新和管理创新来形成新的竞争优势,并依靠新的优势使广东在国际产业分工中从纵向分工走向横向合作;通过学习、消化与创新,逐步从简单的加工组装环节上升到制造环节,从产业链条中的低附加值的加工生产边缘环节一步一步地向营销、研发甚至是品牌、先进的核心技术等核心环节逼近,努力提高广东在国际产业分工的位次。

(二) 凭借区位优势,加快与香港产业整合的步伐

对于珠三角而言,要提升发展水平,有力推动产业结构的调整和优化,增强发展后劲,就必须充分利用好香港国际金融、服务业和信息资讯业的优势,香港的很多优势是珠三角所无法取代的,如销售网络,高素质的营销队伍和灵活的市场机制;而对香港而言,广东尤其是珠三角则是急需经济结构调整和产业转型最好的腹地依托,香港越来越多的人认识到只有把制造业优势与服务业优势结合起来,才能更好地达到多赢的目的。这对广东、香港,甚至是整个国家和世界经济都有不可估量的促进作用。香港为金融和物流中心,深圳为金融和物流次中心,广州为物流次中心,广州和惠州为重化工业基地,深圳、东莞和惠州为高新技术产业制造基地。也许这是大珠三角最为合理的产业布局。

(三) 发挥中心城市集聚性,努力缩小区域差异

第一,广州、深圳作为珠江三角洲地区的两大经济中心城市,要充分利用

其信息、融资、科技、人才等方面的优势,大力发展适用技术的科研试验、小规模生产基地及高新技术的引进、吸收和开发基地,成为珠江三角洲地区乃至华南地区及邻近省区的高新技术制造业的"龙头"和科研开发基地。重点支持深圳和广州高新技术产业开发区发展,建设广深高新技术走廊,使之成为广东的"硅谷"。其中,广州市要充分发挥政治、经济、文化、商贸、信息中心和交通枢纽等功能,巩固、提高作为广东省中心城市的地位与作用;要以提高城市综合竞争力为核心,全力推进工业化、信息化、国际化,精心打造经济中心、文化名城、山水之都,进一步把广州建设成带动广东省、辐射华南、影响东南亚的现代化大都市。深圳市要大力推动产业创新、体制创新和环境创新,充分发挥经济特区的带头和示范作用,并逐步实现与香港的功能互补。以提高国际竞争力为核心,努力建设具有中国特色、中国风格、中国气派的国际化城市。

第二,区域性中心城市(佛山、珠海、东莞、惠州、中山、江门、肇庆—高要等)要重点加强城市若干专门化职能的建设,发展资金、技术密集型产业及大规模、集团化的工业生产。东莞市位于穗港经济走廊中间,工业化程度较高,经济实力较强,应发展成为以外向型经济和高新技术产业为主体的国际制造业名城。佛山市要积极发展以高新技术为导向的轻工业,着重发展第三产业,并担负地区性商贸、研发和服务功能,科学、稳妥地调整生产力布局和城乡空间格局,大力促进经济结构和城市结构的整合与提升,积极创建广东第三大城市,逐渐成为珠江三角洲向广东西翼地区和西江流域辐射和拓展的重要枢纽。

珠海市要加快形成集聚力强的产、学、研一体化创新基地和高附加值的产品出口创汇基地,以及亚热带海滨花园城市和具有国际影响的滨海风景旅游胜地,充分发挥高栏沿海主枢纽港和珠海机场的作用,发展成为珠江三角洲西岸地区的现代化中心城市。中山市要充分利用孙中山故乡这一具有国际声誉的地位,建成以高新技术为龙头,现代化轻型工业为主的商贸港口城市和现代化名人城市。

江门市承担五邑地区的行政、经济、文化、交通中心职能,是珠江三角洲向粤西经济扩散的重要节点,要建成以高新技术产业和对外贸易为主导的沿海港口城市,以及广东重要的制造业基地之一。

惠州市是珠江口东岸都市区向粤东、粤东北地区辐射的支点,重要的风景旅游城市和石油化工高新技术产业基地。应尽快和周边城镇进行整合,提高城市的规模效益和辐射作用。

肇庆市是珠江三角洲通往粤西和大西南的重镇,要重点发展轻工业和旅游业,建成珠江三角洲主要的游憩基地,并为珠江三角洲提供高附加值的"三高"农业产品。

## 三、环渤海产业发展战略定位

环渤海地区相对于其他两个经济圈有其自身的比较优势,如矿产资源丰富,矿产储量巨大,交通便利,港口密集。作为我国北方现代制造业基地,该区域近年来三次产业发展势头良好。因此,环渤海经济圈应利用各省市各自的比较优势加强产业分工合作,构建统一协调的区域产业政策,促进产业经济的有利发展。

### (一) 环渤海经济圈整体功能定位

环渤海区域存在着经济的互补性:北京、天津有着资金、技术、信息、人才、市场等方面的优势,河北、辽宁和山东则有着较为丰富的自然资源和劳动力资源优势。相对于北京和天津两大城市,辽宁、河北、山东的制造业优势则相对明显。立足于环渤海的发展现状,未来该经济圈要以构建可持续的生态与社会环境,创造安全、舒适、便利、能够支撑区域人民生产与生活的良好人居环境为前提,以具有国际、国内竞争力的现代服务业和先进制造业为支撑,带动中国北方经济,进一步辐射东北亚,成为联系国内外各类经济与社会活动的特大型经济区、世界级先进制造基地和承载更多人口的人居环境良好的地区。

### (二) 突出核心城市,加强功能联系

在环渤海地区空间跨度太大,短时期内难以形成单一经济中心的情况下,环渤海地区整体功能需要在空间内进行次级区域的有效分解,形成一个多中心的网络等级体系。目前形成三个经济区:京津冀地区,辽东半岛地区和山东半岛地区。合理的规划是,以京津冀地区为环渤海城市群中心,山东半岛和辽东半岛地区为南北两翼。三大经济区之间要统筹规划,合理布局,大力推进京津冀、辽东半岛、山东半岛三大制造带的联合建设,发展高新技术产业和现代制造业。三大经济区要加强联系和交流,打造交通运输联系网络,构建大市

场,促进要素的无障碍流动,共享资源。

第一,京津冀城市群——国际化现代服务业中心、高新技术产业基地和钢铁化工制造基地。北京可以进一步强化政治、文化、金融、信息、高科技产业基地等功能;天津在保持已形成的工业优势的同时,进一步发挥滨海新区及其港口的作用,和北京共建国际化现代服务业中心和高新技术产业基地;河北要积极接受辐射,建设钢铁化工和制造业基地。天津滨海新区、北京中关村和唐山曹妃甸是这一地区的三大亮点。天津滨海新区将像 20 世纪 80 年代的深圳、90 年代的浦东那样,发展成为带动京津冀、环渤海乃至中国北方地区经济发展的龙头。中关成为自主创新的基地和促进中国经济发展的新的增长点。曹妃甸将依托天然深水良港,成为铁矿石、原油进口和煤炭出口基地,现代钢铁制造业和重化工生产基地,成为京津冀经济增长的新的发动机。

第二,辽中南城市群——先进装备制造业基地和国际航运商贸中心。在振兴东北老工业基地的战略决策的影响下,以沈阳、大连为中心,包括鞍山、抚顺、本溪、丹东、营口、辽阳、铁岭、盘锦等城市在内的辽中南城市群正处于新的发展机遇期。未来辽中南城市群的建设需要立足沈阳装备制造业基础雄厚和大连外向型和服务型经济相对发达的比较优势,逐步完善城市体系和功能,确立在环渤海地区和东北亚经济格局中的重要地位,积极参与区域和国际产业分工,下大力气建设好装备制造业基地和东北亚商贸中心。沈阳要立足工业基础和交通枢纽等综合优势,抓住世界产业结构调整,特别是日韩产业结构调整的有利时机,主要以机械和电子产业链为基础,大力发展现代装备制造业及相应的研发产业,依靠产品的不断创新、技术的不断进步、分工的不断细密及协作范围的不断广阔,进一步完善生产体系,降低生产成本,提高产业素质,全面建设世界性的先进装备工业基地。大连则要积极实施外向牵引和口岸经济战略,围绕国际航运中心的建设发展具有一定规模和市场竞争力的现代服务业,建设成为整个东北亚地区的物流、贸易和金融中心。

第三,山东半岛城市群——现代制造业基地和区域服务业中心。青岛要注意加强与烟台、威海两城市的合作,充分发挥现有工业基础、对外开放经验、海洋资源等优势,以青岛——烟台——威海的滨海产业带为核心,带动 3 000千米海岸线上的十几个大中小城市,共同打造以现代制造业、电子信息业、海洋生物工程为重点的青烟威制造业基地和物流中心，成为山东半岛对外开放的门户。凭借山东政治中心和便利的交通运输网等优势，济南要注重同周边的德州、聊城、泰安、莱芜、滨州等城市的空间联系，以生产性服务业的发展为这些快速工业化地区提供有效服务，扩展自身腹地范围，成为带动山东省、辐射北方及黄河中下游地区的服务经济核心地区。

## 第二节　上海产业发展的战略定位

在经济全球化的世界浪潮和区域经济一体化大趋势的推动下，"区域联动"的内在价值和"整体最优"的系统效应日渐凸显。有鉴于此，在上海新一轮的大发展中，应牢固树立"立足长三角、服务全国、融入世界"的整体战略意识，以联合、带动与服务为主线，在努力提升自身城市核心竞争力的同时，加快与长江三角洲南北两翼城市的区域合作和良性互动，携手共进、互补共赢，同心打造长江三角洲都市经济圈，共同参与国际市场竞争。

### 一、区域联动：进一步融入长三角，深化推进区域产业协调发展

上海作为长三角都市圈的核心城市，应强化上海的辐射作用，充分发挥自身的区位优势，产业基础、科技实力、管理水平、开放环境、信息服务等良好条件，形成辐射整个长三角区域乃至全国产业体系的能力，不断向长三角都市圈市场推出新技术、新产品、新工艺和新观念、新体制，在不断创造新的市场、新的组织观念、新的管理体制等方面多做贡献，充分发挥上海作为长三角都市圈增长极向周围的扩散作用，成为长三角都市圈发展的引导区和创新区，逐步达到区域内的均衡发展。在长江三角洲区域经济协调发展中，上海应发挥生产要素的集聚和扩散中心、产业结构化升级和区域产业协作的核心推动力、区域物流网络的主枢纽和区域经济一体化的综合服务中心等四大功能，进一步融入长三角，深化推进区域产业协调发展。

#### （一）上海产业发展战略对长三角城市群发展的影响

随着中国加入 WTO 和上海申博成功，上海必须重新认识自己的地位和作用，重新定位城市功能，必须重新审视上海与长三角的战略关系。上海与长

三角是一个具有"联动扩散效应"和"联动制约效应"的动态的社会经济联合体。上海发展对长三角具有牵动力和引导力；长三角城市对上海的发展则具有推动力和制约力。上海与长三角各城市连接在一起，将组成范围更广、潜力更大、资源更丰、发展潜力更具吸引力的都市连绵带。上海与长三角各城市将成为一个利益相关、优势互补、资源共享、风险共担的不可分割的整体。上海与长三角将以整体的身份参与国际市场合作与竞争，以整体的优势成为中国经济的繁荣和稳定示范区，以整体的实力成为中国和世界连接的纽带和桥梁。

1. 上海的地位决定了长三角区域在全国及在全球的地位

在长三角城市群的发展进程中，长三角城市群历史上和现代意义上紧密的经济社会文化联系发挥了巨大的凝聚效应。在整个近代历史上，上海是我国首先对外开放的城市之一，而上海在整个长三角区域乃至在全国的重要地位，在于上海扼守长江入海咽喉，是长江经济带的发展引领者，是我国实现江海联运的枢纽，是沿江连接内地、沿海连接世界的经济商贸平台。长江流域是中国经济最为发达的经济带，而上海作为一个市场集散、贸易航运中心，对长江经济带的发展、生产扩大和产品实现起到了关键的服务功能。上海在产业链中的重要分工地位和产业层次，对上海奠定其城市的重要性地位起着决定性影响。并且正是由于这种经济和产业的紧密关联，上海与长江沿线及周边城市才形成了紧密的经济社会联系和良好的感情，如上海与苏州、无锡，上海与杭州、宁波，上海与南京等城市。加上经济社会不断交往之后的各种延伸和深化，使得长三角地区成为我国地区间经济联系最为紧密和谐、血脉相通、语言相近、地区相连、文化相同、经济相共的区域。不管是从近代还是从现代角度来看，上海的发展都推动了长三角区域的发展，而上海的地位也决定了长三角区域在全国及在全球的地位。因此，在长三角城市群的持续发展进程中，加快推进上海的发展，提升上海发展的高度，将不断提升长三角城市群的地位和影响。当然，上海的发展和提升也离不开长三角区域整体经济实力的强力支撑。

2. 上海要服务于长三角区域的工业化和城市化发展

长三角城市群工业化发展中的缺陷，主要是分工层次不高、技术创新不力、制造装备落后、协作体系松散、效率效益低下等，而关键的影响因素主要在于技术创新、装备制造和产业组织体系。因此,上海针对以上问题,应大力发展先进装备业,大力推进高科技产业和研发机构的发展,大力提供生产性服务来提高制造业的运作效率和市场效益,并通过产业高端的联系效应来组织和形成产业协作体系。上海城市的功能性服务重点在于为长三角城市群的制造业发展提供和促进产业装备的现代化、产业技术的高级化、产业协作的深度化和产业发展的效率化。而服务于长三角城市群的城市化发展,主要是通过加强城市和产业互融来打破传统的行政性地区边界的束缚,激活和增强城市活力,把传统的地区性产业布局转变为区域性产业布局,把传统的地区封闭性经济结构转变为区域开放性经济结构,进一步协调城市间的产业发展,优化组合城市产业能力,搭建区域性开放型的产业融合共建平台,加快促进从地区发展到区域发展,从地区性城市格局到区域性城市总体格局的重大转变。

3. 发挥上海城市功能的引领、组织和带动效应

(1)引领效应。通过上海建设现代化国际大都市和"四个中心",把长三角城市群发展成为具有重要国际性影响的城市群;通过上海"四个中心"建设,协调联动长三角区域,把目前长三角区域主要以制造业发展为主的格局转变到共同建设"四个中心"的高层次;三是经济结构和产业结构提高的引领,通过上海大力发展现代服务业,建设服务型经济结构的延伸拉动效应,引领长三角城市群整体经济结构的提升和现代服务业的发展。

(2)组织效应。在产业发展的组织方面,主要通过上海对长三角区域主要产业如汽车制造业、电子信息产业等高端部门的发展与强化,形成长三角城市群的产业链建设,组织引导产业的协作型、高级化发展;同时,强化上海的生产者服务业对长三角制造业在技术、设计、品牌、物流、金融、中介、贸易、航运、规划、咨询等方面的增值服务,提高长三角制造业的生产效率和市场价值;三是率先发展全球性或国内领先的先导产业,通过协作延伸业务,促进长三角区域先导产业的快速成长和扩张。

(3)带动效应。长三角城市群的制造业发展在国内外名声显赫,但其低层次、低效益的状况也是明显的缺陷所在。因此,如何提高长三角区域制造业的发展层次和发展效益,对长三角城市群而言是一个关系生存发展的大问题。通过上海大力发展现代服务业对长三角区域制造业的深度服务,通过上海现

代服务业发展的带动效应,促进长三角区域各地现代服务业的快速发展,加强制造业与现代服务业的融合,提高长三角区域制造业的效率、技术、品牌和效益,全面提升长三角区域制造业的层次和地位。长三角区域制造业发展所存在的问题的原因是多方面的,但一个重要缺陷是分工协作程度远远不够,导致长三角区域的制造业发展层次不高、规模不大、效率不足,产业缺乏区域性的深度协作和集聚,产业功能是平面分割的,没有形成因产业协作而促进功能的叠加和放大。因此,上海城市功能在对长三角区域发展的带动效应中,应通过产业链打造、产业关键部门引领、技术创新支持、产业布局合理扩散、运用资本运作和企业重组等手段,加强和细化长三角区域的产业分工协作,挖掘产业深度,扩张产业规模,提高产业效率。

### (二) 上海在长三角城市群中的功能定位

**1. 发挥生产要素集聚、扩散中心功能,为长三角提供经济资源**

以上海为中心的长江三角洲区域经济的协调发展,迫切需要上海通过发展证券市场、外汇市场、短期资金融通市场和同行业拆借市场,以及积极扩大外资银行经营人民币业务的试点,为长江三角洲的企业融通资金;通过发展期货市场和各类物资、商品市场,为长江三角洲的商品和物资流通提供良好条件,通过发展全国性技术、人才市场,为长江三角洲的经济建设输送各种技术和各类人才。

**2. 发挥产业结构优化升级和区域产业协作的核心推动力功能,提升长三角产业层次**

在长江三角洲区域经济错综复杂的产业联系和集聚分工中,上海凭借自身的结构优势和资源集聚能力处于一个无法替代的核心地位。以上海为中心枢纽的横向产业联系和以上海为"领头雁"的纵向产业梯度相互交织,推动了区域产业结构的优化升级和区域产业的协作能力。上海要从提升国家和长江三角洲产业竞争力的需要出发,积极联合苏南、浙北等高新技术力量,确定有限目标,突破重点领域的重大关键技术,培育若干个高科技产业和新兴产业群,形成若干个有相当实力的高科技企业集团,尽快成为我国高科技产业密集区,并不断向长江三角洲地区辐射、扩散,提高整个地区产业层次。

**3. 发挥区域物流网络的主枢纽功能,带动以物流为中心的产业集聚**

上海优越的地理位置和良好的基础设施,在全国乃至整个亚洲都具有重要的战略枢纽地位。上海应该适时提升外高桥保税区的功能,建设现代意义上的自由贸易区,迎合当代经济对现代物流和供应链管理发展的需要,带动以物流为中心的产业集聚;浦东国际机场要与长江三角洲地区内各主要城市的机场形成干、支线运输的合理分工,进一步密切长江三角洲地区的空中交通联系;上海国际航运中心必须建立各港功能互补、合理分工的同国际惯例运作相衔接的组合港管理机制,成为优势互补、合理分工的组合港式国际航运中心;上海陆路交通必须和上海国际航运中心配套建设,成为高速公路、高速铁路为主的高效陆路交通中心。

4. 发挥区域经济一体化的综合服务中心功能,为长三角经济的协调发展提供全方位的支撑

必须与长江三角洲金融国际化的进程相互促进,形成联动关系,成为长江三角洲的资金集散中心;加快汇集长江三角洲各地区经济发展状况、产业导向、投资环境、利用外资政策等方面的信息,上海企业可以和外商尤其是大型跨国公司联合投资长江三角洲地区,以求三方优势互补,使上海成为国际资本、技术进入长江三角洲的中转扩散中心;集中投入大量资金与汇聚一流信息技术人才,建成信息港的基本框架,成为长江三角洲的信息服务中心;上海要继续吸引全国各地大企业、大集团把总部、营销总部、地区总部、研发中心等放到上海,尤其是要吸引周边地区的大企业、大集团到上海来,利用上海的信息、融资、人才、技术、市场等综合优势,为其在本地的发展壮大、提供良好的外部发展环境。

## 二、国家战略:立足长三角,延伸长江领域,辐射全国

从国家战略角度看,中国经济发展需要产业高地,这一高地既接轨世界经济先进潮流,又服务于国内经济的发展提升。在科学发展观的统领下,长三角将是我国最有可能且最有条件率先全面建成小康社会和率先基本实现现代化的地区之一。通过加快长三角城市群的发展,使其形成一个空间结构合理、社会经济与资源环境协调发展、具有国际竞争力的现代化的大都市经济密集区,有可能达到与世界其他五大城市群有竞争能力,成为我国参与全球竞争的重要基地和实现现代化的示范区,并进而推动中国走向世界经济强国,实现和平

发展目标。而在引领长三角与全国经济发展中,上海负有很大的历史使命。上海应立足长三角,延伸长江领域,推进长三角实现率先发展,进一步增强国家经济实力和综合国力,更好地支持中西部地区,促进全国区域共同发展;通过积极发挥长三角地区经济增长极和发动机的作用,带动长江流域和沿海地区的发展,从而进一步提升我国经济国际竞争力和抗风险能力。

(1)对上海来说,要立足长三角重新审视和思考未来发展的战略定位和战略目标。上海要牢固树立"立足长三角、服务全国、融入世界"的区域整体战略意识,以联合、带动与服务为主线,站在长三角的地域组合空间上重新审视和思考上海未来发展的战略定位和战略目标,正确处理好发展自身与服务长三角、服务全国的关系,坚持加快自身发展,努力提高服务全国的水平。注重与全国各地尤其是长三角地区实现产业联动、配套和合作;创新合作方式,鼓励各类企业发挥管理、技术和资本优势参与国内其他地区的建设发展,形成优势互补、分工协作的格局。紧紧抓住长江流域发展机遇,依托长三角联动发展,在更大范围内积聚优势。

在具体做法上,上海一要坚持按"三、二、一"发展产业的方针,大力发展现代服务业,积极向服务型经济转型;二要强化中心城市的综合服务功能,提升上海在长三角对外经济贸易中的窗口、枢纽、品牌作用;三要以产业结构与消费结构的优化升级为基础,大力发展原有优势明显、产业关联度高、区域带动作用强的高增长行业,并将一批传统产业逐步转移出去。打破长三角地区产业同构、产品同构的结构性障碍,关键在于上海新一轮产业结构调整的力度和产业转移的力度,从而为周边地区腾出相应的产业拓展空间;四要在强化上海CBD地区的形态建设与功能建设的同时,重点做好市郊11个产业特色鲜明、功能各异的新城规划与建设,使之成为上海"多心组团、分层辐射"的城镇体系的重要纽结和上海内外集聚与扩散的载体和跳板;五要积极做好与长三角周边地区重大基础设施建设项目的规划、配套与协调,增加快速便捷的纵向进出通道,与长三角15城市共同打造3小时交通圈。

(2)对于长三角发展来说,要发挥各地比较优势和区域整体优势,确定正确的发展方向、发展战略、发展模式。长三角作为中国经济最为发达的区域,要着眼于经济全球化和科技革命迅猛发展的大趋势,从我国全面建设小康社会、实现现代化的历史任务出发，发挥各地比较优势和区域整体优势，确定正确的发展方向、发展战略、发展模式。

在现已形成的以上海为中心城市、南京和杭州为副中心城市的城市网络体系的基础上，进一步扬长避短、发挥各自比较优势，加强各城市之间的合理分工与协调配合，在明确各自功能定位的基础上，优化产业结构和城市功能，共同建立一个包括国际化的金融贸易、高度化的加工工业、网络化的交通通信与现代化的高效农业的"多心组团、分层辐射"的世界级都市经济圈，并使之成为中国及国际（东亚经济区）的重要经济、金融、贸易区和与国内经济衔接、国际经济接轨、在全国率先实现现代化的先行示范区，成为中国制造业的中心和世界制造业的重要基地，成为中国的知识产业研发中心和高新技术产业基地（即"一圈、二区、二中心与二基地"）。

## 三、全球视野：进一步主动参与经济全球化，提升在国际产业分工体系中的层次

从全球视角而言，上海的发展必须深深融入世界，代表中国参与国际竞争，代表中国走向国际市场，并代表中国而成为全球经济网络中具有重要影响力的网络节点，引领国内经济迈向世界舞台。

虽然目前上海参与国际产业分工程度较高，但由于跨国公司大多是将在上海的投资定位于低端加工与组装性生产，导致贸易结构低下、技术创新能力受抑、资源能源消耗高企等消极效应。从产业升级出发，上海应更深刻、更广泛地融入国际分工中，以自己的有利条件和优势，与跨国公司的全球化战略进行博弈，引进产业链中的高端，为其配套服务，不断延续产业链，做大做强自身规模和实力，形成独特竞争优势。

（一）融入全球化浪潮

融入经济全球化浪潮，通过吸引外资和对外投资，在全球制造业产业链和价值链中占据合适的地位。

（1）确立以提升产业发展水平为导向的吸收利用外资战略，提高利用外资质量，促进产业升级。借鉴国际经验，瞄准目标产业、目标资金和目标人才，制定未来上海利用外资的战略部署，使上海利用外资在推动生产增长方式转

变、产业结构升级和产业国际化发展方面发挥更大作用。进一步补充、完善对技术要求、培训和资助等科技和资本含量较高的外资项目的促进措施，出台相关促进外资企业与民营企业相互联系、促进跨国公司与国内产业、高校和科研机构合作研发的政策措施。

（2）鼓励上海企业"走出去"，对一些资本实力、经营能力、技术能力较强的企业，通过海外直接投资、产品全球销售和原材料全球采购等国际外包生产经营系统，实施产业链和价值链的全球布局，构筑自己的全球价值链网络；以跨国并购、股权投资方式为主要手段，获取对象企业的技术、品牌、销售渠道和人力资源，形成与国际市场接轨的企业制度及运作模式，并进入国外跨国公司的中端产业链，同时构建自己的全国性价值链网络；在若干重点领域或行业实施战略联盟合作方式，达到优势组合及跨国发展的目的；尝试以技术回流为目的的海外 R&D 投资，推动研发的国际化。

**（二） 超越低附加值制造的困境，发挥"后发优势"，实现在全球化分工层次上的逐级提升**

从上海现有条件看，直接进入全球产业链及价值高端的条件尚不具备。但上海有条件进入全球产业链及价值链的中端，也就是跨国公司在转移对象国建立的研发、生产、营销体系中，研发的本土化需求开发环节、生产的技术—劳动密集型环节，营销的本土化销售环节。上海进入跨国公司的价值链延伸环节，可以趁势做大做强，形成强大的竞争优势，成为跨国公司全球产业链和价值链中不可缺少的环节，实现自己的跨国拓展。

（1）要超越低附加值制造的困境，着重在技术性、市场性环节出台鼓励合资合作的政策，以改变跨国公司对上海作为低端投资地的定位。通过吸引较高技术含量的上游生产性制造和关键部件制造，摆脱与周边城市在大批量低附加值产品生产中的竞争；引导从制造基地型投资向高级专业性服务市场投资的转移，以提高上海产业结构中服务化、轻型化的比重，强化上海作为高增值现代服务区和国际化商业中心的角色。要着力培养提供熟练劳动、知识型劳动的优势；着力提升技术储备和创新能力，向最终主导产品内国际分工中的核心环节发展。

（2）发挥"后发优势"，延续发达国家的产业价值链，带动相关产业发展。

通过承接跨国公司的生产订单进入其供应链系统,借助国外跨国公司的垂直分工体系发展壮大自己,并通过学习、仿效来优化企业的生产经营技能,提升市场竞争力,逐渐向产业链的更高环节发展。上海应以提升本土企业的技术吸收能力为重点,而且要注重促进跨国公司研发机构与本地企业、科研机构和高校间的技术合作;要制定加强知识产权保护的措施,大力推进国有、民营和外资企业间建立和发展有利于学习和交流的技术经济网络,以推动本土企业对引进技术的消化吸收。鼓励引进有助于高科技研发集群形成的相关企业,集中科技和人力资源,在某些细分市场或某一技术领域内,大力承接跨国公司的研发外包业务,培育有竞争力的区位优势。

**(三) 针对国际产业转移特点,承接世界新技术转移,促进产业结构升级**

进入 21 世纪国际产业转移已经开始转向一些技术含量较高的产业,如芯片制造业、笔记本电脑等。未来 5—10 年,装备产业和一些高新技术产业由于生产技术开始成熟、竞争日益激烈,正成为产业转移的热点。上海应抓住机遇积极引入,促进制造业结构升级,实现信息产业向中高端演进和做强做大装备产业的战略打算。同时,利用 FDI 服务化的趋势,抓住国际服务业的产业转移的机遇,吸引在金融、贸易、航运等方面的国际知名企业,提升上海服务业的能级。

同时,目前世界高新技术的研究与开发出现相分离的趋势,关键技术、核心技术的研究设计放在工业化国家内部完成,具体产品技术开发和技术测试过程伴随着高技术产品一道输往国外,所以,要针对目前世界新技术转移的特点,承接世界新技术的转移,扩大对含有关键技术、核心技术的中间产品的生产和开发,逐步改变对终端高技术产品生产的依赖,搭建并提升高新技术中间产品的生产平台。

# 第三节　上海产业发展的战略目标

## 一、中长期目标

围绕"一个龙头、四个中心"的目标定位和城市功能定位,到 2020 年把上海基本建成东亚地区的国际经济、金融、贸易、航运中心城市,城市综合竞争力达到现代化国际大都市水平;坚持"三、二、一"的产业发展方针,重点培育与发展第三产业,实现从制造型城市向服务型城市的转变,从制造型产业结构演变为服务型产业结构,服务业逐步培育、发展、扩张、替代制造业,制造业逐步高端化、管理化,全面打造服务型经济;进一步强化与完善上海作为长江三角洲中心城市的扩散、创新、管理、服务等功能,不断提升上海在区域整体联动发展中的核心作用。

## 二、短期目标

"十一五"期间,上海应从"一个现代化、四个中心"的发展战略目标和"立足长三角、服务全国、融入世界"的发展战略高度出发,在努力提升上海城市核心竞争力的同时,正确处理好自身发展与服务长三角、服务全国的关系,坚持"三、二、一"的产业发展方针,大力发展与国际化、现代化大都市定位相匹配的金融与保险、贸易与物流、旅游与会展、信息与科教文卫等高端、上游服务业;强化中心城市的综合服务功能,提升上海在区域对外经济贸易中的窗口、枢纽、品牌作用;以产业结构与消费结构的优化升级为基础,大力发展汽车、电子及通讯设备、大型电站及机械成套设备、精品钢铁、造船、航空航天、生物制药、房地产等原有优势明显、产业关联度高、区域带动作用强的高增长行业,并将一批传统产业逐步转移出去。

（一）**优先发展现代服务业,全面带动第三产业的发展**

重点发展金融保险、商品流通、交通信息、旅游、信息咨询、会展等行业,尤其要抓住信息港、航空港和国际航运中心建设的有利条件,大力发展信息服务业。与此同时,要通过技术创新、组织创新、管理创新等手段,促进产业内部结构的升级换代,特别是通过注入新技术,即电脑技术和信息通信技术,提高现代化水平,使现代服务业焕发新的活力。

在此基础上,以金融、商贸流通、房地产为支柱,信息产业、知识产业为导向,物流产业、会展产业为抓手,都市旅游、社区服务、中介服务为特色,全面带动第三产业的发展。

（二）**优先发展先进制造业,促进第二产业蓬勃发展**

（1）提升支柱产业竞争优势,在电子信息、汽车、钢铁、石化四大领域强化核心竞争优势，提升能级。电子信息产业要强化研发设计，提高附加值，掌握芯片设计、软件等部分关键技术的自主知识产权和标准，促进信息产业与其他制造业融合，进一步完善产业链。汽车制造业要加强自主开发和品牌打造，大力推进新能源汽车的开发和生产，提高汽车产业核心竞争力和国际经营能力。精品钢材要坚持精品发展战略，总量控制、优化结构。石油化工要延伸产业链，发展精细化工。

（2）推动装备产业升级突破，抓住城市化机遇，选准突破性重点，推动产学研攻关，加快国际化合作，提升工业化水平。重点在电站输配电设备、轨道交通、微电子装备、精密加工装备、重点专用装备、能源类装备、新型环保装备、智能化测量和自动控制设备八大领域实现升级突破。

（3）加快战略产业培育壮大，做大做强船舶，做精做优航天，振兴发展航空，积极发展核能，拓展海洋工程。其中，船舶制造要重点突破关键零部件技术，整体提升船舶制造业附加值；航空航天要大力推进应用卫星及相关设备制造业的发展，加快航天技术向民用领域转化，大力支持国家民用飞机项目建设。

（4）抢占新兴产业重点领域，重点在光电子产业、生物医药、新能源、清洁能源和节能产业、新材料产业抢占制高点。其中，生物医药产业要围绕生物技术、现代生物医药工程等领域，努力形成具有自主创新能力的生物医药产业群。新能源产业要重点发展太阳能光伏产业，力争可再生能源和新能源研发、装备制造、检测和应用达到国内领先水平。

（5）保持都市产业稳定增长，重点拓展服饰服装、食品和农产品精深加工业、包装印刷广告制作业、工业旅游纪念品业、化妆品及清洁洗涤品业五大都市产业功能。

（三） 完善布局结构

在推进三、二、一产业结构的基础上，坚持产业结构与布局结构调整相结合，按照发展产业集群、构建城市群的方向，完善布局结构。推进六大产业基地建设，重点加快临港装备产业基地和长兴岛造船基地建设，加强国际汽车城、精品钢铁基地、化学工业基地、微电子产业基地建设。促进工业向园区集中，推动高新科技园区、开发区、产业园区整合发展。规划建设各具特色、功能完善的现代服务业集聚区。充分利用历史文化资源和工业建筑,规划建设一批科技与文化相结合的创意产业园和劳动密集型都市工业园。

## 第四节　上海产业发展的战略举措

根据上述的产业发展定位和目标,我们认为,上海在未来一段时期的产业发展中,应着力推进实施六大战略举措,即全面推进向服务型经济转型战略、积极提升在全球制造业产业链中定位战略、大力推动长三角区域一体化战略、深化实施创新发展战略、全力促进优势产业集聚战略、着力打造总部经济战略。

### 一、全面推进向服务型经济转型战略[①]

上海产业发展的核心就是"要加快形成以服务型经济为主的产业结构"。服务型经济从本质上说是一种区别于传统经济的经济增长方式,它摆脱了传统经济对资源高度依赖的特征,以功能服务替代资源消耗,以价值增加替代价值转移,以创新替代规模。国际上一般认为,服务型经济是指服务业产值在GDP比重超过60％的一种经济态势,或者是指服务业就业人员在整个国民经济全部就业人员中的比重超过60％的一种经济态势。

虽然上海服务业经过多年发展,已经具有了一定规模,但与一些国际大都市相比,无论是服务业在国民经济中的比重,还是服务业从业人员的比重,均存在较大差距(见表5.1)。

表 5.1　上海与国际大都市服务业发展水平比较

| | 服务业占 GDP 比重（％） | 服务业从业人员比重（％） |
|---|---|---|
| 上　海 | 50.6(2006 年) | 55.6(2005 年) |
| 纽　约 | 85.0(1997 年) | 88.7(1993 年) |
| 伦　敦 | 85.0(1994 年) | 86.2(1994 年) |
| 东　京 | 82.6(1997 年) | 76.2(1991 年) |
| 香　港 | 90.6(2005 年) | 78.5(1994 年) |

---

① 本部分借鉴了上海财经大学 500 强企业研究中心王玉教授主持的"上海向服务型经济转型趋势分析及重点服务业政策研究"课题的研究结论。

（一） 上海向服务型经济转型的条件分析

1. 上海向服务型经济转型的支撑性条件

（1）六大支柱工业对上海向服务型经济转移的推动作用。第一，六大工业的产业结构升级为现代服务业提供了需求条件。上海六大支柱工业已经形成较大的规模，对生产性服务业的需求呈逐年递增趋势。如汽车制造、钢材制造、石油化以及成套设备制造等产业对金融保险、物流等生产性服务业有着较大需求；电子信息产品制造、生物医药制造等产业对科学研究以及其他综合技术服务业的需求也比较大。因此，努力推进包括生产性服务业在内的各类现代服务业的发展，是上海工业产业结构升级的迫切需要。第二，六大工业产业能级的提升为现代服务业的发展提供了保障。随着规模扩大和国际竞争加剧，一些制造业大企业为了加强自己的竞争优势，会将一些原先只面向企业内部的服务性业务转为面向外部市场或分离出去由独立的市场化企业经营，使得生产性服务业逐步外部化。第三，六大工业相关企业价值链的延伸使上海制造业与服务业出现融合趋势。这种产业融合更多地表现为生产性服务业向制造业渗透，特别是与生产过程相关的生产性服务业直接作用于制造业生产流程的中间投入。以宝钢为例，2006 年宝钢生产性服务业业务占到总营业务收入的约 34％。可以预见，随着上海制造业企业规模的扩大，国际化和信息化程度的提高，它们向服务业相关领域延伸的力度将不断加大。

（2）产业结构的演进规律推动上海构建服务型经济。从产业结构演进角度看，上海大力发展服务业是必然的。上海已进入工业化的后期阶段。在完成工业化以后，上海将不可避免地进入服务型经济社会，这是产业结构升级的必然结果。上海是长江三角洲的经济中心和产业高地，上海的产业结构在其辐射范围内将起到增长极的作用。上海周边地区产业结构的升级使其在制造业方面已经和上海基本处于水平分工的状态。为了继续起到增长极的作用，上海有必要率先进行产业结构升级，大力发展服务业。

（3）上海服务业实力的提升是构建服务型经济的保障。构建服务型经济要有相应的服务业实力作保障。上海随着"三、二、一"产业发展顺序的确定，服务业取得了突飞猛进的发展。截至 2006 年服务业产值占 GDP 的比重已经超过 50％，特别是金融、信息、商贸、物流以及商务等服务行业的规模不断增大、实力不断增强,对上海、长三角、长江流域乃至全国的服务效应体现的越发明显。而这些地区对上海服务业的需求也不断上升。这就要求上海服务业更要做大、做强,力争打造全国服务业高地。强大的服务业实力和充分的需求为上海构建服务型经济提供了保障。

(4)上海第二产业的发展需要第三产业的发展作为支持。上海作为国内工业发达城市,其由后工业化向服务型经济转型仍将持续一段时间,在这段时间内,制造业的产业升级和梯度转移与现代服务业的长足发展仍将是一个正相关的过程,而这种正相关的过程体现便是现代服务业与制造业的融合发展,这种产业融合更多地表现为生产性服务业向制造业渗透,特别是与生产过程相关的生产性服务业直接作用于制造业生产流程的中间投入。生产性服务业和制造业的关系正在变得越来越密切,生产性服务业和制造业的界限越来越模糊,二者间更多表现为唇齿相依的融合趋势,上海第三产业的发展将为制造业的产业升级提供支持。

2. 上海向服务型经济转型的约束性条件

(1)制度性约束。第一,政策性因素。目前上海市政府虽然十分重视服务业的发展,在产业政策方面给予了倾斜,但由于体制原因,在市场制度环境方面还存在一些制约服务业发展的因素。如上海城市建设的目标之一是建设成为国际金融中心,而国际金融中心的建设将有赖于金融服务业的迅速发展。但目前位居我国银行业前列的四大银行的总部都在北京。货币方面的一些政策也都是由北京的有关部门所制定。这样就极大地制约了上海金融服务业的发展。与此同理,一些全国性服务业企业的总部也都设在了北京。即使是本市的服务业企业也广泛存在着"政企不分"、"政事不分"的"管办合一"现象,导致了行业分割,破坏了市场竞争秩序,最终影响到服务业的健康发展。

第二,政府管理部门职能分工对资源整合的约束。服务型经济的构建需要政府多个部门共同协作、推进,比如服务业集聚区的建设,不但涉及经委,还涉及建委等部门,目前服务业在推进过程中存在的问题是单个部门只是做好自己的分内工作,和其他相关部门沟通和协调不足,这样导致的后果是整体推进工作效率低、互相推诿、工作重复内容多、资源浪费等问题。因此,要想高效推进现代服务业发展,需要整合政府部门资源,提高工作效率。

第三，大型制造业企业向服务性活动转移过程中遇到的政策性瓶颈。一些制造业大企业为了突出核心竞争力，在价值链转移重构的同时，将其生产性服务业逐步外部化，并呈现出向服务性活动转移的趋势。这些独立出来的服务业部分产值也较大。对于企业的这种活动政府部门应该予以鼓励和支持。但由于企业的母体是制造业企业，因此服务业独立出来的过程中就会出现一些问题，如税收，对于服务业这一块该按何种标准征税？征多少税合适？这是关系企业发展的战略性问题。

（2）对服务业产业特性研究上的滞后性约束。从产业特性讲，服务业与制造业有着根本区别，这些区别导致制造业产业政策与服务业产业政策的不同。譬如，针对制造业在发展过程中对产业集中度要求较高的特性，可以通过建设大型项目吸引上下游企业集聚到其周围，形成集群式发展；然而对服务业来讲，所有行业都强调集群式发展就不适用。金融业对集中度的要求较高，可以通过建设大项目来吸引其他相关企业集聚形成较高的集中度。也有相当一部分服务业行业集聚高反而不经济，强调集聚发展可能会导致相反效果。在制定产业政策时就应充分考虑到这些产业的特性，否则会适得其反。

（3）上海构建服务型经济实践中尚存在不少问题。第一，服务业整体规模有待进一步提高。虽然上海服务业经过多年发展已具有了一定规模。但与一些国际大都市相比，无论是服务业在国民经济中的比重，还是服务业从业人员的比重，均存在着较大差距。据另一项研究，作为国际大都市，服务业最低比重也要高于60%。上海已进入初级国际大都市的行列，但从服务业在产业结构中的比重角度看，上海作为国际大都市还略有欠缺。

第二，服务业内部结构仍需继续优化。尽管近年来商务服务、信息服务等现代服务业有较快增长，但传统商贸业在上海服务业中仍占主要地位。传统服务业具有劳动生产率和附加价值双低的特点。服务业结构中存在过多的传统服务业，将影响上海服务业整体发展的效率和效益。此外，从产业结构高级化进程的视角，上海也应当从传统服务业向现代服务业转换。

第三，服务业中缺乏竞争力强的龙头企业。据有关资料分析，在2006年度中国企业50强中，入围的上海服务业企业仅有百联集团一家（列第14位）。在2006年度上海企业50强中，服务业企业虽然占到46%，但从排位名次看，仍与制造业企业有一定的差距。

第四，向服务型经济转型将带来一定的结构性摩擦。向服务型经济转型，在提升上海产业结构高级化程度和城市综合竞争力的同时，也将带来一定程度上的结构性摩擦。从产出角度看，一定时期内可能造成产出增长速度的下降。向服务型经济转型，意味着减少了成熟的制造业产出比重，而新增的服务业可能由于其尚处于产业形成阶段所具有的不稳定性，而在一定时期内出现产出增长速度的下降。从生产要素投入角度看，可能会出现一定程度的资产损失。上海产业结构向服务型经济转型，其中包含着相当一部分的制造业产出转变为服务业产出，因而将产生相当数量的沉淀成本，导致一定程度的资产损失。从就业角度看，一定时期内可能产生一定程度的结构性失业现象。在向服务型经济转型过程中，原从事制造业生产的劳动力在向服务业转岗过程中，其原来掌握的劳动技能在新岗位中不再适用而面临下岗失业等问题。

### （二）　上海向服务型经济转型的战略措施

#### 1.　指导原则

（1）坚持二、三产业互相推进、融合发展的原则。产业结构演进的规律是随着经济的发展，生产要素从第一产业到第二产业再到第三产业转移。此外，随着产业结构的升级，制造业不断向产业链两端延伸，出现了产业融合发展的趋势，表现为生产性服务业的快速发展。因此向服务型经济转型不是"抑二扬三"，而是产业结构升级的自然表现。1999年上海服务业的比重突破50%，服务业发展进入了一个新时期。在向服务型经济转型的阶段，上海必须坚持"三、二产业融合发展"的产业发展原则。

（2）坚持提高城市竞争力的原则。提高上海城市的综合竞争力为上海"十一五"发展的主线。在长三角地区制造业普遍得到提升的条件下，发展服务业，特别是生产性服务业，将继续保持上海在长三角地区产业结构高地的地位。上海生产性服务业的服务对象不仅是上海市的制造业，而且可以辐射长三角地区、乃至全国。据有关专家估计，上海生产性服务业对长三角地区工业贡献弹性为1：0.918，也就是说，上海生产性服务业每增长1个百分点，长三角地区工业将增加0.918个百分点。因此，上海发展服务业将立足于有利于提高城市综合竞争力的生产性服务业方面，重点是金融服务业、信息服务业、物流服务业以及商务服务业。

（3）坚持服务全国，打造全国服务业高地的原则。服务业中有完全独立的服务业种类，也有制造业产业价值链延伸而形成的服务业产业环节，因此具有辐射面广、带动作用强等特征，是很多产业创新的基础，具有突破产业地域及形态边界的内在特性。在加快服务业发展中推进结构调整，形成以服务经济为主的产业结构，是上海"四个中心"建设的产业发展战略，也是上海必须长期坚持的产业发展方针。然而"四个中心"的建设仅靠上海是不能完成的，需要整个长三角、长江流域乃至全国共同建设。上海首先要坚持服务全国、打造全国服务业高地的原则。只有立足于服务全国，部门之间、地区之间、区域之间开展多种形式的合作，才能打破行政分割和地区封锁，促进服务业资源整合，发挥组合优势，深化分工合作，在更大范围、更广领域、更高层次上实现资源优化配置。

2. 战略目标

我们认为，成功实现向服务型经济的转型，服务业生产总值占上海 GDP 的比重达到 60％以上的目标，需采取两步走的战略：

（1）2010 年上海服务业总产值占 GDP 比重达到 55％以上的目标。在现阶段服务业发展基础上，按部就班、循序渐进，结合上海"十一五"GDP 发展目标，以重点服务行业为推动，稳步推进服务业发展，力争在 2010 年使服务业总产值占 GDP 比重达到 55％以上。

（2）2015 年上海服务业总产值占 GDP 比重达到 60％以上的目标。在"十一五"的基础上，再使服务业总产值比重增加 5 个百分点，使到 2015 年上海服务业总产值占 GDP 比重达到 60％以上，上海完成向服务业经济的转型。需要说明的是，《上海加速发展现代服务业实施纲要》提出的服务业发展目标需要斟酌。上海市政府为了刺激服务业的快速发展，在《上海加速发展现代服务业实施纲要》中提出了 2010 年实现上海全年服务业增加值达到 7 500 亿元的目标。以此目标，按照上海"十一五"发展规划提出的目标，2010 年上海 GDP 总量将达到约 1.5 万亿元，服务业占 GDP 的比重仍然处于 50％的位置，显然与上海产业结构的发展目标不一致。

3. 重点行业

根据上海产业结构的发展现状和发展环境，我们按照所占比重大、发展速度快两个原则选取了金融服务业、信息服务业、物流服务业、商务服务业四个服务行业作为上海向服务型经济转型过程中重点发展行业。

（1）金融服务业。金融服务业是上海服务业的一个重要部分，在上海服务业中占有较大比重。将金融服务业作为上海服务业的发展重点，不仅是由于其在上海服务业中的地位，同时也是由上海城市定位决定的。但从历年情况看，上海金融服务业的发展具有较大波动。课题组认为主要是由于金融服务业易受证券市场波动及宏观金融政策变化的影响。

（2）信息服务业。信息服务业是利用计算机和通信网络等现代科学技术对信息进行生产、收集、处理加工、存储、传输、检索和利用，并以信息产品为社会提供服务的产业。上海市 2006 年信息服务业经营收入 1 221.45 亿元，实现增加值 499.55 亿元，年增长率为 18.1%。据一些媒体报道，上海市正在制定信息服务业的发展规划，规划至 2010 年，上海信息服务业的经营收入将超过 3 000 亿，实现增加值达到 1 400 亿元，GDP 占全市的 7% 以上，从业人员达到 50 万人，培育 10 家以上年经营收入超过 50 亿元的大型企业集团。

（3）物流服务业。在经济一体化的推动下，商品和生产要素在全球范围内以空前的速度和广度自由流动，现代物流服务业逐渐发展成为一个跨部门、跨行业、跨区域的新型服务业，被称之为"第三利润源泉"。上海 2005 年物流服务业的增加值为 1 175.5 亿元，自 2001 年以来的年均增长率为 16.9%。根据《上海市现代物流服务业发展"十一五"规划》，"十一五"期间，上海现代物流服务业发展的总体目标是：到 2010 年，确立现代物流服务业作为上海支柱产业的重要地位，初步建成国际重要物流枢纽和亚太物流中心之一。

（4）商务服务业。商务服务业主要是指企业管理组织、市场管理组织、市场中介组织所从事的经营性事务活动。商务服务业是城市经济高度发展的产物，也是城市经济发达程度的体现。上海商务服务业总量规模偏小，但发展速度较高。2005 年上海市商务服务业的总产值为 292.19 亿元，占服务业的比重为 6.32%。"十五"期间平均发展速度超过 22%。上海市商务服务业的主力军在私营企业，并且数量众多。

4. 战略步骤

（1）扩大服务业的规模。从对上海市服务业存在的问题分析中可以看出,上海市服务业的规模不仅与国际都市(纽约、伦敦、东京等)相差甚远,而且与广东、江苏、山东等省份也有一定差距。从上海市最终要发展成为社会主义现代化国际大都市的目标来看,目前的服务业规模无论是从量上还是比重上都仍有待提高。因此,扩大服务业规模是构建服务型经济的首要任务。

(2)优化服务业结构。从发达国家经济发展的经验看,服务业内部结构转换一般有以下规律:在工业化前的准备阶段,服务业中的商业和交通、通信业领先发展;进入工业化的实现和经济高速增长阶段,金融保险业和产业服务业成为服务业的主导行业,而商业、交通运输和通信业的比重开始下降;在工业化后期阶段,第三产业的金融保险业和生产服务业得到进一步发展,同时科学教育业及信息产业开始稳定上升。这一规律告诉我们,推进服务型经济的相关政策要根据经济发展的不同阶段,重点发展不同的服务业行业。

各项指标表明,上海目前正处于工业化阶段向工业化后期阶段的过渡时期,在该阶段上海服务业的产业结构基本符合该阶段的特点;但也存在一些违背规律的方面,如金融保险业(包括房地产)的比重逐年递减,产业服务业虽然增幅较大但在服务业中不处于主导行业的地位,信息产业与国际水平相比,发展速度较慢。考虑到上海所处经济阶段和自身特点,在遵循经济发展客观规律的基础上,建议重点发展金融服务业、现代物流服务业、商务服务业和信息服务业。

5. 政策措施

《国务院关于加快发展服务业的若干意见》提出,在当前和今后一个时期,发展服务业的总体要求是:以邓小平理论和"三个代表"重要思想为指导,全面贯彻落实科学发展观和构建社会主义和谐社会的重要战略思想,将发展服务业作为加快推进产业结构调整、转变经济增长方式、提高国民经济整体素质、实现全面协调可持续发展的重要途径,坚持以人为本、普惠公平,进一步完善覆盖城乡、功能合理的公共服务体系和机制,不断提高公共服务的供给能力和水平;坚持市场化、产业化、社会化的方向,促进服务业拓宽领域、增强功能、优化结构;坚持统筹协调、分类指导,发挥比较优势,合理规划布局,构建充满活力、特色明显、优势互补的服务业发展格局;坚持创新发展,扩大对外开放,吸收发达国家的先进经验、技术和管理方式,提高服务业国际竞争力,实现服务业又好又快发展。

（1）营造良好外部环境。第一，加快政府财税政策的力度，从财税、信贷、土地和价格等方面进一步促进服务业规模的发展。首先，推进财税优惠政策，包括对新型物流企业实行税收优惠；对被认定为高新技术企业的软件研发、产品技术研发及工业设计、信息技术研发、信息技术外包和技术性业务流程外包的服务企业实行财税优惠；对自主创业给予特殊的财税政策等。其次，推进服务价格体制改革的政策。包括进一步推进服务价格体制改革，完善价格政策，对列入国家和市鼓励类的服务业逐步实现与工业用电、用水、用气、用热基本同价；调整城市用地结构，合理确定服务业用地的比例，对列入国家和市鼓励类的服务业在供地拿牌上给予倾斜。再次，预算内安排资金支持服务业发展。包括对关键领域的资金支持，包括显达金融服务、物流、信息领域的投入支持；对薄弱环节的资金支持，如对于商业服务业等近年来劳动生产率显著降低的领域；对具有发展自主创新能力领域的资金支持，如现代金融信息服务领域、现代物流领域等。

第二，拓宽服务行业投融资渠道，主要包括银行贷款支持以及配合银行贷款的担保机构支持、证券市场支持（发行股票或发行债券）以及风险投资支持等。在银行贷款方面，引导和鼓励金融机构对符合国家产业政策的服务企业予以信贷支持，在控制风险的前提下加快开发适应服务企业需要的金融产品。同时，发展专业担保机构，为银行信贷分散风险同时提高效率。在证券市场方面，积极把握2006年以来证券市场复苏的良好时机，积极支持符合条件的服务企业进入境内外资本市场融资，通过股票上市、发行企业债券等多渠道筹措资金。在风险投资方面。利用我国发展中小企业板，同时正考虑建立新的创业板市场的有利时机，鼓励各类创业风险投资机构对发展前景好、吸纳就业多以及运用新技术、新业态的中小服务企业进行投资。

第三，加大服务业对外开放。把握我国履行加入世贸组织服务贸易领域开放的各项承诺的机遇，继续推进服务领域对外开放，着力提高利用外资的质量和水平，将有利于促进上海服务业发展，加快自身服务业水平向国际接轨的步伐。在法律法规方面，完善服务业现行吸引外资法律法规政策，对条件成熟的服务产业应逐步放宽外资准入条件，鼓励外商进行投资。在产业关系方面，正确处理好服务业开放与培育壮大上海服务产业的关系，通过引入国外先进经验和完善企业治理结构，培育一批具有国际竞争力的服务企业。在风险防范方面。外资进入带来先进管理的同时，也带来了各类风险。因此，加强金融市场基础性制度建设，增强银行、证券、保险等行业的抗风险能力，维护金融安全和稳定。

（2）内部创新政策。第一，加快推进服务业标准化。上海应该建立《完善和细化服务业发展目录》，在国家制定的《完善和细化服务业发展目录》基础上，根据自身的特点和优势，制定上海的服务业发展目录。在目录的基础上建立上海《服务业各行业服务标准》。加快推进服务业标准化，包括建立健全服务业标准体系，扩大服务标准覆盖范围。特别是抓紧制订和修订物流、运输、金融、邮政、电信、等行业的服务标准。对新兴服务行业，鼓励龙头企业、地方和行业协会先行制定服务标准。对暂不能实行标准化的服务行业，广泛推行服务承诺、服务公约、服务规范等制度。

第二，人才是实现服务业内部创新的基础，上海应利用在教育领域的领先优势，多层次地积极培养服务业人才。在人才培养渠道方面，充分发挥高等院校、科研院所、职业学校及有关社会机构的作用，推进国际交流合作，抓紧培训一批适应市场需求的技能型人才，培养一批熟悉国际规则的开放型人才，造就一批具有创新能力的科研型人才，扶持一批具有国际竞争力的人才服务机构。在人才利用效率方面，鼓励各类就业服务机构发展，完善就业服务网络，加强农村剩余劳动力转移、城市下岗职工再就业、高校毕业生就业等服务体系建设，为加快服务业发展提供高素质的劳动力队伍。在服务型人才激励方面，在激励政策上进行更加大胆的尝试。如建立让拥有稀缺技能的创新型服务人才在国有及事业单位中获得额外奖励的政策，奖励力度和类型达到市场水平，从而留住和激励人才。可大胆采用股票期权、无形资产入股等激励措施。

第三，培育服务业市场主体的创新力。上海应鼓励服务业企业增强自主创新能力，通过技术进步提高整体素质和竞争力，不断进行管理创新、服务创新、产品创新。首先，培育服务业龙头企业。鼓励和支持有竞争力的企业，通过兼并、联合、重组、上市等方式，促进规模化、品牌化、网络化经营，形成一批拥有自主知识产权和知名品牌、具有较强竞争力的大型服务企业或企业集团，进而能够参与到国际竞争中去。其次,支持中小非公有经济服务业。中小企业是最善于创新的主体。上海应鼓励和引导非公有制经济发展服务业,在税收、准入、工商登记、人才等方面积极扶持中小服务企业发展,发挥其在自主创业、吸纳就业等方面的优势。

第四,积极推动国有服务企业的改制,通过制度创新来重新激发其创新能力,但对不同服务领域的国企应区别对待。首先,对竞争性领域的国有服务企业实行股份制改造,建立现代企业制度,促使其成为真正的市场竞争主体。其次,明确教育、文化、广播电视、社会保障、医疗卫生、体育等社会事业的公共服务职能和公益性质,对能够实行市场经营的服务,要动员社会力量增加市场供给。再次,按照政企分开、政事分开、事业企业分开、营利性机构与非营利性机构分开的原则,加快事业单位改革,将营利性事业单位改制为企业,并尽快建立现代企业制度。继续推进政府机关和企事业单位的后勤服务、配套服务改革,推动由内部自我服务为主向主要由社会提供服务转变。

第五,实现二、三产业融合发展。首先,基于六大支柱工业产业链延伸的服务业环节。以六大支柱工业为基础,继续延伸发展生产性服务业,促进先进制造业与服务业的有机融合、互动发展。着重推进上海汽车制造业向汽车服务业延伸、成套设备制造业向工程服务领域延伸、电子信息产品制造业向信息服务和信息传输的延伸、精品钢材向钢铁服务业延伸、生物医药制造业打造研发外包平台向研发服务业延伸和石化工业在建设国际化工城的基础上向相关化工服务业延伸。其次,根据制造业整体特点优先发展的服务业。根据上海的制造业特点,可以优先发展物流服务业,大力发展第三方物流;积极发展信息服务业,加快发展软件业,坚持以信息化带动工业化;有序发展金融服务业,健全金融市场体系,加快产品、服务和管理创新;大力发展科技服务业,充分发挥科技对服务业发展的支撑和引领作用;规范发展法律咨询、会计审计、工程咨询、认证认可、信用评估、广告会展等商务服务业;提升改造商贸流通业,推广连锁经营、特许经营等现代经营方式和新型业态。再次,以服务业特别是生产性服务业的发展提升制造业竞争力。加快健全金融市场体系,针对企业具体需要创新金融产品,为制造业特别是高新技术制造业企业提供完善的融资渠道,改善企业发展环境;积极推进信息服务业发展,提高制造业企业信息化水平,改善企业生产效率,推动制造业企业能级提升;优先发展物流业,优化制造业物流环节,降低企业物流成本,提高制造业企业盈利能力;大力发展科技服务业,为制造业企业提供各个环节咨询服务,改善生产流程,提高生产效率。

(3)服务业发展的体制机制创新。有效制定、贯彻和实施上述发展服务业政策,必需有一套相应的体制机制的保障。本报告认为上海要建立适合创新服务业发展的机制,应体现在以下四个方面。

第一,建立相应的综合领导部门。加快发展服务业既要坚持发挥市场在资源配置中的基础性作用,又要加强政府宏观调控和政策引导。对应于国务院成立的全国服务业发展领导小组,上海应成立相应的服务业发展领导小组,指导和协调服务业发展和改革中的重大问题,提出促进加快服务业发展的方针政策,部署涉及全局的重大任务。上海市各有关部门和单位要按照上海服务业发展领导小组的统一部署,加强协调配合,积极开展工作。同时,各区县省级政府也应建立相应领导机制,加强对服务业工作的领导,推动各区县的服务业加快发展。

第二,明确政府的职权范围。在建立服务业专门的领导部门后,还应科学合理地界定该部门体系的职权范围。在教育、文化、医疗卫生、人口和计划生育、社会保障等服务部门,政府要承担起更多的公共服务职能,加大财政投入,扩大服务供给,提高公共服务的覆盖面和社会满意水平,同时为各类服务业的发展提供强有力的支撑。在竞争性领域,如商务服务、信息服务、金融服务等等,政府要减少干预,如原来由政府办的企业,要在明晰产权后坚决退出,政府亦要着力排除民营企业进入服务业领域的障碍。

第三,建立公开、平等、规范的服务业准入制度。上海应坚持"市场化、社会化、产业化"的发展环境,创新服务业发展的体制机制,提高市场化程度,营造发展现代服务业的软环境。首先,加快研究服务业各行业的准入障碍类型以及形成机理,为服务业准入制度提供理论支持。其次,在准入制度方面,要积极鼓励社会资金投入服务业,大力发展非公有制服务企业,提高非公有制经济在服务业中的比重。要做到凡是法律法规没有明令禁入的服务领域,都要向社会资本开放;凡是向外资开放的领域,都要向内资开放。再次,在准入的配套措施上,政府应在贷款审批与担保、人才引进、注册资本分期到位、知识或技术入股、简化工商登记手续、减轻税负等方面创造适合中小服务型企业发展的环境,同时通过创业孵化体系和创新服务体系,为中小服务型企业在办公环境、生产设备、人员培训、信息咨询等方面提供支持。

第四,加强服务业统计制度和信息管理制度。统计和信息管理制度是保障上海服务业持续健康发展的关键。当前服务业在统计上存在一些缺陷,如一些制造业,特别是大型制造企业自我承担的生产性服务收入由于各种原因没有或没有完全计入服务业。上海应尽快建立科学、统一、全面、协调的服务业统计调查制度和信息管理制度,完善服务业统计调查方法和指标体系,充实服务业统计力量,增加经费投入。在建立《细化服务业发展目录》的基础上,对制造业企业自我承担的生产性服务部分进入统计需做出明确规定。在数据来源方面,要充分发挥各部门和行业协会的作用,促进服务行业统计信息交流,建立健全共享机制,提高统计数据的准确性和及时性,为国家宏观调控和制定规划、政策提供依据。在数据应用方面,各区县要逐步将服务业重要指标纳入本地经济社会发展的考核体系,针对不同地区、不同类别服务业的具体要求,实行分类考核,确保责任到位,任务落实,抓出实绩,取得成效。

## 二、积极提升在全球制造业产业链中定位战略

### (一) 上海制造业在全球产业链中的产业结构定位选择

这里所谓的制造业产业结构,是指产业的资本密集型、技术密集型、劳动密集型结构特征。相关竞争力比较分析表明,在国内比较中,上海的技术、资本密集型产业有比较优势;在国际比较中,上海的劳动密集型产业有比较优势。

#### 1. 劳动密集型产业分析

仅从工资水平看,中国及上海劳动力成本要比所有发达国家和许多发展中国家都低。据统计,德国人均每小时的劳动成本为 31.87 美元,日本为 20.84 美元,美国为 17.70 美元,中国仅为 1.5 美元。另据联合国贸发会议的资料,中国的劳动力成本在世界上处于很低水平。

但是,如将劳动力成本与劳动生产率相联系作比较,中国及上海的劳动力成本比较优势就要大打折扣。研究表明,中国的工资水平在国际比较中处于

较低水平,但中国总体的劳动生产率水平低。美国、日本、德国、英国、法国、韩国等国的劳动生产率比中国高 10 倍以上,印度尼西亚、马来西亚等国的劳动生产率比中国高几倍。如此低的劳动生产率使得单位产品的劳动力成本要明显高于许多发展中国家的水平。所以,中国及上海的劳动力成本低并不是绝对的,加之众多的发展中国家都在发展劳动密集型产业产品的出口,甚至一些中等发达国家也还在发展劳动密集型产业,使中国及上海这一比较优势非常有限。劳动密集型产业的国际竞争力加剧所形成的结果,一是劳动密集型产业在国际市场的过量供给,导致产品价格下跌。有迹象表明,与工业化国家的同类产品相比,发展中国家制成品出口价格近年来不断下降。二是形成发展中国家之间的同质化竞争,产生大量的经济摩擦。根据联合国贸发会议专家测算,以 1997—1998 年中国具有比较优势的 50 种出口产品为参照,我们与许多发展中国家的出口结构具有很高的趋同性,与斯里兰卡、巴西、巴基斯坦、越南、印度尼西亚的出口结构相似系数都在 0.5 以上(Shafaeddin, 2001),这是贸易条件不稳定、经济摩擦不断的重要根源。三是引发了发达国家大量的反倾销诉讼,中国已成为受反倾销诉讼影响最大的国家。对此我们需要认真思量,参与国际竞争时,不仅要考虑供给还要考虑市场需求,考虑市场容量和市场的可接受程度,并最终通过适时的产业转型与升级摆脱过度竞争局面。

2. 资本密集型产业分析

上海的资本密集型产业在国际比较中基本上没有优势。2001 年,上海市国民资产总量(包括非金融资产、金融资产和负债)58 600.36 亿元,国民净资产余额 24 208.11 亿元,这是资本存量。从增量看,2000 年以来,上海一年的资本形成总额也就是 2 000 多亿元,但投资率已高达 55% 以上。在这 2 000多亿元的资本形成中,利用外资(包括外商直接投资和对外借款)大体近 20%左右。2003 年上海吸收外资实际到位资金 58.5 亿元,按现行汇率计算,合485 亿元人民币,占当年固定资产投资总额 2 452 亿元的 19.78%,比重约为20%。上海不仅资本存量较少,资本供给能力低下,而且资本生产率也较低。上海工业每百元增加值占用的资产总额,1992 年是 277.89 元,2002 年为337.45 元;上海工业每百元增加值占用的固定资产,1992 年是 177.69 元,2002 年为 277.49 元。应该说,上海与全国一样,资本要素是最稀缺的。无论从资本供给能力看,还是从资本产出率和收益率看,发展资本密集型产业不具备国际比较优势。

### 3. 技术密集型产业分析

上海的技术密集型产业基本上也没有国际比较优势,但有潜在竞争力,且成长性较好。国家科技部公布的2003年《全国科技进步统计监测报告》披露,上海综合科技进步水平指数达到61.64%,比2002年提高6.17个百分点,加速度居全国之首。2003年,综合科技进步水平指数北京最高,上海第二。但上海与北京的差距在缩小,从2002年相差7.49个百分点缩小到2003年的4.33个百分点。综合科技进步水平指数反映的是一个城市科技、经济、社会的整体发展状况。报告显示,上海在这方面的进步主要表现在科技活动的产出效率提高,科技进步与经济社会的发展进一步协调,技术交易的市场机制功能进一步发挥,科技进步环境进一步改善。上海的科技进步水平及技术密集型产业在国际上虽然还称不上有竞争优势,但上海已确立了科教兴市的发展战略,通过城市创新体系的创建极大地推进科技进步和创新,将经济增长和城市发展基于科技进步的动力机制上,提高城市的综合竞争力。所以,无论是从评价指标看,还是从发展战略看,上海科技进步的成长性较好,具有潜在竞争力。

### 4. 分析结论

长期以来,我国一直有一种主流观点,认为中国应该利用劳动力低成本的比较优势,大力发展劳动密集型产业,这既能有效利用劳动力近乎无限供给的优势,又能缓解就业压力。这种观点有其道理,但不能一概而论。在工业化发展初期,需要有大量低成本劳动力的供给,能使产业在低成本条件下迅速扩张。但是:第一,劳动成本的高低基本上决定了产品附加值的大小,低成本劳动力一般不可能产出高附加值产品,也不可能发展出综合竞争力强的产业。因为如果没有劳动力成本的压力,就不会用技术和资本去替代劳动,产业结构就难以向资本—技术密集型转换。第二,所谓低成本劳动力,就是工人的低工资、低劳工保护、低技术培训。所以,劳动力的低成本与低素质有因果关系。低素质劳动力引致低劳动生产率、低技术水平、低操作水平,生产出低质量产品,发展出缺乏竞争力的产业。这种恶性循环的结果是单位劳动成本并不低,产业深化和结构转换受阻，产业的价值生产能力底下，国民财富积累缓慢。第三，20世纪80年代以来，在国际分工体系中，发达国家迫于国内劳动力成本不断上升压力，将产业链中劳动密集型的加工组装环节转移到发展中国家。但包含有大部分技术和技能的核心零部件仍掌握在发达国家手中，发展中国家所承接的加工制造（组装）环节在整个国际分工体系中处于价值链的低端，在世界制造业产品增加值中所占份额极小。据联合国贸发会议公布的《2002年贸易与发展报告》，20世纪90年代末，在世界制成品增加值中的份额，发达国家为73.3％，发展中国家为23.8％，中国为5.8％。

根据比较利益理论，从全国看，中国资源禀赋优势是充裕的劳动力及广大的国内市场，而资本、技术要素相对短缺。中国是一个人口众多、经济基础相对薄弱、经济发展不平衡的大国，许多地区尚处于初级工业化阶段。所以，承接劳动密集型产业及加工制造环节的转移，以此为切入口进入国际产业分工体系是我国的现实选择。但从上海的条件看，定位在劳动密集型产业及分工环节就不是很有利。上海应该依据自身的工业化发展水平，一是发展劳动—技术密集型加工装备工业和制造环节，将劳动密集型和技术密集型这两个要素特征相结合，提高产业的技术水平和产业集中度。二是发展技术—资本密集型制造业，主要是重装备工业，提高产业的附加值和国际竞争力。

从国际市场条件分析，上海这一产业定位也是有利的。劳动密集型产品在国际市场上的竞争日趋激烈，且需求的收入弹性不大，市场进一步扩张的空间有限。而技术密集型产品的市场需求空间广阔，发展前景乐观。现在又适逢跨国公司资本—技术密集型产业的加工制造环节的国际间转移，难有能力承接，就可以在全球产业链中处于比较有利的地位。

### （二）上海制造业在全球产业链和价值链分工体系中的定位选择

在一个产业链上的分工是指产业内分工。在新型国际分工格局中，传统的国际间产业转移已演进为产业链、加工工序的分解及全球化配置。产业内分工是指同一产业、同一产品价值链上不同环节之间的分工。产业链可分为三大环节：一是技术环节，二是生产环节，三是营销环节。产业链的每一个环节又可以进行细分，如生产环节可分为上游生产（关键零部件生产）和下游（加工组装生产），在生产环节的不同分工链上，技术含量和附加值也不一样。发达国家的跨国公司把非核心的生产、营销、物流、研发乃至非主要框架的设计活动转移到低成本的发展中国家,建立起国际生产网络,形成全球范围内协调与合作的企业组织体系。所以,在新型国际分工格局中,一个国家或地区国际竞争力的提升,不仅表现为产业结构的高度化,还表现为在全球产业链中所占据的环节或工序上。如果有能力承接较高技术层次的环节或工序,在跨国公司国际生产体系及全球企业组织体系中占据相对有利的地位,成为跨国公司不可或缺的合作伙伴,甚至融入跨国公司的国际生产网络,就可以提升制造能力和技术创新能力,提高产业的国际竞争力。

从上海现有条件看,直接进入全球产业链及价值链高端的条件尚不具备。全球产业链的高端是以高新技术为核心,以自主知识产权为特征的产业和制造环节。产业链高端环节通常需要高技术的开发研制能力、雄厚的资本和技术实力以及成熟的市场经济体制等条件,一般只有欧美发达国家具备这些条件。因此,原创的研发中心,核心技术的制造环节,高额垄断利润的营销中心等环节都会设在发达国家。但上海有条件进入全球产业链及价值链的中端。产业链中端是产业链细分流程中的非整体核心技术和非核心整体价值环节,具体说是跨国公司在转移对象国建立的研发、生产、营销体系中,研发的本地化需求开发环节,生产的技术—劳动密集型环节,营销的本地化销售环节。包括中等科技含量产品的研发,重要零部件、组装件的生产制造,地区销售网络及客户服务网络的经营,地区物流系统的开发经营等。由于跨国公司的经营是以全球化为导向,实现全球一体化研发、一体化生产、一体化营销。所以,上海制造业进入跨国公司的价值链延伸环节,可以乘势做大做强,形成强大的竞争优势,成为跨国公司全球产业链和价值链中不可缺少的重要环节,在此基础上实现自己的跨国拓展。

**(三) 上海提升在全球制造业产业链中定位的战略措施**

1. 制定一体化的、分类指导的多层次产业政策体系

上海现在的产业政策头绪较多,单是制造业就有支柱产业政策,战略产业政策,都市产业政策,强势、均势、弱势产业政策,工业园区政策,工业新高地政策等等。建议根据上海走新型工业化道路、率先实现现代化、建设"四个中心"国际化大都市的发展总目标,制定一体化的、分类指导的多层次产业政策。就

制造业而言,应根据制造业发展的国际竞争地位目标和国内竞争地位目标制定分类指导、互相联系的产业政策。例如,实现制造业发展的国际竞争地位目标,就需要根据国际制造业发展现状及上海制造业的国际竞争力状况,判断上海制造业在全球制造业产业链中的地位及可能的变化方向,进而制定与此定位和变化趋势相适应的产业政策,指导相关产业的发展。同样,实现制造业发展的国内竞争地位目标,就需要根据国内制造业竞争格局、国内市场供求结构、上海制造业的国内竞争力状况等基础分析结论,制定出制造业国内发展产业政策。这两种层次、两种类型的产业政策必定有差异,比如上海确定的六大支柱产业在国内可能有竞争优势,但在国际上就可能不完全有竞争优势。又如,从扩大居民就业、提高居民收入的要求出发,上海应发展一些劳动密集型工业。但上海的劳动力成本在国内没有比较优势,而在国际上则可以有一定的比较优势,等等。然而,科学的产业政策体系就是要使有差异的分类政策不互相排斥、不互相对立,而是互相补充、互相支持。有了这样的产业政策体系,上海的产业发展有序而有效。

2. "外贸主导"和"外资主导"的选择

对于后发工业化国家而言,如何在既定的国际经济秩序和国际分工格局中寻求一种参与经济全球化的有效方式,对于自己的发展是至关重要的。日本在这方面有着重要的经验。日本在工业化进程中,采取的是发展对外贸易而限制外资进入的"外贸主导型"模式。据分析,这一模式对日本带来了两个主要好处。首先,对外贸易的发展带动了国内经济产业链的发展与延伸。其次,外贸主导型的对外经济开放,有利于日本对国外先进技术的引进、消化和吸收。除日本以外的大多数东南亚及南美的发展中国家走的则是"外资主导型"的对外开放道路。所谓"外资主导型",是利用本国的大量廉价劳动力和开放国内市场等比较优势吸引外国及跨国公司的资本进入,带动本国的经济发展。一些观点认为,与"外贸主导"方式相比,"外资主导"方式具有以下几方面主要的负面作用。第一,外资及跨国公司控制了发展中国家的产业市场,形成大量利润转移。发展中国家出现"增长而不发展"现象。第二,外资结构失调很容易引起严重的债务危机,这在拉美国家已较普遍。第三,外资主导型的开放经济不利于本国消化、吸收国外先进技术,不利于发展中国家的技术进步和产业升级。

中国的资本、技术等要素均稀缺,唯有劳动力充裕。因此,外资特别是外商直接投资(FDI)对中国经济的发展是有推动作用的。但是,多年来片面强调引进外资也确实产生了一些负面效应,如国内储蓄使用效率低下,国内市场大量被外资企业占领,利润大量外流,国内企业自主开放能力被压抑,经济增长快而收入增长缓慢,等等。因此,我们应当采取"重外贸、轻外资","重中资企业外贸、轻外资企业外贸"的发展战略,将制造业发展的国际化与中国工业化进程紧密相联,带动国内产业链的发展与延伸,推动产业的技术升级。另外,上海制造业发展的基点应该放在国内市场。中国是一个大国,人口众多,国内市场潜力巨大。从世界经济史看,大国的经济发展基本上都是以国内市场需求为主要支持的。中国改革开放后,经济增长也是主要由内需支持。统计表明,最终消费需求对上海 GDP 的贡献率最大,是支持上海经济增长的最重要因素。在积极参与经济全球化进程中,经济发展应以国内市场为重心,主要依靠内需规模的扩大和消费结构、产业结构的升级转换以带动经济和产业的成长,这是大国经济发展的基本模式。国内、国际市场的竞争格局虽有差异,但是一般说,在国内没有竞争力的产业,很难有国际竞争力。

3. 在产业空间布局规划上要有利于产业集群形成和发展

根据国际产业转移规律和上海功能定位,重点抓好对经济发展起长远作用的产业集聚,探索建立有利于产业链网络形成、产业生态系统集成和产业集聚发展的产业布局宏观调控机制。围绕提高城市综合竞争力,以黄浦江两岸综合开发等重大工程为契机,加快新一轮生产力布局优化调整,加大资源整合力度,进一步提高"1＋3＋9"工业区的集中度,推进大项目、大产业建设。高起点研究制订临港综合经济开发区的产业定位、功能布局、发展模式及配套政策,推动上海装备工业的集约化发展。

综观世界产业分工格局的变化及沿海发达地区的产业布局规律,以核心产业为主的专业化集群发展模式获得了快速发展。围绕核心产业形成的供应链产业集群成为吸引投资的一种主要因素。结合上海区位优势,城市功能和沿边、沿江、沿海三大产业发展轴,鼓励相关产业的空间聚集,形成若干产业集群。在松江、青浦、浦东和漕河泾地区形成微电子及通信信息产业群,浦东、青浦和奉贤地区形成生物医药及中药产业群,宝山和宝钢地区形成精品钢材及延伸业产业群,嘉定和浦东地区形成汽车及零部件产业群,金山、漕泾、金山嘴和吴泾地区形成石油化工及精细化工产业群,南汇、奉贤和闵行地区形成大型成套装备产业群,长兴岛和外高桥地区形成造船及港口设备产业群,闵行、南汇和大场地区形成航空航天制造产业群。

4. 构建国际国内两个分工合作平台

上海要构造制造业分工合作的两个平台。一是融入全球性制造业产业链,确立上海在全球制造业分工合作体系中的有利地位;二是建立国内区域产业分工系统,开展水平分工、垂直分工、梯度分工的全方位合作。通过这两个外部合作平台的构建,有力地促进上海制造业的产业结构调整和高度化,支持上海的经济持续有效增长。

## 三、大力推动长三角经济圈一体化战略

长三角被列入世界六大都市圈之一,是世界经济中一个重要的环节。无论从上海所处的地理环境看,还是从上海的综合经济实力看,上海都肩负着带动长三角和整个长江流域发展的历史重任。上海城市发展首先要服务长三角、服务长江流域、服务全国,才能最终融入世界。同时,上海社会经济发展实现与长三角对接,构筑区域整体发展优势,加快区域资源聚集、整合和区域产业分工,推进区域市场一体化进程,不仅将为上海和长三角都带来难以估量的社会效益和经济效益,也将为我国尽早在国际分工体系中占有重要地位而奠定坚实基础。

### (一) 促进长三角区域联动对于上海的战略意义

上海对全国和世界经济的影响和作用不仅取决于自身的区位优势和巨大潜力,而且取决于如何处理与长三角各城市的关系,取决于能否充分利用长三角的丰富资源和广阔的空间。上海与长三角是一个具有"联动扩散效应"和"联动制约效应"的动态的社会经济联合体。上海发展对长三角具有牵动力和引导力;长三角城市对上海的发展则具有推动力和制约力。促进长三角区域联动,上海与长三角各城市成为一个利益相关、优势互补、资源共享、风险共担的不可分割的整体,组成范围更广、潜力更大、资源更丰、发展潜力更具吸引力

的都市连绵带,将推动上海与长三角以整体的优势成为中国经济的繁荣和稳定示范区,以整体的实力成为中国和世界连接的纽带和桥梁,大大提升上海与长三角在国际市场上的竞争力。

(二) 长三角区域经济的产业整合与分工

长三角城市群 16 个城市之间地域毗邻,经济相连,文化相融,具有区域联动发展的历史渊源和厚实基础,区内既有上海这样以国际经济、金融、贸易和航运中心为发展目标的城市,又有江浙两省一系列各具特色的工业基地,相互之间在产业上有很大的互补和合作空间。因此,应在发挥苏浙沪比较优势的基础上,重塑各地区的分工合作,实现优势互补,培育具备国际竞争力的产业群落。

上海在长三角地区乃至全国具有举足轻重的地位,拥有经济、技术等方面突出的综合优势,在长三角区域经济发展中应起到龙头作用。一方面上海要运用高新技术改造钢铁、石化及精细化工等传统工业,使其成为传统产业改造的示范基地。另一方面上海要从提升本地和长三角产业竞争的需要出发,优先发展第三产业,积极联合江苏、浙江的技术力量,推进科技、教育与生产的一体化,大力发展和综合利用上海的生产性服务业优势,形成以贸易、金融、运输、高科技服务为主导的生产性服务体系,千方百计地降低长三角地区制造业的交易成本。

对于江苏、浙江经济发展来说,今后的发展应该是在加快调整种植业结构,发展生态农业和外向型农业的同时,充分发挥两省制造成本低的优势,重点发展机械、石化、汽车、钢铁、建材、医药、家电、纺织、造纸等优势行业,强化与上海在生产性服务体系方面的合作竞争,充分利用上海生产性服务体系发达的优势,吸引更多的国内外投资者来江苏和浙江投资。同时两省应利用自身强大的科技力量和人力资本优势,通过自身生产性服务业的发展和第三产业附加价值的增值,寻求制造中心的更快更强的发展道路。

(三) 强化上海现代服务功能,服务长三角城市群

在长三角地区区域合作与发展中,上海作为其核心城市,要起到推动者和组织者的积极作用,并在更高层次上为区域合作与发展提供服务,即依托区域优势,应在世界市场范围、资金流通范围、生产网络范围内增强竞争能力,强化

城市综合服务功能,并加强上海与周边地区的有效流通,发挥重要的辐射作用。

1. 以发展生产性服务业带动长三角城市群的发展

在经济全球化和信息化浪潮的背景下,产业融合是大势所趋。发展生产型服务业不仅会促使制造业企业内部会出现产业融合,而且会在产业链上促使制造业与服务业间出现融合,还会使区域内的制造业和服务业在一个特定空间上实现产业融合和集群式发展。上海较强的制造业实力成为其发展生产性服务业的有力支撑。随着越来越多的上海制造业企业将研发、设计等非核心生产环节外包给生产性服务企业,将极大地促进上海生产性服务业的发展。而随着上海生产性服务业的发展,将为长三角城市群提供强大的制造业支持,从而进一步促进长三角城市群先进制造业的加速发展。

2. 依靠区域特色和功能,建立现代服务业产业集聚区带动长三角城市群的发展

发展现代服务业产业集聚区对拓展现代服务业发展空间、促进现代服务性企业快速成长、提高城市综合竞争力具有重要作用。到 2010 年,上海建成的 20 个内部规划合理的现代服务业产业集聚区将吸引国内外越来越多的现代服务企业在产业集聚区内落户,从而为长三角城市群服务业,特别是现代服务业的发展提供强大的后台支持。

3. 以形成服务外包基地带动长三角城市群的发展

上海要紧紧抓住国际服务业加速转移的契机,重点发展国际离岸服务外包业务,培育一批具有自主知识产权、自主品牌和高增值服务能力的服务外包企业,打造以浦东新区为代表的国家级服务外包示范区,努力将上海建成全球服务外包重要基地之一。当今世界的实践表明,在服务外包基地周边投资可以大大降低成本,越来越多的跨国公司都将生产企业建在服务外包基地的周边城市。而上海服务外包基地的形成也必将促使更多的资金来到上海周边城市,即长三角城市群进行投资,从而带动长三角城市群的加快发展。

## 四、深化实施创新发展战略

上海经过持续十多年的经济高速增长,现在面对的最严峻的挑战在于产

业自主创新能力不足,这成为上海新一轮发展的"瓶颈",因此必须依靠高附加值的创新思路和创新技术,才能全面提升上海所有产业的技术含量与科技含量,实现上海产业由粗放型、外延式的发展途径向集约式、内涵式的发展之路转轨。为此,要在21世纪将上海建设成为具有全球影响的世界城市,必须紧紧围绕世界城市的主要功能,结合上海自身条件及特点,进一步加快城市的创新与发展。

### (一) 上海创新发展的重大战略意义

#### 1. 创新发展是提升上海城市竞争力的重要抓手

在当今激烈的全球竞争中,把握竞争主导权、取得竞争优势的主要因素是以科技为核心的全面创新能力,由此才能真正增强产业效益,打造产业优势、品牌优势、服务优势和发展优势,并且以创新为基础不断创造和保持新的竞争优势。只有通过创新发展,以创新为动力,才能真正突破资源、环境、市场对发展的约束,不断开创上海经济社会发展的新空间和新领域,才能做好上海"发展自己,服务全国"的两篇大文章,从而推动上海、带动全国经济增长,是社会发展加速从"资源依赖"转向"创新驱动"。

#### 2. 创新发展是上海城市转型的重要基础

上海在20世纪30—40年代曾是远东最为繁华的世界性商贸城市,但自20世纪50年代以后,上海逐渐发展成为中国最重要的工业制造型城市。21世纪转折前后,上海明确提出了要发展成为世界级现代化国际大都市的宏伟目标。上海能否有效突破发展瓶颈,顺利实现伟大目标,将主要取决于六个标志性转变:一是社会经济活动主要从物质性资源消耗为主转向以科学技术、人力资本和无形资产的开发利用为主,增强上海经济社会发展的可持续性;二是城市经济主要从以产品输出为主到以服务输出为主,增强上海经济在区域和全球范围内的辐射集聚功能;三是城市经济发展动力主要从狭窄的本城市范围内的经济活动效率提高为主转向以扩张城市经济社会影响和品牌为主,增强城市活力并内生创造更多市场机会;四是城市格局主要从以地理空间布局为主转向以全球范围的经济网络构建为主,把上海发展成为重要的全球性网络节点城市,增强上海成为世界级城市的能级;五是城市发展要从关注增量到强调流量为主,从关注制造到强调配置为主,增强上海作为全球性市场服务中心和经济中心的地位;六是城市文化要从传统工业文化转向现代服务业文化,增强上海发展高层次产业特别是现代服务业的社会氛围和环境。城市转型不是普通发展的结果,而是必须寻找和强化与传统发展模式截然不同的发展动力,在此基础上才能有效推进城市转型。综合以上各方面要求,可以明显看出上海城市转型的主要标志为产业高级化、经济服务化、市场国际化、文化现代化和制度规范化。而创新是达到和实现这一标志的主要动力和手段,创新能力是真正推进城市转型、推进发展模式转型的主要因素。

3. 创新发展是提高上海城市国际竞争力的核心抓手

上海"十一五"国民经济发展规划的清晰主线是提高城市的国际竞争力。在当今激烈的全球竞争中,把握竞争主导权、取得竞争优势的主要因素是以科技为核心的全面创新能力,由此才能真正打造产业优势、品牌优势、科技优势、制度优势、文化优势、人才优势、市场优势、服务优势和发展优势,并且以创新为基础不断创造和保持新的竞争优势。

4. 创新发展是上海实践科学发展观的主要路径

创新是一座城市面向未来发展不可或缺的灵魂。科学发展观强调协调发展和可持续发展,强调的核心仍然是发展,要求的是更好更快的发展。如何能够真正实践科学发展观呢?如何才能真正有效摆脱传统发展模式对资源的严重依赖呢?只有通过创新发展,以创新为动力,才能真正突破资源、环境和市场对发展的约束,不断开创上海经济社会发展的新空间和新领域。上海必须高举邓小平理论和"三个代表"重要思想的伟大旗帜,以科学发展观为指导,着力突破制约发展的瓶颈,积极探索中国特色、上海特点的创新发展道路,为实践科学发展观作出更大贡献。

5. 创新发展是上海建设创新型城市的关键因素

2006 年初在全国科技大会上,党中央发出了坚持走中国特色自主创新道路建设创新型国家的号召,提出用 15 年时间使我国进入创新型国家行列。这是贯彻落实科学发展观的必由之路,并且事关社会主义现代化建设全局和国民经济的长期健康快速发展。上海要深化认识,进一步提高建设创新型国家和创新型城市的自觉性。要增强上海城市的使命感,认清所肩负的重大责任,充分发挥上海的先发优势,继续走在全国前列;要增强上海城市的忧患感,主动应对世界科技竞争的严峻挑战,不断提高自主创新能力,努力在经济社会发展方面掌握战略主动;要增强上海城市的紧迫感,清醒认识上海在创新理念、创新主体、创新机制上的薄弱环节。只有通过创新发展,才能使得上海城市深刻全面体现出创新性城市的特征:不竭的发展动力、旺盛的发展活力、强大的发展实力和优势的竞争能力。

正是在这一系列大背景下,上海在 21 世纪初通过全市大讨论,明确提出了上海实施"科教兴市"的主战略,把上海的全面发展牢牢确立在以科技创新为核心的创新发展轨道上。不断推进上海"科教兴市"主战略向纵深发展,大力做好上海"发展自己,服务全国"的两篇大文章,从而推动上海、带动全国经济增长,使社会发展加速从"资源依赖"转向"创新驱动"。努力使创新成为推进上海全面发展的主要因素,加快推进上海"四个中心"建设和现代化国际大都市建设的步伐。

**(二) 上海创新发展的实施路径**

抓好"三个聚焦"、"三个加强"。聚焦企业主体,着力激发企业自主创新的内生动力;聚焦国家战略,着力抢占科技创新制高点;聚焦创新基地,着力放大张江高新技术园区的政策效应。加强投融资机制创新,进一步完善企业创新创业的金融环境;加强"市区联动",进一步激发上海区县基层的创新发展活力;加强人才培养,进一步打造创新人才高地,真正突破自主创新的瓶颈和障碍,充分发挥上海自主创新的潜力和优势。

**1. 加快建设上海风险投资集聚区**

拥有复旦大学、同济大学、上海财经大学等著名高校和多家国家级科研机构的上海市杨浦区,是上海智力资源和人力资源最密集的地区。上海一直希望依托这里的高校资源,在杨浦区发展创新科技产业。近几年,杨浦区出台了一系列鼓励科技产业发展的政策,建立市场化、多元化的投融资机制,大力发展社会中介服务机构,努力营造创新创业环境,积极扶持、壮大创业企业。2006 年,包括上海市创业投资有限公司、软银赛富、IDG 在内的多家海内外知名风险投资机构,与其投资的创新企业将陆续入驻园区,一个风险投资集聚区已初具规模。此次知识创新区风险投资服务园的设立,将致力于整合各方资源,帮助解决初创企业的融资困难。在上海打造一个风险投资聚集区,有助于上海科技创新企业的发展,并为上海转变经济增长方式提供有力推进。上海市政府将推出三十余条相关政策,营造有利于风险投资在上海发展的环境,扶持科技创新产业的发展。杨浦科技也将紧密依托大学和科研院所,积极建设以产学研为支撑的、中小科技企业和研发机构集聚的、知识型及生产型现代服务业高度发展的,具有都市硅谷效应的国家级创新技术成果转化示范基地;把区域科技、教育和人才资源集中优势转化为巨大的生产力,实现经济增长方式的根本转变。打造立足上海、服务全国的科教中心、创新中心。

### 2. 大力发展民营企业的创新群体

上海的民营企业已经发展成为上海科技创新的生力军。2006年,上海两万多家民营科技企业技术创新已形成"三个70%"格局:在政府认定的全市两千多家高新技术企业中,70%是民营企业;3 555项高新技术成果转化项目中,70%由民营科技企业贡献;2005年民营科技企业全年受理专利申请量22 918件,占上海全市全年受理专利申请量的70%。从这些数据可见,上海民营科技企业自主创新的实力较强,整体的研发能力超过其他类型企业,确实是上海落实自主创新战略、推进创新发展的"生力军"。

(1)将民营企业真正纳入上海技术创新体系,在部分产业领域,将技术创新的基础和重心逐步移向民营企业。上海市政府及管理部门应客观评价民营企业现实作用和短期功效,通过政府规制、优惠政策和扶助措施,不断增强民营企业技术创新能力,将民营企业真正纳入上海城市技术创新体系;在部分产业领域尤其是一般制造业,逐步地、有选择地将技术创新的微观基础移向创新潜力充分的民营企业;在高新技术领域,要充分重视和激发民营科技企业的技术原创能力,同时关注民营科技企业的创新与创业过程;在科技园区,要特别关注创业初期的民营科技企业,增强完善孵化服务功能,优扶重心下移,具体措施落实。只有将技术创新的重心移向企业,移向民营企业,才能推动更多的市场主体从事技术创新,协调政府与市场在促进技术创新中的作用分工,全面推动上海的科技进步,增强城市创新活力。

(2)加强协调,实现优扶手段衔接,具体措施匹配,作用合力提升,完善社会化、综合性的技术创新服务平台。采取差别对策以适应现阶段民营企业的实际情况:引导经营规模较大且仍有成本优势的企业提升技术水平,尝试技术研发创新；帮助民营科技企业增强融资能力和市场经营能力；鼓励资本实力强并已具备产业投资基金雏形的公司更多介入技术创新项目的投资购并；积极扶植创业阶段的民营高新技术小企业，使之更高比例地成为投资者关注的对象；而对经营活力充分的广大中小企业尤其是服务企业，则要鼓励其采用先进的技术创新成果。

（3）增加政府投资，广泛吸引、集聚民间资本，以多样化投资方式积极发展具有特殊功能的产业投资（基金）行业，增强上海服务于民营企业技术创新的融资能力。大力支持引导具有产业投资基金功能，又可能介入技术创新项目投资的特殊行业。政府可以发起筹建这类公司，鼓励现有类似功能的民营企业参与，广泛吸收民间资本介入，且在经营业务上主要由民营企业运作。在这种产业投资公司的运作中，政府可以利用人才、信息、担保、政府采购等方面的服务与便利，为这类企业的投资对象清除成长中的障碍。在技术创新聚焦服务中，上海不仅要向项目企业聚焦，而且有条件向这些类似"工作母机"的投资公司聚焦，形成产业集聚，促使企业技术创新产生倍加绩效。

3. 整合上海创新资源和能力，实施聚焦张江战略

张江高科技园区自建立以来，得到了党中央国务院领导的高度重视。胡锦涛总书记、温家宝总理近年曾先后视察了张江高科技园区，充分肯定了园区贯彻"科教兴国"战略所取得跨越式发展的成绩，并提出了"将张江建成具有国际竞争力的高科技园区"的战略要求。最近，随着国务院正式批复上海原一区六园格局的国家级"上海高新技术产业开发区"正式更名为"上海张江高新技术产业开发区"，张江园区作为上海张江高新技术产业开发区的核心园，也在上海全市创新资源的集聚和整合中，有了更大的发展空间和发展能量。

（1）进一步深化体制机制改革。要进一步贯彻落实《中华人民共和国科学技术进步法》和《上海市科学技术进步条例》，在体制机制改革上继续先行先试，以建设"国家火炬计划创新试验区"为主导，进一步梳理和完善政策体系，加强体制改革和资源整合力度，进一步探索新型产学研促进机制，提高产学研协作效率，大力推动科技金融创新，在创业投资体制改革、科技企业股权交易、技术转移与交易市场平台等方面有所突破，要争取成为国家发展自主创新的试点地区。

（2）进一步优化科技创新环境。要坚持政府支持、政策引导和市场化运作相结合的原则，面向研究、开发、产业化等不同环节的创新主体，建立有利于科技创新的技术标准体系、知识产权评估体系和创新型中小企业服务体系，进一步扩大孵化基地的规模建设，提升孵化器的服务能力和效率，建立完善的知识产权体系，实施知识产权战略，加大对知识产权保护的投入力度，鼓励开展技术服务、信息咨询等中介服务，举办具有国内或区域影响力的产业技术专业论坛和学术交流活动，激发区域科技企业、研发机构和人员主动创新和积极交流，形成交流网络，努力营造"鼓励创新、宽容失败"的创新文化氛围，全方位优化科技创新环境。

（3）进一步推进张江国际化发展进程。加快张江国际化的步伐，必须要进一步加强张江和世界科技领先地区的交流，深化和美国、芬兰、荷兰等国的科技合作，加快"浦东国际科技合作孵化基地"的建设，重点引进适合浦东产业发展和升级所需的高新技术和国外高端科研机构和技术转移中介机构，尤其在微电子、生物医药等张江主导产业方面加大和国际间的合作力度，努力消化、吸收引进的先进技术，努力发展自主知识产权；要进一步加强国际间的智力与技术合作积极引进国外知名的培训和认证机构，充分利用举办"2010上海世博会"、世界企业孵化和技术创新大会等契机，完善张江和国际科技交流的平台建设，扩大张江和世界的信息交流渠道，实现国际互动、资源共享。

**（三）　上海创新发展的战略措施**

**1. 不断推出和完善激励上海创新发展的政策**

据科技部《2005全国及各地区科技进步统计监测报告》，上海科技进步综合指数虽比全国平均水平高出26.6个百分点，但在产业化能力和科技进步环境方面的优势还不明显，与北京、天津相比还存在着较大差距。因此，进一步加强政策引导和服务，为上海的创新发展营造更为优越的环境，是上海加快创新发展步伐的主要方面。通过制定创新促进政策，激励企业和全社会积极投入创新主战场，同时规划引导创新发展的主导方向。上海目前在创新发展方面主要突出抓好"三个聚焦"和"三个加强"。"聚焦"方面：一是聚焦企业主体，着力激发企业自主创新的内生动力；二是聚焦国家战略，着力抢占科技创新制高点；三是聚焦创新基地，着力放大张江高新技术园区的政策效应。"加强"方面：一是加强投融资机制创新，进一步完善企业创新创业的金融环境；二是加强"市区联动"，进一步激发上海区县基层的创新发展活力；三是加强人才培养，进一步打造上海创新人才高地，真正突破自主创新的瓶颈和障碍，充分发挥上海自主创新的潜力和优势。

2. 打造创新发展的基础工程，着眼于上海创新发展的可持续性

上海市科委 2006 年发布了《上海市科普事业"十一五"规划》，科普将成为推动上海科技创新的基础工程。规划提出，到 2010 年，上海市民科学素质将在全国率先达到世界主要发达国家 20 世纪末水平，实现人均科普经费在"十五"基础上翻一番（达到 5 元/人），平均每 50 万人拥有一家科技类场馆，科普内容占广播电视传播内容总量的比重比"十五"期末提高 5 个百分点。"十一五"期间，上海还将陆续出台一系列激励措施，推进科普事业的全面发展。其中包括：在一年一度的上海市科技进步奖评选中增设科普专项奖，企事业单位对科普基地的捐赠可按规定给予税收优惠，制定学校科普教育评估标准，将科普教育列入督导和评估范围等。通过一系列的政策措施，全力加快提高上海市民的科学文化素质。

3. 大力发展市场中介和高端服务企业

科技中介服务经纪人是指在技术市场中，以促进成果转化为目的，为促成他人技术交易而从事中介、居间或代理等，并取得合理佣金的公民、法人和其他经济组织。科技经纪人在技术商品的供需双方之间起沟通、联系、促进交易的作用。随着技术商品化和科技成果转化活动的广泛展开，技术经纪人对科技决策、研究开发、成果转让、技术服务直至形成生产的整个过程，发挥着越来越大的作用。在今后的 15 年内，上海要培育与创新相关的市场中介服务和高端服务，适当放宽中介机构的经营范围，放宽科技经纪人的资质条件，鼓励其参与科技成果转化的各种经纪活动。

4. 积极实施鼓励中小企业创新的支持计划

在资金支持方面，上海与国内外有关中小企业创新基金紧密合作，共同支持科技型中小企业的创新发展。"十一五"期间，应继续加大政府对参与基础研究的中小企业的资金支持，提高其在政府 R&D 经费支出中所占的份额，增加科技型中小企业技术创新基金的启动资金规模，扩大基金的资助额度和资

助范围,使更多的创新中小企业能够获得创新基金的资助。对国家和上海产业政策鼓励发展的高技术中小企业,在政府采购过程中实行适当的倾斜政策,降低其市场风险。增加各级政府用于中小企业信用担保和贷款贴息的资金投入,扩大担保服务和政策性贴息的覆盖范围和受助企业数量,使更多的技术创新项目和高技术企业能够在政府的支持下,获得银行或其他金融机构的贷款,缓解技术创新的资金短缺问题。

5. 培育和发展全方位、多层次的开放体系,抓住世博会的契机,提升自主创新能力

坚持上海与其他国、内外城市在技术来源上的密切联系,促进上海与国内外其他地区在人员、信息、技术、知识乃至企业等多层面的交流;为此,政府要加强对城市软、硬环境的建设,尽可能地吸收跨国公司总部和制造业总部的进入,尤其是要通过制度设计和政策激励的方式鼓励本地企业与国内外其他企业的交流与合作。同时,要加强上海官、产、媒、民、学、研六大主体在创新活动上的密切联系;不仅要加强不同行为主体之间的合作,也要重视同一主体内部的相互联系,着力营造出新型和高效的产学研机制。

"十一五"期间世博会的召开,外资服务业和制造业研发总部可能大举进入,这是上海提升自主创新能力的一个重要契机。从提升城市自主创新能力的角度看,制造业研发总部直接与技术创新相联系,因此要尽一切可能吸引更多的研发总部来上海,完全依赖跨国公司的研发总部也许并不现实,也要关注国内确有实力的大型企业集团的研发总部。外资服务业进入将促进上海第三产业的快速发展,这虽然不能直接带来创新,但却对上海自主创新能力的提升非常重要:它能够显著改善城市的基础环境,使上海吸纳人才、吸纳研发总部的力量更加强大;它的服务功能又可以确保产学研合作的顺利开展。

6. 加大政府对自主创新的支持力度,加强资助基础技术和共性技术

把技术政策和产业政策有机地融合起来,将技术培训、咨询、测试服务等方面的扶持转移到技术基础结构的名下。同时,把补贴数量控制在《补贴与反补贴措施协定》所允许的范围内。建立由政府与企业共担产业研究和竞争前开发活动 R&D 投资风险的机制,支持产业的 R&D 投资和创新。在对技术发展优先领域进行有选择的重点支持中,应结合公共研究和开发机构转型的有

利时机,对一些具备条件的企业,采取适当的扶持政策,使之建立和吸纳高水平的研究和开发机构,并成为能参与国际竞争的技术创新主体。动用政府资源间接补贴产业的发展。政府将投资注入大学和政府实验室的基础研究项目,再通过公共机构的采购支持这些成果在产品和工艺上的最初应用,然后再扩散到商业化上的应用,这种间接产业补贴可以在很大程度上弱化《补贴与反补贴措施协定》的约束。

7. 强化对引进技术的消化吸收和创新,扩大自主知识产权的拥有量

抓紧制定并实施相关政策,鼓励企业加强同大学、科研机构的合作,将技术引进与技术改造、创新结合起来,将先进的技术与资本、劳动力优势结合起来,强化优势产业的自主创新能力,加快拥有自主知识产权的技术开发,整体提高产业的创新位势。通过对引进技术进行消化、吸收、创新进而形成自主专利权,并以此与国外拥有在先专利的企业进行交叉许可,实现技术的跨越发展。调整和优化引进技术的结构,较大幅度地提高专利技术、软件技术引进的比重,扩大先进适用技术的引进比重,优先、重点引进那些在先进国家仍处于生命周期的开发阶段、成长阶段的技术,尽量减少那些处于成熟阶段技术的引进比重,加大适用于提升传统产业技术水平、产业化前景好的高新技保护;另一方面,作为技术转让方要对创新与开发的技术与产品的知识产权实施有效管理。上海大型企业可以通过合资研究、互换许可证,以及订立研究合同等方式,与国外企业建立跨国战略联盟,逐步构建自己的"世界技术创新网络"。

8. 加强以海派文化为特征的文化创意产业的发展,促进各类创新要素的整合

充分利用"海派特色"培育现代产业发展理念,促进文化创意与技术创新的联动发展。通过打造上海的文化创意产业,以整个产业来集聚和整合现有的处于分散状态的科技、人才、品牌、管理、设计、自主知识产权等价值链高端要素资源,以自己的创意产业来引导整体经济实现两个转变和跨越式发展,力争在较短时间内推动技术创新与文化创意的互动发展。在加速完善知识产权保护制度的前提下,着力推动官、产、媒、民、学、研各界的通力合作,促进创意生成环境的健全;政府必须积极有效地把区域内研究机构、衍生公司、产业内公司、辅助公司、行业协会、大学教育机构等适应性主体动员起来,加速整合本

地区各种资源。

## 五、全力促进优势产业集聚战略

优势产业是目前上海经济的重要支撑，是上海经济发展的"火车头"。上海应以"做精、做大、做优、做强"为原则，采取相应措施，发挥比较优势，促进优势产业集聚，保证优势产业位势的保持和提升。

### （一） 促进优势产业集聚的战略意义

上海要成为"四大中心"，成为一个全球知名的国际性大都市，这种"国际"特性要求上海在更大范围和更深程度上参与国际经济竞争与合作，取得国际竞争力话语权。通过发挥比较优势，促进优势产业集聚，可以提高上海区域竞争力。因为，产业集群是一个企业与相关中介机构交互关联的集合体，其总和远远大于个体的集合。同时，产业集聚为我们提供了转变增长方式的重要动力机制。产业集聚以后，引起产业链的闭合，产业链之间的整合和细分需求很可能成为新生产业的生长点，由于产业链条的成体系和积聚式存在，为新产业增长点提供工艺、管理和服务条件，具有规模收益。因此，上海要顺应国家工业化进程的需要，发挥长三角龙头作用，加快发展重工业集群，形成主导行业，成为国家重工业水平的代表，引领长三角制造业发展和升级；大力发展装备制造工业集群和高科技产业集群，增强产业竞争力，吸引更多的外商、外资，参与国际竞争。

### （二） 上海优势产业集群建设和发展的重点

1. 加快发展已具备一定基础和竞争优势的产业集群

围绕已有相对竞争优势的企业，加快发展汽车、钢铁、石化、造船等重化工业产业集群；推动有潜质的企业，迅速壮大有一定产业基础的为电子及通信设备、电站和输配电设备、港口与物流设备、轨道交通设备、精密专用设备、新型环保设备、现代医疗设备、数字智能化和自动化测量设备等装备工业集群；抓紧培育和积极筹划生物医药、核能设备、航空航天工业等高科技产业集群；加快传统产业集群的转型。

2. 在原有产业集聚优势基础上形成八大优势产业集群

如松江、青浦、浦东和漕河泾地区形成微电子及通信信息产业群，浦东、青浦和奉贤地区形成生物医药及中药产业群,宝山和宝钢地区形成精品钢材及延伸业产业群,嘉定和浦东地区形成汽车及零部件产业群,金山、漕泾、金山嘴和吴泾地区形成石油化工及精细化工产业群,南汇、奉贤和闵行地区形成大型成套装备产业群,长兴岛、崇明岛和外高桥及黄浦江下游形成造船及港口设备产业群,闵行、南汇和大场地区形成航空航天制造产业群。

3. 积极鼓励新兴特色产业集群的发展

积极鼓励特色产业园区发展,如奉贤的输配电设备制造产业园、金山的纺织工业园等。在中心城区依托上海高校和科研密集的知识资源,结合老工业区和老工业基地改造,促进创新集聚,增强竞争和发展优势。继续强化"聚焦张江"战略,提升金桥、漕河泾等园区的自主创新能力,加快推动上海紫竹科学园区和杨浦知识创新区建设。

4. 积极打造生产性服务业集聚区

在现代服务业积聚区的打造上,除了以金融业为重点建设中央商务区外,还要积极发展生产型服务业和文化服务业的积聚区。生产性服务业积聚区一般在制造业集群的地区,即为相应的服务业服务,又向相关的服务业延伸。如嘉定国际汽车城,引入大量与汽车制造有关的研发、检测、维修、改装、贸易、二手车交易、汽车电子配套等生产服务业,同时充分利用 F1 赛车场的标志性建筑与大型赛事,汇聚起汽车运动、汽车博览、汽车会战、汽车贸易、汽车休闲、汽车娱乐等服务业。形成一个具有浓厚汽车文化的现代服务业积聚区,通过发挥品牌效应,高密度集聚相关产业,提高产业竞争优势。形成服务经济为主的产业结构,是上海增强城市国际竞争力,加快完成从工商业城市向经济中心城市转型的必然要求。

(三) 上海促进优势产业集聚的战略举措

1. 积极引导资源向优势产业和企业集中

充分考虑优势产业的资源支撑,促使产业资源要适度向优势产业集中,优势产业内部的资源要适度向强势企业集中,相关的产业要以优势产业为核心,适度向特定的地区(如开发区、工业园区等)集聚,从而在产业、企业和产业群等层面形成规模,适当扩大产业内部企业的首位度,形成产业内部的强势企业。对于主导产业,要重点加强其竞争优势,扩大竞争场的作用范围,强化对这些产业资金、技术等方面的支持,实行鼓励型产业政策,以促使生产要素向其集中,进而使产业规模适当扩张,同时对这些产业中的龙头企业重点培养,并给予政策、技术、资金等方面的重点支持,形成优势产业内部的强势企业,并以强势企业为核心,形成由强势企业带动整个产业发展的局面。

2. 以优势产业为核心,以开发区为依托,积极发展高科技产业群

以张江高科技园、漕河泾新兴技术开发区、松江工业园区为依托,加速发展微电子产业,以张江高科技园区、闵行经济技术开发区为依托,发展现代生物医药产业。在加速对开发区新一轮优惠政策的制定和调整的同时,要注重为园区企业提供高效全面的服务,将企业利益和区位利益都留在园区内。如提供优质的基础设施和信息服务;进一步完善产业群企业与政府的对话机制,提高合作效率;帮助外国机构与本地企业建立生产供应联系;加大宣传力度,提高开发区的知名度,以吸引更多的相关企业入驻园区。

3. 以上海重点发展高科技制造业与现代服务业的全局战略为导向,以集聚推动企业的产业升级,以产业升级提高企业产业集聚的能级

针对上海商务成本高,一般制造业竞争优势越来越弱化的现实,要把推动企业的产业集聚作为调整产业结构,推动企业技术进步的重要举措,引进一批高科技制造业和现代服务业,改造、升级一批传统制造业,培育领先的技术优势,与周边地区形成错位竞争。特别要积极对应产业发展国际化、融合化、生态化、文化化的趋势,努力推进传统产业与高科技产业的融合、高科技制造业与现代服务业的融合、国内市场与国际市场的融合,在体现上海竞争优势的高科技产业、都市型产业中培育集群的市场势力和话语权,形成集群特有的创业文化。上海要建立主导产业倾斜政策,其中除了汽车、石油化工、钢铁、金融、物流、房地产外,还应该选择一些特色产业形成专项政策,可以更好地引导企业的产业集聚,也可以进一步提高上海产业政策的水平。

## 六、着力打造总部经济战略

总部经济是指区域通过创造各种有利条件,吸引跨国公司和外埠大型企业集团总部入驻,通过积极化效应和扩散效应,企业总部集群布局,生产加工基地通过各种形式安排在成本较低的周边地区或外地,从而形成合理的价值

链分工的经济活动的总称。上海主要吸引了三类跨国公司总部：地区总部、投资性公司和研发中心，截至 2008 年 3 月，通过本市跨国公司地区总部认定的外资总部经济项目已达 603 家，数量居中国内地各省区市第一位。发展总部经济既能减少传统制造业对土地等资源的占用，突破中心城区土地、能源、水等资源瓶颈约束；又能最大限度地利用城市特别是中心城区的优势资源，有助于城市战略资源的进一步聚集，实现最小投入取得最大产出。企业总部聚集发展有利于城市总量的增长和经济效益的提高。总部经济不仅适用于制造业，同时也适用于服务业，甚至整个区域经济。

**（一）打造总部经济对上海经济转型的战略意义**

1. 符合上海资源特点，促使上海扬长避短，达到城市经济可持续发展的目的

上海是矿产、能源等硬资源稀缺城市，但是却具有非常丰富的软性资源。从经济规模而言，是中国最大的金融中心、贸易中心，虽然国土面积仅占全国的 0.06%，但各项经济指标却具有举足轻重的作用。从所处环境而言，上海所在的长三角城市群是我国经济最发达的城市群，也是世界公认的第六大城市圈。上海是我国的国际航运中心，已经形成了海陆空三位一体的综合交通网络，人力资源和科研教育资源在上海得到了聚集，专业化服务支撑体系非常成熟，政府对总部经济的支持力度也非常明显。总部经济符合上海市的资源特点，吸引总部入驻，可以发挥上海的资源优势，避开上海土地面积有限、环境承载力弱等劣势，实现城市经济的长期可持续发展。

2. 总部经济将加速上海产业结构升级，实现城市经济转型

产业结构升级，是上海实现"四个率先"的重要内容。总部经济可以加速上海产业升级过程。总部经济对现代服务业有强大的市场需求，能够为现代服务业提供广阔的发展空间。同时，可以促进城市生产性服务业尤其是高端知识性服务业的成长壮大，对于优化城市服务业内部结构，实现传统服务业向现代服务业转型具有十分重要的作用。总部经济对先进制造业具有积极的作用。总部经济的引进过程中，研发基地的引进对上海的产业将具有很强的带动作用。知识和先进技术的辐射和外溢效应，将会为上海高新技术企业的发展带来巨大的机遇，促进上海先进制造业提高自身的研发能力和管理水平，提

高科技转化能力,加速与国际市场的接轨。

3. 总部经济将深化长三角一体化,促进区域经济发展

总部经济将增强上海作为长三角经济圈中心城市的辐射能力,促进区域整体经济的发展。总部经济使城市发展不再局限于本地资源,而是构建总部链条关系,以资金、技术、服务等各种形式,通过城市或者区域之间的合作,实现协调、互动的发展。长三角经济圈的发展也得益于"总部—加工"模式的功能分工,上海作为总部资源密集的中心城市,江苏和浙江作为加工制造资源密集的腹地。总部经济将传统区域间的商贸为中心的交流转向了以生产要素为重心的交流,为区域发展提供了一个新的模式。

4. 总部经济将实现上海"四个中心"目标的跨越式发展

总部经济通过分工协作、聚集,形成了规模经济,而产生强大的经济效益。通过总部经济,可以实现价值链活动在全国甚至全球范围内的"集中"与"分散",实现区位问题上的"区域化"和"国际化"。上海进一步敞开了大门,依托总部经济来共建"四个中心"的大业;国内范围内,通过建设过程,与长三角、与长江流域、与全国一起共享"四个中心"的发展平台;国际范围内,利用上海的优势资源,积极主动地"走出去",带动长三角区域的经济发展与产业升级,最终实现四个中心目标。

(二) 调整相关政策,促进总部经济和区域发展的良性互动

上海具有国际化程度高,但土地等资源约束较大的特点,在这种情况下,发展总部经济是上海在新的历史起点实现科学发展的新增长点。总部经济的建立是一个系统工程,包括采购、生产、营销、财务、研发和物流的一揽子运营,也因此会对先进制造业和现代服务业等一大批产业发生正向作用,进而影响区域经济。因此,调整相关政策,促进总部经济和区域发展良性互动是发展总部经济的重要举措。

1. 创新政府服务理念,提高政府服务效率

一方面积极转变政府职能,不断创新服务理念,实现由"全能政府"向"导航式政府"的转变,树立导航式服务的行政理念,增强政府为企业总部服务的意识,坚决克服政府行为的越位、错位、缺位等现象,克服政府职能转变相对滞后的局面。另一方面,要规范并创新政府服务流程,提高政府服务效率。例

如,可建立为企业总部服务的绿色通道,在政府各主要职能部门设立企业总部服务窗口,专门受理企业总部的各项申报办理事项;适当简化对企业总部的相关审批手续,减少审批环节,缩短审批时间,并通过制定政府服务标准,规范服务行。

2. 引进来和走出去相结合,制定鼓励总部经济的政策措施

结合城市经济发展特点和趋势,制定鼓励总部经济和现代服务业发展的相关政策,并保证政策的顺利实施和有效落实。上海市 2002 年就发布了《上海市鼓励外国跨国公司设立地区总部的暂行规定》,2003 年补充了《关于上海市鼓励外国跨国公司设立地区总部暂行规定的若干实施意见》,此后,相关区县(如浦东新区等)也有自己相应的规定。值得指出的是,大多数政策直接针对跨国公司,而相应的内资企业总部经济政策却相对较少,在财政扶持、产业发展等政策上,要从对单个企业"罚点球"式的扶持转到面向整个行业的"普惠"式支持。

鼓励总部经济发展,不仅仅是国外跨国公司,必须将"引进来"和"走出去"结合,支持企业的对外投资和跨国经营,加快培育属于上海自己的本土跨国公司总部。对此,要明确企业总部的认定标准,确定享受总部经济发展政策的企业门槛;根据吸引企业总部的不同规模、不同层次和职能类型,从财税、投融资、人才等方面制定针对不同总部的差别性总部经济政策;指定专门的认定机构和管理机构,落实认定办法,明确政策实施程序,加强对企业总部的管理和监督。

3. 建立政府与企业总部的沟通机制

建立重点企业总部联系制度。划分重点企业总部,某一部门(诸如上海总部经济促进会)分别负责若干家重点企业总部的沟通与联系,及时了解并掌握企业总部需求,及时反馈给相关机构,帮助企业解决一些实际问题;定期举办政府与企业总部间的座谈会等各种互动活动,加强政府和企业总部之间的沟通和交流;政府及有关部门在研究制定有可能对企业生产经营活动产生重大影响或涉及企业重大利益的经济政策时,事先广泛征询企业总部的意见和建议。

4. 与时俱进,提升总部经济的能级

截至 2008 年 3 月 28 日,通过本市跨国公司地区总部认定的外资总部经

济项目已达 603 家,这些总部经济项目大多是地区总部和投资性公司,国家级地区总部仅有 16 家。随着"入世"过渡期结束后地区特殊优惠政策消除和"两税合一"政策的实施,以往单纯依靠政策倾斜引导地区产业发展的机制已难以适应新形势的需要,而区域投资环境在引导区域产业发展中的作用则日益重要和突出。在这种大背景下,有关部门应出台新的措施,继续鼓励跨国公司在沪设立总部,并推动投资性公司向国家级地区总部升级,推动跨国公司营运中心试点从浦东新区向全市扩展。

### (三) 转变政府职能,提供制度环境促进总部经济发展

制度是经济主体的行为规则,市场经济需要政府为企业自由参与市场竞争提供充分的制度保证。企业总部的经济活动由于其自身特点,对于区域的制度环境有极高的敏感性,所以政府转变职能,建设公平、合理、良好的制度环境,对于总部经济的发展至关重要。

#### 1. 制定适合总部经济发展的政策

经济转轨过程中,市场仍存在一定的歧视性政策,表现在市场开放度不够、行业垄断、对不同所有制企业的不同政策等方面,阻碍了生产要素的合理流动和集聚,影响了经济发展的活力。政府必须制定适合总部经济发展的相应政策和经济主体行为规则,平等对待不同经济主体,以法律制度保障企业总部享有经营自由,在无歧视、公平的环境下自由竞争,在降低跨国企业进入门槛的同时,对培育本土企业国内及国际化总部也要给予制度支持,提高市场的透明度,维护和增进市场的有效性等等。充分发挥市场机制作用,完善市场竞争机制,创造有利于总部经济的形成。

#### 2. 努力营造一流的宏观发展环境

在上海发展总部经济的过程中,要努力营造一流的发展环境。对服务型政府而言,不断提高服务水平和办事效率,加快政府职能转变,增加政府的透明度。在人力资源方面,加强招商引资人才培训,提高政府服务的专业化水平。在法律政策方面,加快法律法规与国际通行法则接轨,加强知识产权保护。在社会配套服务方面,还要建设良好的城市社会服务体系、有序的市场秩序、高效的诚信体系、高度的社会治安状况和城市文明程度等,努力营造一种经济开放、市场公平、体制先进、服务完善和社会文明的软环境,使城市的综合

商务环境最佳。

### 3. 制定产业规划,促进总部经济健康发展

产业规划是总部经济的"孵化剂"。在促进总部经济发展的过程中,实施适当有效的产业规划,可以促使总部经济在这一地区兴起和发展。政府作为有效制度供给的主体,可以在产业的发展过程中起到非常关键的作用。产业规划中,要明确产业结构调整的目标,确定重点扶持的产业和加以限制的产业,并综合运用立法、行政、财政、金融等方面的措施促进产业发展目标的实现。如对于优先发展的产业或投资方向,政府可以赋予更为优惠的条件。

尤其要指出,产业规划要促进总部经济健康发展,而不是单纯给予大量优惠条件。早些时候,差别化的优惠税收政策是地方政府吸引总部经济的重要手段。现阶段发展总部经济时不应只注重提供财税优惠政策,而更应该注重"软件"方面的建设,即注重创造和维护公平竞争的环境,健全经济法律法规,建立安定的社会秩序,形成良好的信用制度环境。以优惠政策吸引为主,转变为综合优势引资。

同时,制定产业规划促进总部经济发展的同时,还要将总部经济健身与区域可持续发展相结合,侧重能提升现代服务业和先进制造业的地区总部、投资公司和运营中心,坚决拒绝能耗高、污染重、占地多、效益低的项目。

### (四) 完善城市商务配套设施,营造总部经济和现代服务业良好发展的氛围

### 1. 逐步完善城市基础设施规划和建设

对企业总部的调查往往显示最需要改进的城市基础设施是"市内交通设施",其次是"邮电、通讯和网络设施"等。因此要加快城市道路交通、信息网络平台、水电热供应及环境绿化等基础设施建设,为总部经济和现代服务业的发展提供完备的基础条件。同时,要加强商务配套服务设施建设,加大政府对写字楼、停车场、商务酒店、会议会展等商务配套设施的规范与引导力度,形成功能完备、布局合理、具有较高水平的商务配套设施。通过城市各类商务配套设施的完善,为总部经济和现代服务业的发展提供全方位、高档次的服务,营造良好的商务活动氛围。

总部经济涉及的第一要素是营商环境,也就是中心城市的基础设施、市容

环境、法制基础、人才积累,要积极发展总部经济,就必须重视营商环境的优化和提升。政府为企业总部营造一个良好的工作和人居环境,能增强该区域对企业总部的吸引力,为总部经济的发展创造有利条件。

2. 人力资源配套措施的完善

总部经济是人力资源指向型的经济。由于企业总部主要履行的是战略决策、资源管理、资本运作、研究开发、市场推广等重要职能,企业总部所需的生产要素资源是以知识密集型为特点的。充足的高素质商务人才和研发人才供给,是总部能够聚集并形成总部经济的最主要因素之一。这就决定了企业总部的入驻选择,会定位于具有高素质的人力资源和丰富科研教育资源的区位;同时,优越的工作环境和文化生活环境是构成这一区域与其他区域比较优势的一个重要因素。区域内规划配套的交通、通讯、网络设施可以大大提高工作效率,齐全的教育、体育、娱乐设施可以为企业总部的高级员工提供高品质的生活服务,国际化特色和文化的包容性可以营造一种开放融合的氛围。

总部集群需要的是一个系统、完善的总部环境,这种总部环境是总部生存和发展所需的基础条件和制度条件的统一。因此,政府加强环境建设,努力为企业总部提供一个良好的工作人居环境,既可以强化该区域的人力资本和积累社会资本,也能为企业总部创造一个良好的软环境,吸引企业总部在该区域的聚集,二者都将有利于总部经济在该区域的形成和发展。

3. 强化执法监督,优化法律法规环境

围绕企业总部的相关需求,在知识产权保护、市场秩序规范、信用体系建设等方面制定与国际接轨的法律法规,并加大执法力度,强化执法监督,为总部经济和现代服务业的发展营造良好的法律法规环境。要创造安全稳定的法制环境,将创造良好的法制环境作为为各类入驻企业特别是企业总部服务的切入点。

**(五) 加速总部经济发展的具体抓手**

1. 构建适应区域一体化要求的交通基础设施体系

区域经济一体化需要交通一体化的支撑。长江三角洲分工协作、有序竞争的区域一体化进程,对畅通、便捷、安全的区域综合交通网络提出了更高的要求,即:建设枢纽型、功能性、网络化基础设施体系,充分发挥重大基础设施的功能和作用。

第一,建设协调发展的港口体系和通关机制。长江三角洲应该形成协调配合的港口体系。为使港口分工明确,应加快长江三角洲港口的整体规划,建立统一的协调机构。在发展定位上,上海港应大力发展国际集装箱运输的程度和水平,完成洋山深水港区后续工程,加快完善集装箱集疏运系统,尽快建成国际集装箱枢纽港;浙江宁波和江苏苏州为主的长江沿岸港口群以服务区域发展的大宗散货为主,适当发展集装箱运输;北仑港是浙江的主要对外港口,应充分发挥专业港——上海主枢纽港的深水外港作用;舟山港口群可以考虑以大宗散货中转基地,并作为上海枢纽港的减载港。基于"立足上海,服务全国"的思想,上海应进一步发挥长江黄金水道优势,协调各沿江城市加强在港口建设方面的合作。具体措施可包括:共建共享的电子口岸大通关信息平台;加强大通关合作,扩大海关"属地申报、口岸验放"区域通关改革范围,促进检验检疫进出口货物直通式放行改革。仿照"长江三角洲城市经济协调会"建立合作联席会议制度,可以考虑在上海设立联络处,各地口岸办、海关、检验检疫局各设一名联络员,负责日常具体事务的联系协调。

第二,全面推进交通基本网络建设。长三角区域间交通网络分为城际交通和市内交通。城际之间,完善铁路枢纽布局和高速公路建设;市内继续快行轨道和公共交通基本网络,加强静态和慢行交通设置。长三角城际之间,完善铁路枢纽布局和高速公路建设。建成京沪高速铁路上海段和虹桥综合交通枢纽;建设沪宁、沪杭城际铁路,在长三角地区将形成一个以上海、南京、杭州为中心"2小时快速交通网";完善城际高速公路网,加强与江苏、浙江两省连通的高速公路建设,提高区域内重要城市节点间高速通道的可靠性和顺直沟通。市内交通方面,继续建成覆盖全市的轨道和公共交通基本网络,提高公共交通的快速、便捷和经济性,实现"中心城区两点间公共交通出行在一小时内完成,郊区新城一次乘车到达中心城和轨道交通网络,城镇与所属行政村之间一次乘车到达"的目标。同时优化中心城区路网系统,加强静态交通设施建设,发展慢行交通短距离出行和接驳公交的功能。

第三,建立人性化生态化市内交通。大力推进综合交通换乘枢纽和公共交通信息化建设,增强城市公共交通的便捷性。建成分布全市的综合交通换乘枢纽,并按规划对其中部分枢纽同步配套 P＋R 功能,为实现多种交通方式之间的有机衔接和便捷换乘提供强有力保障。公共汽电车车载智能装置和 GPS 系统实现全覆盖;同时,基本建成上海城市交通数字化框架,中心城区具备建设条件的站点设置电子站牌,综合交通枢纽信息联网基本实现智能化调度,建成公共交通运营信息发布系统和市民出行查询服务系统。

2. 实现相关产业对总部经济的支撑

第一,推进现代服务业为总部经济提供专业服务。现代服务业的发展使企业专业服务的外包化趋势加强,降低服务信息的搜集和服务产品的购买成本是最终目的,企业倾向于接近现代服务业提供者的地点设立总部,企业总部会向现代服务业发达的中心城市迁移。上海要成为国际性的总部经济中心,必须继续大力发展现代生产性服务业,包括以证券、银行为代表的金融服务业、通信、网络为代表的信息服务业;会计、审计为代表的中介服务业;教育、会展、物流为代表的新兴服务业。通过成熟的专业服务,打造上海总部经济的软实力。发展现代服务业,促进总部经济发展过程中,要着重体现两级政府的个性优势。根据本市产业规划,发挥区位优势,形成地区现代服务业的集聚形态和特色鲜明、功能完善、结构合理的产业格局。

第二,完善传统服务业对总部经济的配套服务。浦东新区的实践经验值得重视。陆家嘴金融贸易区商业服务设施的建设、合理布局和经营方面,情况不尽如人意。小陆家嘴以集高档写字楼为主,相对忽视了配套商业零售和餐饮、娱乐设施的布局与建设。上海在打造总部经济的过程中,须重视楼宇经济的生活配套服务建设——拥有完备的服务产业链。目前"上海六大商圈"中,人民广场、虹桥、徐家汇、淮海东路、南京西路都拥有极为发达的商品零售、餐饮、休闲娱乐等配套齐全的服务产业链,这一点是陆家嘴商圈最为欠缺的,即软环境打造。

第三,加快先进制造业的辐射。先进制造业对于培育先进生产力具有重要的作用,将推动总部经济的推动先进制造业高端发展。须确保工业投资适度增长,同时把发展高端产业作为自主创新的重要抓手。全力推进产业集群发展和开发区建设。

## 本章小结

在不同地理条件和经济发展背景下,不同经济圈生产力发展水平存在区域差异并呈现出经济水平互异的格局。因此三大城市圈在进行战略定位时应坚持因地制宜,发挥区域比较优势,建立格局特色的区域经济。长三角的区域定位为我国综合实力最强的经济中心、亚太地区重要的国际门户、全球重要的先进制造业基地和我国率先跻身世界级城市群的地区;珠三角要利用临近港澳的地理优势,主动抓住以高新技术产业为主导的全球产业结构大调整和国际产业大分工的发展趋势,着力调整和优化本区域的产业结构,加强科学技术的研发和人力资源的培育;环渤海要以具有国际、国内竞争力的现代服务业和先进制造业为支撑,带动中国北方经济,进一步辐射东北亚,成为联系国内外各类经济与社会活动的特大型经济区、世界级先进制造基地。

作为长三角中心城市的上海,在上海新一轮的大发展中,应牢固树立"立足长三角、服务全国、融入世界"的整体战略意识,以联合、带动与服务为主线,在努力提升自身城市核心竞争力的同时,加快与长江三角洲南北两翼城市的区域合作和良性互动,携手共进、互补共赢,同心打造长江三角洲都市经济圈,共同参与国际市场竞争。在战略定位上,一要进一步融入长三角,深化推进区域产业协调发展;二要立足长三角,延伸长江流域,辐射全国;三要进一步主动参与经济全球化,提升在国际产业分工体系中的层次。

上海的中长期战略目标是:围绕"一个龙头、四个中心"的目标定位和城市功能定位,到 2020 年把上海基本建成东亚地区的国际经济、金融、贸易、航运中心城市,城市综合竞争力达到现代化国际大都市水平;坚持"三、二、一"的产业发展方针,重点培育与发展第三产业,实现从制造型城市向服务型城市的转变,从制造型产业结构演变为服务型产业结构,服务业逐步培育、发展、扩张、替代制造业,制造业逐步高端化、管理化,全面打造服务型经济;进一步强化与完善上海作为长江三角洲中心城市的扩散、创新、管理、服务等功能,不断提升上海在区域整体联动发展中的核心作用。上海的短期战略目标是:"十一五"期间,上海应从"一个现代化、四个中心"的发展战略目标和"立足长三角、服务全国、融入世界"的发展战略高度出发,在努力提升上海城市核心竞争力的同时,正确处理好自身发展与服务长三角、服务全国的关系,坚持"三、二、一"的产业发展方针,大力发展与国际化、现代化大都市定位相匹配的金融与保险、贸易与物流、旅游与会展、信息与科教文卫等高端、上游服务业;强化中心城市的综合服务功能,提升上海在区域对外经济贸易中的窗口、枢纽、品牌作用;以产业结构与消费结构的优化升级为基础,大力发展汽车、电子及通讯设备、大型电站及机械成套设备、精品钢铁、造船、航空航天、生物制药、房地产等原有优势明显、产业关联度高、区域带动作用强的高增长行业,并将一批传统产业逐步转移出去。

根据上述的产业发展定位和目标,我们认为,上海在未来一段时期的产业发展中,应着力推进实施六大战略举措,即全面推进向服务型经济转型战略、积极提升在全球制造业产业链中定位战略、大力推动长三角区域一体化战略、深化实施创新发展战略、全力促进优势产业集聚战略、着力打造总部经济战略。

# 第六章 上海重点产业发展对策研究

改革开放 30 周年，上海的发展正处在一个新的历史起点上，经济社会发展既面临着许多新的机遇，也面临着前所未有的挑战。结合上海产业发展的战略构想，本章将从先进制造业、现代服务业、装备制造业、信息产业、生产性服务业、文化产业、都市型产业和循环经济等八个重点产业入手，具体阐述上海产业发展的方略。

## 第一节　上海先进制造业发展对策

上海要抓住机遇，不断提高经济增长质量，必须建立能内生出技术创新、技术进步的机制。先进制造业的发展，从城市战略的层面为上海转变经济增长方式奠定了基调。本部分将对先进制造业的发展对策进行论述。

### 一、上海先进制造业的基本概况

#### （一）　先进制造业的基本内涵

先进制造业是以信息和知识要素投入为特征，相对于传统制造业而言，以先进制造技术为主要生产手段的制造业。具体而言，先进制造业是不断吸收国内外高新技术成果，并将先进制造技术、制造模式及管理方式综合应用于研发、设计、制造、检测和服务等全过程的制造业，具有技术含量高、经济效益好、创新能力强、资源消耗低、环境污染少、服务功能全、就业存量多等特点。不仅包括高新技术产业，也涵盖了运用高新技术改造的传统产业。

根据上海先进制造业投资目录，共包括现代生活与医药制造业、新材料制造业、电子及通信设备制造业、汽车制造业、船舶制造业、装备制造业、石油化工及精细化工制造业、精品钢铁制造业、都市型先进制造业 9 大类 47 小类共

56 项具体行业。

## （二） 上海先进制造业的地位和作用

上海建设"四个中心"、实现"四个率先"和构筑新兴产业体系的过程中,上海先进制造业的发展将是全市经济发展的基本支撑和重要的驱动力量。

### 1. 加速发展先进制造业,是上海经济增产和产业转型的内在需要

从制造业的发展规律看,进入工业化后期,制造业本身在数量和结构方面都会面临一个调整的趋势,上海在发展过程中也要顺应产业调整,并逐步向高技术产业转型。从城市发展规律而言,各国工业多集中于城市群;和国际其他几大城市群相比较,上海制造业的总量和单位产出远远低于东京、大阪、纽约和芝加哥等城市的水平,从上海自身的发展需要而言,制造业发展同全市经济增长密切相关,制造业对全市经济增长和服务业拉动都具有非常重要的意义。

### 2. 发展先进制造业,是面对既存机遇和挑战的迫切需求

一方面,国际产业转移的趋势给上海带来了蓬勃的生机,上海把握机会,立足长三角实现了经济质的飞跃;另一方面,产业转移趋势并非就此终止,而是在继续。改革开放之后,经过三十年的发展,新形势下上海制造业面临诸多问题:商务成本提升,新劳动法实施,导致成本优势在减弱;全球经济高通胀、资本市场波澜不定、导致国际风险提升;贸易市场壁垒抬升、海外军团咄咄逼人,国内人民币升值、新税收政策调整都带来诸多压力。

上海制造企业在面临巨大挑战,全球化制造环境对中国企业响应速度、产品与服务质量提出日益严苛的要求。积极发展先进制造业,大力实施自主品牌战略,进一步提升上海制造业能级、增强国际竞争力,是面临的机遇与挑战对上海制造业的迫切需求。

## （三） 上海先进制造业的发展现状

上海制造业产业门类齐全,加工配套能力强,综合服务水平、劳动生产率、企业效益均居全国首位。2006 年,上海工业增加值为 4 826.53 亿元,工业总产值为 18 562.85 亿元。

### 1. 重点行业发展情况

如表 6.1 所示,上海先进制造业的六大重点发展行业工业总产值占全市总产值的 64.2%,占全市工业增加值的 51.9%,利润总额占全市比重的

60.1％。

表 6.1　上海六大重点行业占全市工业生产数据（2006 年）

| 项　　目 | 从业人员（万人） | 工业总产值（亿元） | 工业增加值（亿元） | 工业销售产值（亿元） | 年末资产总计（亿元） | 利润总额（亿元） | 税金总额（亿元） |
|---|---|---|---|---|---|---|---|
| 总　　计 | **112.85** | **11 917.35** | **2 504.97** | **11 790.74** | **10 763.59** | **659.36** | **335.11** |
| 电子信息产品制造业 | 46.16 | 4 560.53 | 856.75 | 4 526.63 | 2 959.48 | 118.21 | 32.14 |
| 汽车制造业 | 11.73 | 1 462.34 | 356.93 | 1 446.35 | 1 512.73 | 133.11 | 106.76 |
| 石油化工及精细化工制造业 | 12.51 | 2 158.11 | 333.48 | 2 131.99 | 1 751.74 | 29.44 | 66.04 |
| 精品钢材制造业 | 5.26 | 1 445.03 | 360.21 | 1 438.95 | 1 913.70 | 188.32 | 66.21 |
| 成套设备制造业 | 29.73 | 1 979.31 | 496.11 | 1 945.13 | 2 227.31 | 167.39 | 47.10 |
| 生物医药制造业 | 7.46 | 312.03 | 101.49 | 301.69 | 398.63 | 22.89 | 16.86 |
| 六个重点发展工业行业占全市比重(%) | **41.9** | **64.2** | **51.9** | **64.1** | **60.0** | **60.1** | **49.3** |

资料来源：根据《上海统计年鉴》（2007）的相关数据整理。

2. 高新技术产业发展情况

表 6.2 是高新技术产业占全市数据的比例分析，可以看出，高科技企业占全市比重不高，其中，工业总产值为 24.4％，利润总额仅为 11.0％。这说明，虽然高科技企业在全市企业已经占有一定的比重，但是还有待提高。

表 6.2　2006 年上海市高科技企业情况（按技术领域分）　　单位：亿元

| 类　　别 | 工业总产值 | 工业销售产值 | 年末资产总计 | 主营业务收入 | 利润总额 | 税金总额 |
|---|---|---|---|---|---|---|
| 总　　计 | **4 460.97** | **4 410.80** | **3 014.34** | **4 601.42** | **119.26** | **42.14** |
| 占全市比重(%) | **24.4** | **24.3** | **17.1** | **24.2** | **11.0** | **6.2** |
| 信息化学品制造 | 9.23 | 8.93 | 9.01 | 9.92 | 1.09 | 0.23 |
| 医药制造业 | 234.03 | 226.04 | 309.50 | 244.22 | 18.51 | 14.61 |
| 航空航天器制造 | 22.01 | 21.35 | 31.89 | 19.86 | 1.23 | 0.18 |
| 电子及通信设备制造业 | 1 534.92 | 1 506.41 | 1 708.57 | 1 530.06 | 55.88 | 13.93 |
| 电子计算机及办公设备制造业 | 2 429.43 | 2 422.91 | 753.25 | 2 562.99 | 15.35 | 5.03 |
| 医疗设备及仪器仪表制造业 | 231.35 | 225.16 | 202.12 | 234.37 | 27.2 | 8.17 |

资料来源：根据《上海统计年鉴》（2007）的相关数据整理。

表 6.3 是高科技企业的所有制构成情况。可以看出,外商投资企业在上海的高科技企业中占的比重比较高,工业总产值所占比例高达 92.4%,资产占全市高科技企业资产的 84.5%。这些数据一方面显示了上海吸引高科技外商投资企业的成效显著,也从另一个层面表明,在新一轮的产业竞争中,上海市必须提高本土企业的自主创新能力和研发能力。

表 6.3　2006 年上海市高科技企业情况(按所有制类型分)　　单位:亿元

| 类　　别 | 工业总产值 | 所占比重 | 年末资产总计 | 所占比重 | 利润总额 | 所占比重 |
|---|---|---|---|---|---|---|
| 总　　计 | 4 460.97 | — | 3 014.34 | — | 119.26 | — |
| 国　　有 | 38.39 | 0.9% | 65.25 | 2.2% | 2.78 | 2.3% |
| 集　　体 | 5.65 | 0.1% | 5.12 | 0.2% | 0.30 | 0.3% |
| 股份制企业 | 265.90 | 6.0% | 369.83 | 12.3% | 16.49 | 13.8% |
| 外商投资企业 | 4 122.71 | 92.4% | 2 547.93 | 84.5% | 98.04 | 82.2% |

资料来源:根据《上海市统计年鉴》(2007)的相关数据整理。

3. 先进制造业存在的问题

(1) 先进制造业发展必须处理好经济与环境的关系。上海市属于资源紧缺城市,在先进制造业发展过程中,必须强调增长方式的转变,是产业和环境相协调。

(2) 高新技术产业所占比重低,不超过全市工业增加值的 1/4,同时,外商投资企业所占的比重相当大,这就强调本土企业(尤其是国有和集体企业)必须加强二次创新和集成创新,在引进外资的同时注重消化吸收,最终实现本市的高科技企业的自主创新和长期可持续发展。

(3) 先进制造业的现状是外资主导,内资比重相当小。对此,有必要进一步推动中央企业在沪发展,同时推动国有资本投向关系国家安全和国民经济命脉的主要行业;针对民营经济多集中消费行业的现状,有步骤、有计划地释放基础性、装备类行业的国有能量;坚持鼓励吸引外资高科技制造业参与上海和中国经济建设;通过多种手段调动各种所有制企业参加参与先进制造业的热情。

## 二、上海先进制造业的战略定位

### (一) 基本原则

**1. 坚持自主创新,大力提升产业的国际竞争力**

抓住国际产业转移机遇,不断提高原始创新、集成创新和引进消化吸收再创新能力,将制造与研发结合起来,将引资与引智结合起来,加大海外收购、兼并力度;注重引进与吸收创新相结合,技术升级和产业升级相结合;以信息化带动工业化,用高新技术改造提升制造水平;完善重点产业研发创新体系,不断提高产业核心竞争力。

**2. 加强产业规划引导,努力提高服务全国的水平**

进一步强化先进制造业的主导地位和集聚辐射效应,加快构建充满活力、自主创新的先进制造业发展格局,引导工业向国家级和市级各类开发区集中,加快形成有竞争力的先进制造业产业群。同时,扩展沪苏浙在先进制造业方面市场流通和产业合作,共同推进长江三角洲的工业实力、创新能力、可持续发展能力以及国际竞争力的提升。推动上海和沿长江各省市的交流合作,促进沿江地区产业和经济的联动发展。

**3. 大力推进信息化与工业化的融合**

所谓"融合"不仅指物质层面的结合,更强调思想层面和发展观念上的交融。即如何在科学发展观的指导下,用信息化特有的集约发展方式完成工业化积累财富的任务,走出一条反映时代特征、具有中国特色的现代化之路。上海要实现"四个率先",以经济社会发展需求为导向引领信息化,以改革和创新为动力推进信息化,通过信息化实现与先进制造业的融合发展。

### (二) 发展目标

**1. 产业总体规模目标**

先进制造业的总体规划目标是,到 2010 年时上海的工业增加值达 6 000亿元以上,工业总产值达到 25 000—27 000 亿元。

**2. 产业结构目标**

到 2010 年,上海基本形成以高新技术产业为先导、现代装备先进制造业为骨干、基础原材料先进制造业为依托和都市产业为配套的产业结构。其中,装备制造业占全市制造业比重从现在的 47% 提高到 54%。

3．重点产业具体发展目标

到 2010 年，上海将全面建成微电子、汽车、精品钢材、化工、船舶、装备等六大产业基地，其中微电子、国际汽车城、上海化工区和精品钢材等四大产业基地产出分别超过 1 500 亿元；市级以上开发区产值占全市先进制造业总产值 75% 以上。

## 三、上海先进制造业的发展对策

### （一）　建立公共创新服务平台，为发展先进制造业提供支持

上海要创建国际技术创新中心城市，技术本身的发展固然重要，但促使新技术转化为现实生产力的制度环境同样重要，甚至更为重要。因为一旦有了良好的制度环境，不仅技术本身会加速发展，而且会吸引更多的国际先进技术在此转化、升级和扩散。

发展先进制造业，建立公共创新服务平台是完善核心内容的重要基础，其目的在于提供有力的支持，着力发展解决产业发展中的关键性和瓶颈性问题的共性技术，这是解决上海制造业企业当前技术基础薄弱，创新能力不强的重要举措。

1．大力营造有利技术创新信息资源共享的氛围和机制

政府部门及时发布产业技术创新指南，为创新提供信息支撑。同时，政府可以考虑主动建立、完善企业技术创新交流平台，联合多方力量筹建产业技术创新实验室，为企业技术创新提供测试、试验场所，减轻企业技术创新的负担。

2．积极促进科技中介服务机构发展

企业是发展先进制造业的主题，政府应最大程度协调和保证各方互动和交流，而发展科技中介服务机构是一个关键性措施。培育各类信息服务机构、知识产权机构、资产评估机构、行业协会等中介机构，充分发挥它们在科技信息传递中的重要作用，大学、研发机构应该通过中介服务机构和企业建立紧密联系。这也是通过现代服务业促进先进制造业发展，实现"双轮驱动"的重要举措。

3．政府要在产业共性技术创新中制定创新规划，并建立必要的扶持基金

要针对本市、长江三角洲甚至我国产业发展面临的最紧迫的共性技术问

题,研究制定共性技术选择计划。对于关系未来核心经济竞争力而需长期跟踪研究的重大基础性共性技术,可由政府直接出面通过官、产、学、研合作,组建以项目为核心的技术开发中心,项目完成后整体转为企业或并入企业,政府退出。

政府要针对共性产业技术研发制定对合作研究的鼓励政策及相关管理规定,特别对联合研发成果的产权归属、技术转移、收入分配等方面的管理规则。同时,要发挥市场机制在共性技术研发与扩散中的资源配置作用,加大共性技术成果的转移和扩散力度。可以采取的措施包括:①建立财政性资金优先采购自主创新产品制度;②财政性资金优先安排自主创新项目;③改进政府采购评审办法,给予自主创新产品优先待遇等措施。

**4. 完善知识产权保护制度**

随着本市制造企业依靠技术进步和技术创新实现企业甚至产业发展的趋势越来越明显,同时,国际贸易中关于非关税壁垒的限制越来越多,知识产权保护在产业发展中的作用越来越重要。对此,建议分步骤地完善知识产权问题:突发性的国际间知识产权问题,政府应考虑出面通过多方面协调用外交途径解决;偶发的只是产权问题,可以考虑建议产业内相关企业联合,通过法律途径积极解决;对于深层次核心问题,上海要面对国内外产业竞争,提高先进制造业产权意识。

**(二) 直面国内外产业竞争,打造上海制造业核心竞争力**

上海的制造业曾经是国际产业转移的受益者,国际化、外向型也是上海制造业引以为豪的优势所在。随着人民币升值、自然资源以及人力资源成本逐步提高等不利因素的出现,如果仅依靠国际或者地区间的产业转移,在国内省市和诸如印度等东南亚国家的激烈竞争中,这种外向型较强的制造业会受到冲击,本节拟讨论产业竞争角度下上海先进制造业的未来规划。

**1. 形成具有历史积淀且被广泛认同的地区精神**

文化软力量在产业发展中的力量不应忽视。历史上,兼收并蓄,海纳百川是上海文化的特点,在改革发展的新时期,打造上海先进制造业,需要鼓励冒险、崇尚创新、宽容失败的创新文化和创新氛围,这也是在"兼收并蓄,海纳百川"基础上发展的新时期上海精神。创新的高风险和不确定性,决定了一方面要在全社会倡导创新,另一方面也要形成宽容失败的创新氛围。鼓励企业开展长远的、风险性大的创新活动,避免企业行为的短期化,形成容忍"失败"的宽松的创新环境。而政府应该将这种现代的上海精神融入到工作中,支持、组织的创新项目,同时宽容失败,更加注重创新能力的建设。

2. 避免重复建设,积极主动实现产业转移

在加快产业合作规划上,上海要具有建设国际商业中心的气魄和胆略,主动放弃一部分没有比较优势的制造业项目的建设,在着力研究开发当代制造技术和加速发展先进制造业的同时,更要加快发展自己的生产性服务业,培育一大批专业性强、知识和人力资本密集、公正、独立的中介组织。这不仅可以避免新一轮的重复建设,使上海获取更高的附加价值,而且同时可以创造经济发展的外部效应,即为长江三角洲地区国际制造业中心的建设、市场经济制度建设和国民经济发展奠定坚实的基础。

3. 敢于面对挑战,制定国际化的产业发展战略

上海制造业面临很多挑战。从分工角度看,目前中国仍然主要是以劳动力成本优势参与国际分工,处于国际分工的较低层;从贸易角度看,国际竞争优势减弱,制造业的贸易摩擦升温、资源消耗过大、环境污染加剧;从外资引进角度看,以土地的低成本、资源的高消费、环境的高污染推动工业高速发展的模式依旧存在。国内能源、资源和人力成本逐步提高,外资先进制造业以往的优惠待遇逐步国民化,国内资源与环境受到挑战而带来的更高的环保要求。

上海在成本上升,竞争优势受到挑战的不利因素中推进先进制造业必须具有国际化的气魄。在法律体制方面,加快知识产权法律法规的制定速度,同时在有条件的国内市场逐步推行知识产权有偿使用,这是上海乃至中国发展所必须经历的"成长的烦恼"。在配套设施方面,着力完善城市的基础设施建设、配套的社会管理和公共服务,同时依靠"鼓励冒险、崇尚创新、宽容失败"的新上海精神的公共服务型政府,吸引先进制造业的方法从依靠税收减免和土地优惠的"硬优惠",改变为依靠软性条件和制度优势的可持续"软优惠"。在产业规划发面,依托上海的"产学研"体系,依托上海高校和政府咨询团体丰富的优势,跟踪国际城市群和产业发展现状,形成具有国际视野产业规划,明确发展现状及将来的发展路径。

4. 打造属于上海的创新生态体系

技术创新生态体系就是一个自然生态体系。知识创新体系是一个生态系统,也应具备多样性、和谐发展的特征,各部分健康谐调发展,充分发挥创造力。科技创新起于科学知识,需要开拓市场;它不是靠自家资金所能完成的,必须吸纳多方资金,利用各种功能;通过竞争和协调,建立最合适的体系。政府、企业、国民、科研机构、大学等等将全都被卷入这一体系中。

上海的创新生态体系要有多样性,要注意创造并形成良性价值链,以政府为宏观调控的平台,产学研为核心,连接普通国民和企业这两极,目的是促进地区的经济社会总体水平发展。创新战略生态系的过程中也必须考虑立足上海、服务全国性和面向世界,必须具有环境友好的特征和社会和谐的本质。

（三） 先进制造业的危机响应机制

先进制造业在产业进程中往往面临各种紧急事态,原因可能由于自然灾害,也有可能是人为因素。随着国际化进程的加剧,以及传统媒体和非传统媒体的迅速发展与普及,如果不及时进行危机响应,先进制造业的发展有可能面临不良的影响,甚至有可能是毁灭性的打击。进行及时有序有效的危机响应对于维护产业形象,健全产业经济和维护社会安定都有着重要的作用。因此我们建议,有必要制定有效的危机响应机制,以求最短的时间里应对复杂多变的危机。

加入 WTO 之后,我国融入全球一体化的进程明显加快。最近几年的多次事件证明了,危机可能从一个企业开始,但是影响的很可能是整整一个产业链。基于这个原因,政府在危机处理的过程中,仅仅针对企业甚至产业都往往不足以应对危机。而政府作为宏观调控者,此时彰显的作用绝不仅仅限于一个旁观者或者管理者的角度,在相当大的程度上,政府在危机响应的过程中应树立勇于承担的政府形象,承担相应的责任,尽可能做好准备应对紧急事态,安抚民众和产业,促进先进制造业的健康发展。

我们认为,在建立先进制造业的危机响应机制过程中,以下几方面是特别应该重视的:

1. 积极响应,以政府新闻机构的方式做好媒体应对

制度经济学认为组织及成员在面临危机时,出于种种考虑可能采取逃避

和掩盖等消极应对的方法,但随着 web2.0 和非传统媒体的兴起,封锁消息的做法效果并不佳,且带来更多的问题,因此消极应对不是解决问题的良方。正确的办法是,积极面对问题,迅速进行通报。这里可以考虑针对不同阶段采取不同应对方式。初期可以召开紧急记者见面会,由相关官员出面的形式,通报情况并提出第一步的解决措施,目的在于第一时间树立政府权威,同时尽可能减轻损失。在中期,可以考虑临时改变行政报告基准,通过专业机构的日报(周报)等形式定期公开,并不定期地召开记者招待会,其目的在于通报进展情况,尽量加快行政对应的速度,并协调各方进展。末期可以更多的依靠传统媒体,进行专题报道,目的在于回顾过程,总结经验教训。

2. 多方协调,召集利益相关方代表进行联合调查

这里提出利益相关方的概念,主要是基于国际化和经济一体化加深的原因。中国成为世界工厂的事实逐渐为世界所接受,先进制造业的产品影响力不仅限于某一区域,很可能会辐射全国甚至出口海外。利益相关方可能相对比封闭经济中更为复杂,为了使危机能够得到公正和令人信服的解决,采取联合调查的方法逐渐普及。联合调查有"条"联合和"块"联合两种。前者是指同一地区的不同机构,如税务工商质检部门的联合;而所谓"块"联合指跨区域的部门联合,如北京的质检和上海的质检进行联合调查。在国际调查中相对更常见的是结合"条"联合和"块"联合特点的跨区域跨部门联合调查,其目的是使调查更加专业彻底,并具有更高的公信力。

3. 居安思危,随时做好准备迎接各种挑战

现实世界中,各种可能危及先进制造产业的国内外状况层出不穷,有天灾,有人祸,有蓄意打压,有无心伤害,面对复杂纷繁的环境,不是简单的紧急预案工作就可以应对。所谓危机应对是一个体系,即首先有居安思危的精神,这点在今天非常重要。面对危机措手不及,往往是被往日看似无忧的环境所迷惑,从而丧失对危险的认知感和对抗度。其次,放眼世界,具有敏锐的洞察力。灾害不会复制,但是会重演,其他国家其他行业在危机中的做法和得失,往往值得我国总结,这是一个积累性质的工作。第三,体察下情,深刻理解我国制造业存在的漏洞,并采取符合国情的预案。第四,适时进行"演习",通过危机模拟训练提高部门的应对能力和协调能力。演习,看似不属于先进制造

业的危机应对方法。但考虑到模拟演习,对于提高部门应急能力极其有效,适当引入,可以检验既定预案的有效性,亦可考察相关部门协调处理突发事件的能力。

上海先进制造业定位是立足上海,服务全国,面向世界。当今社会的机遇与挑战并存,收益和风险同在,古人云"有备无患"。我们从报告机制、协调机制和准备机制等三个方面论述了完善先进制造业危机响应机制的办法。目的在于健全和维护产业发展态势,保护大众的利益,促进上海经济在有序的前提下加快发展。

**(四) 激发企业创新积极性,引导企业成为先进制造业发展的主体**

1. 提供条件,引导企业成为创新主体

(1)用市场实现技术创新的根本意义。上海与国外城市之间在先进制造业的技术创新方面的差距主要不在技术研究人员与技术创造能力方面,而在于技术的市场实现,即技术的转化方面。技术创新是一个经济的概念,而不是技术进步的概念。我国的科技政策重心前倾,长期重研究而轻转化,大量的科技成果被束之高阁,应该引起足够重视,科技政策导向必须调整。

(2)提供有力的制度环境刺激企业主动服务先进制造业。上海要创建国际技术创新中心城市,技术本身的发展固然重要,但促使新技术转化为现实生产力的制度环境同样重要,甚至更为重要。因为一旦有了良好的制度环境,不仅技术本身会加速发展,而且会吸引更多的国际先进技术在此转化、升级和扩散。

(3)激励企业家的创新积极性。经济学家认为是制度发展的不足使技术进步成果的积累和潜在的巨大市场不起作用。企业家是对机会高度敏感并准备好利用机会的人。企业家总在寻找新知识,并已经准备好在有望获取物质收益时为实现未经验证的生产要素组合而冒险。对上海技术创新环节的深入剖析表明,激励企业家进行技术创新的环境还有待于完善。

(4)利用市场机制来激发科技人员的技术创新热情。保障产权、通过资源的契约性协议自由转让产权、信守诺言,这三条对人类进步和文明社会具有根本性的作用。上海的先进制造业的技术进步水平与技术创新成就不对称,说明科技人员本身的作用还没有得到有效的发挥,发表论文、评职称等只是形式的东西,更深层次、更有效的必须是产权激励。

2. 整合资源,发挥优质企业扩散辐射效应

先进制造业的优质企业在形成之后,其先进的技术优势、管理体系将对周围区域的企业具有相对利益,产生吸引力和向心力,使周围区域的劳动力、资金、技术等要素转移到核心地区。并通过核心地区的快速发展,借助产品、资本、技术、人才、信息的流动,对其他地区起到促进、带动作用,提高其他地区的就业机会,提高周围地区的边际劳动生产率和消费水平,引发周围地区的技术进步。因此,上海在引导企业成为先进制造业主体的同时,必须通过相应措施,敦促企业整合资源,积极形成具有核心竞争力的优质企业,从而发挥辐射效应,带动区域经济发展。

# 第二节　上海现代服务业发展对策

经历了持续 15 年经济两位数增长的奇迹,置身经济高位运行的平台,上海必须根据经济运行新的发展变化,适时适度地进行调整和引导,确保经济又好又快发展。对于既少自产能源,又乏自有资源的上海来说,推动经济工作重点从规模增长向结构优化转变,是在经济高位运行平台上提高经济增长质量与培育经济增长后劲的唯一途径。推进发展现代服务业有利于转变经济发展方式,调整经济结构,为上海经济发展和社会进步提供高层次、智能型、高附加值的服务。

## 一、上海现代服务业的基本概况

### (一) 现代服务业的基本内涵

现代服务业归属于现代第三产业,随着工业化高度发展而产生,相对于传统服务业而言,是依托电子信息高技术和现代管理理念而新兴发展或拓展延伸的服务业,具有高知识含量和高文化含量的特点。

根据上海市产业投资目录,现代服务业共包括:金融服务、物流、分销业、社会事业、科学研究与综合服务、房地产业、旅游业、信息咨询服务等 8 大项 34 小项共计 42 个行业。

（二） 现代服务业的地位和作用

我国正处于全面建设小康社会和工业化、城镇化、市场化、国际化加速发展时期，已初步具备支撑经济又好又快发展的诸多条件。加快发展服务业，提高服务业在三次产业结构中的比重，尽快使服务业成为国民经济的主导产业，是推进经济结构调整、加快转变经济增长方式的必由之路，是有效缓解能源资源短缺的瓶颈制约、提高资源利用效率的迫切需要，是适应对外开放新形势、实现综合国力整体跃升的有效途径。

现代服务业是伴随着信息技术和知识经济发展而产生，用现代化的新技术、新业态和新服务方式改造和提升传统服务业，创造需求，引导消费，向社会提供高附加值、多层次、知识型的生产服务和生活服务的国民经济新领域。现代服务业具有现代与传统的交融性、要素的智力密集性、产出的高增值性、供给的多层次性和服务的强辐射性等特点，它广泛渗透在国民经济和社会发展各个领域。当前，加速发展现代服务业，对上海经济社会发展具有十分重要的意义。

1. 加速发展现代服务业，是上海加快推进"四个中心"建设的必然选择

现代服务业是上海建设现代化国际大都市和"四个中心"的重要基础，是体现上海城市综合服务功能的重要载体。世界上重要的国际城市都拥有高度发达的现代服务业。上海服务业虽然具有一定的发展基础，但在经济规模、产业能级、资源配置功能和国际化程度等方面，与国际大都市相比差距明显。立足实现国家战略，参与国际竞争，上海必须优先发展现代服务业，着力提升上海国际化、市场化、信息化和法治化水平，为加快建成国际经济、金融、贸易、航运中心之一奠定坚实的产业基础。

2. 加速发展现代服务业，是上海推动经济增长方式转变的重要途径

上海是一个自然资源稀缺的城市，经济发展受到土地、能源等资源的约束和环境容量的限制日益明显。现代服务业具有智力要素密集度高、产出附加值大、资源消耗低、环境污染少等特性。把加速发展现代服务业作为上海建设现代化国际大都市的首要任务，是上海贯彻落实科学发展观，推进实施"科教兴市"主战略的重要抓手，符合上海城市特点，体现"以人为本"，有利于上海发挥自身优势，切实转变经济增长方式和城市发展模式，实现经济社会全面、协

调、可持续发展。

3. 加速发展现代服务业,是上海"立足长三角、服务全国、面向世界"的迫切要求

推动上海与全国协调联动发展,关键是不断增强城市的综合服务功能。要牢固树立"两个大局"的思想,自觉地把上海未来发展放到全国发展的大局中来思考、来谋划。要大力发展"高增值、强辐射、广就业"的现代服务业,构筑具有上海独特优势的产业群,进一步增强上海服务长三角、服务长江流域、服务全国的能力。通过加速发展现代服务业,使上海在率先全面建成小康社会、率先基本实现现代化的进程中,更好地服务全国,为我国实现现代化建设的第三步战略目标作出贡献。

### (三) 上海现代服务业的发展现状

1. 上海服务业的快速发展,不断增强了城市综合服务功能

2006 年,上海服务业完成增加值 5 205.4 亿元,首次突破 5 000 亿元。与上年同期相比,增幅达到 11.5%,提高 0.4 个百分点,连续 3 年保持两位数增长。

2. 行业结构呈现集聚态势,金融等六大行业已成为重要支柱

交通运输仓储和邮政业、批发零售业、住宿餐饮业、金融业、房地产业、信息服务业等 6 个行业共同完成增加值 3 674.5 亿元,占服务业的 70.6%。其中,信息传输、计算机服务和软件业对第三产业的贡献率增加最快,从 2001 年的 6.48%升为 2006 年 8.03%,增加了 1.55%。租赁和商务服务业对第三产业的贡献从 2004 年的 5.02%增加到 6.35%,增加了 1.33 个百分点,房地产业的增速为第三,从 2001 年 12.04%增加到 2006 年的 13.12%。从降幅来看,批发和零售业下降了 2.65%,为 17.72%,商贸业下降率为第二,从 2001 年的 24.16%下降为 21.42%。值得重视和反思的是,金融业对第三产业的贡献率下降最快,从 2001 年的 19.39%下降为 2006 年的 15.74%,下降了 3.65 个百分点。

3. 以知识密集为特征的新兴服务业发展迅速,成为上海服务业新的增长点

文化、教育培训、医疗卫生、体育、会展和中介服务等行业发展迅猛,成为

上海服务业中极具增长潜力的新兴行业。2006年,文化服务业增加值达到581.38亿元,同比增长14.2%,高于同期服务业增幅;教育培训业中,在沪外国留学生人数为14 100,比2002年增长近2倍。

表6.4　各产业对上海第三产业增加值的贡献率(2006年)

| 行　　业 | 2001年 | | 2006年 | |
|---|---|---|---|---|
| | 生产总值(亿元) | 比重(%) | 生产总值(亿元) | 比重(%) |
| 第三产业 | **2 728.94** | **100** | **5 244.2** | **100** |
| 交通运输、仓储和邮政业 | 345.99 | 12.68 | 669.01 | 12.76 |
| 信息传输、计算机服务和软件业 | 176.72 | 6.48 | 421.31 | 8.03 |
| 商贸业 | 659.36 | 24.16 | 1 123.24 | 21.42 |
| 批发和零售业 | 555.06 | 20.34 | 929.16 | 17.72 |
| 住宿和餐饮业 | 104.3 | 3.82 | 194.08 | 3.7 |
| 金融业 | 529.26 | 19.39 | 825.2 | 15.74 |
| 房地产业 | 328.59 | 12.04 | 688.1 | 13.12 |
| 租赁和商务服务业 | 136.97 | 5.02 | 332.98 | 6.35 |
| 科学研究、技术服务和地质勘察业 | 114.91 | 4.21 | 234.12 | 4.46 |
| 水利、环境和公共设施管理业 | 32.50 | 1.19 | 56.45 | 1.08 |
| 居民服务和其他服务业 | 46.16 | 1.69 | 113.81 | 2.17 |
| 教育 | 136.53 | 5 | 312.62 | 5.96 |
| 卫生、社会保障和社会福利业 | 72.27 | 2.65 | 162.16 | 3.09 |
| 文化、体育和娱乐 | 43.96 | 1.61 | 88.31 | 1.68 |
| 公共管理和社会组织 | 105.63 | 3.87 | 216.89 | 4.14 |

资料来源:根据《上海统计年鉴》(2007)的相关数据整理。

4. 服务业发展的空间布局相对集中,中心城区已成为上海服务业发展的重要载体

中心地区实现增加值占中心城区生产总值的比重约为75%,占全市增加值的比重约为75%,对全市服务业增长贡献突出。同时,依托中心城区的区位优势,形成了一批各具特色的现代服务业集聚区。如外滩和浦东陆家嘴地区形成了金融服务业的集聚,虹口北外滩地区集聚了大量航运服务企业,南京路、淮海中路和四川北路等区域形成了"四街四城"的商贸业集聚格局,静安

区、卢湾区和黄浦区集聚了国内外知名的专业服务企业。

5. 上海服务业发展存在的约束条件

（1）政策性约束。上海城市建设目标之一是建立国际金融中心，但是目前位居银行业前列的四大银行总部都位于北京，货币政策也是由中国人民银行和外汇管理局所制定，同理，一些全国性的服务业企业总部也位于北京，这些都从一些方面制约了上海金融服务业的发展。

（2）规模和结构性约束。服务业整体规模有待提高，和国际性大都市如纽约、东京及国内的北京相比，上海的服务业规模较小，仍有差距。服务业内部结构需要优化，传统的商贸业占据比例高，近年所占比重虽有下降，仍然占据了主要的位置；同时，金融业对第三产业的贡献反而有所下降，这些结构性约束都必须得到重视。

（3）品牌缺失。上海的服务业企业中，竞争力强的龙头企业较少，2006年的中国企业50强，入围的上海服务企业仅有百联集团一家（居第14位）。

## 二、上海现代服务业的战略定位

### （一） 基本原则

1. 扩大服务业开放力度，深化制度改革

进一步加大上海服务业领域的改革和开放力度，以开放促改革，以改革促发展。以国际化带动服务业发展，放宽服务业领域的市场准入，积极引进国内外知名的现代服务业企业和品牌，鼓励外资、民资参与现代服务业企业的资产重组和股份制改造，深化服务业领域的中外合资、合作试点，打破行业垄断及部门分割，建立国际化、市场化、产业化、社会化发展的新体制机制。

2. 实现产业联动发展，中心城区和郊区选取适合的发展路径

上海经济发展出现了阶段性特征和区域性不均衡的差异。上海现代服务业需兼顾产业发展的现状、特点和长远战略目标，在产业方面，要加快产业联动发展，加速信息技术对传统产业的改造和提升，以信息化带动工业化，发展二、三产业融合的生产性服务业。在地域方面，中心城区立足增强综合服务功能，重点发展现代服务业；郊区立足增强经济发展水平，重点发展与先进制造业相融合的生产性服务业，实现二、三产业互动融合发展。

3. 突出重点行业，分类推进现代服务业

在发展现代服务业中，遵守稳定提升支柱行业、培育壮大新兴行业、突破发展潜力行业的总体推进思路，分层次、有重点地推进现代服务业发展。重点选择体现城市服务功能、具有上海综合优势以及发展潜力大、智力要素密集、产业关联带动效应强的功能型和知识型服务业进行重点突破；结合上海各区的功能定位，依托重大城市基础设施项目，打造各具特色的现代服务业集聚区。

按照"突出重点、分类推进"的原则，在重点领域实施政策聚焦、集中突破、以点带面，具体的重点产业推进措施是：大力发展金融业，积极扶持文化产业，培育壮大信息服务业，加速发展现代物流业、航运服务业和中介服务业；以举办世博会为契机，整合发展会展、旅游业。

4. 尊重企业的市场主体地位

必须明确，加快发展现代服务业的主体是企业，关键在于人才。政府应充分发挥市场机制配置资源的基础性作用和企业的主体作用，通过引进、培养和推进改革，强化市场主体，塑造企业品牌，提升国际竞争力。同时政府进一步转变职能，加强规划引导，实施政策聚焦，规范市场管理，增强服务意识，实现重审批向重服务转变，为现代服务业发展营造良好的环境。

（二）发展目标

1. 总体规模目标

到2010年，力争上海服务业增加值达到7 500亿元以上，服务业发展速度保持两位数增长，服务业就业人数占全市总就业人口的比重稳步提高，中心城区服务业增加值占中心城区生产总值的比重达到80％以上。

2. 具体产业目标

（1）稳定提升金融、商贸、物流、房地产等支柱行业。努力保持四大行业持续、稳定发展，成为上海国民经济重要支柱产业。到2010年，四大行业实现增加值达到4 800亿元左右，占全市服务业比重超过60％。

（2）培育壮大信息服务、航运服务、会展旅游、中介服务等新兴行业。努力实现新兴行业跨越式发展。到2010年，四大行业增加值保持每年20％以上的增长速度，实现增加值达到2 300亿元。

（3）突破发展文化娱乐、教育培训、医疗保健、体育健身等潜力行业。在保障基本公共服务的基础上,大力推进市场需求潜力大的社会事业部分领域产业发展;整合社区服务资源,提升社区服务功能,不断满足市民多层次的物质文化需求。到 2010 年,实现增加值超过 1 000 亿元。

### 三、上海现代服务业的发展对策

上海市政府在《2007 年度政府工作报告》中承认上海的现代服务业发展相对滞后。数据显示 2007 年前三季度,长三角地区 16 个城市服务业增加值占区域生产总值的比重达到 42.1%,高出全国 3.4 个百分点。然而,根据国际上基本认同的衡量标准,服务经济是指服务业的增加值占国内生产总值的比重超过 60%。而且,在目前的服务业增加值中,一般服务业所占比重还相对较大。因此,长三角地区发展现代服务业还有相当长的道路要走,在这种背景下,我们针对上海发展现代服务业,提出了一下的方略:

**（一） 创新政府体制,构建现代服务业的良好发展环境**

发展现代服务业,上海市面临自己的挑战。优越的地理位置和近代工商业的发展,现代服务业所定义的金融、物流、分销、社会事业、科研和综合技术服务、房地产、旅游和信息咨询多为上海市的优势产业,其特点是国际化程度高、行业发展规范成熟。面对业已开始呈现国际化、现代化、规范化特点的上海先进服务业,将政府职责从计划经济下的全能角色向宏观调节者的角色转移,仅仅是政府职能转变的起点;在更高水平上适应并促进产业发展,并构建具有上海特色的符合现代化、国际化的现代服务业良好发展环境才是目的所在。

1. 体制创新,在政府层面建立促进长三角服务业区域合作的沟通协商机制

随着经济社会的发展,长三角都市圈的交通便利度增强,逐渐呈现城市群整体发展的趋势。目前,长江三角洲已有的沟通机制主要包括:长江三角洲城市经济协调会,沪苏浙经济合作与发展座谈会等。而新近签订的《长三角服务业合作与发展协议》将为长三角现代服务业的发展注入强心剂。

然而,从行政区划而言,长三角的城市群分属两省一市。当前,我国进行

区域协作的一个最大的难点,是区划经济的体制会对各地区、各城市之间紧密联合、深化协作造成自觉或不自觉的阻碍。长三角地区要实现区域协调发展,摆脱区域间的恶性竞争循环,在政府层面建立沟通交流机制显得十分重要。对此,我们认为可以采取以下战略:

（1）提供一体化的多功能服务协调平台。平台的任务是建立基于长三角的基础设施网络和征信体系。在基础设施网络方面,目前交通业的一体化尝试值得扩展试点区域和试点线路,最终实现整体区域的一体化;同时通讯业也可以开始逐步考虑区域内省（市）互通的问题。征信体系方面,要在区域内对接征信的数据和服务,实现企业和个人征信体系一体化,是为长江三角洲金融和贸易全方位交流提供必要的服务,也是长三角尤其是上海实现"四个率先"的必要举措。

（2）进行人才交流的一体化尝试。共同构建网上人才大市场,通过设立统一的网络专用域名、制定统一的职位分类标准、职位搜索引擎,实现统一的信息配置功能。建立统一人才评估体系,实现资格证书得到无障碍互认,探索建立统一的"人才信用评估体系",为人才建立信用档案。

（3）做好社会服务的沟通和对接。上海市作为长三角中心,有必要进一步加强与江浙的沟通与交流,破除行政壁垒和体制性障碍,共同推进区域内资源共享、政策协调、制度衔接和服务贯通。具体而言,应在户籍、社会保险、医疗保障、入学等软性服务项目上通过协调沟通,降低地区分割而造成的价格歧视,使人才能够在综合生活成本与个人机会成本之间找到平衡点,从而进一步提高长三角的一体化程度。

上海 2010 年举行的世博会,将为长三角各地区打破区划阻碍、加强区域协作提供共赢机遇。加强长三角地区的旅游、交通、金融和信息联网,不但可以扩大举办世博会的运作舞台,以长三角都市圈整体的能力来丰富世博会,使长三角各城市通过世博会赢得发展机遇,而且将进一步实质性地加强各地区间的协作。

2. 职能创新,适度鼓励企业间兼并与重组

上海应该考虑适度鼓励在共同市场中进行跨地区的企业兼并重组活动。长三角产业间资源自由流动并非一蹴而就,且克服行政分割绝非易事,因此,

鼓励跨区域企业之间的资产兼并重组活动,以兼并的形式是外部成本内部化,是实现长江三角洲地区经济一体化的最有效的微观基础和制度平台。

地区经济一体化制度设计中,欧盟的经验值得学习。欧盟(当时的欧共体)非常重视跨区域兼并重组的一体化效应,1957年3月25日欧共体成员国签订的《罗马协议》中就没有包含一个西方国家通常所重视的具体的兼并控制方法。适度鼓励并推动长江三角洲三地区企业特别是上市公司的兼并重组活动,作为经济一体化的重要手段和基石,具有特别重要的现实意义。

3. 定位创新,改革服务方式加大政府支持力度

纵观各国政府对现代服务业多有支持措施,如拥有接近5万亿美元的工商贷款、贷款担保和风险资本等各种投资组合的美国联邦政府小企业署,其商业融资职能是向小企业(雇员不超过500人的独立企业为小企业,绝大多数服务业企业归入此列)提供从事经营的各种资金,从小额贷款直至数额巨大的风险投资资金。又如为支持旧金山会展业的发展和繁荣,政府立法明确从宾馆饭店业上交税收中按照一定比例提取并补贴给从事会展设施建设和会展服务的企业。

结合上海的情况,从政府层面来看,为进一步加大对现代服务业发展的支持力度,我们建议,当前可探索建立服务业信贷担保基金和政府引导基金。前者可以考虑成立专门的服务业担保公司,帮助服务业企业特别是中小企业解决贷款难的问题。后者的关键在于改革政府的资金支持方式,将以往无偿拨款的服务业发展引导资金调整为在一定期限内回收、滚动发展的引导基金,更大范围、更大程度地带动更多的社会资金投向现代服务业领域,从而促进现代服务业更好更快地发展。

(二) 以现代服务业促区域整体进步,突出服务地位

1. 现代服务业和其他产业联动机制

制造业规模是决定制造业发展的主要因素,并与现代服务业规模存在正向关系;同样,现代服务业规模是决定现代服务业发展的主要因素,并且与制造业规模存在正向关系。因而,制造业与现代服务业二者的发展规模之间已进入双向互动的阶段,二者的协同发展对经济的总体发展具有重要的意义。

国际上来看,现代服务业与先进制造业加速融合。生产性服务业已成为

目前美国的支柱产业,一些跨国公司由制造企业向服务企业转型的步伐不断加快。从趋势来看,上海要促现代服务业发展,必须实现现代服务业和先进制造业的融合。可以采取的方略如下:

(1)大力培育科技服务业。充分发挥张江高科技园区、杨浦科技孵化园区等高科技园区及上海各高校的产学研相结合的孵化载体的作用,积极发展自主研发、工商设计、技术交易及评估与咨询、知识产权管理、质量技术监督等技术服务业,努力形成较为完善的科技服务体系。现代服务业的发展并未达到提高制造业劳动生产率的目的。因此,如何发挥现代服务业对制造业发展水平的提升作用需要进行深入研究。

(2)创新政府职能,考虑跨地区进行多产业的竞合。要在中央政府的统一指导下,建立一个不被行政关系和垄断力量扭曲的区域共同市场,使区域内真正的市场主体进行充分的、有效的、公平的市场竞争,实现区域共同市场内资源的高效率配置。

现代服务业的资产周转速度对现代服务业发展和制造业发展都呈现一定程度的正相关关系;现代服务业的盈利水平与现代服务业发展和制造业发展存在 定的负相关性。这表明,现代服务业资产周转速度加快对制造业和现代服务业的发展将会起到积极的促进作用,而现代服务业因垄断等形成的高盈利在一定程度上会对现代服务业和制造业的发展产生负面影响。

2. 有机结合自主创新与技术引进,形成现代服务业后发优势服务区域经济

技术进步是服务业发展的根本推动力,发挥后发优势的前提是高起点的技术创新。服务业是新技术最主要的推广者,特别是从事技术服务和支持的服务业;服务业促进了多项技术之间的融合与发展,例如运输和仓储业就直接融合了运输工具、仓储管理和信息技术多个领域。科技的应用不仅可以为改造传统服务业提供支撑,还可以引领新的服务需求,成为现代服务业发展的动力。上海和周边智力资源丰富,

实现上海乃至长三角的现代服务业大发展,应重视科技的推动作用,增强自主创新能力和对引进技术的消化吸收再创新能力。要大力发展共性技术和关键技术,建立现代服务业技术支撑体系和创新体系,鼓励技术集成,充分发挥科技对

现代服务业发展的支撑与引领作用;研究制定现代服务业标准、规范与模式,初步形成具有自主知识产权的标准规范体系,在关键领域形成具有自主知识产权的核心专利和技术标准;建立健全有利于科技创新和科技成果推广应用的体制和激励机制,鼓励服务业企业作为主体,面向市场,建立各类研究开发机构和增加科技投入,产学研相结合,以加快技术进步,提高服务业效率和竞争力。

**(三) 突出集约和辐射,大力发展现代服务业聚集区**

上海现代服务业发展的空间布局相对集中,中心城区已成为上海服务业发展的重要载体,现代服务业的产业布局思路概括为构建"3带19区":第一个层面是上海市一级的现代服务业的集聚带,要打造三条"二横一纵"的现代服务业的集聚带;第二个层面是依托区位优势和产业基础,突出强势产业,在中心城区规划建设12个各具特色的现代服务业集聚区;第三个层面是依托重大功能性基础设施项目、大型交通枢纽和产业基地,在郊区规划建设7个以生产性服务业为特征的现代服务业集聚区。在发展现代服务业聚集区的过程中,注意以下发展方略:

1. 继续完善环境建设,吸引服务业向规划区聚集

市、区两级政府联动完善规划区内基础建设、配套设施和管理,为现代服务业机构入驻、发展创造良好的外部环境。为此,建立政府与驻区现代服务业的联系制度,为区内的机构提供良好的发展空间,充分满足他们对经营管理等方面的需求;抓住期交所成立的契机,搭建金融业市场交易平台,进一步吸引证券公司、国内外银行、保险公司、基金公司向中心区聚集,增强中心区的对外辐射能力,带动其他相关机构和企业的入驻;在区内规划并建设高级别的商务区,提高投资资本的聚集能力,促进规模经济的形成,力争建成区域性的服务业中心。更加注重现代服务业发展的所需要的软环境建设,按照国际惯例健全法制化、市场化的金融发展环境。

2. 进一步加快总部经济发展

积极实施"大环境"战略,让国内外更多知名企业了解中央商务区优越的软、硬环境。在各种交通汇集处设立大型宣传广告牌,组建由专业人士组成的推介团进行各种推介活动,利用电视台、互联网等媒体通过专题短片做好宣传吸引更多的世界500强企业、跨国公司地区总部、全球分销中心和采购中心、

大型企业集团总部、金融机构总部等落户区内,打造"总部经济品牌";建设集办公、商贸、休闲娱乐、餐饮服务等多功能为一体的"亚中央商务区",强化两者融合补充,形成相得益彰的商务大环境,促进总部经济的发展。

3．积极实施品牌战略

实施品牌战略、促进行业发展、提高企业竞争力,使本市拥有一批知名品牌,提升行业发展水准。例如,在已形成一定知名度的基础上,着眼于提高规范化、产业化和现代化水平,切实做好、做实自己的品牌;同时,通过资源整合、厂房置换等方式再兴建几个相匹配的特色商业区,充分调动全市现代服务业的活力,促进经济的整体发展。

**(四) 现代服务业发展的具体抓手**

1．开辟旅游业区域合作新局面

深化旅游管理一体化,打造长三角"无障碍旅游区"。2003 年 7 月,长江三角洲地区的上海、杭州等 15 个城市签署了《长江三角洲旅游城市合作宣言》,提出了要把长江三角洲旅游区变成中国第一个跨省市无障碍旅游区。在这个基础上,上海要通过自身努力,依托长三角协调机制,整合资源实现优势互补。具体操作中,实现区域交通、医疗救助、落地签证、信息咨询、支付消费、语言服务、标识系统等城市旅游功能上实现无障碍,在构建旅游管理信息化、标准化、规范化等城市旅游管理服务上深化一体化程度,打造"无障碍旅游区"。

政策协调,为区域合作提供制度保证。区域旅游合作总离不开政策的协调,制度化的组织形式是推动区域旅游合作持续下去的重要保证。有效的政策协调是区域合作的难点,无障碍旅游的关键在于四个政策的协调:交通政策、价格政策、服务政策和权益政策。

多元化经营,在区域旅游合作中体现创新。首先,创新性的体现政府的影响。在规划开始,制定中长期的旅游圈规划。第二是开发汽车旅游圈,随着经济社会的发展,适应汽车等交通工具的普及,构建"短期游"和"周末旅游圈",围绕上海、南京和杭州长三角三大省会城市为中心,涵盖周边的城市,将目前尚属于自由组织的自驾车旅游归入汽车旅游圈。第三是整合专项旅游产品,开发旅游新品种,如婚庆及周边专项旅游产品等。第四是串联性区域旅游线路,进一步对接长三角以外的旅游城市,如将刚刚签订的"9＋10"区域旅游合作框架落到实处,即使开辟新线路。

2. 打造服务外包新战场

服务外包指企业将生产或经营过程中的某一个或几个环节交给其他(专门)公司完成。服务外包广泛应用于 IT 服务、人力资源管理、金融、会计、客户服务、研发、产品设计等众多领域,服务层次高,服务附加值大。

我国曾经是制造业产业转移的受益者。随着我国加工贸易和制造业吸收外资规模的逐年扩大,我国作为世界制造业中心的地位不断得到提升。但制造业主要依赖劳动力资源优势,而继续发展制造业尤其是重化工业,能源消耗大,环保成本增加;加之,人民币升值和国内各类资源价格上升,而造成成本优势逐渐消失。仅仅停留在"世界工场"的位置上,不仅使我国的产业结构难以优化,更影响我国经济和社会的可持续发展。以服务外包为主要载体的新一轮全球产业转移再次出现,我国面临新的历史机遇与挑战。

明确上海市发展服务外包的战略思想,进一步研究优化服务外包企业的扶持政策,放宽服务外包企业进入门槛,降低企业税负标准,延长优惠期限。

建立适应服务外包产业发展的人才培养机制:重视软件职业教育,从而大大降低培养成本和使用成本,缩短了培养周期;在高校积极深化产学研一体化的教育模式,尽快对接毕业生和企业需求;注重培养"复合型"的软件人才,一方面重视计算机学科与其他学科的交叉培养,另一方面,重视语言表达能力的训练。对海外归国人员回国创业方面给予多种优惠待遇,比如减免个人所得税、给予较高待遇、简化办理手续、优化生活环境、创造发展机会等等。

政府率先推行服务外包,以实际行动鼓励和扶持外包企业。政府须把外包作为优先的业务策略,并予以制度配合:一是与部门预算改革配合,在能够进行成本比较的基础上,控制自建自管的预算支出,使 IT 外包优先得到预算资金安排;二是与政府采购配合,把 IT 外包服务作为采购项目,以公开招标等方式,进行政府集中采购;三是与政策支持配合,形成一批比较稳定的外包服务企业,通过辐射作用带动产业发展。

进一步加强知识产权管理。发包商在选择承包商时,对于东道国的管理水平、商务和法律的国际规范有着很高的要求,尤其是知识产权保护的问题,是发包商关注的焦点。针对这一问题,政府加强管理,积极调整知识产权的条例与政策,制定相应的法律来保障外包产品的知识产权。

## 第三节  上海装备制造业发展对策

现阶段,经济全球化和以信息技术为先导的新兴产业的发展加快了世界经济结构调整,装备制造业格局正在重新洗牌。上海装备制造业曾具有辉煌的过去,本节在新形势下论述上海装备制造业的发展对策。

### 一、上海装备制造业的基本概况

#### (一) 装备制造业的基本内涵

装备制造业是指为国民经济各部门简单再生产和扩大再生产提供技术装备的各种制造工业的总称,其产品范围包括机械工业(含航空、航天、船舶和兵器等制造行业)和电子工业中的投资类产品。按照装备功能和重要性,装备制造业主要包括重大设备成套装备和重要基础件与关联产品。装备基础件是成套装备的基础,成套装备是装备基础件的集成。由于二者之间的紧密关系,都能反映一个国家装备技术的高低,因此本报告中的装备既包括成套设备,也包括装备基础件及其关联产品。

#### (二) 装备制造业的地位和作用

装备制造业是国民经济的战略产业,是国民经济快速、稳定发展的基础,在很大程度上决定着社会消耗水平和国民经济整体效益,是国家工业水平和经济技术实力的综合体现。上海是我国重要的制造业基地,发展先进装备制造业,特别是技术难度大、成套性强、需要跨行业配套的重大技术装备制造业,对提升上海产业能级,增强国际竞争力,具有十分重大的战略意义。

装备制造业是我国最大的工业部门。按照国民经济行业分类,装备制造业包括八大类 185 个小类产品。它是为国民经济和国家安全提供装备的总称,是我国工业领域中最大的产业,也是国家对外经济贸易的第一大产业。作为高就业、低能耗、高附加值产业,装备制造业虽为技术密集和资本密集工业,但它不同于流程工业,它是组装式工业,同时具有劳动密集性质,有较大的就业容量,可提供大量就业机会。2000 年装备制造业每万元固定资产原价可吸纳 0.078 人,而工业平均吸纳 0.052 人。装备制造业不仅直接吸纳大量劳动力,同时装备制造业前后关联度较高,对装备制造业投入也可带动其他工业的发展,增加相关工业的就业人数。解决就业问题,缓解就业压力,对保持社会安定团结具有至关重要的作用。

装备制造业是技术密集产业,产品技术含量高,附加值大。随着装备制造业不断吸纳高新技术,以及信息技术、软件技术和先进制造技术在装备制造业中的普及应用,技术装备日趋软件化,先进的装备制造业将有更多的产业进入高新技术产业范畴。

装备制造业作为技术密集工业,万元产值消耗的能源和资源在重工业中是最低的。2000 年我国装备制造业万元产值消耗能耗 0.12T(标煤),工业平均为 1.05T。

装备制造业是事关国家经济安全、国防安全、能源安全和生态安全的战略性产业。国家整体的竞争力,在很大程度上取决于制造业的竞争力。而装备工业不仅对制造业具有巨大的支撑作用,同时在国民经济中具有承上启下的功能。

一是装备制造业是各产业结构调整和升级的重要支撑和保证,是工业改组改造和结构优化升级的重要组成部分,同时又为各产业部门提供大量的先进装备。

二是装备制造业可大幅度提高生产效率、节约能源和资源,保护生态环境,提高经济运行质量,促进经济的可持续发展,是国家能源安全和生态安全的重要保证。

三是装备制造业既是高新技术的生成和产业化的集成,又是高新技术转化为生产力的媒介和桥梁。无论是计算机、通讯设备、航空航天设备,还是海洋工程、生物医药等的研制和产业化,都需要装备工业为其提供先进的生产装备和测控仪器。

由此可见,装备工业对决定制造业的竞争力,以至国家整体竞争力至关重要。技术装备水平既然可以决定一个国家的综合国力和竞争力,所以技术装备也是各国用于控制或干扰其他国家经济运行的重要武器。

(三) 上海装备制造业的发展现状

上海市是国家装备制造业重要基地之一,经过多年的发展,上海的装备制造业已具备了一定基础。"十五"期间,上海装备制造业(包括机械、汽车、船舶等)对全市工业增长贡献率达43.2%,成为推动经济发展的主要力量。2006年上海市装备制造业进入快速发展轨道,全年完成工业总产值8 943.14亿元,比上年增长21.5%,高于规模以上工业6.8个百分点。本市装备制造业七大行业中,除金属制品业外,专用设备、通用设备、交通运输设备、电气机械及器材、通讯设备计算机及其他电子设备、仪器仪表及办公用机械等六大行业的增幅均高于全市规模以上工业增幅,其中交通运输设备制造业、电气机械及器材制造业的增幅较大,分别达到38.9%和23%。2006年上海装备制造业完成出口交货值4 014.46亿元,比上年增长18.8%,高于全市规模以上工业2.4个百分点。其中电气机械设备制造业、交通运输设备制造业、通用设备制造业的增长格外显著,分别比上年增长54.6%、42.4%、29.2%。上海装备制造业出口交货值占销售产值的比重达到45.4%,产业外向度远高于全市32.1%的水平。2006年上海装备制造业投资迅速增长,全年完成投资额482.59亿元,比上年增长17.2%,高于全市工业固定资产投资增速5.1个百分点。

表6.5　上海装备制造业经济效益表(2006)　　　　单位:亿元

| 行业名称 | 投资完成额 | 投资比上年增长% | 投资比重% | 利润 | 增长% | 税金 | 增长% |
|---|---|---|---|---|---|---|---|
| 装备制造业合计 | 482.97 | 17.2 | 100 | 496.41 | 30.4 | 217.48 | 26.5 |
| 交通运输设备制造业 | 128.53 | −15.7 | 26.6 | 157.98 | 44.7 | 109.32 | 38.3 |
| 通用设备制造业 | 72.69 | 6.4 | 15.1 | 117.36 | 21.7 | 38.83 | 21.9 |
| 电气机械及器材制造业 | 33.65 | 2.1 | 7 | 78.12 | 43.9 | 20.85 | 21 |
| 通讯设备计算机及其他电子设备制造业 | 164 | 38.9 | 34 | 65.51 | 26.1 | 16.73 | 0.5 |
| 专用设备制造业 | 48.8 | 61.7 | 10.1 | 28.46 | 16.8 | 15.51 | 30.7 |
| 仪器仪表及文化办公用机械制造 | 3.64 | 27.7 | 0.8 | 26.86 | 29.8 | 6.98 | −6.1 |
| 金属制造业 | 31.65 | 110 | 6.6 | 22.11 | −6.2 | 9.27 | 19.4 |

资料来源:根据《上海统计年鉴》(2007)相关数据整理。

　　上海装备制造业发展呈现以下几个特征:

1. 装备制造业平稳快速增长

2006 年,上海规模以上装备制造企业实现销售收入 9 271 亿元,占全市工业总产值近一半,实现利润 496 亿元,占全市工业利润总额近 1/2。2006 年上海装备制造业已有企业 5 560 户,资产 7 605.16 亿元,比去年同期增长 13.3％,占全市规模以上资产总计的 43.1％;全年主营业务收入 9 270.94 亿元,比上年增长 20.3％;从业人员 108.89 万人,占 41.1％。电站汽轮机、矿山机械、汽车、船舶、计算机等产品,不但起到上海工业"发动机"的作用,而且正在装备全国各行业,有力地推动钢铁、电力、煤炭、石化等产业的发展。

2. 重大技术装备取得一定突破

"十五"期间,上海在国家发展改革委的支持下,依托重大工程项目,一批重大技术装备研制取得突破。2006 年,许多重点领域取得了进一步发展,承接 100 万千瓦超(超)临界机组 14 套,合同总金额 114 亿元;上海福伊特西门子水电发电机工厂奠基,将结束上海只有水轮机而无水轮发电机的历史;低速磁浮试验样车总装和试验线土建均已完成;屏蔽门系统国产化率先突破,并取得上海地铁 6 号线、8 号线合同;第一根国产大型船用曲轴制造成功并获得订单 48 根,结束了大型船用曲轴依赖进口的历史;国内第一台拥有自主知识产权的盾构"先行 2 号"下线,进入产业化制造(22 台);煤直接液化中试基地进行三次试车,实现了 100 天以上的连续稳定运行;微电子装备领域的三大主机设备中,光刻机专项完成分系统研制,65 纳米刻蚀机和化学薄膜沉积设备完成生产样机研制,为形成微电子装备产业链奠定了基础。

3. 产业基地建设产生集聚效应

目前在上海 30 个产业集群中,装备制造业占了一半。为协调推进装备产业基地建设,上海启动临港装备产业基地建设,并坚持高起点、高标准、高质量开发建设,从国家战略出发,坚持依靠自身力量,发展重大技术装备,走新型工业化和自主创新的道路,明确了以高附加值的先进制造业、高新技术产业为基础的总体定位和产业布局,并力争成为国家振兴装备制造业的先行区;长兴岛基地和外高桥基地围绕发展高附加值船舶和港口机械装备,2006 年上海船舶工业完成 541 万载重吨,占全国总量的 37％,江南长兴基地已累计接单 55 艘,超过 700 万载重吨;在闵行地区启动了上海航天科技基地建设。产业基地建设推动着上汽集团、上海电气、振华港机等一批装备制造企业加速发展，也推动着上海市装备制造企业与中央企业的合作发展，并形成了装备制造业集聚效果。

4. 增强自主创新意识，推进产学研联合

2007年以来，上海率先制定并出台了《上海市鼓励重大技术装备首台业绩突破实施办法》，《上海市重大技术装备首台业绩突破项目认定办法》也已出台。办法对企业开展的重大技术装备自主创新和集成创新项目给予研发补贴，对用户单位订购或使用首台(套)重大技术装备给予设备总价格一定比例的风险补贴。同时，制定鼓励企业增加技术开发费用、政府采购等相关政策，率先在重点装备制造企业落实；组织实施"重大技术装备突破工程"，2007年5月启动的重大技术装备研制专项共收到167项申报项目。

积极鼓励和支持装备制造企业和高等院校、科研院所以自主创新为目标，建立产学研战略联盟，开展重大项目攻关，推进科研成果产业化，提升产业竞争力。上海新能源汽车领导小组支持企业与同济、上海交大等院校联合攻关，力争在燃料电池汽车、替代能源汽车等方面形成先发优势。积极推动电气集团与上海交大、核电设计研究院、发电设备成套研究所等共建上海市核电技术与成套装备工程研究中心和上海市燃气轮机工程研究中心，开展18项燃机和核电关键技术攻关，支持电气集团与中科院开展四批高技术与产业化项目合作。目前，"长三角"已成为全球重要微电子产业基地，上海积极支持海外留学归国人员在上海创业，通过产学研联合发展微电子装备，核心研发团队不断壮大，研发、制造、供应体系已初步形成。

5. 推动企业机制创新，优化整合产业资源

上海市政府积极推动装备制造业龙头企业发展。上海电气集团改制并在海外成功上市后，"上海电气"品牌在国内外知名度得到提升。"十五"期间，上海电气集团收购了日本秋山印刷、德国沃伦贝格机床和日本池贝株式会社，取得国际化发展的重大突破。2006年，上海电气集团开始组建重工集团，围绕国家和上海市振兴装备制造业重点领域，集聚集团重工资源，着力发展核电核岛部分设备、冶金设备、电站制粉设备、锻压设备、大型铸锻件、压力容器、大型起重设备等，争取重工集团成为中国第一、世界三强，成为具有国际竞争力的

企业集团。

## 二、上海装备制造业的战略定位

### （一） 基本原则

上海装备制造业是长三角制造业的领航员，长三角能否较快地成为世界先进制造业密集区和重要经济区，上海是关键。上海发展装备制造业应遵从以下原则：首先，在产业规模上，装备制造业在上海制造业要保持较高的比例。在产业质量上，装备制造业要成为上海制造业中的精锐，要能体现上海制造业的国际竞争力；其次，装备制造业要充分发挥自身优势，在汇集产业资本、产业技术创新、参与国际竞争、区域资源整合等方面发挥领航员的作用，成为积极促使长三角制造业一体化的合力；再次，装备制造业应通过发展先进成套设备，为国家的能源安全、生态安全、军事安全、信息安全、经济安全提供先进的技术装备，成为国家战略安全的重要依托；最后，充分发挥装备制造业对其他制造业和服务业的带动作用，保持装备制造业的重要支柱产业地位。

### （二） 发展目标

#### 1. 产业总体发展目标

上海要以"优先发展现代服务业，优先发展先进制造业"为方针指导，以增强自主创新能力和国际竞争力为目标，以推进大基地、大企业、大项目、大品牌为载体，应用推广新技术、新装备、新材料和新工艺，坚持专业化、信息化、集群化、服务化，努力提升上海装备制造业的能力和水平，充分体现产业的引领、攀登和超越作用。上海市力争使装备制造业产值和增加值保持14%的年均增长率，到2010年，上海装备制造业产值达到1.25万亿元，增加值达到3 100亿元，占制造业的比重达50%。装备制造业企业在上海工业500强的比例每年提高2个百分点。初步构筑起重点领域装备制造业技术自主化、设备成套化、制造集约化、服务网络化的新型产业体系。掌握一批核心关键技术，形成一批具有自主创新能力、自主知识产权和知名品牌的优势企业。重大领域发明专利授权量中，本土企业和科研机构的比例要达到15%以上。信息技术得到普遍应用，大中型装备制造业企业基本实现信息化管理。

培育15个左右国内驰名、世界知名、代表上海装备制造业水平的本土品牌。重点成套设备和重大产品的国内市场占有率要达到较高水平,参与国际竞争和承揽海外设备工程的能力明显提高,形成若干具有跨国运营能力的装备企业。

2. 产业具体发展目标

上海应着眼于形成高端,聚焦重点领域、重点项目、重点企业、重点基地,实现上海装备制造业的攀登和超越。一是在重点领域方面,确定发展清洁高效发电装备、高压输配电成套设备、新能源汽车、大型冶金和化工设备、轨道交通设备、微电子及数字化信息设备、港口机械及船用机电设备、先进数控及数控系统、大型环保及资源综合利用设备、仪表控制及自动化设备、大型飞机和民用支线飞机等 12 个领域;二是在重点项目方面,积极鼓励企业承担国家重大技术装备自主化项目,国家项目市级财政配套支持,在现有相关专项资金中优先安排;三是在重点企业方面,对承担重大装备自主化项目的企业实行适度的政策倾斜,积极争取上海装备制造行业和重点企业成为国家振兴装备制造业的主力军;四是在重点基地方面,重点推进临港装备制造基地建设,争取成为国家振兴装备制造业的自主创新基地和"试验田"。

## 三、上海装备制造业的发展对策

### (一) 充分利用国内对装备制造业的旺盛需求

据预测,"十一五"期间,我国固定资产投资增长率及投资率仍将保持较高水平,到 2010 年,全社会投资完成额将达 7.8 亿元,因此国内对装备的需求仍将保持较高的增长速度。上海应该把握装备需求的产业分布、地区分布、行业分布,抓住国内市场机遇。具体措施:加强重大装备工程的商情工作,掌握市场竞争的主动权;组建若干跨省市的装备企业联盟,提高装备企业的整体实力;深化与大客户的战略合作,向大客户长期供货,或在预先研究、产品与工艺开发、人员培训、标准化等方面开展广泛合作,争取双赢;妥善处理与兄弟省市及相关部委的关系,加强沟通和合作,支持国家建设统一市场的努力,力争上海装备企业有平等的竞争权。

### (二) 加大对内对外的招商引资力度

"十一五"期间上海装备制造业需要总投资 8 500 亿元。由于存在自身特点,装备制造业投资来源结构与一般制造业相比,应保持一定的政府投资比例,并对外商投资比例进行适度控制,防止外国资本对装备制造业形成控制。为此,建议上海改善装备制造业的投资来源结构,形成以内资为主,外商为次,政府预算投资为补充的结构,三种资金来源的比例保持在 6∶3.5∶0.5。同时,要不断提高利用外资的水平,不断改善引进外资的质量,引导外商设立技术中心和研发基地,引导外资投向国内生产不了并大量依赖进口的高技术装备上,引导外资与上海优势装备制造业企业开展互利的合作上来;进一步强化招商引资工作的重要性,改进招商引资的工作机制,借鉴东南亚、欧美地区先进城市的招商引资经验,提高招商引资的水平、质量和能力,不断提高"城市营销"的品位、水平和业绩;加强与周边省市在招商引资上的合作,关键是上海应明确并坚持自身在装备制造业上的科学合理定位,并正确认识自身的优势和不足,有所为,有所不为。

### (三) 大胆推进装备制造业的全面创新

创新是一个民族的灵魂,是创造奇迹、实现梦想的利器。上海领航长三角建成世界级先进装备制造业基地,不但要善于学习各种先进经验,更要善于站在时代前沿开展全方位的创新。要从技术、业务和管理方面大力开展创新,以最具竞争力的产业技术、最贴近客户需求的业务内容和最具实效的管理模式推动上海及长三角装备制造业能级的重大跃迁。具体措施:

1. 瞄准前沿重点突破开展技术创新

包括建成我国主要的装备产业技术开发基地;组织重点重大装备技术攻关;加强新产品开发,力争到 2010 年,新产品销售收入比例比 2003 年提高 10 个百分点。推广一大批先进工艺,降低能源资源消耗、减少环境污染、发展循环经济;大力推广数字化技术,力争成为全国数字化制造业的典范。

2. 贴近客户需求开展业务创新

牢固树立服务理念,真正将产品生命周期中的全过程服务视为装备产业争夺市场和获取利润的主要手段;顺应世界装备制造业发展趋势,向跨国公司学习,大幅度提高为客户提供全过程服务的能力,以服务创新缩小与跨国公司的竞争力差距。

加强与客户的沟通联系,持续跟踪和满足客户对产品、工艺、材料、工装等的需求及其变化；有重点地跟踪国际技术趋势，开发具有国际先进水平的新产品、新工艺，特别是要加强与客户的合作研发。

3. 追求实效开展管理创新

创新国有资产管理体制，基本形成国有经济与其他所有制经济共同、协调、健康发展的局面；大幅度提高装备产品与服务质量，争取到 2010 年，上海装备制造业企业整体质量水平有很大的提高；创新企业内部管理，培育一批明星企业和一大批管理水平高的制造业企业，培育一大批优秀企业家和企业管理人员；推进企业管理信息化，力争到 2010 年，建成全国制造业信息化领先城市，缩小上海与发达国际在制造业信息化上的差距；打造中国式跨国公司，力争到 2010 年拥有若干以上海为行政总部的世界 500 强企业和一批具有全球运营能力的装备制造业跨国公司。

**（四） 以高水平的生产性服务业促进装备制造业发展**

加快发展金融、国际贸易、物流、会展、咨询、广告、工商业、房地产等公共服务业，力争到 2010 年上述公共生产性服务业在服务能力、服务内容、质量水平等方面与国际一流水平全面接轨，能够为制造业企业提供国际质量、国内价格的优秀服务，推动包括装备制造业在内的制造业成长。

顺应装备制造业服务化的趋势，加快发展相关专业服务业，推动装备制造业的发展。包括发展独立、综合性的成套设备工程服务业和率先建成汽车服务体系。

**（五） 装备制造业发展的具体抓手**

1. 进一步完善装备企业投资与经营环境

可以联合江浙共同编制"长三角装备产业投资指南"，宣传长三角装备产业的整体投资环境，帮助投资者做好投资决策。定期开展投资环境调研，了解现实与潜在投资者对上海投资环境的需求，为不断改善上海投资环境提供依据。结合投资环境调研结果，合理规划、适当超前，进一步加强和改善上海的软硬环境，进一步提高市民道德修养，全面改进上海投资环境。打造国内第一的政府服务品牌，以优质的政府服务降低企业投资与经营的风险和成本，要立志打造国内第一、国际一流的政府服务品牌，将打造政府服务品牌作为提高执政能力和实践"三个代表"的重要途径来抓。建立通畅的企业-政府沟通渠道与对话机制,提高政策的制定、执行和监督能力,提高为企业提供政府服务的水平。高度重视技能型人才的培养,建设好一批适应产业导向、专业可动态调整、师资力量雄厚、生源质量好、实践基地有保障的职业教育机构,培养一大批高素质技能型人才,为上海及长三角装备制造业的崛起提供强有力的人才保障。

2. 强化市场规则的指导性与权威性

加强产业技术分类目录管理,建立动态的标准制定、实施、监督、修订的技术标准管理办法;在国家相关文件与标准的基础上,结合上海实际,制定适用上海的鼓励类、限制类、禁止类产业技术目录,作为吸引高精尖技术、推动产业技术升级的重要依据,并定期修订,建立产业技术目录管理体制。加强税收优惠办法及其实施的管理,确保将有限的财政资源用到最需要税收优惠的地方去。着手建立反垄断体制,我国某些装备产业有被国外跨国公司垄断的危险,这对上海与长三角装备制造业发展极为不利,而我国目前还没有反垄断方面的法律法规,建议上海在这方面先行一步,制定地方性反垄断法规或积极参与和推动全国反垄断体制的建立。

加强装备产品市场的法律监管,加强在政府采购、招投标、反商业贿赂等方面的立法、执法和监督工作,规范装备产业的法律环境,特别是加强对跨国公司所谓"政府公关"的监控力度,打击非法"桌底交易"、"假招标"等,用法律手段保护民族装备制造业的健康成长。

3. 推动装备产业国有企业改革

支持符合条件的装备企业在国内外资本市场上市,不但可解决装备产业发展所急需的资金问题,而且有助于国有装备企业建立科学、规范的现代企业制度,是推动企业改革、推动企业国际化的重要途径。

推进国有资产监管体制,将国有资产管理职能与公共管理职能分开,强化国资委作为国有资本出资人的地位,促进国有企业的发展。鼓励国有企业开展管理创新,以管理创新提高国有企业的内在竞争力,创造上海国有企业的新辉煌。

4. 积极开展区域合作和国际合作

广泛开展区域合作,合作对象以江浙为重点,同时根据具体情况,开展与东北、中西部、珠三角等地的合作,具体途径:共同编制重大产业、重点科技领域的发展规划,协调各自发展目标和定位,形成合力;设立区域性重大产业基金和科技基金,支持装备企业的技术创新、预先研究和管理创新,带动整个装备产业突破技术瓶颈,打破发达国家的技术封锁,培养萌芽产业发展;支持中西部和农村地区加强基础设施建设,与其建立共同发展、相互依存的新型合作关系;推进国内统一市场建设,打击地方保护主义,为装备企业创造良好的市场空间;推进技术领域的跨地区、跨行业合作。

5. 提供必要的直接支持

妥善运用政府采购手段和国防采购手段,帮助上海及长三角企业参与国内其他地区的政府采购,提高上海及长三角装备制造业在全国的市场份额;建议政府设立专项资金并委托保险公司或其他专门机构进行管理,为装备制造业关键设备的国产化提供无偿或有偿的风险担保;运用WTO允许对风险大的基础研究和竞争前技术研发给予补贴的规定,组织一批基础研究和竞争前关键技术进行攻关并提供部分或全部补贴,同时加强政府补贴项目的管理,明确企业在科研成果产业化的权责利,提高政府投入的效果和效率;参照发达国家装备制造业的做法,成立中心企业联合组建的技术中心,联合申请政策性贷款,联合申报科研开发项目,行业协会等中介机构应协助中小零部件企业建立专业化服务网络,在售后服务上与主机、用户建立密切联系,最终形成与大企业协调发展的产业群。


# 第四节　上海信息产业发展对策

信息产业是上海的支柱产业之一,改革开放以来一直保持着高速度发展。以工业化带动信息化,以信息化促进工业化是实现上海新型的工业化道路的必然选择。本节将对上海信息产业发展对策进行论述。

## 一、上海信息产业的基本概况

### (一) 信息产业的基本内涵
信息产业主要是指从事信息资源的研究、开发、应用,利用信息技术进行产品生产、提供信息服务的行业，是一个行业多、领域宽、涉及面广的不断发展壮大的现代产业群的总称。信息产业的定义有广义和狭义之分：狭义的定义为，信息产业包括电子信息产品制造业与信息服务业；广义的定义为，除包括上述的电子信息产品制造业与信息服务业外，还包括信息传输业。其中，信息产品制造业主要指电子信息产品制造业，包括集成电路和元器件、计算机、通信设备、广播电视设备及电子出版设备制造业等。信息传输业包括广播、电视、电话、电报、数据通信、计算机网络、非电子信息传输业等。信息服务业是指以计算机为主要平台的信息服务业，它又包括信息资源开发业、数据库和信息库开发业、计算机信息处理业、互联网络业、信息应用增值业以及信息咨询业。

（二）信息产业的地位和作用

1. 信息产业是国民经济快速发展的新增长点

从世界新兴工业国家与地区的产业演进过程看，以电子信息产业为代表的高科技产业可以极大地带动其他产业、部门的发展，并延伸出许多新的经济增长点。信息生产本身就可以创造大量的财富，信息产品和信息服务对优化产业结构起着很大的推动作用，信息服务还对第三产业的发展有较强的促进作用。可见，信息产业的兴衰已经不仅是信息产业自身行业内部的事情，而且与整个国民经济的健康发展有着不可分割的联系。

2. 信息产业发展对转变经济增长方式的推动作用

信息产业具有很强的渗透性，是一个跨行业的产业。目前我国传统产业还不十分发达，大力发展和应用信息技术可以为传统工业建设和技术改造提供先进技术装备，注入新的生产力，同时又可以提高能源利用率，减少国民经济对能源的压力，从而实现经济由粗放型向集约型、由劳动密集型向知识密集型转变，最终实现经济增长方式转变。

3. 信息产业是知识经济的先导产业

信息产业是知识经济的先导产业，信息技术是高技术的先导技术，它位居迅猛发展的高技术群之首。信息工程位居 21 世纪信息工程、生物工程、环境工程、教育工程和金融工程这五大战略工程之首。信息化的发展建立在信息技术和信息产业的发展基础上的，数字化、网络化引领社会系统的各个领域都发生深刻的变革。信息产业对于经济、政治、文化和社会发展,以及增强我国的国际竞争力有重大的带动作用。

### (三) 上海信息产业的发展现状

20世纪90年代中期以来,上海贯彻国家"优先发展信息产业"的战略,利用国际、国内两个市场、两种资源,通过政策聚焦和市场培育,使得信息产业快速成长为上海具有较高国际化程度的第一支柱产业。2007年上海信息产业规模达到7417亿元,同比增长23.9%,信息产业增加值达到1651亿元,占全市GDP比重达到13.8%,信息产品出口额达530亿美元,占全市外贸出口额的37%。2007年,上海信息服务业收入达1502亿元,同比增长23%,软件业增速超过30%,互联网服务业增速超过50%,电信业增速达13%。在软件产业领域,国家重点布局内软件企业达到26家,占全国1/6。在电子信息产品制造业方面,实现销售收入5915亿元,笔记本电脑产量占全球1/3,服务器产量占全国的35%。在集成电路产业领域,上海是目前全国唯一的国家级微电子产业基地,国家集成电路研发中心落户上海。

表6.6 上海信息产业实现制造业销售收入和服务业经营收入　单位:亿元

| 2000年 | 2001年 | 2002年 | 2003年 | 2004年 | 2005年 | 2006年 | 2007年 |
|--------|--------|--------|--------|--------|--------|--------|--------|
| 1 075 | 1 307 | 1 690 | 2 969 | 4 384 | 5 022 | 5 904.5 | 7 417 |

#### 1. 信息网络基础设施基本达到国际先进水平

信息通信网络基本实现宽带化、数字化和广覆盖,信息传输瓶颈问题基本得到解决。在上海登陆的国际通信海底光缆通信容量达到260 G,占全国总量的70%,上海已成为亚太国际通信海底光缆重要登陆地之一;互联网络国际出口带宽达到30 G,占全国的22%以上;信息通信管线、无线通信基站、信息通信局房、室内无线通信覆盖等集约化建设初见成效;基础通信服务实现按需提供,各类终端普及率跃居国际先进行列;国内最大的上海超级计算中心总运算能力已达到每秒11万亿次,功能型设施的公共服务能力显著提高。

#### 2. 信息技术在社会各领域的应用效能日益显现

各行各业积极主动应用信息技术的发展格局基本形成,首先,从促进政府职能转变出发,已建成一批重点业务应用系统,基本构筑起统一的电子政务基础网络，"中国上海"政府门户网站成为市民知情办事的重要载体。政府信息公开制度率先在全国省级政府中推行，主动公开信息超过16万条；其次，从提升城市管理和服务水平出发，整合建成12319城建服务热线，推动了水务、房地、交通、市政、绿化等业务的协同联动。城市管理网格化试点取得成效，初步形成网格化的城市管理新模式。地理信息系统、应急联动、智能交通等重大项目不断深化；再次，从提升城市经济功能出发，建成"大通关"平台，通关效率大幅提升。实施企业信息化示范工程和传统产业电子水平提高计划，电子商务交易规模和企业信息化程度明显提高；最后，从服务市民出发，重点推动了三个"一卡通"（社会保障卡、公共交通卡、银联卡）、"校校通"、"市民信箱"、"付费通"、社区信息苑等一批受益面广、示范效应明显的应用项目，以信息技术支撑社区网格化管理试点工作初见成效。

**3. 信息产业综合发展环境得到明显改善**

坚持发展、改革、管理并重，基本形成全社会共同推动信息化建设的良好氛围，基本确立层次清晰、权责明确、市和区县两级的信息化组织管理体制，相继建立一批信息化行业协会和功能性服务机构；信息安全保障能力不断增强，建立起覆盖全市的信息安全责任体系，形成信息安全测评、等级保护等一系列基本制度；信息化法治建设取得成效，共发布市人大决定、政府规章和规范性文件60多件，配套的政策、标准不断完善；信息化知识普及、人才培养力度明显加大，71万社区居民参加了持续3年的"百万家庭网上行"培训活动，近400万人次通过国家计算机应用能力等级考试，分类实施信息技术管理职业资格认证培训制度，市民信息化素质和信息化工作者专业能力不断提高。

**4. 信息产业园区成为产业技术创新的重要载体**

上海坚持外向型、多功能、高科技的发展方向，在国家发展改革委、信息产业部、科技部的指导下，经过十余年的发展，先后成立了国家微电子产业基地、国家集成电路设计上海产业化基地、国家半导体照明工程产业化基地、国家信息安全成果产业化（东部）基地、国家软件产业基地、国家软件出口基地，它们成为信息产业技术创新和发展自主知识产权的重要载体，集研究开发、金融数据和科技创新等功能于一体。

## 二、上海信息产业的战略定位

### （一） 基本原则

**1. 信息产业选择原则——壮大优势产业、稳定均势产业、淘汰劣势产业**

把握好"优势产业要发展、均势产业要稳定、劣势产业要淘汰"的原则，聚焦发展软件、集成电路、新型元器件三大核心信息产业的发展，进一步壮大通信、信息家电、信息服务等优势规模。通过合理配置资源，保障信息产业走稳定、健康的可持续发展之路。

**2. 信息产业创新原则——鼓励走自主创新道路，实现关键技术的重点突破**

把科技创新作为信息化发展的首要推动力量，把提高自主创新能力作为促进信息产业结构优化升级、实现跨越式发展的中心环节，着力构建以企业为主体、市场为导向、产学研用相结合的信息技术自主创新体系，将国内市场需求与原始创新、集成创新、引进消化吸收再创新有机结合起来，努力在重要领域、核心产品和关键技术上求得突破。培育一批创新型企业和拳头产品，增强产业的持续发展能力和国际竞争力，在获得高增长的同时，不断积蓄下一步发展的潜在优势。

**3. 信息产业融合原则——促进信息技术与传统产业的融合，推动信息的集约共享**

推动信息技术与传统产业的融合，在提高传统产业技术能级的同时，形成信息产业新的增长点。通过信息产品制造业和信息服务业的发展、扩散、集成、整合，促进不同产业之间的相互渗透和交融，构建新型产业体系。深化推进信息技术在不同领域、区域和群体中的普遍应用，提高信息技术的应用服务水平。着力推动信息基础设施、公共信息系统的集约建设和信息资源的充分开发、整合共享，不断提高信息化的整体质量与效益。以贴近市民、服务发展作为信息化工作的基点，把全社会普遍受益、长期受益作为信息化推进的根本宗旨，把群众用得上、用得起、用得好作为深化信息技术应用的基本要求，不断缩小城区和郊区之间、不同社会群体之间的"数字差距"。

**4. 信息产业安全原则——保障安全，优化产业持续健康发展环境**

坚持积极防御与综合防范相结合，始终把信息安全放在与信息化发展同等重要的位置,增强以信息化手段保障城市安全、引导网上舆论的能力。不断完善信息化管理体制和推进机制,强化政策、标准的引导与规范作用,提高依法行政、依法治业的能力。拓宽国内外信息化交流与合作,找准产业突破口,实现吸引外资方式由"被动式"向"主动式"的转变,吸引全球信息产业领先企业的地区总部和运行中心聚集本市,促进城市信息化持续健康发展。

### (二) 发展目标

#### 1. 产业发展总体目标

力争在"十一五"期间,使信息产业的年平均增长速度达到17%左右。到"十一五"期末,信息产业的总体规模突破1万亿元,其中信息产品制造业的销售收入达到7 700亿元,信息服务业的经营收入达到2 300亿元,信息产业增加值占全市 GDP 的比重达到15%。上海信息业"十一五"发展重点是:掌握集成电路、通信等信息技术领域的关键核心技术,提高信息传输速度,注重存储容量及可靠性和安全性,打造具有自主知识产权和国际竞争力的战略产品,使上海信息化整体水平继续走在全国前列,主要指标基本达到发达国家中心城市先进水平。在2010年,把上海建设成为信息技术创新与应用能力强、信息资源开发与利用程度高、信息产业国际竞争力明显提升、信息安全保障体系健全、亚太地区信息通信枢纽作用突出的城市。

#### 2. 产业发展具体目标

(1) 形成具有国际竞争力的集研发、生产、服务于一体的信息产业群。重点实施"3689"电子强市发展计划,实现软件、集成电路、新型元器件三大核心产业关键技术的重大突破。在下一代网络、宽带无线移动通信、数字电视、家庭网络、智能终端、平板显示、汽车计算平台、无线射频识别系统和传感网络等领域攻克关键技术,形成具有自主知识产权的核心技术和创新产品。提高集成电路在通信、数字家电、信息安全、国防建设和国家安全领域的自给率,加大具有自主知识产权的软件比重。扶持集成电路研发、软件开发测试、新型元器件、数字内容、宽带无线通信、汽车电子等六个公共开发平台和工程研发中心的建设,形成集成电路、软件、新型元器件、新一代移动通信、数字音视频、汽车电子、半导体照明、数字内容等八大产业优势。建设微电子、软件、新型元器件、数字内容、通信设备、半导体照明、数字音视频、汽车电子和计算机九大产业基地。

（2）建成信息基础设施综合服务能力强大的亚太地区信息通信枢纽。上海提高信息基础设施综合服务能力的目标可分为以下几个层次：其一，使基础设施空间布局更趋合理，信息通信网络实现全市域的普遍接入和优质服务，基本实现全市范围内任何人在任何地点和任何时间都能随需接入宽带网络；其二，增强业务融合能力，提升信息通信多样化、多媒体化和个性化服务能力，各大运营网络具备提供话音、视频、数据等综合业务的能力，超级计算中心国家网格南方主节点全面建成；其三，增强国际通信能力。国际信息通信容量明显增加，国际通信数据交换和管理等服务能力显著提高，国际互联网访问速度和服务质量明显提高。

（3）形成覆盖面广、集成度高、效益明显的信息技术应用局面。社会管理和公共服务信息化水平显著提升，基本构建起便利市民生活、内容形式丰富、覆盖城区和郊区的社会公共信息服务体系。以信息化为支撑的网格化管理成为城市现代化管理的基本模式，基本构建起满足特大型城市发展需求的智能交通体系框架。电子商务成为市场经济交易活动中的重要方式，基本建立起电子商务发展的支撑、服务和监管体系。电子政务成为各级政府实现业务处理、事务受理、服务办理的基本手段，基本构建起"可用、可亲、可信、可靠"的电子政务体系。

（4）形成适应特大型城市安全要求和信息化发展需求的信息安全保障体系。有效保障基础网络与重要信息系统的安全运行，降低网上有害信息传播和各类涉网违法犯罪活动的比例，增强应对突发性公共信息安全事件的能力，基本形成诚信、健康、安全的网络空间环境。此外，信息安全管理体制、协调机制和社会化服务体系不断健全，全社会信息安全意识明显增强。

（5）形成适应信息化持续发展需求的环境支撑体系。完善和健全覆盖各级党政机关的信息化管理体制、政府引导与市场机制相结合的信息化推进机制、以专业服务外包为重点的信息化社会服务体系。在信息化持续发展的政策法规、规范标准、知识产权保护等工作方面取得新进展。基本构建起以职业化为导向的信息化人才培养体系和工作机制，成为国内信息化人才的培养基地和集聚高地。信息化国际、国内交流领域不断拓展、合作成效明显，服务全国、服务"长三角"的能力明显提高。

## 三、上海信息产业的发展对策

### （一）提高信息产业的渗透力，促进产业结构优化升级

按照"试点探索、典型示范、形成模式、逐步推广"的原则，提高信息产业对支柱产业和骨干企业的渗透力，支持先进制造业、现代服务业和都市型现代农业的发展，促进本市经济增长方式和企业生产经营方式转变以及产业结构优化升级，具体措施如下：

（1）以信息技术改造传统制造业，促进先进制造业发展。围绕提升汽车、造船、装备等制造业能级，以提高装备智能化水平和优化工艺流程为重点，推进计算机辅助设计（CAD）、计算机辅助工程（CAE）、计算机辅助工艺过程（CAPP）、计算机辅助制造（CAM）、企业资源计划（ERP）等信息技术在制造业企业研发、生产、管理、营销等环节中的应用，促进信息技术与制造技术的融合发展，支持自主知识产权软硬件产品的推广应用。

（2）以信息技术为支撑，促进现代金融业的发展。利用信息技术改善银行卡发展环境，实施银行卡从磁条卡向芯片卡（EMV）迁移工程，拓展银行卡应用领域，推广金融税控收款机，推动以信息技术支撑金融产品创新和服务水平的提升。

（3）以通信网络为基础，加快发展数字农业。大力推进信息技术在农业生产和经营、农产品市场流通和安全监管中的应用，重点建设农产品安全溯源、鲜活农产品物流配送等信息系统，搭建农产品跨国采购信息平台，扶持农业产业化龙头企业、农民专业合作社等涉农组织或企业开展网上交易，基本建立起现代都市农业信息支撑体系，促进农业现代化水平的提高。

### （二）加强自主创新的支持力度，培育产业核心竞争力

在技术创新上，发挥科研院所、大专院校的科技优势，加强产学研一体化体系的建设，支持产学研合作的技术创新、成果转化、产业化和技术改造工作。提高企业技术创新意识和能力，支持企业集团建立科研开发机构和开展技术创新活动。加速固定资产折旧，对具有自主知识产权的产品给予资金、税收等方面的优惠。

加强数字内容、软件和集成电路设计等方面的知识产权的培育和保护工作，建立知识产权交易体系、保护体系和服务体系。跟踪信息技术领域知识产权发展动向，依托知识产权公共服务平台，加强知识产权的信息发布、交易交换和成果利用。围绕信息技术研发、应用和信息产业发展重点，运用多种手段，鼓励和促进企事业单位积极申请国内外专利、商标，推进软件等信息产品的版权申请和认定。加大知识产权保护的执法力度，打击各种侵权、盗版、制假、贩假等不法行为。借鉴发达国家成功经验，重视技术和商业秘密的合法保护，鼓励企业依法建立本行业、本领域的知识产权保护联盟，形成有利于企业创新和行业成长的知识产权保护机制。

**（三） 构建多元化投融资体系，拓宽信息化建设投融资渠道**

城市信息化建设的投资和融资渠道的多元化和政策的开放性是促进城市信息产业发展的重要举措之一。以政府投入为引导、企业投入为主体的多元化投融资机制，可以有效缓解中小信息企业的资金瓶颈。针对不同企业的融资需求，多元化投融资体系的建立包括以下几个层面：首先，适当增加财政性资金投入规模，重点投向公共性、基础性、公益性项目建设和工作推进；第二，竞争性领域坚持以社会资金投入为主，积极鼓励民间资本、社会法人资本进入法律法规未禁止的信息市场，鼓励外国资本在国家政策允许的范围内进入信息市场；第三，完善信息产业风险投资机制，编制信息产业、信息化项目等投资指南，引导各类资本投向信息化建设和信息产业发展的重点领域和区域。

**（四） 加强人才队伍建设，形成信息人才高地**

大力培养和引进高层次信息化人才，按照"一流项目、一流团队"的目标，促进人才和项目、基地的一体化发展。以国家和本市产业科技攻关项目、重大专项、行动计划等为载体，以海内外人才市场和中介机构为媒介，拓宽人才引进渠道，形成人才培养五大机制，即与产业发展相匹配的人才供求平衡机制、与产业发展相协调的人才结构调整机制、与产业发展要求相符合的人才流动机制、与产业发展趋势相吻合的人才培养体制和与信息产业全球化趋势相适应的人才发展机制。重点发掘和引进领军人才，营造适宜领军人才和关键技术人才成长和发展的产业环境和公共服务环境，不断集聚各类中高级创新型、复合型、实用型信息化人才。建立人才市场供求预测机制，加强各类培训机构和实践基地建设,发展和规范信息化培训市场,开展多层次的教育培训,完善社会各方参与的信息化人才培养体系。完善高等院校信息化相关学科建设,促进信息技术与各专业学科的融合,拓宽办学渠道,创新教育模式。强化对高级人才的激励,根据企业特点,采取股权激励、收益分成、个人所得税减免等激励措施,加大激励强度,充分发挥骨干人才的积极性。

## 第五节　上海生产性服务业发展对策

生产性服务业作为镶嵌于产业集群创新系统的一个部分,对于城市产业集群的发展,乃至区域经济一体化过程都具有重要的作用,本节将对上海市生产性服务业发展对策进行论述。

### 一、上海生产性服务业的基本概况

#### (一) 现代生产性服务业的基本内涵

随着制造业生产模式由传统的一体化模式向模块化模式转变,大规模定制和外包成为可能,促进了服务部门从制造业内部分离并独立出来,产生了一种主要以制造业为服务对象的新兴产业——生产性服务业。生产性服务业是一种中间需求性服务业(与最终需求相对应),它们进入经济各个部门的企业和其他组织的生产过程(与家庭和个人相对应),并且一般都具有相当的知识含量。

从生产性服务业的性质和组成来看,生产性服务业是指为生产、商务活动和政府管理而非直接为最终消费提供的服务。若从生产性服务业出现的时间顺序来看,生产性服务业可分为传统的生产性服务业和新兴的生产性服务业。传统的生产性服务业包括金融、保险、房地产和商务等服务行业;新兴的生产性服务业包括广告、市场调查、会展、会计事务、律师事务和管理咨询等服务行业。从世界范围来看,生产性服务业逐步从制造业中分离出来并呈现快速发展趋势。以经合组织国家为例,生产性服务业的增加值已占这些国家国内生产总值的1/3。

#### (二) 生产性服务业的地位和作用

生产性服务业是后工业化时期的主导产业,上海产业结构的升级和转型较全国平均水平要快,目前已进入重化工业向后工业化发展的经济阶段。发展生产性服务业,不仅是上海作为长三角核心城市的提升自身支配力的要求,也是长三角制造业成为国际产业基地的发展要求。

1. 生产性服务业是国民经济增长最具活力的源泉与动力

生产性服务业向国民经济三大产业提供服务产品,它不仅为工农业提供全面服务,也为第三产业(包括生产性服务业)提供服务。当今不同产业发展互动加强,三大产业融合日益加剧,生产性服务业由于对经济效率有直接推动作用,对产业结构有优化作用,而成为区域经济增长最具活力的源泉与动力。生产性服务业的兴起和壮大,有助于提高最终产品生产过程不同阶段的产出价值和运行效率,使服务经济成为经济增长的"推进剂"。随着国民收入水平的提高,生产性服务业在发达国家国民经济的地位会越来越重要。发达国家第三产业内部结构优化升级的方向是生产性服务业上升、消费服务业比重下降。生产性服务业的高比重,在一定程度上揭示了第三产业内部结构处于较高层次。

2. 生产性服务业是推动制造业生产组织结构变革的关键所在

生产性服务业服务于制造业,它在制造业中具有管理、促进和战略功能。在后工业时代,生产性服务因为更全面地参与到经济发展的各个层面而成为新技术和创新的主要来源和传播渠道,更多地发挥了战略功能和"推进器"作用。从价值链的构成来看,许多环节明显与生产性服务相关。生产性服务业是产品价值的重要构成和产品差异化的主要来源。生产性服务业与制造业相互促进、共生发展。制造业发展对服务的需求不是在制造业生产体系外部展开,而是由制造业技术进步、分工深化和管理方式变革所引起的对服务的中间需求扩展所带动,即在制造业生产体系内部展开。这种对服务的中间需求大部分与商品的生产、流通和消费信息的搜集、处理、加工和生产有关。因此,这种需求所带动的服务业的发展必将导致制造业生产组织结构变革和分工的深化。现代制造企业已经融入了越来越多的服务作为中间投入要素,中间需求的扩大是生产性服务业增长的主要动力。作为经济发展的基础设施,运输、电信、商业、金融保险、公共事业具有很强的外部经济性。这些服务业效率的提高能够通过降低交易费用达到降低分工成本的目的,分工成本的降低可以推动分工深化,进而推动制造业的发展。

3. 生产性服务业是二、三产业加速融合的关键环节

生产性服务业是为保持工业生产过程的连续性、促进工业技术进步、产业升级和提高生产效率提供保障服务的服务行业。它是与制造业直接相关的配套服务业,是从制造业内部生产服务部门而独立发展起来的新兴产业,本身并不向消费者提供直接的、独立的服务效用。一方面,它依附于制造业企业而存在,贯穿于企业生产的上游、中游和下游诸环节中,以人力资本和知识资本作为主要投入品,把日益专业化的人力资本和知识资本引进制造业。另一方面,生产性服务业广泛的产业关联效应,能提高新兴工业产品在第三产业中的普及程度,推动第三产业向专业化、高层化、集聚化方向发展。可以说,生产性服务业是市场资源强大的"调配器",是二、三产业加速融合的关键环节。

(三) 上海生产性服务业的发展现状

1. 上海生产性服务业发展的整体概况

经过多年发展,上海现代制造业已经具备了良好的基础,从而为生产性服务业开拓了发展空间。2006年上海生产性服务业完成增加值2 740亿元,占第三产业的比重达到52.3%,生产性服务业具备很大的发展潜力。据2005年第一次经济普查资料汇总,2004年上海生产性服务业单位数为12.91万家,占全市单位数的31.4%,从业人数达228.85万人,占全市从业人数的25.1%。从经济普查汇总资料分析来看,上海生产性服务业企业数占全市第三产业的39%,从业人数占49%,资产总计占68%,营业收入占67.8%,生产性服务业已成为推动上海经济发展的主要力量。其中,六大生产性服务业单位数和实现营业收入的所占比重分别为:金融保险服务占0.5%和6.8%,商务服务占15.6%和16.1%,物流服务占51.5%和71.3%,科技研发服务占8.0%和1.1%,设计创意服务占23.1%和4.5%,职业教育服务占1.3%和0.1%。物流服务所占的比重最大,主要是产品批发业,占到物流服务业的95%左右。上海生产性服务业主要包括金融保险服务、商务服务、物流服务、科技研发服务、创意设计服务和职业教育服务6个大类、68个中类、104个小类与先进制造业密切相关的行业(详见表6.7)。

表 6.7　上海生产性服务业统计分类

| 一级目录 | 二级目录 | 三 级 目 录 |
|---|---|---|
| 为人的服务 | 教育培训业<br><br>人才中介业 | 8433 中等专业教育、8433 职业中学教育、8435 技工学校教育、8441 普通高等教育、8442 成人高等教育、8491 职业技能培训<br>7460 职业中介服务 |
| 为财的服务 | 金融保险业<br><br>房地产业 | 68 银行业、69 证券业、70 保险业、71 其他金融活动<br>721 房地产开发经营、722 物业管理、723 房地产中介服务、729 其他房地产活动 |
| 为物的服务 | 物流业<br><br>会展业 | 5120 铁路货物运输、5220 道路货物运输、542 水上货物运输、5512 航空货物运输、5600 管道运输业、5710 装卸搬运、5720 运输代理服务、58 仓储业、59 邮政业<br>7491 会议及展览服务 |
| 为信息的服务 | 信息服务业 | 60 电信和其他信息传输服务业、61 计算机服务业、62 软件业 |
| 为技术的服务 | 技术服务业 | 75 研究与试验发展、76 专业技术服务业、77 科技交流和推广服务业、78 地质勘察业 |
| 为经营管理的服务 | 商务服务业 | 731 机械设备租赁、741 企业管理服务、742 法律服务、743 咨询与调查、744 广告业、745 知识产权服务、747 市场管理、749 其他商务服务（会展业除外） |

2. 上海主要生产性服务业功能区发展现状

生产性服务业功能区主要是指在现有工业用地、工业区、工厂等范围内，突出产业转型、产业升级、产业链延伸和功能完善，以科技研发、设计创意、现代物流等生产性服务业为发展重点而形成的功能区域。上海目前已有近 30 个生产性服务区，较有代表性的生产性服务区包括：

（1）金桥开发区生产性服务业园区。至 2006 年底，金桥生产性服务业实现营业收入 163.3 亿元，同比增长 24%，利润总额 26.7 亿元，同比增长 42%，期末从业人员 9 045 人。金桥开发区目前已集聚了生产性服务业企业 352 家，在列入统计的生产性服务业企业中，29.3% 的企业为外商投资（含港澳台）企业，其营业收入占总量的 84.2%。金桥目前已吸引了 90 家跨国公司及国内大企业研发机构，其中国家级 4 家，市级 7 家，新区级 26 家，企业级 53 家。在这些研发机构中，独立的研发机构为 8 家，研发人员 540 人，2006 年全年投入研发费用达 6 690 万元，科技研发项目 60 项。金桥的生产性服务业与区内制造业较强的融合性。约 34.3％的生产性服务业企业与区内先进制造企业有稳定的合作关系,另外有 28.3％的企业与上海市内制造业企业相互合作,有 27.3％的企业与外省市企业业务关联,有 10.1％的企业与国外企业有稳定的业务合作。

(2) 市北生产性服务业集聚区。市北生产性服务业集聚区位于闸北区,规划建筑总量约 390 万平方米,分为市北工业园区、多媒体谷、北郊物流中心、永和工业街坊等四大主体功能区块。至 2006 年底,主体功能区已完成建设总量 101 万平方米,占规划建设总量的 25.8％,区完成区级税收近 2 亿元,比上年增长 24.1％。主体功能区入驻企业已近 2 300 户,多个信息技术、传媒、能源科技、中介服务等优质生产性服务企业纷纷入驻。

(3) 九亭生产性服务业功能区。松江九亭生产性服务业功能区总规划占地面积 1.3 平方公里。功能区在空间上划分为四大区域:一是研发设计区,规划面积约 500 亩,位于功能区的东南部,重点发展研究开发、设计、技术检验、技术交易等产业。二是总部功能区,规划面积约 400 亩,位于功能区的西北部,与轻轨站接近,重点包括技术、管理、采购、销售、营运和结算中心等,优化提升本地功能与产业结构。三是物流贸易区,规划面积约 700 亩,位于功能区的东北部,与沪松公路相邻,重点发展贸易服务业。四是综合配套区,规划面积约 400 亩,位于功能区的西南部,靠近镇政府,重点发展配套服务业。九亭功能区以规划为抓手,整体布局,统筹产业和交通发展,内部板块联动,形成区域空间结构合理、分工明确、经济规模明显放大、区域功能增强的发展新格局。在实施过程中采取政府推动、市场运作、多种所有制企业参与的投资开发模式。

3. 上海生产性服务业发展的主要特征

上海生产性服务业发展呈现出以下几个特征:

(1) 以开发区为载体的生产性服务业集聚特征明显。张江、金桥,漕河泾等国家级开发区在利用现有工业用地、工业区、工厂等,突出产业转型、产业升级、产业链延伸和功能完善,在不新增土地的情况下利用现有的存量工业用地、工业区等发展生产性服务业,形成以科技研发、设计创意、现代物流、企业总部以及营销中心、财务中心、培训中心等生产型服务业为发展重点的功能区域。如张江高科技园区已形成了信息服务、微电子设计和研发服务为主体的生产性服务业，园区正成为跨国公司地区总部和研发中心的集聚地。漕河泾开发区也正在成为跨国公司研发中心和服务外包业务的重要承接基地，2005年引进的生产性服务业项目所占比重由2004年的70%提高到90%。

（2）国际知名的生产性服务业跨国公司的技术溢出效应明显。上海吸引了一大批国际知名的生产性服务业跨国公司，它们带来了全新的管理方式、经营理念和发展模式，对提升上海生产性服务业的整体发展水平提供借鉴。另外，制造业服务化趋势初露端倪。随着长三角地区在世界制造业份额的扩大，上海在发挥国际大都市方面的优势逐步凸现。出现了把上海作为投资、管理、研发设计、营运中心和制造环节布局在长三角或其他地区的一体化布局现象。目前在上海各大工业集团中，生产性服务业占总销售收入的比例已经达到15%—20%。

（3）拥有发达的信息技术基础、网络型组织结构、高层次人力资本的强力支持。上海发展生产性服务业面临全球外包服务市场迅速扩大的机遇，制造业的生产过程信息化和生产管理信息化以及二者一体化的过程，必将伴随着大量的设计开发企业、检测和试验企业、信息咨询企业、管理咨询企业、市场调查企业、人力资本培训企业、批发和零售企业、物流企业等的繁荣和发展。上海发达的信息技术基础、网络型组织结构、高层次人力资本都为生产性服务业的升级提供了强有力的保障。

## 二、上海生产性服务业的战略定位

### （一）基本原则

#### 1. 与调整产业结构相结合，提升产业能级

依托制造业发展基础，以生产性服务业功能区为载体，推进上海市产业结构调整和升级，形成"以二促三"和"以三带二"的良性发展格局，引导生产型服务业向集聚化、专业化、高层化方向发展，为工业区功能提升提供支撑。大力培育信息传媒、研发设计、物流服务、创意会展等产业，抓住服务外包和技术研发环节转移的机遇，不断提升承接产业转移的能力，并以此为契机提升产业能

级,转变经济增长方式。

2. 与生产资源集约化利用相结合,提高资源整合能力

根据资源集约化利用原则,加强生产性服务集聚区综合配套设施的统一规划、统一建设,提高服务水平,加强协调服务和对集聚区工作的研究。依托现有工业区已有的基础设施,积极盘活存量工业用地,提高土地利用效率,推进土地集约利用。加强项目单位现场服务,建立生产性服务集聚区项目进度上报制度,健全重大项目联络员制度。

3. 与拓展招商渠道相结合,加大招商引资力度

完善相关招商政策,为招商引资提供政策保障,如制定服务外包扶持政策,推动服务外包产业发展等。灵活运用各类招商模式,加强宣传,加大对企业总部研发中心、营销中心、结算中心和中介服务等的招商力度,提高招商引资成效。

4. 与完善工业区配套服务相结合,扩展工业区功能

通过生产型服务业功能区的建设,加强工业区综合服务功能建设,加快工业区配套服务发展,增强综合竞争优势。通过完善功能区区域内基础设施及市政建设的管理机制,明确市政、绿化、环卫等管理职责,提升功能区整体形象。

(二) 发展目标

1. 产业发展总体目标

根据《国民经济和社会发展第十一个五年规划纲要》要求,"十一五"期间上海将重点支持六大生产性服务业发展,通过布局规划引导生产性服务业向集聚化、专业化、高层化方向发展,为上海城市功能提升和先进制造业结构升级提供支撑和带动作用。到2010年,六大生产性服务业营业收入力争占第三产业比重达到75%以上。"十一五"期间上海将以生产性服务业功能区建设为载体,重点支持生产性服务业发展,按照"成熟一个,建设一个"的原则有序推进,到2010年全市将建成一批布局合理、产业集聚、带动性强、资源节约的生产性服务业功能区。发展重点为:一是外环线周边老工业区的调整升级和改造。充分利用开发建设已成熟的老工业区,调整产业结构,积极引进设计、研发、营销等企业和企业总部,发展生产性服务业;二是在发展水平较高的市

级以上工业区内完善功能配套。在现有制造业集聚基础上，科学规划，合理布局，积极引进相关生产性服务业企业，拓展工业区综合服务功能；三是中心城区老工业基地的产业转型功能调整。引导社会各种资本、企业和机构参与开发建设，重点发展以创意设计、研发会展、商务、专业服务等为特色的生产性服务业。

2. 产业发展具体目标

结合举办世博会与中心城区综合服务功能转换、充分利用中国加入WTO过渡期上海先试先行的机会，上海将重点加快发展金融、现代物流、商贸流通、要素市场等体现城市集散功能、具有区位与口岸优势的生产性服务业。从上海服务业发展方向和经济结构战略性调整的长期任务来看，上海生产性服务业发展的先导行业应当是现代物流、会展、信息等；主导行业是金融保险、邮电通信、房地产等；特色行业是商务中介服务与教育培训等。生产性服务产业建设有四个重点发展方向，分别是：第一，提升传统生产服务业的升级，主要包括与生产过程密切相关的连锁经营、物流配送、代理制、多式联运，使原有的流通业、运输业、邮政业等不断升级；第二，加快发展金融保险业，政府的职能在于支持商业银行积极拓展信贷业务，拓宽保险公司的资金运用渠道，鼓励金融保险业务的创新；第三，规范发展中介服务业，适应经济发展要求的会计服务、法律服务、管理咨询、工程咨询、广告等新兴行业的推进，客观上要求政府积极进行配套改革；第四，积极发展信息服务业，以网络、信息技术、应用咨询、数据库等现代化服务业为主体的新型生产性服务业，是政府今后积极支持的重点行业。加强上述行业的发展，有利于提高经济运行的层次和质量、促进服务业内部结构乃至总体产业结构的升级。

"十一五"期间将重点推进三种类型生产性服务业功能区建设：一是对国家级开发区、部分市级开发区加快产业集聚和功能提升，发展科技研发型生产性服务业功能区；二是进一步完善提高物流型生产性服务业功能区，建立与国际水平接轨的物流配送和信息网络体系，加强专业化物流服务。三是对商务成本和区位条件不适宜大规模发展制造业的近郊工业区，以及能够依托重大枢纽型基础设施、区位优势明显和城市功能完善的工业区，进行产业转型和功能提升，发展特色专业型生产性服务业功能区。

### 三、上海生产性服务业的发展对策

#### （一）营造适宜生产性服务业发展的外部环境

外部环境包括制度环境、法律环境、人才环境和政策环境。构建适合生产性服务业发展的外部环境可以从以下几个方面入手：

1. 加快生产性服务业管理体制改革

目前，行政垄断、行政管制等诸多非市场因素大量存在于我国生产性服务业中，主要表现在两个方面：一是价格管制，如公路运输、铁路运输、邮政电信、银行利率等，都有明显的价格管制；二是审批资格管制，如文化、音像制品、电脑制版、律师、会计师、建筑师等营业执照的管制等。以行政配置为主导的资源配置方式，限制了各种资源在企业之间、行业之间的自由流动，导致了服务供给效率低、价格扭曲以及行业分割等不良后果。为此，政府应当从管制逐步向解除管制转变，扩大服务业市场准入，使生产性服务业的经济资源在市场的作用下自由、合理地流动，鼓励各种所有制经济参与市场竞争，一方面上海要加强向中央政府的政策寻租能力，另一方面要在既有政策下寻求局部的创新与突破，这需要发挥政府与企业的合力。

2. 建立促进生产性服务业集成化发展的法规和制度体系

生产性服务业的法规和制度体系构建包括企业经营活动、企业交易活动及知识产权保护三个层面：第一，建立规范企业经营活动的法规和制度，对企业的合并、合作等活动提供保护和约束；第二，建立规范企业之间交易活动的法规和制度，对企业之间的各种交易行为提供保护和约束；第三，建立保护企业知识产权的法规和制度，使技术创新企业得到实实在在的利益。

3. 建立人才才智发挥的长效保障机制

生产性服务业尤其是附加值高的生产性服务业，关键在于人才队伍。生产性服务业所包含的多数行业是知识技术密集型的，特别是现代服务业对人才素质的要求更高，如信息咨询业、金融保险业、专业技术服务、研究与开发等。因此，要根据各类生产性服务企业的不同需要，引进现代服务业的高层次技术和管理人才，提高企业国际化水平。上海提出的建成亚洲的人才资源高地和全国人才集聚中心的目标，呼应CEPA实施的引进香港专才和人才交流计划,为生产性服务业发展提供了专业人力资源的支持。实践中更重要的是要建立特定创意和文化产业技能培训机制,包括引进国际专业培训机构、鼓励业内知名企业开办培训机构等,为人才才智的发挥提供长效机制保障。

### 4. 构建相互促进的支持政策体系

和其他产业一样,优惠政策的支持对于降低中介机构市场进入门槛,推动生产性服务企业的初期发展十分重要。在发展初期,除了对关税、人才引进、自用房地产等方面给予必要的扶持,尽量降低交易成本外;还应探索在试点区域内率先实行从事生产性服务业企业享受生产性企业同等政策待遇的办法。支持政策应该是一个相互关联促进的体系,它包括产业结构、产业组织、产业扶持、产业布局、产业技术等组成部分,涉及财税、土地、开放、规划、集聚等诸多方面。要实施重点突破的战略,着力扶持现代物流、信息服务、科技与文化服务、金融保险服务、商务服务等五个生产性服务行业。以长远的眼光,综合、统筹、全面地规划、制定前瞻性的生产性服务业发展规划。

### (二) 加快生产性服务业内部创新

行业内部创新的步伐直接决定了产业规模的扩张和绩效的提升。具体来看,可以从组织创新、体制创新及技术创新三个方面加快生产性服务业内部创新进程。

### 1. 实施组织创新

实施组织创新是应对加入 WTO 挑战,转变上海服务业增长方式,加快服务业结构调整的必然要求。实施组织创新的关键有三条:一是突出重点,实施"专业全球化"战略,即上海的生产性服务企业必须进行市场细分,找准目标客户市场定位,防止盲目多元化,缺乏核心竞争力;二是加强资源整合;组建生产性服务业企业集团,做大服务市场规模;三是品牌战略的跟进,以创建名牌为抓手,集中发展名牌服务企业群,通过品牌的建立扩展高端业务。

### 2. 进行体制创新

进行体制创新是提高生产性服务业国际竞争力的迫切要求,改革的方向有四点:一是加快产权制度改革,切实转换经营体制;建立现代企业制度;二是建立社会诚信体系,完善个人和企业信用联合征信系统,抓紧修订征信配套法规,完善信息采集网络;三是发展各种中介服务,鼓励发展中介组织,并推动终结服务机构社会化、市场化进程；四是积极参与国际服务业合作，重点引进先进服务技术，加强与跨国公司合作，实施走出去战略。

### 3. 实现技术创新

要实现技术创新，就要加快建立以企业为主体的技术创新体系，实现生产性服务业领域的技术创新。包括建设服务业技术创新体系，增加科技创新技术投入和创新源头建设；充实和培育人才队伍，提高技术创新服务质量；用信息化改造传统生产性服务业，加快服务业电子化、自动化进程，充分利用电子信息技术，不断扩大信息技术在生产性服务业领域的应用。

### （三） 构建生产性服务业与制造业的良性互动机制

实行"主辅分离"，推进企业内置服务市场化、社会化，降低运营成本。进一步完善劳动用工制度，强化企业内部资源、业务整合的自主性。引导和推动企业通过管理创新和业务流程再造，逐步将发展重点集中于技术研发、市场拓展和品牌运作，将一些非核心的生产性服务环节剥离为社会化的专业服务，以核心竞争优势整合配套企业的服务供给能力，大力发展产业内部的专业化分工体系。围绕外资制造业，有针对性地吸引关联性外资服务业进入，变单纯的制造业集聚为集成制造与服务功能的产业链集聚。规范服务业竞争秩序，降低服务外包的合作风险。鼓励规模大、信誉高、服务质量好的企业，实施跨地区、跨行业的兼并重组，促进生产性服务业的集中化、大型化、组织化。建立信息共享平台，健全中介体系，推动相关企业间合作，实现社会化服务与制造环节的"无缝式对接"。

### （四） 积极推进生产性服务业集聚区规划建设

构筑生产性服务业集聚区是为优先发展生产性服务业提供重要载体的主要措施。生产性服务业具有较强吸引国内外生产性服务业知名企业集聚的能力，上海也在部分地区逐步形成了生产性服务业集聚的态势，像陆家嘴及外滩地区的金融保险业，上海港及桃浦地区的物流业，南京西路及淮海中路地区的商务服务业等，都已初具规模。尽管产业有自身的集聚倾向，但仍然需要政府在集聚区规划建设上加以推进，创造良好的外部发展环境，引导更多的具有协同效应和学习效应的产业在一定区域集聚。建设生产性服务业集聚区，政府应主要通过规划布局、政策引导和必要的财政支持等形式，支持生产性服务业知名企业的区域性集聚，实施过程中主要依靠市场机制，鼓励多种所有制企业投资建设,运用市场机制的功能配置资源。建设生产性服务业集聚区,要充分发挥各区政府在规划建设和管理等方面的主导作用,根据各区实际情况,确定区域的功能定位和行业重点,积极务实,有序推进。市政府各职能部门要在功能规划、标准规范等方面加强协调指导,避免重复建设和恶性竞争。

## 第六节　上海文化产业发展对策

进入 21 世纪,文化因素越来越多地渗透进经济活动,人文精神也越来越多地融入经济社会发展,形成了人与人、人与社会、人与自然共生和谐的全面发展观和可持续发展观。文化是一个国家在综合国力竞争中最根本的、最难替代和模仿的、最持久的和最核心的竞争优势。文化作为商品和服务进入市场,具有越来越大的经济价值,也已形成产业,并在国民经济中占有举足轻重的地位。本节将对上海文化产业的发展对策进行论述。

### 一、上海市文化产业的基本概况

#### （一） 文化产业的基本内涵

文化产业是由市场化的行为主体实施的,以满足人们的精神文化消费需求为目的而提供文化产品或文化服务的大规模商业活动的集合。科技的发展和新技术的广泛适用,特别是 20 世纪 90 年代互动媒体形式的广泛出现,给文化产业带来了巨大的冲击,其内涵和外延随着资本全球流动的加剧,按三次产业划分的产业结构内部正在经历剧烈的分化重组,原来属于制造业内部的制造设计开始脱离第二产业,逐步融于第三产业,并与创意、科技研发等行业一起聚集、融合而成的文化产业。

根据《国家"十一五"时期文化发展规划纲要》,文化产业的重点产业包括影视制作业、出版业、发行业、印刷复印业、广告业、演艺业、娱乐业、文化会展业、数字内容动漫产业等九个产业。

#### （二） 文化产业的地位和作用

文化是城市软实力的集中体现。要坚持社会主义先进文化前进方向,着眼建设和谐文化,推进创新发展,不断满足人民群众日益增长的精神文化需求,不断增强上海的城市魅力。从表6.8可以看出,文化产业在社会经济中的作用正在逐步彰显。吸收了越来越多的从业人员,同时开始在国内生产总值中占据越来越重要的地位。

表 6.8　2004 年和 2006 年全国文化产业数据比较

| 年份 | 从 业 人 员 | | 增 加 值 | |
|------|------------|--|----------|--|
|      | 绝对值(万人) | 占全部从业人员比重 | 绝对值(亿元) | 占 GDP 比重 |
| 2006 | 1 132 | 1.48% | 5 123 | 2.45% |
| 2004 | 996 | 1.32% | 3 439 | 2.15% |

资料来源:根据《中国统计年鉴》(2007)的相关数据整理。

### (三) 上海市文化产业的发展现状

上海市统计局的调查报告表明,上海文化产业发展较快,文化产业增加值占地区生产总值的比重稳步提高。其中,文化服务业增幅首次超过文化相关产业。2006 年,上海文化产业总产出达到 2 349.51 亿元,比上年增长12.9%;实现增加值 581.38 亿元,按可比价格计算(下同),比上年增长 13%;文化产业增加值占全市生产总值的比重为 5.61%,比上年提高 0.05 个百分点;文化产业对全市经济增长的贡献率达到 6%(见表 6.9)。

表 6.9　上海文化产业增加值(2004—2006 年)　　　　单位:亿元

| 指　　标 | 2004 年 | 2005 年 | 2006 年 |
|---------|--------|--------|--------|
| 总计 | **441.40** | **509.23** | **581.38** |
| 文化服务业 | **268.83** | **307.82** | **358.08** |
| 　新闻服务业 | 0.08 | 0.08 | 0.09 |
| 　出版发行和版权服务 | 38.69 | 42.08 | 49.07 |
| 　广播、电视、电影服务 | 19.05 | 24.17 | 29.31 |
| 　文化艺术服务 | 13.83 | 17.71 | 19.31 |
| 　网络文化服务 | 47.25 | 58.19 | 69.33 |
| 　文化休闲娱乐服务 | 74.09 | 82.26 | 99.33 |
| 　其他文化服务 | 75.84 | 83.33 | 91.64 |
| 文化相关产业 | **172.57** | **201.41** | **223.30** |
| 　文化用品、设备及相关文化产品生产 | 124.71 | 148.48 | 164.17 |
| 　文化用品、设备及相关文化产品销售 | 47.86 | 52.93 | 59.13 |
| 文化产业增加值占上海市生产总值比重(%) | **5.47** | **5.56** | **5.61** |

上海文化产业发展呈现以下特点:

1. 文化服务业增幅首次超过文化相关产业

2006年，上海文化产业全年实现增加值的增幅达到13％，与上年相比，高出同期全市生产总值增幅1个百分点。其中文化服务业发展速度加快，其增加值增幅首次超过文化相关产业，增长15.1％，高出文化相关产业5.4个百分点，高出全市第三产业增幅3.6个百分点。

2. 文化产业劳动生产率高于全市平均水平

2006年，上海文化产业的劳动生产率人均12.1万元，比上年提高0.57万元，提高幅度为4.9％，比全市劳动生产率(10.86万元)多1.24万元，高11.4％。

3. 各行业发展差距缩小

2006年，文化服务业中新闻出版发行和版权服务、广播电视电影服务、网络文化服务和文化休闲娱乐服务四个行业实现增加值增幅在15％以上，发展最快的广播、电视、电影服务业的增幅与发展最慢的文化艺术服务业的增幅相差12.1个百分点。而2005年，发展最快与最慢的行业增幅相差为18.9个百分点，差距缩小了6.8个百分点。

4. 文化休闲娱乐服务业增加值占27.7％

从分行业数据看，在文化服务业中，文化休闲娱乐服务的经济规模最大，全年实现增加值99.33亿元，占全市文化服务业增加值的27.7％；其次是以广告和会展服务为主的其他文化服务业实现增加值91.63亿元，占25.6％；网络文化服务实现增加值69.33亿元，占19.4％；新闻、出版发行和版权服务实现增加值49.16亿元，占13.7％。

5. 广播、电视、电影服务业增幅最高

2006年，上海的广播、电视、电影服务业继续保持快速发展态势。全年广播、电视、电影服务实现增加值29.31亿元，比上年增长20％，是本市文化服务业中增长最快的行业。文化休闲娱乐服务业增幅位居第二位，为19.5％，与上年8.9％的增幅相比，增幅上升了10.6个百分点，发展明显加快。

二、上海文化产业的战略定位

（一）基本原则

1. 政府引导与市场推动相结合

有效发挥政府推动文化产业发展的组织、协调、引导、扶持作用，充分发挥市场在优化资源配置方面的基础性作用,依靠市场机制,吸引更多资金、技术、人才等生产要素,参与开发文化产业。

2. 坚持以改革促发展

进一步深化文化体制改革,创新体制,转换机制,着力抓好重塑市场主体、完善市场体系、改善宏观管理、转变政府职能等关键环节,推进文化事业单位改革,深化文化企业改革,进一步解放和发展文化生产力。

3. 优化文化产业布局和结构

建设上海区域性特色文化产业群,充分发挥产业带、产业园区和产业基地的带动与辐射作用,促进区域文化产业协调发展。

4. 开发优势资源,实现重点突破

以现有文化资源为依托,挖掘和培育新的文化资源,选择具有优势资源、产业基础扎实、市场前景看好的重点行业和区域,集中力量优先发展,提高文化产业的综合竞争力。同时要注重保护传统文化资源,处理好开发与保护的关系。

5. 实施品牌战略,开拓国际国内市场

充分挖掘现有文化品牌的潜力,努力培育一批新的知名品牌,以资源优势保障品牌开发,以品牌开发推动市场开放,采取"请进来、走出去"方式,把着力点放在积极开拓国际国内市场上,带动上海文化产业全方位发展。

(二) 发展目标

1. 总体目标

上海市政府在《加速发展现代服务业实施纲要》中,把文化服务业定位为现代服务业增长点,初步计划文化服务业增加值到 2010 年要达到 500 亿元。

目前上海市对文化产业 2007 年之后的目标尚无具体的表述,我们根据 2005 年《上海文化产业发展三年行动计划》和《加速发展现代服务业实施纲要》对 2010 年的规划,初步估算的 2010 年上海市文化产业具体目标如下:上海文化产业的总产出要达到 2 750 亿元,增加值达到 750 亿元;文化服务业总产出要达到 1 375 亿元,增加值超过 500 亿元。

2. 重点产业目标

根据《上海创意产业发展重点指南》,"十一五"上海文化产业发展中,创意产业将是发展重点,主要包括研发设计创意、建筑设计创意、文化传媒创意、咨询策划创意和时尚消费创意等五大行业。到2010年,上海创意产业增加值将努力达到全市GDP的10%以上,年均保持10%—20%的增长速度,培育一批具有国际影响力的创意设计企业,在上海创意产业集聚区形成100家中外设计大师领衔的工作室。争取用10—15年时间,把上海建成亚洲最有影响的创意产业中心之一,用20—25年时间,使其成为全球最有影响的创意产业中心之一。

## 三、上海文化产业的发展对策

### (一) 深化改革,实现文化管理体制和政策的创新

在当代治理运动的推动下,进一步转换政府职能,改变政府的层级结构、管理方式成为文化管理体制改革的当务之急。我国社会结构转型迫切需要第三部门来承担起应有的基层社会管理与服务职能。政府尤其应该注意导向和服务层面的制度创新。具体表现在:

#### 1. 扶持文化产业的发展

文化产业管理体制和政策的创新应该体现出导向性和扶持性,政府应该制定文化产业发展的规划,规划内容包括法律制度的建设和完善,文化产业在地方经济中的地位设定,产业的进入壁垒和企业认定条件;建立有效的筹资和投资体系,利用财政、税收、信贷等经济杠杆,充分在资金投入、产业结构布局等方面体现政策导向;同时针对已有的文化创意企业,制定兼并、联合和重组政策。

建议政府渐渐将自身职能从文化产业的管理中抽离,替代的方案是通过非政府性的文化产业发展组织来推动协调文化产业的发展。该组织具有以下的特征:集聚了一系列非盈利性的文化中介服务机构,包括金融、法律、建筑、产业等各方面的资深专家,帮助传统企业进行文化创意产业转型,物色风险资金,争取政府基金支持,进行项目策划和评价,进行人才培训等。

建议政府与银行联合推出的"小企业贷款担保计划",作为中小文化企业启动资本的主要来源,符合条件的企业可获得优惠贷款(建议规定最长年限和最高金额)。同时该笔贷款中的某部分(例如75%)年利息按固定的低利率计

算,其余部分则按普通商业贷款利率计算。加大资金支持,拓宽融资渠道。政府进一步完善中小企业融资担保机制。对单位和个人在本市从事文化创意产业技术转让、技术开发业务和与之相关的技术咨询、技术服务取得的收入,免征营业税等。

2. 健全知识产权法律体系

知识产权是文化产业,尤其是创意产业生存和发展的关键,文化产业的真正核心在于创新和创造力,必须将保护知识产权上升到战略高度。截至2007年底,我国的发明专利申请量居世界第三,商标申请量连续几年排世界第一位。从数量上讲,我国已经迈入知识产权大国行列,但"知识产权大国"不等于"知识产权强国",知识产权问题仍然是掣肘经济发展的重要因素之一。

我国知识产权反垄断制度还不健全,无法有效遏制滥用知识产权的垄断行为,本市也存在相似问题;本市企业自主创新能力不足,不能熟练运用法律武器保护自身权益,知识产权意识总体低下,普遍存在有制造无创新,有创新无产权,有产权无应用,有应用无保护的状况。对此,我们建议如下:

(1)应尽快制定《知识产权反垄断条例》。2007年8月通过的《反垄断法》涉及知识产权保护的内容,但规定缺乏可操作性。因此,建议有关部委尽快出台《知识产权反垄断条例》或《知识产权许可条例》,为知识产权的反垄断工作提供可操作的指导。

(2)应尽快建立知识产权预警应急机制,通过知识产权公共信息服务体系的建立健全,为长三角乃至全国的企业及时提供预测与指导,提示当前知识产权领域的风险与热点,提高其抵御知识产权风险的能力。

(3)提高我市知识产权存量与质量,鼓励企业加大自主创新力度,加强高校和企业间的产学研一体化进程,及时将技术创新成果及时申请专利、商标、版权。在关键技术领域实现重点突破,将知识产权技术产业化。

(4)鼓励知识产权评价机构发展,建立健全知识产权信用保证机制;建立版权资源信息中心和版权国际交易中心,构建版权授权体系;设立数字著作权登记中心,对属于本市文化产业发展重点领域的作品的著作权登记,政府给予资助;第三,保护和推广本市文化产业著名商标,定期编制和发布全市文化产业著名商标名录。

3. 优化资源配置，推动产业升级

鼓励重点文化企业承担本行业共性技术研发、市场推广等公共服务平台的建设；鼓励国际著名文化创意制作、经纪、营销机构，利用其人才、技术、资金和营销渠道，与本市有条件的文化企业合作，生产制作科技含量高、资金密集型的出口文化产品和服务，提高本市文化产业的竞争力。

（二）因地制宜，打造上海文化产业核心竞争力

1. 立足于产业优势，实现文化产业的突破性发展

以文化产业的功能性机制平台入手，加强文化与上海优势产业的融合，实现具有上海特色的文化产业发展。

（1）实现文化产业与金融业的结合，建设好文化产业发展的投融资平台。发挥浦东金融服务行业的集聚效应，让文化产业与金融业有机结合，争取中央有关部门支持，推动国家文化发展基金参与投资上海的文化产业基金，做强做大东方惠金投融资平台，加快形成多元资本投资文化产业的公募基金，吸引各类资金发展文化产业。

（2）加强文化与科技的结合，建设好文化科技创意平台。充分发挥上海高科技企业集聚的优势，特别是张江在网络、数字产业方面的独特优势，通过国家新闻出版总署与上海市的部市合作，市区联动共同推进张江国家级数字出版基地建设，积极参与数字出版行业标准的制定。推进张江科技文化创意基地和"动漫谷"建设，打造张江文化产业发展园区。

（3）加强文化与贸易物流业的结合，建设好文化产业的进出口平台。充分利用上海"四个中心"的独特区位优势，发挥上海物流发达、国内外交流频繁的特点，落实文化"走出去"的战略，吸引一批全国乃至全世界知名的骨干文化企业集聚上海。

2. 直面商务成本上升的现实，规整文化产业布局

近年来，上海文化产业较为集中的各主要创意产业园区的租金价格都有上升趋势。对此，我们建议分类考虑，政府只对新兴创意园区给予政策扶持，对于成熟园区则不再扶持，而是让其按商业模式发展。如果一些中小型文化企业无法承受高额租金而搬出成熟园区，则可寻求社会基金的支持，或加盟品牌企业寻找新的发展；一些则可"回炉"到其他获政府扶持的园区进行"再孵

化"，增强实力后再进入市场。

对于现有政策侧重于园区建设、以支持园区集聚企业为主，对行业发展的关注度还不够高；创意园区开发管理单位关心的往往是基础设施建设和园区知名度，扶持园区发展的政策很可能难以最终落实到文化企业等问题，可以完善统筹机制，加强组织协调。建立健全文化产业发展推进机制，进一步完善上海创意产业中心的服务质量和层次；对文化创意产业集聚区、重点文化企业、文化产业人才培养基地实行认定制度，经认定后，享受有关优惠政策；建立健全文化产业统计制度及统计指标体系，及时准确地跟踪监测和分析研究本市文化产业发展状况。

3. 构筑条件，引进高层次文化人才

文化产业需要高层次的人才才能振兴，依靠智力才能支撑产业发展。对内必须加快培养、培训文化创意研发设计、经营管理、营销经纪人才。教育部门可以考虑对文化创意人才海外培训、海外专家和大学生来沪研习予以资助；人事部门对文化企业引进外国专家、留学人员或建立博士后科研工作站给予立项、经费资助等方面的支持。具体而言，需要做到三点：畅通人才绿色通道，建立海外学人中心，解决高端人才住房、配偶就业、子女入学等实际个人问题。

文化产业的发展不仅需要专业的创作和设计人才，更需要的是加强所有国民的艺术和文化修养，让每个人在自己的工作中渗透着创造力的火花。通识教育注重对培育创意能力的培养，采取的措施主要有：将文化素质培养落实到各阶段的教育；加强本市高校在相关领域与顶尖学校的合作；建立媒体实验室，鼓励专业人士互相合作并加强和国外专家交流等等。

4. 服务先行，打造专业的服务队伍

上海应考虑形成一支由众多专业人士组成的员工队伍，负责提供文化产业相关的核心服务并开展各种活动。这些专业队伍可以考虑挂靠某一文化产业指导机构，其服务范围覆盖各个领域，一人一岗，有明确的分工。如产业商业指导员，信息协调员，合同管理员，信息与管理技术支持员，行政管理人员，培训与技能指导员，营销与活动筹划人员，网站协调员，文化产业起步指导员，融资管理员，文化企业指导员，首席执行人员，创意数字顾问等。同时，还应该考虑热忱欢迎有文化与种族背景的人加入其中，成为志愿者。

## (三) 稳扎稳打，推进高层次文化产业集聚

### 1. 继续发挥上海文化创意产业园区的示范、集聚、辐射和推动作用

文化产业分布在各个行业之中，总体上较为分散，缺少必要的载体，以传统方式难以体现产业的集聚效应。建立创意产业集聚区，是引导相互关联的、在地理位置上相对集中的若干企业和机构形成群体竞争优势和集聚发展的规模效益的重要举措。园区的建立已经初步显现出一定的集聚示范作用，应继续发挥这种示范、集聚、辐射的作用。上海可以在下一步创意产业的推进过程中，着力塑造一些像M50、北京798、深圳的打分油画村这样具有影响力和主体性的创业园区来带动上海的创意产业聚集区的发展。

### 2. 以世博为契机，提升上海的整体创意产业价值

2010年上海世博会的举办，也为上海创意产业的发展提供巨大的契机。世博会的成功举办需要源源不断的创意来支持。从国际经验来看，每一次世博会的成功举办，都会大大推进主办国特别是主办城市创意产业的发展。

近年来，文化产业在繁荣社会主义文化、满足人民精神文化需求、促进国民经济增长等方面的重要作用日益凸现。上海必须加快文化产业基地和区域性特色文化产业群建设，积极探索发展文化产业的新路子，努力形成具有特色的文化产业群，提升文化产业实力和竞争力。文化是活的生命，只有发展才有持久的生命力，只有传播才有影响力。

## (四) 把握抓手，发展上海的文化产业

### 1. 立足上海，向世界展示文化软实力

文化是城市软实力的集中体现。文化软实力主要是指一个国家的国际影响力中除了经济、科技、国防以外的能力，包括文化、教育，特别是舆论的引导能力。"软实力"比"硬实力"更具原创性、独特性、创新性、持久性。文化软实力只有在传播中才能让人感知，并发挥其作为一种实力的意义和价值。对地方乃至国家而言，提升文化软实力的重要路径之一就是塑造良好的文化形象。

(1) 进一步推进上海文化形象的塑造，不断增强上海文化形象的现代元素。文化资源不等于生产力。从拥有资源到形成生产力，到形成高附加值的先进生产力和先进文化生产力，有很长的路要走。新经济时代的文化产业更多地依赖其自身建立起来的时尚文化和当代大众流行文化机制，以及全球化

的市场和全球营销方式。

（2）进一步推进上海文化形象的塑造，不断增强上海文化形象的核心元素。文化形象是一个复杂的体系，但其最为核心的元素应该体现在思想与价值观的层面上。上海的文化产业在发展过程中，要与时俱进地培育城市精神，重视"海纳百川、追求卓越、开明睿智、大气谦和"的上海精神的价值观的输出。

（3）进一步推进上海文化形象的塑造，不断增强上海文化形象的交流元素。以重要文艺节庆为依托，推进上海国际交流中心建设，形式上采取多种策略："出口又出国"，将文化产品放到国外，从而吸引国际市场的关注；"出口不出国"，定位本市或者其他国内大都市，吸引在华国际友人的主动参与；"国际合作"，吸引发达国家参与文化艺术项目的共同创意、策划、制作和投资，以期中国元素和国际市场更好的融合。

2. 提升产业，编织文化产业链

完善文化产业的整体战略规划和政策。坚持在文化市场领域稳步推进改革开放，促进企业在竞争中学习与提高。在坚持市场导向的同时，也需要合理的引导。优选有竞争力的文化内容，选择那些又好又有竞争力的产品作为重点予以扶持，对于那些虽然具有特色但是属于落后的内容产品，则要制定相应的监管政策，合理地清除不良的产品及其所带来的不良影响。

要把握机遇，大力发展优势产业。牢牢把握互联网和手机等媒体的发展和数字娱乐内容如游戏、动画等领域的发展机遇和部分已有先发优势，利用我国信息产业高速发展和市场规模逐步扩大的有利条件，做强做大数字娱乐产业，并且在今后开展适度的对外品牌并购。此外，随着我国经济的持续高速发展，文化旅游与会展业成长快速，可以强力打造具有国际影响力的品牌化项目和特色城市文化产业。大力发展影视、出版、广告等媒体产业，同时，利用不断累积的资源和管理经验，逐步走向国际化。

3. 多元并举，探索文化产业发展新路

（1）完善统计等相关基础工作。文化产业的基础信息收集需要进一步完善。明确文化产业的统计分类，增加创意产业的统计内容，可以考虑通过市统计局制定相应的创意产业统计指南，指导各区及时准确地收集相关的统计数据，为上海制定发展创意产业的战略决策提供依据。

（2）建议成立创意产业发展领导小组，完善工作机制，形成推进合力。上海九次党代会明确将文化产业中的创意产业列为上海今后发展的四大服务业之一（创意、金融、物流、服务外包），目前其他三个产业均有推进产业发展的领导小组。相比较之下，京、渝等城市均已成立以市委书记或市长领导的推进创意产业发展的领导小组。上海急需建立相应的领导和工作机制，协调各相关部门，形成合力，共同推进上海创意产业的发展，以进一步扩大上海的国际影响力，为打造上海成为国际大都市奠定良好的基础。

# 第七节　上海都市型产业发展对策

上海作为我国最大的城市之一，具有软资源丰富，硬资源贫乏的都市型资源特征。因此积极培育都市型产业，是调整工业结构、优化资源配置、完善城市功能、实现经济社会可持续发展的战略选择。

## 一、上海都市型产业的基本概况

### （一）都市型产业的基本内涵

都市型产业是指适应大都市和高度城市化地区可持续发展要求，有利于环境保护，依托都市高度密集人才要素、资本要素以及信息、科技、文化等知识要素，能充分利用都市完善的城市设施和便捷的交通网络，可提供一定就业机会，能够满足都市特定市场需求、居民消费多元化和消费升级需要，并为制造业和贸易便利提供高端服务，具有一定辐射能力、适合在大都市和高度城市化地区发展、与城市功能和城市定位相协调、附加值较高的资源节约型和环境友好型产业体系。

"都市型产业"一部分是在传统产业更新与发展的基础上，通过融入了现代科技信息技术而发展起来的产业，如印刷、出版、包装业、服装服饰制造业、室内装饰用品制造业等；一部分是在高新技术基础上发展起来的新兴产业，如软件产业、信息咨询等。从总体上讲，可以把都市型产业分为都市型工业、都市型服务业、都市型农业三个基本的组成部分。[①]

---

① 张永庆、张冰、刘晓慧：《大中型城市中心城区都市型产业发展研究》，载《城市问题》2005 年第 2 期。

(二) 都市型产业的地位和作用

都市型产业不仅显示都市经济在产业结构上的特征,也能够发挥都市功能优势,体现都市经济和都市生活质量的提高。大中型城市发展都市型产业,空间成本相对较低,污染较小,高度集聚,市场需求规模大,不仅有利于促进城市中心城区培育特色产业、优化城市产业布局,而且对增加就业机会,增加财税收入,改善城市的生态环境,优化城市形象,改善居民生活都有好处。都市型产业是适应中心城市功能和都市经济发展,发挥都市优势,服务于都市自身并繁荣周边地区的产业。

(三) 上海都市型产业的发展现状

1. 都市型工业

上海的都市型工业主要包括:服装服饰业,食品加工制造业,包装、印刷业,室内装饰用品制造业,化妆品及清洁洗涤业,工艺美术品、旅游用品制造业,小型电子信息产品等(《上海统计年鉴》)。

(1) 总体稳步发展。2006 年,上海都市产业依托大都市独特的资金流、商品流、技术流、人才流、信息流等社会资源,继续保持稳步发展。2006 年,规模以上(下同)都市型工业单位数为 3 643 户,比 2000 年减少 35.58%;从业人员平均人数达到 70.49 万人,上升 8.6%%;完成工业总产值 2 271.47 亿元,比 2000 年增长 100.86%,占全市工业的 12.2%;工业销售产值完成 2 248.61 亿元,增长 102.51%;年末资产总计 1 961.93 亿元,增长 51.88%。从经济效益看,2006 年,实现主营业务收入 2 351.20 亿元,比 2000 年增长 102.48%;利润总额 133.04 亿元,税金总额 76.92 亿元,分别增长 203.54% 和 68.61%(见表 6.10)。

表 6.10 上海都市产业主要经济指标变化情况

| 指　　标 | 2006 年 | 2000 年 | 增长率 |
|---|---|---|---|
| 单位数(个) | 3 643 | 5 655 | −35.58% |
| 从业人员年平均人数(万人) | 70.49 | 64.91 | 8.60% |
| 工业总产值(亿元) | 2 271.47 | 1 130.9 | 100.86% |
| 工业销售产值(亿元) | 2 248.61 | 1 110.35 | 102.51% |
| 年末资产总计(亿元) | 1 961.93 | 1 291.78 | 51.88% |
| 主营业务收入(亿元) | 2 351.2 | 1 161.22 | 102.48% |
| 利润总额(亿元) | 133.04 | 43.83 | 203.54% |
| 税金总额(亿元) | 76.92 | 45.62 | 68.61% |

资料来源:根据《2007 上海工业发展报告》,《上海统计年鉴》(2001)(2007)相关数据整理。

（2）非公经济继续保持主导力量。发展都市型工业为推动国有企业转制、充分利用民间资本开辟了一条新路。上海都市型工业中近年来私营经济迅猛发展。2006年，都市型工业中私营经济完成工业总产值370.44亿元，比2000年增长480.63%，是各种经济类型中增长最快的；从业人数为17.79万人，占都市型工业的比重为24.99%。内资企业地位逐步降低，从业人员比2000年减少5.66万人，工业总产值所占比重为30.86%；外商及港澳台投资经济占绝对主导力量，2006年完成工业总产值1 570.5亿元，占都市型工业总产值的7成，实现利润总额87.19亿元，占65.5%。2006年港澳台投资工业总产值比2000年增长49.68%，外商投资净增161.09%。

**表 6.11　上海都市型工业从业人员、工业总产值变化情况（按登记注册类型分）（2006 年）**

| 项　　目 | 从业人员 | | | 工业总产值 | | |
|---|---|---|---|---|---|---|
| | （万人） | 比重（%） | 比 2000 年净增（%） | （亿元） | 比重（%） | 比 2000 年净增（%） |
| 合　　计 | 71.19 | 100.00 | 9.67 | 2 271.47 | 100.00 | 100.86 |
| 内　　资 | 28.39 | 39.88 | −16.62 | 700.97 | 30.86 | 66.28 |
| 私　　营 | 17.79 | 24.99 | 357.33 | 370.44 | 16.31 | 480.63 |
| 港澳台商投资 | 13.76 | 19.33 | 5.76 | 378.25 | 16.65 | 49.68 |
| 外商投资 | 29.04 | 40.79 | 62.69 | 1 192.25 | 52.49 | 161.09 |

资料来源：根据《2007上海工业发展报告》、《上海统计年鉴》(2001)(2007)相关数据整理。

（3）服装和食品制造业占据主导地位，室内装饰用品制造业发展迅速。2006年，占都市型工业中总量最大的是服装服饰业完成工业总产值517.67亿元，占都市型产业的比重为22.79%，吸纳从业人员27.46万，占比重为38.57%；食品制造业产值489.61亿元，排在第二位，比重为21.55%，吸纳从业人员8.78万，占12.33%（见表6.12）。

室内装饰用品制造业发展快，收入和利润增幅居都市型工业之首，2006年完成主营业务收入374.57亿元，比2000年增长212.85%，实现利润总额22.25亿元，增长546.80%；小型电子信息产品制造业增长速度也很快，2006年主营业务收入达257.42亿元，比2000年增长217.49%，利润达到20.72亿元，增长幅度达到116.96%。食品制造业实现了升级，利润增长率比2000年增长417.26%（见表6.13）。

表 6.12　各产业单位数、从业人员和工业总产值(2006 年)

| 项　目 | 单位数 | | 从业人员 | | 工业总产值 | |
|---|---|---|---|---|---|---|
| | (个) | 比重(%) | (万人) | 比重(%) | (亿元) | 比重(%) |
| 总　计 | 3 643 | 100 | 71.19 | 100 | 2 271.47 | 100 |
| 服装服饰业 | 1 282 | 35.19 | 27.46 | 38.57 | 517.67 | 22.79 |
| 食品加工制造业 | 449 | 12.33 | 8.78 | 12.33 | 489.61 | 21.55 |
| 包装、印刷业 | 490 | 13.45 | 5.66 | 7.95 | 198.75 | 8.75 |
| 室内装饰用品制造业 | 615 | 16.88 | 10.95 | 15.38 | 369.17 | 16.25 |
| 化妆品及清洁洗涤用品制造业 | 171 | 4.69 | 2.25 | 3.16 | 165.55 | 7.29 |
| 工艺美术品、旅游用品制造业 | 435 | 11.94 | 9.49 | 13.33 | 275.1 | 12.11 |
| 小型电子信息产品制造业 | 201 | 5.52 | 6.61 | 9.29 | 255.61 | 11.25 |

资料来源:根据《2007 上海工业发展报告》,《上海统计年鉴》(2001)(2007)相关数据整理。

表 6.13　都市工业各产业经济情况(2000—2006 年)

| 行　业 | 主营业务收入(亿元) | | | 利润(亿元) | | |
|---|---|---|---|---|---|---|
| | 2006 年 | 2000 年 | 净增长率(%) | 2006 年 | 2000 年 | 净增长率(%) |
| 总　计 | 2 351.20 | 1 161.22 | 102.48 | 133.04 | 43.83 | 203.54 |
| 服装服饰业 | 497.07 | 293.75 | 69.22 | 23.08 | 12.86 | 79.47 |
| 食品加工制造业 | 540.77 | 281.89 | 91.84 | 23.07 | 4.46 | 417.26 |
| 包装、印刷业 | 201.89 | 110.41 | 82.85 | 15.20 | 8.54 | 77.99 |
| 室内装饰用品制造业 | 374.57 | 119.73 | 212.85 | 22.25 | 3.44 | 546.80 |
| 化妆品及清洁洗涤用品制造业 | 172.85 | 110.31 | 56.69 | 11.85 | −1.11 | |
| 工艺美术品、旅游用品制造业 | 306.62 | 164.04 | 86.92 | 16.87 | 6.09 | 177.01 |
| 小型电子信息产品制造业 | 257.42 | 81.08 | 217.49 | 20.72 | 9.55 | 116.96 |

资料来源:根据《2007 上海工业发展报告》,《上海统计年鉴》(2001)(2007)相关数据整理。

（4）地区分布不断优化。各区县充分利用自身资源。普陀区依靠光明乳业股份有限公司为首的食品加工业,2006 年全区都市型工业单位数达 583 户,完成工业总产值 435.70 亿元,比 2005 年增长 9.2%,资产总计 364.99 亿元,增长 5.2%,上缴税金总额 21.69 亿元,增长 13.8%,排在各区县之首;浦东新区形成以柯达电子(上海)有限公司、上海莫仕连接器有限公司为首的小型电子信息产品制造业,2006 年全区都市型工业实现主营业务收入 436.52 亿元,比 2005 年增长 6.4%,实现利润总额 35.32 亿元,增长 19.8%;排在各区县之首;徐汇区形成了以 3M 中国有限公司为首的小型电子信息产品制造业,2006 年全区都市型工业实现主营业务收入 162.81 亿元,比 2005 年增长 2.2%,排在中心城区的首位。

2. 都市型服务业

都市服务产业是区别于传统服务业旅游,基于都市特征,用创意产业的思维方式和发展模式整合的产业资源,是适应现代社会经济发展转型的全新模式,具有鲜明的都市特征。都市服务业和现代服务业有交叉,也有区别。这里我们采取更加狭义的方式,将信息服务业、金融业、房地产业、文化产业、旅游业、现代物流业作为都市服务业的界定。

可以看出,都市服务业有所发展,但发展不平衡。都市服务业具有较大的增加,从占上海生产总值的比重来看,信息服务业上升最快,从 2000 年的 2.73% 上升到 2006 年的 4.81%,房地产业和旅游业也有所增加,文化产业基本持平,2000 年到 2006 年占生产总值比重仅增长 0.14%,金融业和交通运输及仓储业比重下降,其中金融业下降幅度最大,占生产总值的比重下降了 4.6%(见表 6.14)。

表 6.14　上海都市服务业增加值情况

| 指　　标 | 2000 年 | | 2005 年 | | 2006 年 | |
|---|---|---|---|---|---|---|
| | 绝对值<br>(亿元) | 占生产总<br>值比重(%) | 绝对值<br>(亿元) | 占生产总<br>值比重(%) | 绝对值<br>(亿元) | 占生产总<br>值比重(%) |
| 信息服务业 | 129.77 | 2.73 | 422.50 | 4.62 | 499.55 | 4.81 |
| 金融业 | 602.95 | 12.60 | 675.12 | 7.40 | 825.2 | 8.00 |
| 房地产业 | 263.35 | 5.52 | 676.12 | 7.40 | 688.1 | 6.60 |
| 文化产业 | 89.67 | 5.47 | 101.04 | 5.56 | 110.95 | 5.61 |
| 旅游业 | 498.09 | 5.90 | 584.26 | 6.40 | 695.06 | 6.70 |
| 交通运输和仓储 | 11.37 | 0.13 | 11.96 | 0.13 | 12.31 | 0.12 |

资料来源:根据《上海市统计年鉴》(2007)的相关数据整理。

这说明上海的都市服务业从绝对值看,各行业都有所发展。但是从结构进行分析可以发现,都市服务业的发展不平衡,尤其金融业的发展出现了一定的瓶颈现象。

### 3. 都市型农业

都市型农业是指依托都市及高度城市化地区的自然与市场环境发展起来的,满足都市现代发展需要的,以绿色、环保为特点的与城市融为一体的农业生产类型。都市型农业成长于现代大都市及其城市化地区,包括两个部分,一是依托都市郊区由城郊型农业发展起来的,以满足现代都市及高度城市化地区城市发展及人民生活多种需求与生态环境优化为主要目标和功能的农业;二是依托都市城区自然环境发展起来的特色农业产业,如美国纽约市城区的养蜂业。

**表 6.15 上海农业总产值** 单位:亿元

| 年 份 | 农业总产值 | 其 中 | | | | |
|---|---|---|---|---|---|---|
| | | 种植业 | 林 业 | 牧 业 | 副 业 | 渔 业 |
| 2000 | 216.50 | 89.81 | 1.41 | 87.35 | — | 37.92 |
| 2005 | 233.39 | 111.25 | 11.11 | 54.34 | — | 51.64 |
| 2006 | 237.01 | 119.99 | 10.43 | 46.29 | — | 55.25 |

资料来源:根据《上海统计年鉴》(2007)的相关数据整理。

对于都市农业上海目前尚无统计指标,仅能根据统计年鉴数据描述上海都市农业的发展状态。上海不是农业主产区,农业在上海经济中所占比例较小,近几年农业产值保持稳定增长。全年完成农业总产值 237.01 亿元,比上年增长 0.4%。

根据上海市政协的初步调研,上海现代农业经营制度建设的现状是:上海已基本形成多元的农业产业组织体系,但从事一家一户超小规模家庭经营的农户,目前仍然是上海农业经营的主体。在经营模式上,现阶段上海农业生产经营的各个环节大多处于分割状态,农户在总体上未真正成为现代农业的市场主体。上海农业经济总体上尚在低效运行中徘徊。

上海都市农业亟待解决的问题是,农业经营制度建设,尚不能适应上海率先实现农业现代化和建成农业强市的要求,主要表现为:农民专业合作社发育环境欠佳,对国有农场支持力度不足,社会资本进入农业领域缺乏吸引力,农业金融功能日趋退化。

## 二、上海都市型产业的战略定位

### （一） 基本原则

进一步贯彻落实科学发展观,按照上海建设"四个中心"的城市发展定位,不断探索中国特色、时代特征、上海特点的发展新路,进一步优化上海市产业布局,并推进城镇、郊区、产业协调发展,在本市形成以产业基地为龙头、市级以上工业区为支撑、区级重点工业区为配套、郊区都市型工业园为补充的产业布局构架,促进工业向园区集中,推动高新科技园区、开发区、产业园区整合发展规划建设一批科技与文化相结合的创意产业园和劳动密集型都市工业园。在发展都市型产业方面,以下原则需要遵循:

1．整体规划,合理布局

不断探索中国特色、时代特征、上海特点的发展新路,依据本市城市总体规划和土地利用总体规划,充分依托市区、郊区的城镇体系,进一步完善市区、郊区的城市功能,推进郊区城镇、产业、人口协调发展,为"十一五"期间促进我市产业升级和城市功能转型提供强有力的支撑和保证。

2．产业导向,提升能级

坚持三、二、一产业方针和二、三产业共同发展,并根据工业产业导向目录,上海都市型产业园重点发展无污染、广就业的都市产业,即以服装服饰业、包装印刷广告业、工艺旅游纪念品业和生产性服务业等为主的产业,建设与城镇人口、生态环境相协调的都市型工业园。

3．以人为本,和谐发展

积极发展劳动密集的都市型产业,继续拓宽就业渠道,并通过污染低、耗能小的产业发展,加强环保与生态建设,加快建设资源节约型、环境友好型社会。

### （二） 发展目标

1．总体规模目标

上海都市型产业的发展要充分考虑特大型城市的资源环境特点,着眼开发就业岗位,继续大力扶植都市型工业,努力拓展都市型知识服务业,积极培育都市型农业,加快发展都市型旅游业。

综合考虑未来五年的发展环境和基础条件,"十一五"时期上海要实现经济社会又快又好的发展,形成"四个中心"基本框架,取得社会主义现代化国际大都市建设的阶段性进展。根据"十一五"规划,都市型产业的主要目标是:继续保持都市型产业经济持续较快健康发展,产业不断调整、升级,各产业生产总值年均增长高于全市平均产值增长,利润总额继续保持稳定增长;促进经济增长方式实现重大转变,生态型、环保型和低耗型城市建设取得全面进展,单位生产总值综合能耗比"十五"期末降低 20% 左右;继续提高都市型产业对从业人员的吸纳能力,城镇登记失业率控制在 4.5% 左右。

2. 具体产业目标

(1)都市型工业。都市型工业在改善城市环境,提高就业率,改善居民生活水平,优化产业结构等方面作用显著。按照"十一五"规划,都市型工业要在工业产值、主营业务收入、净利润等方面保证稳定增长,不低于全市工业总产值增长率;继续加大私营企业的比重,进一步市场化,有效利用外资,促进生产技术的提高;鼓励大中型企业成长,扶植小型企业进行产业创新与调整;拓展都市工业的就业渠道,进一步加大服装服饰业和食品制造业的支持,降低其他产业的进入门槛,适时对从业人员进行培训,保证都市型工业对从业人员的吸纳能力。

另外,按照本市郊区规划发展纲要,到 2010 年,上海郊区规划工业用地总量为 1 000 平方公里,形成产业基地、市级以上工业区、区级重点配套区和郊区都市型工业园四个层次的产业发展格局,其中产业基地和市级以上工业区、区级重点配套区及郊区都市型工业园分别与郊区新城、新市镇和居民村(社区)相对应,形成本市郊区布局合理、产业协调的城镇和产业体系,有效促进本市郊区人口、城镇和产业的集中和集聚。在"十一五"期间,上海还计划整理各类工业用地 20 平方公里,淘汰劣势低效土地利用的企业 3 000—4 000 家,腾出土地 20—30 平方公里,以建设都市型工业园,发展都市工业。

(2)都市型服务业。根据"十一五"规划,上海要把发展服务业放在优先位置,要以信息化为基础,以服务业集聚区为载体,以金融、物流为重点,集聚高端人才,培育龙头企业,加强综合集成,力争取得现代服务业的大发展。首先,继续强化信息服务业的优势,培育信息服务品牌企业,拓展信息服务领域,发展服务外包业务。着眼于推进现代市场体系建设,引进和发展会计、审计、法律、咨询、经纪等专业和中介服务业,提高服务能力。

加大对金融发展的投入,着眼于形成国际金融中心框架,完善金融机构体系,完善金融市场体系,完善金融服务体系,完善金融监管体系,加快发展金融业。按照稳步推进金融业综合经营的方向,优化整合地方金融机构,引进和组建新兴金融机构,促进各类金融机构集聚。继续推进资本、资金、保险、期货等市场建设,增强金融市场功能。改善金融产品创新机制,促进金融衍生品、债券等新业务发展,推进金融产品中心建设。加快股权分置改革和上市公司重组。加强金融风险防范和处置机制建设,并且加强金融生态环境建设。

而且,要加快建设上海国际航运中心。调整上海港结构和功能,完成黄浦江两岸主要开发地区的岸线功能调整,推进洋山深水港区建设。以扩大"两港"开放为突破口,拓展口岸功能,促进国际中转物流发展,加快重要物流基地建设,大力培育第三方物流,构建口岸物流、制造业物流和城市配送物流相结合的现代物流体系。

## 三、上海都市型产业的发展对策

### (一) 都市型工业的发展对策

1. 加强规划引导,适时确定本地区的发展战略和发展重点[①]

都市型工业企业通常以小型、轻型、高科技企业为主,如个私、民营及少数小型国企等。要促进都市型工业的快速发展,政府职能需要转变,以"小政府、大社会"为指导思想,大力改善投资环境、加强政策支持、完善法规法律,鼓励和引导都市型工业健康发展。都市型工业的快速发展在很大程度上取决于相应的管理体制及相关配套政策的制定和落实。着重应从三个方面着手:一是政府宏观管理部门应加强对都市型工业统一规划,依托现有产业优势和全市整体规划,合理选择不同区域的行业、产品和企业的发展重点,形成各具特色的产品布局结构,通过税收、土地等政策优惠,增强园区的吸引力和竞争力。

---

① 姜爱林:《都市型工业的涵义、现状与对策》,载《江苏工业学院学报》2005年第6期。

二是完善都市型工业的管理统计工作。建立独立统计的运行机制,为分析决策做好准备工作。三是加强产业政策的制定和引导,进一步调整和完善《上海工业产业导向及布局指南》,适时调整都市型工业发展方向。

2. 加快园区建设步伐,完善社会服务体系

都市工业园区是中小企业发展的乐园,而都市工业园区的建设则是政府的一项重要职责。实践证明,都市工业园区是城市工业发展一个重要的增长点和发展极。政府部门要大力发展都市型工业园区,提高都市工业的集群化,兴办各类中介服务机构。要认真贯彻《关于规范本市郊区都市型工业园规划建设的指导》意见,总体规划,协调发展,通过以农民集体资产或以土地为合作条件入股等模式促进和扩大郊区居民就业,用长效机制保障农民和镇村获取稳定的土地和厂房租赁收益,推进农民就业非农化、郊区农民市民化,优化土地资源,盘活存量用地,提高土地利用效率,建设与城镇人口、生态环境相协调的都市型工业园。

另外,政府应该完善工业园区的社会服务体系。应借鉴国内外有益的好的做法,兴办面向都市型工业的法律、会计、技术、金融、培训、信息、管理等方面的中介服务机构;建立各级都市型工业协会,负责对全市都市型工业企业实行行业管理,提供各类市场信息和技术咨询服务。二是拓宽都市型工业企业发展的筹资渠道,提供配套的金融支持。加大中小企业信用担保体系试点,建立中小企业信用和监管制度,为其生存与发展提供更广阔的空间。三是建立健全都市型工业发展的法律法规制度。为该行业企业发展提供强有力的法律依据。

3. 规划协调好都市型工业总体结构与空间布局,大力发展特强产业

大中型城市中心城区发展都市型产业,还要搞好中心城区各个区之间都市型产业发展选择与布局的规划与协调,对黄浦区、静安区和卢湾区等上海核心市区的都市型工业的功能再定位,避免无序发展、无序竞争及其引发的资源浪费和效益损失。首先,应依据各个城区的不同情况,以发展特色产品为基础,构建特强产业为核心,搞好都市型产业布局;然后,应结合各个城区的产业发展条件、发展基础,合理规划布局都市型产业园区;其三,应鼓励各个企业增加产品和产业的技术含量,创造民族品牌和自有知识产权,提高产品质量和特

298

性,在扩大产业发展空间和整体竞争力的基础上,形成各具优势与特色的产品与产业体系。

4. 采取有效措施,促进都市型工业的技术创新

为了适应激烈的市场竞争,必须提高都市型工业的技术水平,促进产业结构的升级,提高竞争能力。都市型工业企业以中小型企业为主,由于规模、资金方面的限制,技术力量较为薄弱。这就需要政府在推动都市型工业的技术创新方面起到重要作用,建立专项基金,用于对重点都市型工业行业和企业进行技术改造和新产品开发。加快技术创新体系的建设,在重点行业和重点企业集团建立技术中心,为都市型工业企业提供政策咨询、管理咨询、市场信息、技术开发、投资指导、人才培训等服务,同时帮助有条件的企业建立技术开发机构。鼓励高等院校、科研机构利用现有技术和设备为都市型工业企业服务,对高等院校和科研机构向都市型工业企业转化科技成果采取更为优惠的政策。审慎决策对外资的利用,通过外商投资企业,加快先进技术的学习、应用和升级。

5. 重视、培养和引进各类优秀人才

都市型工业的发展离不开人才,人才是都市型工业发展顺利与否的关键。要坚持引进与培育相结合,加快人才队伍建设。依据行业人才稀缺的程度,都市型工业重点是要加快设计人才、研发人才、管理人才、营销人才、技术人才等5类人才的建设。以引进为主、培育为辅,加快解决都市型工业设计人才和经营管理人才。要进一步转变观念,放宽户籍等人为限制,建立引才绿色通道,切实为各类人才创造一个良好的发展环境;大力挖掘现有的教育资源,以学校和企业培育为主,培养一批操作能力强的熟练工人,不断提高都市型工业企业技术工人的整体素质。在5类人才中,尤其要注意培养和引进"技术工人"人才。

**(二) 都市型服务业发展对策**

1. 完善产业政策的手段与措施,对产生显著外部经济效应的都市服务业给予资助

制定了旅游发展的财政资助计划,对创新性世界级旅游产品,举行世界级的节事活动,举办高等级的国际性的行业协会会议,可按项目成本申请资助。

推出入境旅游促销的双倍税收减免计划,鼓励都市服务产业企业参与地方政府支持的海外商业展销会,促进都市服务业的发展。对符合条件的公司,在其纳税额度中扣除因参与海外商业展览而产生的相应支出的款项。

2．增强都市服务业支撑能力,加强对服务业发展的宏观引导

上海的各级政府、各有关部门要切实的把推进服务业放在优先发展的地位,从各区实际出发,科学制定服务业发展规划,明确产业内部战略重点,协调服务业与第一、第二产业间关系,促进服务业健康有序发展。高度重视促进服务业发展,在确定投资与消费比例政策时,要增加鼓励消费增长的政策力度,国债资金和政府其他投资要增加对与服务业发展相关的基础设施建设的投入。加快以鼓励消费为导向的信用体系建设,提高消费信贷比例。

3．增加经济开放度,推进垄断性服务行业改革

以加入 WTO 为契机,积极吸引国际投资,加快推进商业、贸易、旅游、金融、保险、教育、文化、卫生、中介等服务领域的对外开放,鼓励服务业优势行业的对外投资。加强与周边地区的经济技术交流与合作,促进区域产业结构调整和整体竞争力的提升。降低服务业准入门槛,对电信、金融、保险、铁路运输、航空运输、广播电视等垄断性服务行业的改革,除个别涉及国家安全和必须由国家垄断经营的领域外,均要进一步推进改革,放宽市场准入,引入市场机制,提高服务业运行效率。

4．升级都市服务的创新水平,促进政府和企业创新

政府应根据国民经济发展现状与趋势,提高经济开放度,明确服务业的战略地位,制定鼓励服务业发展的政策措施,完善形成服务业价格机制,改革投融资体制,形成企业自主投资、银行独立审贷、政府产业引导的格局,逐步取消限制民间投资的规定,大力发展多种所有制形式的服务业。

服务业的发展需要科技支持,其中企业有动力、有能力推进的技术研究,可以在市场主导下以企业为主体完成,一些主要产生重大社会效益的科技研究,民间投资动力和能力不足,需要政府加大投入和给予鼓励,特别要关注能够密集吸纳就业的技术、节约资源能源的技术和降低成本公共服务的技术。

鼓励服务企业从管理、经营、技术、产品等多方面进行创新,提高企业服务产品质量和运行效率;鼓励服务企业以市场主导优化配置资源,进行规模化经

营;鼓励服务企业树立现代服务意识,转变经营观念,全面综合提高企业竞争力。

### 5. 培育创新人才,增加城市创新系统活力

建立以全面素质教育为基础的教育创新体系和以创新意识、创新精神为核心的人才培养机制,按照学习型社会的要求,构建终身教育体系,面向服务经济、知识经济培育创新人才。整个城市应树立"以人为本"观念,形成尊重知识、尊重人才的社会风气。

### (三) 都市型农业的发展对策

#### 1. 坚持发展具有上海特色的都市农业

2008年初的持续低温雨雪灾害的教训是,大都市必须要有一定的农业保有量,不能因为大流通大市场而忽视本地农产品的供给。郊区农业绝不是可有可无的,都市农业保障市场供应的经济功能仍然是第一位的。上海农业必须要有一定的保有量,这既是上海作为农副产品主销区必须承担的责任,也是上海应对突发情况、维护城市安全、确保市场稳定的客观需要。上海的都市农业需做到"三不原则",即不能因大市场大流通而忽视本地农产品供给,不能因农业比重小而轻视农业,不能因农业比较效益低而放弃农业。

同时也要认识到,现代农业不仅仅是生产部门,同时也是天然的都市生态屏障。上海将农业功能从单纯的生产向生态和服务拓展,都市农业应成为"有生命的基础设施"。

#### 2. 发展方式要因地指引,灵活多样

从宏观指引而言,政府加强综合研究、因地制宜,制定都市农业发展规划。从政策环境而言,政府从政策、金融和法律支持等多个角度提供良好的发展环境。坚持以市场为导向,以高科技为支撑,根据城市的发展水平,采取适合上海的都市农业发展模式,可以辅以观光农业、生态农业、休闲农业和体验农业等多样经营方式。

## 第八节　上海循环产业发展对策

一个城市要超越发展只有发挥自身优势,走循环产业之路,由注重生产数

量型向数量、质量、效益环保型转变，由单个产品向创新多方面产品产业链转变，发展循环经济是企业实现可持续发展的必由之路。

# 一、上海循环产业的基本概况

## （一）循环产业的基本内涵

随着工业化程度的提高和经济的快速增长，基于资源消耗型的传统经济模式与资源短缺的矛盾日益突出，必须从源头控制和资源再生的角度看待环境和资源危机的问题。由此，循环产业也逐渐列入国际社会产业发展的主流之一。

循环经济是指在原有经济模式的基础上增加反馈回路，通过废弃物的循环再生，实现资源的可持续利用，达到经济活动生态化的目标。因此，循环经济不是一种新的经济形态，是对传统经济的修补和完善，是经济理念的创新。循环经济的模式为"资源—生产—流通—消费—再生资源"的闭环式模式，在生产过程中实现了少投入、高产出、低污染，把对环境污染物的排放消除在生产过程之中。循环产业是循环经济的主要实现形式。循环产业包括以下两个含义：其一是指传统产业本身已经具备了资源回收和再利用的能力；其二是在回收、物流、储存、再加工等环节发展新型的产业门类。

## （二）循环产业的地位和作用

循环经济不仅仅是一种经济发展模式的创新，更是一种发展理念的提升，是一项涉及全社会方方面面的系统工程。随着经济的发展，循环经济已成为国民经济的重要组成部分。

发展循环经济、建设资源节约型和环境友好型城市，已被列为上海"十一五"规划的一项重要任务。

循环产业是国民经济体系中一个不可缺少的环节，在经济体系中扮演参与者与修补者的重要角色，对经济的可持续健康发展具有极为重要的作用。传统产业链不是闭合的，它存在大量的资源浪费、废弃物的排放和资源的不可回收性。大力发展循环产业，能够修补传统产业链的缺陷，促进产业的可持续发展。

## （三）上海循环产业的发展现状

20世纪90年代，上海以浦东开发为契机，经济步入了高速增长的轨道，以现代服务业和先进制造业为特色的新型产业体系正在形成。为了增强经济发展的可持续性，上海充分利用目前经济发展的势头良好、引进资金选择余地加大、循环经济技术开发实力不断增强的优势，加快经济增长方式向循环经济的模式转变。近年来，上海市政府一直致力于结合世界其他国际大都市的建设，积极探索具有发展中国家特点的可持续发展之路。早在1995年，上海就开始关注德国和日本的循环经济实践，并进行了大胆的探索和创新。近年来，上海开始致力于通过发展创新、制度创新和技术创新，将循环经济理念纳入结构调整、城区改造、产业布局以及生态建设等各项经济发展和建设工作中。在大产业、大基地、大项目、大品牌的发展导向下，上海进入了一个新的发展阶段，废物最小量化、资源转换高效化、清洁生产、废物综合利用、工业共生和绿色消费等循环经济的要素和组成部分已经得到了不同程度的实践，工业领域中的"五高五低"特征已经开始显现，基本具备了发展循环产业的雏形。

迄今为止，上海市循环经济实践大致经历了三个阶段。第一个阶段：1995—1998年，开始将循环经济研究纳入中国21世纪议程上海行动计划中；第二阶段：1999—2001年，将循环经济纳入国民经济和社会发展十五计划；第二阶段：2002年至今，确立以循环经济为导向的专项计划，分别在企业、企业间、行业间和综合层面开展工作，重点确立了生活垃圾、水都城市、城市森林和崇明开发等几项关键任务。

目前，上海循环产业的发展现状呈现出以下几个特点：

第一，循环经济取得了初步发展，促进了资源的节约，缓解了能源匮乏的问题。近年来，上海市在化工、冶金、医药等行业开展了清洁生产的试点，制定并推进了清洁生产的规划，有效提高了资源利用效率。在能源基础设施领域，加大了新能源与可再生能源的开发和利用。

通过近几年一系列新休制、新举措的试行，上海经济保持两位数递增的同时，每万元GDP能耗水平每年以4%左右的速度递减，清洁能源比重越来越大，上海的GDP不断变"轻"变"绿"。上海在发展循环经济、建设节约型社会上，走出了一条全面推进的路子。资源节约已经逐步渗透到产业发展的每一个环节，融入城市生活的每一处细节。

上海循环产业的发展，对资源消耗的控制和节约作用已初见成效。

表 6.16 为 2006 年上海市能源消耗的指标统计。由表 6.16 可知,2006 年上海市单位地区生产总值能耗(等价值)、单位工业增加值能耗分别下降了3.71%、6.00%。

表 6.16　上海市能源消耗指标(2006 年)

| 地　　区 | 单位地区生产总值能耗(等价值) | | 单位工业增加值能耗(规模以上,当量值) | |
|---|---|---|---|---|
| | 指标值(吨标准煤/万元) | 上升或下降(±%) | 指标值(吨标准煤/万元) | 上升或下降(±%) |
| 上　　海 | 0.873 | −3.71 | 1.20 | −6.00 |

资料来源:根据《中国统计年鉴》(2007)相关数据整理。

图 6.1 为上海市电力消耗趋势图。图中显示,虽然用电总量仍在持续上升,但增长速度正在逐年减缓。2006 年,上海电力消费增长率已控制在 10% 以下。可见,随着循环产业的发展,社会耗能量正在逐步下降。

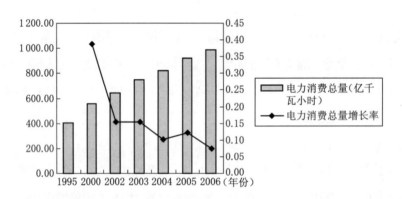

资料来源:《中国统计年鉴》(2007)。

图 6.1　上海电力消费趋势图

第二,通过发展循环产业,上海已逐步建立起工业废物处置和利用体系,走出一条科技含量高、资源消耗低、环境污染少的新型工业化道路。目前,上海中心城区生活垃圾的资源化利用率已超过 50%。而在工业废物的循环利用方面,则呈现出波动上扬趋势。由表 6.17 所示,2005 年的工业废弃物综合利用率比 2000 年提高了接近 3 个百分点,达到 96.31%。但是,到了 2006年,此比率又降至 94.66%,但仍高于 2000 年的统计数据。图 6.2 显示的是近几年上海市"三废"综合利用产品产值的曲线图。如图可知,2001年至2004年,"三废"综合利用产品产值呈大致的上升趋势。但2005年的产值则有所下降。到2006年,产值虽有所上升至10亿元左右,但仍未恢复2004年的最高水平。

表6.17　上海市主要年份工业固体废弃物防治

| 指标 | 2000年 | 2005年 | 2006年 |
|---|---|---|---|
| 工业固体废弃物产生量(万吨) | 1 354.74 | 1 963.62 | 2 063.19 |
| 危险废物 | 28.32 | 48.77 | 40.79 |
| 工业废弃物综合利用量(万吨) | 1 515.90 | 1 891.62 | 1 953.11 |
| 危险废物 | 27.05 | 38.21 | 29.13 |
| 工业废弃物综合利用率(%) | 93.26 | 96.31 | 94.66 |
| 工业固体废物处置量(万吨) | 90.96 | 64.66 | 103.22 |
| 危险废物 | 1.08 | 9.64 | 14.10 |

资料来源:根据《上海市统计年鉴》(2007)相关数据整理。

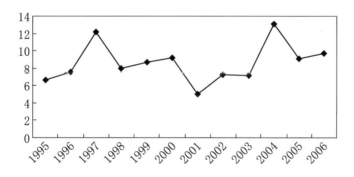

资料来源:《上海统计年鉴》(2007)。

图6.2　上海"三废"综合利用产品产值(亿元)

第三,政府和社会各界对循环经济的重视程度越来越高。近年来,上海市颁布了一系列有关循环经济的政策规定,有效促进了循环产业的发展,先后在浦东、崇明、宝山等各区开展了循环经济试点运行。在产业区域规划、工业园区建设、招商引资等方面,政府也开始注意循环经济的思想。循环经济的发展更离不开科技创新的支持。上海已将循环经济和资源节约技术列为实施科教兴市主战略的重点领域,近三年来,已形成七十余项具有自主知识产权的专利。

同时,循环经济的理念在企业各界也得到了一定的普及。以宝钢为例,过去当垃圾处理的钢渣,如今在宝钢已经实现100%综合利用了。2007年宝钢产生的100多万吨钢渣全都实现循环利用,有的重新回炉发挥余热,有的被制成大理石、道面砖、移动挡墙等。从1996年开始至今,该公司累计投入科研开发经费5 000多万元,购买大量生产试验检测仪器和设备,加大科研攻关力度,在提高生产效益的同时,也大力发展了循环经济。但是,值得注意的是,目前仍有部分中小企业的循环经济意识有待提高。

在取得成绩的同时,目前上海循环产业的发展也存在诸多问题:首先,发展循环产业的误区较多。目前的循环产业大多是传统产业的延续、循环产业只是处在一个末端治理的位置。社会对回收、分解、再加工等领域的新型循环工业的重视不够。循环产业发育不足,专业的循环企业过少、类型单一。循环产业还只是作为一种新型产业被提到议程上来,投资者对循环产业缺乏必要的认识和理解;其次,循环产业市场运作方式存在一定的弊端。循环产业更多的还只是以行政方式来运营管理,市场运作渗透力弱,交易市场少。同时,行业交流不够,没有相关行业协会。在中国,还没有与循环产业相关的行业协会,这给它们的运营与管理带来了极大的不便;再次,发展循环产业的基础不足、技术缺乏、人才匮乏,由此带来了一定的发展障碍和风险。在上海,循环产业才刚刚起步,由于管理不到位、资金不到位,以至于很多人对该产业不是很看好,很难吸引到优秀的人才,同样也难有技术上的创新和突破;最后,虽然政府在不断出新规推动循环产业的发展,但是上海几乎还没有以循环经济产业为主题的法律规定,在出现问题时,主观随意性大,大大阻碍了产业的运营与管理。

## 二、上海发展循环产业的战略定位

### (一) 基本原则

发展循环产业,要以可持续发展理论为理论基础,以科学发展观为指导思想和基本原则。按照科学发展观的要求,人类在追求生存发展的同时要保持与自然关系的和谐,要走人口、经济、社会、环境与资源相协调的道路。在发展循环产业的同时,应保持与科学发展观一致的思想原则。

发展循环经济,应积极推进经济结构调整,加快技术进步,加强监督管理,提高资源利用效率,减少废物的产生和排放;以企业为主体,政府调控、市场引导、公众参与相结合,形成有利于促进循环经济发展的政策体系和社会氛围。

具体而言,上海发展循环产业应遵循以下原则:第一,适宜性。即与当地的生态环境适宜。循环产业的发展应当符合当地资源禀赋条件,维护好当地的生态环境。第二,循环性。通过产业内和产业外的企业间副产品的交易和废弃物的再生处理,形成良好的物质能量循环。第三,多样性。在循环产业的创新和循环产品的开发上,应基于实际需求倡导多样化发展。第四,高效性。大力开发生物技术、生态技术、节能、节水技术、再循环技术和信息技术,以综合提高循环产业的效率。第五,渐进性。应根据实际情况推进循环产业的发展,首先从有条件的区域或企业开始,实现点上突破、线上推进、面上波及的渐进性演进。第五,动态性。循环产业的"五高五低"特征和原则应随着经济的发展和技术的进步而不断深入,完成循环产业的动态最优化发展。

### (二) 发展目标

#### 1. 产业发展的总体目标

根据上海循环经济发展的现状和其他国家发展循环经济的成功经验,上海发展循环经济的总体目标为:按照未来国际经济、金融、贸易、航运中心的国际大都市战略定位和"发挥国际大都市的综合优势,增强城市综合竞争力"的奋斗目标,立足上海经济发展实际,充分借鉴发达国家或城市发展循环经济的经验,以经济体制改革和运行机制改革为契机,推动传统产业经济转变和促进循环产业经济发展;加快循环经济理论、政策、技术等创新,实施以产业循环为目标的产业结构调整和优化产业空间布局;建立比较完善的发展循环经济法律法规体系、政策支持体系、体制与技术创新体系和激励约束机制;加快资源使用结构调整和资源再生产业发展,实现以末端治理为主向以输入控制为主的循环经济发展模式转变;坚持节能与环保并重,构建以单个企业清洁生产、多个企业协同共生和社会生产与消费循环为架构、运转高效协调的循环经济产业体系,力争早日把上海建设成为循环经济型城市。

#### 2. 产业发展的具体目标

具体而言,上海发展循环经济的目标可以从四个方面展开:

第一，实现企业内部的小循环。通过厂内各工艺之间的物料循环，减少物料的使用，达到少排放甚至"零排放"的目标；第二，加强企业间或产业间的中循环，如生态工业园区。把不同的工厂联结起来，形成共享资源和互换副产品的产业共生组合，减少园区对外界的资源依赖和环境压力；第三，实现生产和消费领域的大循环。发展能把各种技术性废弃物还原为再生性资源的创新型产业，例如废旧物质回收利用、废热回用等。第四，推动长三角区域性循环，并进一步辐射全国。通过循环经济，在长三角的地域空间上建立起物质和能量间的闭路循环。循环经济型产业较大一部分属于劳动密集型产业，需要进行产业集群，形成规模经济，才能创造有吸引力的经济价值。对于上海市无法形成闭环流动的或再生后附加值极低的可再生资源，应站在区域整合的高度，促使其有序流动到长三角等其他地区，从而实现物质和能源的梯次利用和经济系统综合型发展。

## 三、上海循环产业的发展对策

上海在发展经济上有较好的区位优势，但没有自然资源优势，所以对材料和能源的依赖非常强。发展循环产业不仅能减轻上海的环境污染压力，而且能解决一些潜在的社会压力，营造良好的社会环境，并进一步促进经济的健康发展，为上海的经济发展提供新的动力。对于加快上海循环产业的发展，笔者有以下几点建议：

### （一）完善循环产业相关法规体系，加强市场监管

今后循环产业的改革与发展主要靠法律手段进行规范、监督和制约，靠经济手段进行补充调整。重视相关的法律法规体系的建设，逐步形成覆盖生产、消费和废弃物回收利用的各个方面、各个环节的循环经济和产业法律法规体系。因此，要加快上海循环产业立法，落实有关规章条例充分发挥法律制度在循环产业运营管理中的作用，以适应新形势下循环产业发展和管理的要求。政府应支持行业管理部门加强行业管理，以保证循环产业健康发展，同时促进行业间的交流沟通，设立循环产业中相关行业协会。

同时，加强对矿产资源集约利用、节能、节水、资源综合利用、再生资源回收利用的监督管理工作，引导企业树立经济与资源、环境协调发展的意识，建立健全资源节约管理制度。严格控制污染物排放总量，加强对企业废物排放

和处置的监督管理,降低排放强度;鼓励有条件的企业在自愿的基础上,开展环境管理体系的建设。

### (二) 完善政策体系,加强标准体系建设

积极进行有关促进循环产业发展的相关政策分析,进一步确立支持循环产业发展的政策导向。第一,运用有效的政策手段来落实循环产业链条的构建,当前主要是通过政策来引导产业和布局导向,促使产业集中与产业集聚水平得以提高,尤其要注重对能带动地区"产业链"形成的龙头企业的支持,从而实现循环产业体系的构建。第二,围绕现有的五大产业基地和"1+3+9"工业布局的产业格局,给予必要的政策资源、环境资源和要素资源,使循环产业链条从资源开采、制造加工、存储、流通、消费、回收、处置等各个环节都有必要的政策支持和引导,从而以点带面实现循环产业的全面发展。第三,在投资政策上,政府应当采取以下特殊的倾斜政策,大力支持工业技术先进、研发实力雄厚的环保产品生产企业。并培育良好的投资环境,降低循环企业投资成本。第四,在土地政策上,应科学规划工业用地规模,调整产业布局,以产业集聚带动循环产业的发展。加强土地配套能力,形成重大外资项目协调机制,建立综合配套服务体系。第五,建立技术咨询服务体系。要积极支持建立循环经济信息系统和技术咨询服务体系,及时向社会发布有关循环经济技术、管理和政策等方面的信息,开展信息咨询、技术推广、宣传培训等。充分发挥行业协会、节能技术服务中心、清洁生产中心等中介机构和科研单位、大专院校的作用。

制定和完善循环产业的标准体系。主要包括:第一,环境标准。主要目标是循环产业对环境的再破坏。第二,技术标准。在循环产业发展初期,技术标准不应过于苛刻,只要切合市场需求,又和国际接轨,则应承认。第三,产品标准。通过产品质量分级,专业标准,生产技术规程等内容,对产业产品进行规定和要求。第四,安全卫生标准。循环产业自身的发展也应体现清洁生产的要求。第五,投入品及其合理使用标准。对产业的投入与产出比作出一定要求,指标进行量化,确保资源的高效使用与回收。

### (三) 促进循环产业市场体系的建立和完善,市场机制和政府干预相结合

理顺政府和循环产业之间的关系,应从行政方式向市场体制转变。市场机制和政府干预相结合是建设上海循环产业的有效手段。政府应从宏观上调

控经济,而循环产业是直接的经济行为,应以市场方式来运行。因此,必须逐渐改变政府控制管理循环产业的行政方式。如改变城市环卫局的职能,对垃圾处理可以采用"污染者付费,有偿回收"的市场运作方式,把它交给企业,使产业管理以经济实体管理模式走进市场,自主运作资产,促进循环经济产业化发展,发挥市场对循环经济运营和管理的作用。

在城市河流湖泊水流清洁问题、循环产业技术研发问题等市场化困难大的领域,政府应予以必要的投入。这些领域将发展为公益循环产业。同时,公益性运营的循环产业投入,也可以遵循"谁排放、谁付费"的原则,通过收费等途径实现公益性循环产业的可持续发展。一旦市场条件成熟,公益性循环产业也可以向市场推广。

**(四) 进一步加快经济结构调整,促进循环产业的优化发展**

加快产业结构调整,按照产业属性和资源使用结构构建循环产业链。以重工业为基础的产业结构只重视经济效益,忽视社会效益和环境效益,必然带来资源的过度消耗和环境的过度破坏。因此,必须加快产业结构调整,限制或者禁止资源消耗和环境破坏严重的企业发展,鼓励或支持能耗低、污染少、效益好的企业优先发展。在进行产业结构调整时,要严格遵循产业发展规律,按照产业的资源相关度规划和设计产业链,从而实现资源的闭环流动。同时,应该大力发展高技术产业,加快用高新技术和先进适用技术改造传统产业,淘汰落后工艺、技术和设备,实现传统产业升级。

**(五) 加快循环经济技术开发,发展生态工业园区**

加快循环经济技术开发,上海循环经济运行发展提供技术支撑体系。循环经济得以大幅度地降低输入和输出经济系统的物质流,是以优化物质在经济系统内部的运行为条件的,而物质在经济系统的内部运行必须要有先进的设备和技术为支撑。因此,上海发展循环经济必须首先通过研发、引进或合作等方式发展先进的技术和设备,先进技术和设备包括能够实现节能和环保的生产技术和设备,以及物流分析方法(MFA)、生命周期评估(LCA)、为环境而设计(DFE)、生态产业园区(EIPs)、可持续生产和消费(SPC)等管理技术。其中,生命周期评估技术强调从物质和能源的整个流通过程即从开采、加工、运输、使用、再生循环、最终处置六个环节对系统的资源消耗和污染排放进行分析,从而得到全过程全系统的物流情况和环境影响,由此评估系统的生态经济效益的优劣。因而,它应该成为上海循环经济发展的基本技术思路。

生态工业园区是循环经济产业化发展的基本模型,也是发达国家或城市发展循环经济的成功模式和发展中国家或城市发展循环经济的试验方式。现在,上海主要是园区硬件建设,软件建设还很不完善,特别是园区内企业资源相关度不高和综合环境治理等问题比较突出,园区运行缺乏协调性。因此,在扩大园区建设数量的同时,要通过企业资源调整、环境整治等措施加快园区运行效率的提高。

**(六) 融入长三角,促进循环产业优化升级**

随着长三角经济一体化的发展,积极推进上海循环产业融入长三角,借助长三角其他城市的先进产业经营理念。尝试有利于循环产业发展的政策,特别要在循环产业经营体制上提高开放度,充分引进和培养上海及周边发达区域的科技型等综合性人才,提高上海循环产业经营管理的效益。要借助长三角的物流平台、金融、科技、航运和国际贸易中心等,把上海的循环产业推向全国的物流平台,推向国际,接轨全球,促进上海循环产业的发展完善。

综上所述,上海循环经济的发展是一项艰巨复杂的系统工程,具有投入多、期限长、风险大、涉及面广等特点,因此需要科学规划、渐进发展,在实践中探索,在探索和借鉴中发展。上海循环经济建设的成功将不仅为上海本地带来巨大的经济效益和生态效益,同时也为我国其他城市循环经济建设和发展提供了宝贵的经验,具有巨大的示范意义。


# 本章小结

本章针对符合上海产业发展战略需要的重点产业的发展展开了较为系统的对策研究,提出了相应的发展对策建议。

(1)发展上海的现代服务业,首先要创新政府体制,构建现代服务业的良好发展环境,包括体制创新,职能创新和定位创新。其次,以现代服务业促区域整体进步,突出服务地位,使现代服务业服务于其他产业,并立足长三角、服务全国。第三,突出集约和辐射,大力发展现代服务业聚集区。通过旅游业和服务外包两个抓手,加速上海现代服务业的发展。

（2）发展上海的先进制造业,首先要建立公共创新服务平台,为发展先进制造业提供支持;其次要直面竞争,打造上海的核心竞争力;第三,面对纷繁复杂的市场局势,建立相应的先进制造业危机响应机制;第四,激发企业的积极性,积极引导优质企业成为先进制造业的主体。

（3）发展上海的装备制造业,首先,应充分利用国内对装备制造业的旺盛需求,贴近客户需求,开展业务创新;第二,积极开展区域合作和国际合作,加大对内对外的招商引资力度;第三,以高水平的生产性服务业促进装备制造业发展,追求实效开展管理创新;第四,进一步完善装备企业投资与经营环境,推动装备产业国有企业改革。

（4）发展上海的信息产业,首先,提高信息产业的渗透力,促进产业结构优化升级;第二,加强自主创新的支持力度,培育产业核心竞争力;第三,加强人才队伍建设,形成信息人才高地;第四,构建多元化投融资体系,拓宽信息化建设投融资渠道。

（5）发展上海的现代服务业,首先,应营造适宜生产性服务业发展的外部环境,重点可以从加快生产性服务业管理体制改革、建立促进生产性服务业集成化发展的法规和制度体系、建立人才才智发挥的长效保障机制、构建相互促进的支持政策体系四方面入手;其次,从组织创新、体制创新、技术创新三方面加快生产性服务业内部创新;再次,构建生产性服务业与制造业的良性互动机制;最后,积极推进生产性服务业集聚区规划建设。

（6）发展上海的文化产业,首先要实现文化管理体制和政策的创新,扶持文化产业,健全知识产权体系,优化资源配置。其次,因地制宜,通过规整文化产业布局、引进文化人才、打造专业文化服务队伍等方式,打造上海文化产业核心竞争力。第三,推进高层次文化聚集。发展文化产业,要抓住三个抓手,立足上海,向世界展示文化软实力;编织文化产业链,提升产业实力;多元并举探索上海文化产业发展的新型道路。

（7）上海发展都市型产业应针对都市型工业、都市型服务业、都市型农业这三个基本组成部分采取不同的措施。都市型工业需要加强规划引导,加快园区建设步伐,规划协调好都市型工业总体结构与空间布局,在引进人才的同时促进产业创新。都市型服务业,要完善政策手段予以扶持,加强宏观引导,推进垄断行业改革,提升创新水平,培育创新人才。都市型农业方面,一方面要坚持发展具有上海特色的都市农业,一方面发展方式要因地指引,灵活多样。

（8）发展上海的循环经济产业,首先应完善循环产业相关法规体系,加强市场监管;其次,促进循环产业的市场体系的建立和完善,市场机制和政府干预相结合;再次,进一步加快经济结构调整,促进循环产业的优化发展;最后,加快循环经济技术开发,发展生态工业园区。

# 参考文献

［1］Acemoglu Daron. A microfounding for Social Increasing Returns in Human Capital Accumulation. *Quarterly Journal of Economics*. Vol. 111，No. 3. 1996.

［2］Amiti Mary. New Trade Theories and Industry Location in the EU：A Survey of Evident. *Oxford Review of Economic Policy*. Vol. 14 No. 2. 1998.

［3］Alchian Armen，and Demsetz Harold. Production，Information Costs and Economic Organization. *American Economic Review*. Vol. 62. 1972.

［4］Au Chun-Chung and Henderson Vernon. How Migration Restrictions Limit Agglomeration and Productivity in China. Work Paper of Brown University. 2004.

［5］Audretsch David B. and Feldman Maryann P. . R&D Spillovers and the Georgraphy of Innovation and Production. *American Economic Review*. Vol. 86，No. 3. 1996.

［6］Boschma Ron A. and Weterings Anet. The Effect of Regional Difference on the Performance of Software Firms in the Netherlands. Paper prepared for the European Regional Science Association(ERSA) Congress. 2004.

［7］Brakman Steven，Garretson Harry，Gorter Joeri，Horst Allbert van der and Scharamm Marc. New Economic Geography，Empirics and Regional Policy. Working Paper of CPB Nertherlands Bureau for Economic Policy Analysis. 2005.

［8］Brander，J. and Lewis T. . Oligopoly and Financial Structure：The Limited Liability Effect. *American Enomomics Review*. Vol. 76. 1986.

［9］Carlton Dennis W. . The Location and Employment Choices of New Firms：An Economic Model with Discrete and Continuous Endogenous Variables. *Review of Economic and Statistics*. Vol. 65，No. 3. 1983.

［10］Cetorelli Nicola and Gambera Michele. Banking Market Structure，Financial Dependence and Growth：International Evidence from Industry Data. *Journal of Finance*. Vol. 56，No. 2. 2001.

［11］Combes P. and Overman Henry G. . The Spatial Distribution of Economic Activities in the EU. Discussion Paper in CEPR. 2003.

［12］Devereux Michael P. . Griffith Rachel and Simpson Helen. Agglomeration，Regional Grants and Firms Location. Working Paper of the Institute for Fiscal Studies. 2003.

［13］Dagum Camilio. Gini Ratio. in the *New Palgrave：A Dictionary of Economics*. Ed. John Eatwell，Murray Milgate and Peter Newman. Vol. 2. MacMillan Press：London. 1987.

［14］Ellison Glenn and Glaeser Edward L. . The Geographic Concentration of Industry：Does Natural Advantage Explain Agglomeration?. *American Economic Review*. Vol. 89，No. 2. 1999.

［15］Ethier，W. J. Regionalism in Multilateral World. *Journal of Political Economy*. 1998.

［16］Frama Eugene F. ，and Jensen Michael C. . Orgnization Forms and Investment Decision. *Jour-*

nal of Financial Economics. Vol. 14. 1985.

[17] Freeman, Chris. and Luc Soete. . The Economic of he Film. *Journal of Political Economy*. Vol. 88. 1980.

[18] Frosch D. and Gallopoulos N. . *Strategies for manufacturing Sci. Amer.* . Vol. 263. 1989.

[19] Fujita Masahisa and Krugrman Paul. The New Economic Geography: Past, Present and the Future. Papers in Regional Science. 83. 2004.

[20] Gallo Fredrik. Cournot Competition, Market Size Effects and Agglomeration. Working Papers of Lund University. 2005.

[21] Golley Jane. Regional Patterns of Industrial Development During China's Enocomic Transition, 10(3). 2002.

[22] Golley Jane. *Industrial Location and Regional Development. China 2003: New Engine for Growth*. Asia Pacific Press. 2003.

[23] Guiso Luigi, Sapienza Paola and Zingales luigi. Does Local Financial Development Matter? *Quarterly Journal of Economics*. Vol. 119 No. 3. 2004.

[24] Hamel, G. and Heene, A. *Competence. Based Completion*. New York, John While Press. 1994.

[25] Head Keith, Mayer Thierry and Ries john. On the Pervasiveness of Home Market Effects. Working Paper of the University of British Columbia. 1999.

[26] Huang Rocco R. . Industry Choices and Social Interactions of Entrepreneurs: Identification by Residential Addresses. Working Paper of the World Bank and the Tinbergen Institute. 2005.

[27] Jaffe Adam B. , Trajtenbeng Maneul and Henderson Rebecca. Geography Localization of Knowledge Spillovers as Evidenced by Patent Citations. *Quarterly Journal of Economics*. Vol. 108 No. 3. 1993.

[28] Krugman Paul. Scale Economics, Product Differentiation, and the Pattern of Trade. *American Economic Review*. Vol. 70 No. 5. 1980.

[29] Krugman Paul. History Versus Expectations. *Quarterly Journal of Economics*. Vol. 106 No. 2. 1991.

[30] Krugman Paul. Increasing Returns and Economic Geography. *Journal of Political Economy*. Vol. 99 No. 3. 1991.

[31] Krugman Paul and Venables Anthony J. . Globalization and the Inequality of Nations. *Quarterly Journal of Economics*. Vol. 110 No. 4. 1995.

[32] Krugman Paul and Obstfeld Maurice. *International Economics: Theory and Policy*(Fifth Edition). Qinghua University Press. 2001.

[33] Lin, Justin Yifu. Development Strategy, Viability, and Economic Convergence. the Inaugural D. Gale Johnson Lecture, presented at the University of Chicago. 2001.

[34] Liu Aying, Yao Shujie and Zhang Zongyi. Economic Growth and Structural Changes in Employment and Investments in china,1985~1994. *Economics of Planning*. 32. 1999.

[35] Marshall Alfred. *Principles of Economics*. China Social Sciences Publishing House. 1999.

[36] Matthews R. C. O. . The Economic of Institution and the Sources of Growth, *Economic Jour-*

*nal*. Vol. 96(December). 1986.

［37］Milgrom Paul A. , and Roberts John. Bargaining Costs，Influence Costs，and the Organization of Economic Activity. James E. Alt and Kenneth A. Shepsle，eds. *Perspective on Positive Political Economy*. Cambridge：Cambridge University Press. 1990.

［38］Myrdal Gunnar. *Economic Theory and Underdeveloped Regions*. Essex. 1957.

［39］Ottaviano Gianmarco I. P. and Puga Diego. Agglomeration in the Global Economiy：A Survey of the "New Economic Geography". Dicussion Paper No. 356 in the Center for Economic Performance. 1997.

［40］Overman Henry G. ，Redding Steven and Venables Anthony J. . The Economic Geography of Trade，Production and Income；A Survey of Empirics. Working Paper of London School of Economics and CEPR. 2001.

［41］Park Soon-Shan，Lee Hongshik and Yun Mikyung. Geographic Concentration and Industry Characteristics：An Empirical Investigation of East Asia. Working Paper of Korea Institute for International Economy Policy. 2004.

［42］Porter，M. E. . *The Competitive Advantage of Nations*. The Free Press. 1998.

［43］Powell W. W. . Neither Market nor Hierarchy：Network Form of Organization. *Research In Organization Behavior*. Vol. 12. 1990.

［44］Quigly John M. . Urban Diversity and Economic Growth. *Journal of Economic Perspectives*. Vol. 12 No. 2. 1998.

［45］Razan Raghram G. and Zingales Luigi. *Saving Capitalism from the Capitalists*. Princeton University Press. 2003.

［46］Utterback，J. . The General Theory of Labor-Managed Sydicalism. *American Economic Review*. Vol. 48. 1958.

［47］Vernon W. Ruttan. *Agricultural Research Policy*. Minneapolis：University of Minnesota Press. 1982.

［48］Wheeler Christopher H. Do Location Economics Derive from Human Capital Externalities? Woking Paper of Federal Reserve Bank of St. Louis. 2005.

［49］William Oliver E. . *The Economic Institutions of Capitalism：Firms，Markets，and Relational Contracting*. New York：The Free Press. 1985.

［50］Xu Kuan. How has the Literatures on Gini's Index Evolved in the Past 80 years? Working Paper of Dalhousia University. 2004.

［51］白雪梅:《中国区域经济发展的比较研究》,中国财政经济出版社 1998 年版。

［52］北京市社会科学院主编:《中国区域经济发展报告（2005—2006 年）》,社会科学文献出版社 2006 年版。

［53］曹建海:《中国产业前景报告》,中国时代经济出版社 2005 年版。

［54］曹新:《社会经济结构与经济增长》,湖南人民出版社 1999 年版。

［55］陈秀山:《中国区域经济问题研究》,商务印书馆 2005 年版。

［56］程选等:《我国地区比较优势研究》,中国计划出版社 2001 年版。

［57］崔功豪、魏清泉、陈宗兴:《区域分析与区域规划》,高等教育出版社 1999 年版。

［58］邓伟根:《产业经济学研究》,经济管理出版社 2001 年版。

［59］杜宁睿：《区域研究与规划》，武汉大学出版社 2004 年版。

［60］方甲：《产业结构问题研究》，中国人民大学出版社 1997 年版。

［61］费洪平：《中国区域经济发展》，科学出版社 1998 年版。

［62］高铁梅：《计量经济分析方法与建模》，清华大学出版社 2006 年版。

［63］施蒂格勒：《产业组织和政府管制》，上海人民出版社 1996 年版。

［64］龚仰军：《产业结构研究》，上海财经大学出版社 2002 年版。

［65］郭克莎：《结构优化与经济发展》，广东经济出版社 2001 年版。

［66］郭克沙：《中国：改革中的经济增长与结构变动》，上海三联书店 1996 年版。

［67］洪银兴，刘志彪：《长江三角洲地区的经济发展的模式和机制》，清华大学出版社 2003 年版。

［68］黄茂兴、冯潮华：《技术选择与产业结构升级》，社会科学文献出版社 2007 年版。

［69］黄继忠：《区域内经济不平衡增长论》，经济管理出版社 2001 年版。

［70］胡荣涛等：《产业结构与地区利益分析》，经济管理出版社 2001 年版。

［71］胡宇辰：《产业集群支持体系》，经济管理出版社 2005 年版。

［72］蒋铁民：《渤海开发与保护》，海洋出版社 1991 年版。

［73］蒋选：《面向新世纪的中国产业结构政策》，中国计划出版社 2003 年版。

［74］江小娟：《经济转轨时期的产业政策》，上海三人民出版社 1996 年版。

［75］江小娟：《体制转轨中的增长、绩效与产业组织变化》，上海人民出版社 1999 年版。

［76］江小娟：《中国经济运行与政策报告——中国服务业的增长与结构》，社会科学文献出版社 2005 年版。

［77］喆儒：《产业升级——开放条件下中国的政策选择》，中国经济出版社 2006 年版。

［78］李国平：《首都圈：结构、分工与营建战略》，中国城市出版社 2004 年版。

［79］李金华等著：《中国产业：结构、增长及效益》，清华大学出版社 2007 年版。

［80］李建平、李闽榕等：《中国省域经济综合竞争力发展报告（2005—2006）》，社会科学文献出版社 2006 年版。

［81］李心愉：《应用经济统计学》，北京大学出版社 1999 年版。

［82］厉无畏等：《中国沿海地区产业升级》，上海财经大学出版社 2002 年版。

［83］林毅夫、蔡昉、李周：《中国的奇迹：发展战略与经济改革》，上海三联书店 1999 年版。

［84］刘长全：《中国制造业集聚对生产率影响研究》，中国社会科学院工业经济研究所 2006 年版。

［85］刘志彪：《产业经济学》，南京大学出版社 1996 年版。

［86］陆炳炎：《长江经济带发展战略研究》，华东师范大学出版社 1999 年版。

［87］陆大道等：《中国区域发展的理论与实践》，中国科学出版社 2003 年版。

［88］陆国庆：《衰退产业论》，南京大学出版社 2002 年版。

［89］陆立军：《区域经济发展与欠发达地区现代化》，中国经济出版社 2002 年版。

［90］潘文卿，姚永玲，宁向东等：《环渤海区域发展报告 2006——历史、现状与趋势》，企业管理出版社 2006 年版。

［91］秦岭等：《辽宁中部城市群的社会发展》，经济科学出版社 2001 年版。

［92］芮明杰主编：《产业经济学》，上海财经大学出版社 2005 年版。

[93] 上海财经大学产业经济研究中心:《2007 中国产业发展报告——国际化与产业竞争力》,上海财经大学出版社 2007 年版。

[94] 上海财经大学区域经济研究中心:《中国区域经济发展报告:东北老工业基地复兴研究》,红旗出版社 2004 年版。

[95] 上海财经大学区域经济研究中心:《中国区域经济发展报告:国内及国际区域合作》,上海财经大学出版社 2003 年版。

[96] 上海财经大学区域经济研究中心、城市经济规划研究中心:《上海城市经济与管理发展报告》,上海财经大学出版社 2004 年版。

[97] 沈玉良:《制度变迁与结构变动——上海产业结构合理化研究》,上海财经大学出版社 1998 年版。

[98] 石磊:《中国产业结构成因与转换》,复旦大学出版社 1996 年版。

[99] 宋毅:《国家产业技术政策研究报告》,中国社会科学出版社 2003 年版。

[100] 孙久文、叶欲民:《区域经济学教材》,中国人民大学出版社 2003 年版。

[101] 孙宁等:《产业可持续发展分析》,东南大学出版社 2003 年版。

[102] 王秉安:《区域竞争力:理论与实证》,航空工业出版社 2000 年版。

[103] 王俊豪等:《现代产业组织理论与政策》,中国经济出版社 2000 年版。

[104] 王乃静等:《山东半岛城市群发展战略新探》,经济科学出版社 2005 年版。

[105] 王群:《产业升级与中部崛起》,中国经济出版社 2004 年版。

[106] 王守法著:《现代服务产业基础研究》,中国经济出版社 2007 年版。

[107] 王岳平:《开放条件下的工业结构升级》,经济管理出版社 2004 年版。

[108] 汪同三、齐建国:《产业政策与经济增长》,社会科学文献出版社 1996 年版。

[109] 吴国富、安万富、刘景海:《实用数据分析方法》,中国统计出版社 1992 年版。

[110] 小宫隆太郎等编:《日本的产业政策》,国家文化出版社 1998 年版。

[111] 谢地:《产业组织优化与经济集约增长》,中国经济出版社 1999 年版。

[112] 谢立新:《区域产业竞争力——泉州、温州、苏州实证研究与理论分析》,社会科学文献出版社 2004 年版。

[113] 郁鸿胜:《崛起之路——城市群发展与制度创新》,湖南人民出版社 2005 年版。

[114] 郁义鸿:《多元产业结构转变与经济发展》,复旦大学出版社 2000 年版。

[115] 余明勤:《经济区域的利益分析》,经济管理出版社 2004 年版。

[116] 张金水:《数理经济学》,清华大学出版社 1998 年版。

[117] 张可云:《区域经济政策》,商务印书馆,2005 年版。

[118] 张利民:《近代环渤海地区经济与社会研究》,天津社会科学院出版社 2003 年版。

[119] 张耀辉等:《区域经济理论与地区经济发展》,中国计划出版社 1999 年版。

[120] 赵国岭:《京津冀区域经济合作问题研究》,中国经济出版社 2006 年版。

[121] 郑海航:《企业组织论》,经济管理出版社 2004 年版。

[122] 钟学义:《增长方式转变与增长质量提高》,经济管理出版社 2001 年版。

[123] 周维颖:《新产业区演进的经济分析》,复旦大学出版社 2004 年版。

[124] 周振华:《现代经济增长中的结构效应》,上海人民出版社 1995 年版。

[125] 朱华晟:《产业群:产业网络与发展动力》,浙江大学出版社 2003 年版。

[126] 朱荣林:走向长三角——都市圈经济、宏观形势与体制改革视角,学林出版社 2003 年版。

[127] 朱文晖:走向竞合——珠三角和长三角经济发展比较,清华大学出版社 2003 年版。

[128] 朱英明著:《产业集聚论》,经济科学出版社 2003 年版。

[129] 安筱鹏:《利益主体多元化背景下的区域经济一体化》,《人文地理》2003 年第 5 期。

[130] 陈栋生:《"十一五"规划与区域经济的新格局》,《市场论坛》2006 年第 12 期。

[131] 陈岩峰:《中国服务业发展特点的分析》,《商业研究》2005 年第 16 期。

[132] 崔娜、何海燕:《高新技术产行业群的形成机理研究》,《经济管理》2002 年第 7 期。

[133] 代合治:《中国城市群的界定及其分布研究》,《地理研究与开发》2005 年第 1 期。

[134] 邓玲、杜黎明:《主体功能区建设的区域协调功能研究》,《经济学家》2006 年第 4 期。

[135] 谷曙明、史安娜:《浅析我国产业结构调整的影响因素》,《市场周刊》2002 年第 12 期。

[136] 郭鸿雁:《中国区域资源位研究》,《管理世界》2003 年第 11 期。

[137] 郭岚等:《长江三角洲城市群的空间特征、发展障碍与对策》,《上海交通大学学报》2003 年第 6 期。

[138] 何圣东:《非正式交流与企业集群创新能力》,《科学学与科学技术管理》2002 年第 6 期。

[139] 胡晓鹏:《模块化整合标准化:产业模块化研究》,《中国工业经济》2005 年第 9 期。

[140] 胡晓鹏:《中国经济增长与产业结构变动的联动效应探析》,《产业经济研究》2003 年第 6 期。

[141] 姜泽华、白艳:《产业结构升级的内涵与影响因素分析》,《当代经济研究》2006 年第 10 期。

[142] 靖学青:《长江三角洲与珠江三角洲地区产业结构比较》,《上海研究》2003 年第 1 期。

[143] 李宝新:《地区竞争力评价指标体系设计研究》,《山西财经大学学报》2001 年第 10 期。

[144] 李清均:《产业集群研究综述》,《学术交流》2005 年第 7 期。

[145] 李巧、朱忠旗:《我国城市群存在的问题及对策建议》,《经济问题探索》2005 年第 2 期。

[146] 李新安:《我国服务业发展趋势及对策》,《广西社会科学》2005 年第 9 期。

[147] 刘志彪:《衰退产业调整合成长产业保护:国家经验》,《唯实》1997 年第 6 期。

[148] 梁军:《产业集聚:区域经济发展的新选择》,《生产力研究》2005 年第 2 期。

[149] 林先扬、陈忠暖:《大珠江三角洲城市群经济整合机制与模式研究》,《华南师范大学学报(自然科学版)》2004 年版。

[150] 刘伟、李绍荣:《中国的地区经济结构与平衡发展》,《中国工业经济》2005 年第 4 期。

[151] 刘育蓓:《调整产业结构 促进区域经济发展》,《理论与当代》1999 年第 1 期。

[152] 刘振新,安慰:《珠三角城市群的形成与发展》,《同济大学学报(社会科学版)》2004 年第 5 期。

[153] 鲁永:《推动京津塘经济区协调发展的优势选择》,《投资北京》2004 年第 8 期。

[154] 吕政:《当前中国工业发展与结构调整的新问题》,《重庆工商学报》2004 年第 6 期。

[155] 马斌:《长三角一体化与区域政府合作机制的构造》,《上海改革》2004 年第 8 期。

[156] 马健:《产业融合理论研究述评》,《经济学动态》2002 年第 5 期。

[157] 马学新:《实现长江三角洲地区大都市带建设的制度创新》,《新视野》2003 年第 2 期。

[158] 年福华,李新:《长江三角洲城市群区域协调发展研究》,《苏州科技学院学报》2005 年第 8 期。

[159] 潘正彦:《长三角金融联动推动上海金融产业化》,《上海改革》2004 年第 5 期。

[160] 青木昌彦:《模块化——新产业结构的本质》,《比较》2002 年第 2 期。

[161] 沈玉芳:《长江三角洲一体化进展态势和产业发展的前景预测》,《上海综合经济》2003 年第 12 期。

[162] 孙耀:《我国三大城市群城市竞争力实证分析》,《经济与社会发展》2006 年第 4 期。

[163] 唐立国:《长江三角洲地区城市产业结构的比较分析》,《上海经济研究》2002 年第 9 期。

[164] 唐旭、冷克平:《我国现代服务业的转移趋势及对策分析》,《科技进步与对策》2006 年第 12 期。

[165] 王碧峰:《我国城市经济圈问题讨论综述》,《经济理论与经济管理》2005 年第 2 期。

[166] 邬爱其、贾生华:《产业演进与企业成长模式适应性调整》,《外国经济与管理》2003 年第 4 期。

[167] 吴超、魏清泉,《"新区域主义"与我国的区域协调发展》,《经济地理》2004 年第 1 期。

[168] 吴学花、杨蕙馨:《中国制造业产业集聚的实证研究》,《中国工业经济》2004 年第 10 期。

[169] 巫钢、罗永泰:《提升我国服务业水平的跨位思考》,《商业研究》2006 年第 24 期。

[170] 邬义钧:《我国产业结构优化升级的目标和效益评价方法》,《中南财经政法大学学报》2006 年第 3 期。

[171] 许学强、程玉鸿:《珠江三角洲城市群的城市竞争力时空演变》,《地理科学》2006 年第 26 期。

[172] 殷兴山等:《长三角金融集聚态势与提升竞争力分析》,《上海金融》2003 年第 8 期。

[173] 郁鸿胜:《欧洲城市群发展的基本特点》,《城市经营》2003 年第 6 期。

[174] 于树江,李艳双:《产业集群区位选择形成机制分析》,《中国软科学》2004 年第 4 期。

[175] 岳中刚:《基于产业组织视角的资本结构研究综述》,《当代财经》2006 年第 6 期。

[176] 张贵、周立群:《产业集群化:产业组织结构演进新趋势》,《中国工业经济》2005 年第 7 期。

[177] 张天飙:《第三增长级——环渤海城市群经济能量的扩大和辐射》,《太平洋学报》2005 年第 12 期。

[178] 张玉春、李宗植:《我国工业结构优化升级的战略思考》,《经济经纬》2006 年第 5 期。

[179] 赵东阳:《蓬勃发展的中国城市群——理论及模型探讨》,《经济师》2005 年第 12 期。

[180] 赵儒煜:《产业结构演进规律新探》,《吉林大学社会科学学报》1997 年第 4 期。

[181] 赵宇龙、易综:《对我国各行业未来成长能力的时政考察:一种市场视角》,《经济研究》1999 年第 6 期。

[182] 郑秀峰:《中国产业与金融相关发展的国际比较》,《上海综合经济》2004 年第 4 期。

[183] 周炼石:《中国产业结构调整:成就、滞后性与加速政策》,《上海经济研究》2003 年第 11 期。

[184] 周震虹、王晓国、谌立平:《西方产业结构理论及其在我国的发展》,《湖南师范大学社会科学学报》2004 年第 4 期。

[185] 钟坤明、程林、程江:《产业结构变动的决定因素探讨》,《四川财政》2003 年第 1 期。

# 后　记

　　由于工作关系和研究兴趣所致,长期以来,我一直对上海产业发展的问题非常关注,也一直很想把就这一问题长期累积的所思、所想和所感整理出来,付诸文字。但囿于时间和精力,一推再推。2007 年初,终于下定决心开始动手。历时一年多的努力,现在终于完成并出版,了却了一桩心愿。

　　本书的完成除了我个人的努力之外,还得到了众多人的支持和协助。本书的总撰和第一章、第二章和第五章的写作主要由我完成;上海财经大学的刘庆生老师协助我完成了全书的框架设计,并与曹黎娟和郑策两位老师一起负责完成了第三章和第四章的写作;上海财经大学的魏玮、张小勇和冯体一三位博士,以及罗磊、李玮、万媛媛、冯新娅、郑为忠等五位硕士在资料收集、数据处理和统计分析,以及文字输入、排版、校对等方面做了卓有成效的工作,并负责完成了第六章的写作任务。对参与本书编写工作的全体人员,我表示由衷的谢意,没有他们的大力协助,我是无法在时间如此有限的情况下完成这项任务的。

　　本书的出版得到了上海世纪出版集团格致出版社的热情帮助和支持,在此,我也深表谢意。

　　任何研究都是在前人成果的基础上进行的,本书也不例外。本书在写作过程中参考了大量中外有关文献,引用了许多学者与专家的研究成果。对此,我无以为报,惟有以对学术更加不懈的努力和追求,来回报所有这些文献作者,并向他们致以美好祝愿和诚挚谢意。

　　值此本书出版之际,谨向所有帮助、关心和支持过我的朋友和同事,表示由衷的谢忱。

孙福庆

2008 年 4 月

**图书在版编目(CIP)数据**

上海产业发展：基于长三角、珠三角、环渤海三大经
济圈比较的视角/孙福庆等著. —上海：格致出版社：上
海人民出版社，2008
　ISBN 978-7-5432-1469-9

Ⅰ. 上… Ⅱ. 孙… Ⅲ. 产业-经济发展-研究-上海市
Ⅳ. F127.51

中国版本图书馆 CIP 数据核字(2008)第 087591 号

责任编辑　　忻雁翔
美术编辑　　路　静

**上海产业发展**
　——基于长三角、珠三角、环渤海三大经济圈比较的视角
孙福庆　等著

格 致 出 版 社
www.hibooks.cn

出　版　世纪出版集团
www.ewen.cc

上海人民出版社

(200001　上海福建中路193号24层)

编辑部热线 021-63914988
市场部热线 021-63914081

发　行　世纪出版集团发行中心
印　刷　上海商务联西印刷有限公司
开　本　787×1092毫米　1/16
印　张　20.25
插　页　2
字　数　307,000
版　次　2008年7月第1版
印　次　2008年7月第1次印刷
ISBN 978-7-5432-1469-9/F·80
定　价　40.00元